财经类专业"十四五"规划新形态教材

RPA财务机器人应用与开发
——基于UiPath

王浩　程平／主编

邓洁　刘柯　郭磊　黄志艳／副主编

厦门科云信息科技有限公司／组编

图书在版编目(CIP)数据

RPA 财务机器人应用与开发：基于 UiPath / 王浩，程平主编. —上海：立信会计出版社，2023.7(2025.7 重印)
ISBN 978-7-5429-7362-7

Ⅰ.①R… Ⅱ.①王… ②程… Ⅲ.①财务管理—专用机器人 Ⅳ.①F275 ②TP242.3

中国国家版本馆 CIP 数据核字(2023)第 136484 号

策划编辑　　王斯龙　郑文婧
责任编辑　　王斯龙
助理编辑　　郑文婧
美术编辑　　吴博闻

RPA 财务机器人应用与开发——基于 UiPath
RPA CAIWU JIQIREN YINGYONG YU KAIFA

出版发行	立信会计出版社
地　　址	上海市中山西路 2230 号　　邮政编码　200235
电　　话	(021)64411389　　传　真　(021)64411325
网　　址	www.lixinaph.com　　电子邮箱　lixinaph2019@126.com
网上书店	http://lixin.jd.com　　http://lxkjcbs.tmall.com
经　　销	各地新华书店
印　　刷	常熟市人民印刷有限公司
开　　本	787 毫米×1092 毫米　　1/16
印　　张	18.25
字　　数	445 千字
版　　次	2023 年 7 月第 1 版
印　　次	2025 年 7 月第 6 次
书　　号	ISBN 978-7-5429-7362-7/F
定　　价	49.00 元

如有印订差错，请与本社联系调换

财经类专业"十四五"规划新形态教材

编写委员会

（排名不分先后）

徐利飞	内蒙古财经大学	李　剑	庆阳职业技术学院
李代俊	四川财经职业学院	王　韬	兰州石化职业技术大学
王庆春	昆明冶金高等专科学校	赖　红	赣州职业技术学院
邹　丽	云南财经职业学院	方　博	江西应用工程职业学院
郭玲娜	闽西职业技术学院	张亚鹏	武威职业学院
申春峰	河北科技工程职业技术大学	王晓杰	巴音郭楞职业技术学院
卢吉强	山东外贸职业学院	李　悦	博尔拉塔拉职业技术学院
汪博兴	襄阳职业技术学院	陈淑贞	东莞市商业学校
王玲玲	武汉城市职业学院	胡晓锋	浙江同济科技职业学院
唐　锋	广西水利电力职业技术学院	倪彦星	浙江工商职业技术学院
蒋海娟	广西电力职业技术学院	张　莉	淮北职业技术学院
邹德军	广东工贸职业技术学院	肖　芸	江苏食品药品职业技术学院
邢玉敏	辽宁经济职业技术学院	张振和	黑龙江职业学院
刘东辉	重庆工商职业学院	于利东	天津城市职业学院
杨儒军	重庆城市职业学院	林　俊	常德科技职业技术学院
苑　梅	无锡商业职业学院	王崇刚	贵州职业技术学院

前言

随着第四次工业革命的进行,大数据、人工智能、数字经济等发展如火如荼。在数字经济产业化背景下,企业数据较为集中的部门——财务部,也迎来了新发展。大量的、重复性的、基础性的、传统会计模式下的财务工作即将被智能财务取代,财务机器人也成为基础财务工作的"最佳人选",被替代工作的财务人员及其他高级财务工作者将面对综合性更强、内容复杂性更大的财务工作。因此,财务机器人的发展,对财务人员来说将会是重大的变革。在2022年由上海国家会计学院组织的影响中国会计从业人员的十大信息技术评选中,机器人流程自动化(RPA)技术名列十大信息技术的第三位。基于学者们关于RPA财务机器人的发展研究以及在企业内部的实际运用,我们可以发现,RPA财务机器人可以减轻财务人员的负担,提高工作效率,使得财务人员可以有更多的时间处理更高级、更复杂的工作。

2021年5月,教育部专业备案结果显示,全国有1 616所高等职业学校成功申报"大数据与会计"专业。今天的财务会计人员应积极尝试运用RPA技术,加速财务数字化转型,帮助企业提升经营能力、洞察商机并预测未来。由此来看,在"大数据与会计"专业中开设"RPA财务机器人应用与开发"课程已成为历史必然。

本教材根据《国务院关于印发国家职业教育改革实施方案的通知》(国发〔2019〕4号)、《教育部关于印发〈高等学校课程思政建设指导纲要〉的通知》(教高〔2020〕3号)以及全国财政职业教育教学指导委员会印发的"大数据与会计"专业教学标准等文件,从立德树人、专业升级和数字化改造的角度对会计学习者提出更高的能力和素质要求,遵循理论与实践相结合,依托厦门科云信息科技有限公司智慧云平台提供的财务实践虚拟场景和开发素材,让读者充分体验如何在真实的财务场景中进行RPA财务机器人开发。同时,紧密结合全国职业院校技能大赛会计实务、业财税融合大数据应用等赛项的比赛内容,打通RPA财务机器人开发学习的桥梁。本教材包含七个项目,项目一为探索RPA财务机器人世界、项目二为夯实RPA财务机器人开发基础、项目三为RPA财务机器人 Excel 应用、项目四为 RPA 财务机器人电子邮件应用、项目五为 RPA 财务机器人 Web 应用、项目六为 RPA 财务机器人项目实战、项目七为 RPA 财务机器人部署与运维。

本教材在 2022 年年底以讲义的形式在全国部分高职院校试用，受到广大师生一致好评，本教材具有以下特点：

（1）目标定位准确，内容设计合理。本教材紧扣"大数据与会计"专业教学实践，帮助读者在会计和 IT 技术交叉领域的机器人流程自动化技术的咨询和运用方面拥有核心竞争力。同时，内容设计主要基于财务场景驱动，由浅入深、由易到难，包括 RPA 的基础技术到财务场景中的典型应用，既有理论的讲解，又有沙盘推演和案例实操，使读者在层层递进中掌握财务机器人的分析、设计、开发和运用。

（2）案例选取丰富，贴近财务场景。本教材提供了丰富的实践案例，通过厦门科云信息科技有限公司智慧云平台提供的虚拟场景和开发素材，真实还原了实际财务工作场景，为读者今后走向相关工作岗位积累实战操作经验，也能够让读者深度理解和有效掌握 RPA 技术在财务工作中的运用。

（3）紧扣比赛内容，教学资源丰富。本教材紧扣全国职业院校技能大赛会计实务、业财税融合大数据应用等赛项中 RPA 财务机器人开发的内容，既可以作为日常教学用书，也可以作为备赛辅导用书。同时，本教材配套了完整的教学资料和操作视频，减轻了教师和学生日常教学、学习负担。此外，重庆迪数享腾科技有限公司还为本教材中的案例设计了财务机器人开发模拟物理沙盘，方便各院校教师开展基于财务场景驱动的财务机器人分析、设计、开发和运用一体化教学，解决教师"如何教"、学生"如何学"的问题。

本教材由江苏财经职业技术学院王浩副教授负责总体策划，重庆理工大学程平教授提出编写提纲和写作思路，两人共同担任本教材主编。本教材具体分工如下：项目一由邓洁编写；项目二、项目三由黄志艳编写；项目四由刘柯编写；项目五由郭磊编写；项目六、项目七由王浩编写。在本教材编写过程中，江苏财经职业技术学院程淮中校长、厦门科云信息科技有限公司谢计生董事长、江苏财经职业技术学院会计学院张卫平院长给予了大力支持，在此一并表示感谢。

由于时间仓促及编者水平有限，本教材可能存在疏漏和不当之处，恳请广大读者批评指正，以使本教材日臻完善。

编者
2023 年 7 月

教材群

目录

项目一 探索 RPA 财务机器人世界 ... 1

任务一 了解 RPA 财务机器人 ... 2
一、RPA 的概念 ... 2
二、RPA 的功能与特点 ... 2
三、RPA 的优势 ... 3
四、RPA 财务机器人 ... 3

任务二 认知 RPA 机器人的应用领域 ... 4
一、RPA 机器人的应用领域 ... 4
二、RPA 机器人应用场景介绍 ... 4
三、RPA 财务机器人的成效与应用 ... 6

任务三 安装 RPA 开发环境——UiPath Studio ... 7
一、UiPath 的下载与注册 ... 7
二、UiPath 的安装与配置 ... 7

项目二 夯实 RPA 财务机器人开发基础 ... 16

任务一 UiPath 介绍 ... 17
一、UiPath 概述 ... 17
二、UiPath Studio 界面介绍 ... 18
三、UiPath 项目的新建与打开 ... 23

任务二 UiPath 变量 ... 27
一、初识变量 ... 27
二、变量的创建与删除 ... 27
三、变量的数据类型 ... 29

四、变量数据类型的转换 ················· 35
　　五、运算符 ·························· 36
任务三　UiPath 常用活动介绍 ················· 39
　　一、初识活动 ························ 39
　　二、工作流类型 ······················· 40
　　三、常用鼠标操作活动 ··················· 40
　　四、常用键盘输入活动 ··················· 42
　　五、其他常用活动 ····················· 46
【实践案例一】　股票信息查询机器人 ·············· 50
【实践案例二】　利润计算机器人 ················ 53
任务四　条件分支活动 ····················· 55
　　一、IF 条件 ························ 55
　　二、流程决策 ······················· 58
　　三、切换 ·························· 60
　　四、流程切换 ······················· 63
【实践案例三】　居民工资薪金所得计算机器人 ·········· 66
【实践案例四】　猜数字游戏机器人 ··············· 71
任务五　条件循环活动 ····················· 75
　　一、先条件循环 ······················ 75
　　二、后条件循环 ······················ 77
　　三、遍历循环 ······················· 79
　　四、循环中断 ······················· 82
【实践案例五】　企业所得税测算机器人 ············· 83

项目三　RPA 财务机器人 Excel 应用 ·············· 89

任务一　Excel 基本活动介绍 ·················· 90
　　一、Excel 操作自动化 ··················· 90
　　二、【表格】类活动 ···················· 91
　　三、【正在处理】类别下的活动 ··············· 101
【实践案例六】　工资结算机器人 ················ 106
任务二　数据表活动 ······················ 113
　　一、认识数据表 ······················ 113
　　二、数据表常用活动 ···················· 114

【实践案例七】 费用汇总机器人 ………………………………………………………… 128

项目四　RPA 财务机器人电子邮件应用 ………………………………………………… 137
任务一　RPA 操作电子邮件的环境准备 ………………………………………… 138
一、电子邮件简介 ……………………………………………………………… 138
二、开启电子邮件协议 ………………………………………………………… 138
三、使用 RPA 机器人操作电子邮件 …………………………………………… 140
任务二　RPA 发送电子邮件 ……………………………………………………… 147
一、使用 RPA 发送电子邮件 …………………………………………………… 147
二、使用 RPA 批量发送邮件 …………………………………………………… 150
【实践案例八】 E-mail 工资条发放机器人 ………………………………………… 153
任务三　RPA 读取电子邮件 ……………………………………………………… 159
一、使用 RPA 获取电子邮件消息 ……………………………………………… 159
二、使用 RPA 保存邮件附件 …………………………………………………… 162
【实践案例九】 销售回款情况收集机器人 ………………………………………… 167

项目五　RPA 财务机器人 Web 应用 …………………………………………………… 173
任务一　Web 基本操作介绍 ……………………………………………………… 174
一、操作浏览器活动介绍 ……………………………………………………… 174
二、录制器 ……………………………………………………………………… 180
三、选取器 ……………………………………………………………………… 183
四、选取 UI 元素的快捷键 …………………………………………………… 192
【实践案例十】 企业信息查询机器人 ……………………………………………… 195
任务二　Web 数据抓取功能 ……………………………………………………… 203
一、数据抓取 …………………………………………………………………… 203
二、屏幕抓取 …………………………………………………………………… 212
【实践案例十一】 抓取招聘信息机器人 …………………………………………… 217
【实践案例十二】 RPA 数据抓取机器人 …………………………………………… 220

项目六　RPA 财务机器人项目实战 ……………………………………………………… 228
任务一　开发 RPA 网银付款机器人 ……………………………………………… 229
一、实验内容与要求 …………………………………………………………… 229
二、项目实战准备 ……………………………………………………………… 229

三、机器人分析 …… 230
　　四、机器人设计 …… 231
　　五、机器人开发 …… 232
　　六、总结拓展 …… 239
　任务二　开发RPA银企对账机器人 …… 240
　　一、实验内容与要求 …… 240
　　二、项目实战准备 …… 241
　　三、机器人分析 …… 241
　　四、机器人设计 …… 242
　　五、机器人开发 …… 243
　　六、总结拓展 …… 255
　任务三　开发RPA发票填开机器人 …… 256
　　一、实验内容与要求 …… 256
　　二、项目实战准备 …… 256
　　三、机器人分析 …… 257
　　四、机器人设计 …… 257
　　五、机器人开发 …… 259
　　六、总结拓展 …… 267

项目七　RPA财务机器人部署与运维 …… 268
　任务一　RPA财务机器人部署 …… 269
　　一、影响流程选择的因素 …… 269
　　二、Orchestrator …… 269
　　三、本地发布 …… 270
　任务二　RPA财务机器人运维 …… 271
　　一、运维方法 …… 271
　　二、UiPath常见异常 …… 272
　　三、增加流程健壮性示例 …… 272
　　四、UiPath常见异常处理活动 …… 275
　　五、UiPath版本建议 …… 280

探索 RPA 财务机器人世界

 知识目标

- 了解 RPA 的概念
- 了解 RPA 的功能与特点
- 了解 RPA 机器人的应用领域及 RPA 财务机器人的应用
- 了解 RPA 财务机器人带来的成效
- 掌握 RPA 在日常工作中的优势
- 掌握 RPA 与 RPA 财务机器人的联系与区别

能力目标

- 掌握 RPA 在各领域的应用案例
- 掌握 UiPath 下载与安装的方法

素养目标

- 具有良好的思考和分析问题能力
- 具有良好的信息检索能力
- 具备良好的团队协作能力

任务一　了解 RPA 财务机器人

一、RPA 的概念

机器人流程自动化(Robotic Process Automation，RPA)，这里的机器人是一个虚拟的概念，是流程的执行体或者说执行单元。流程对应的就是业务逻辑，它先将业务需求梳理成一个可以被执行的流程，然后通过机器人来执行人为定制的一些流程，如我们熟知的网络爬虫，就是 RPA 的一个很好的例子。机器人和流程就是为了实现自动化，通过机器人来执行制定好的流程，这个流程也可以理解为一项任务。如果任务足够复杂，需要的人力成本很高，通过机器人来代替人工自动化地完成任务，可以大大提高工作效率，解放劳动力，减少人力成本。

二、RPA 的功能与特点

1. RPA 的功能

RPA 通过模拟人类与计算机的交互过程，实现在各种应用程序上进行鼠标点击、键盘输入、读取信息等自动化操作，例如：

（1）跨系统数据搬运：系统的登录、退出，点击、复制、录入数据等。

（2）批量化文件自动处理：文件复制、移动、自动备份等。

（3）结构化数据自动处理。

（4）Excel 自动化。

（5）邮件自动化。

（6）OCR 识别。

> **知识点拨**
>
> 游戏领域中的"按键精灵"挂机软件，就是 RPA 的一种典型应用。

2. RPA 的特点

RPA 作为一款能够将人的工作自动化的机器人软件，其作用是替代人工在用户界面下完成重复性、标准化程度高、规则明确、大批量的日常事务操作。它具有以下几项显著的特点：

（1）程序处理：通过用户界面或者脚本语言实现机器人对重复任务的自动化处理。

（2）基于明确的规则操作：RPA 机器人没有自己的思维，即按照人类预先设计好的规则执行任务。

（3）非入侵性：RPA 机器人通过模仿人的操作完成工作，可以在不修改原有应用系统的底层代码或访问数据库的同时将不同业务系统串联起来。RPA 的非侵入式特征使得 RPA 项目在实施过程中对原有应用系统的影响很小，风险也降到最低。

（4）模拟用户手工操作及交互：RPA 机器人能够像人类一样操作电脑上的应用程序，如浏览器、办公邮箱、企业 ERP 系统等，可完全模拟人类的操作行为和操作顺序，单纯从电脑显示器上无法区分人工操作和 RPA 操作。

（5）其他：RPA 机器人可以 7×24 小时不间断地工作。

三、RPA 的优势

RPA 与人工进行大量重复性操作相比有着非常明显的优势，RPA 技术的优势点，如图 1-1 所示。

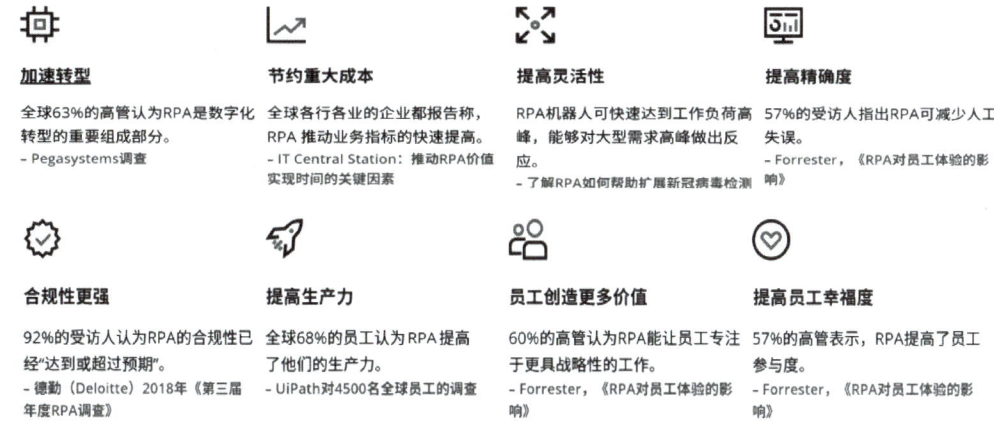

图 1-1　RPA 技术的优势点

四、RPA 财务机器人

RPA 技术的应用一般需要符合两个前提条件：一是大量重复，二是规则明确。而以会计核算为核心的会计工作刚好满足这两个条件。RPA 财务机器人是 RPA 技术在财务领域中的应用，例如：

（1）RPA 发票填开机器人。

（2）RPA 网银付款机器人。

（3）RPA 银企对账机器人。

（4）RPA 一键报税机器人。

在后面的项目中我们将一起开发完整的 RPA 财务机器人。

职业素养

从 2017 年开始，以德勤、普华永道、安永、毕马威为代表的国际四大会计师事务所相继上市财务机器人及财务机器人解决方案，标志着财务领域的"机器人流程自动化"时代正式开启。

随堂练习

【练 1-1·多选题】下列业务流程中，适合 RPA 开发的有（　　）。

A. 高度手工与重复的流程，并容易发生人为错误
B. 具有明确规则的流程
C. 成熟稳定的流程
D. 可自动化节省 5 名全职员工人力工作成本的流程

参考答案：ABCD

任务二　认知 RPA 机器人的应用领域

一、RPA 机器人的应用领域

1. RPA 机器人应用的行业领域

虚拟、高负荷、商业规则驱动、可重复的流程都是自动化的潜在目标,因此 RPA 机器人被广泛应用于各行各业,包括制造业、电商零售、物流、医疗、银行、证券等行业。

(1) 制造业:物料清单自动生成、库存管理、采购订单创建与管理、数据迁移、物流数据自动化、ERP、MES 系统整合等。

(2) 电商零售:自动退/换货流程、营销和消费者行为自动分析、物流与供应链监控、客户服务支持、物流与供应链监控等。

(3) 物流:运单处理、运输管理、客服管理、异常件处理。

(4) 医疗:患者预约挂号、出院康复指导、加快账户结算、医院银行对账、医疗保险用户注册业务、索赔处理等。

(5) 银行:业务数据整理、银行同业对账、对公账户开立、信用卡处理、银联财务查询、信用卡账单自动发送等。

(6) 证券:业务清算、自动开闭市、开市期间监控、资管系统操作、日中估值数据读取、估值导入自动化等。

2. RPA 机器人应用的职能领域

财务、人力资源、互联网技术等职能领域,存在很多基于一定规则的、批量、可重复的任务流程,因此将 RPA 机器人引入这些职能领域中。

(1) 财务领域:银行回单下载、银企对账、纳税申报、发票填开、财务报表编制等。

(2) HR 领域:自动搜索简历、简历跟踪归档、工资单管理、招聘流程、教育培训等。

(3) IT 领域:账号和权限开通、数据备份与恢复密码重置、邮件处理、FTP 下载与上传等。

二、RPA 机器人应用场景介绍

1. RPA 机器人在电商领域的应用——自动退换货流程

1) 传统电商业务痛点

(1) 场景频率较高。

(2) 投入时间多,成本高。

(3) 时效性低。

2) 解决方案

电商领域使用 RPA 机器人自动退/换货的整个流程,精准高效,省时省力,如图 1-2 所示。

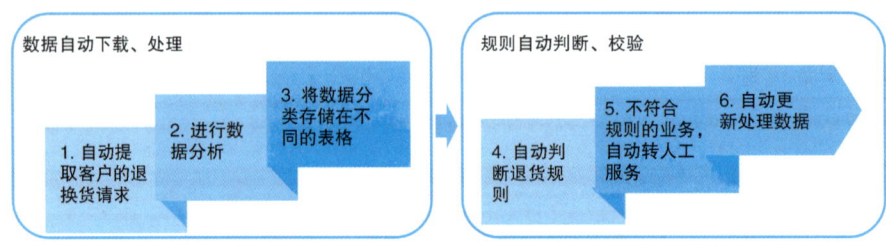

图 1-2　电商领域应用 RPA 技术的流程

2. RPA 机器人在银行领域的应用——业务数据整理

1) 传统银行业务痛点

(1) 数据处理、整合能力弱。

(2) 系统集成困难,运营效率低。

(3) 没有足够时间,创新意识低。

2) 解决方案

RPA 机器人能够为银行业在业务部门、IT 部门、HR 部门、客户服务部门提供整合性的数据处理流程自动化,通过进行数据源的下载,数据的拆分、抓取、分析以及整合,报表的导出、整理、展示以及汇总,从而使各部门实现数字化管理及运营,如图 1-3 所示。

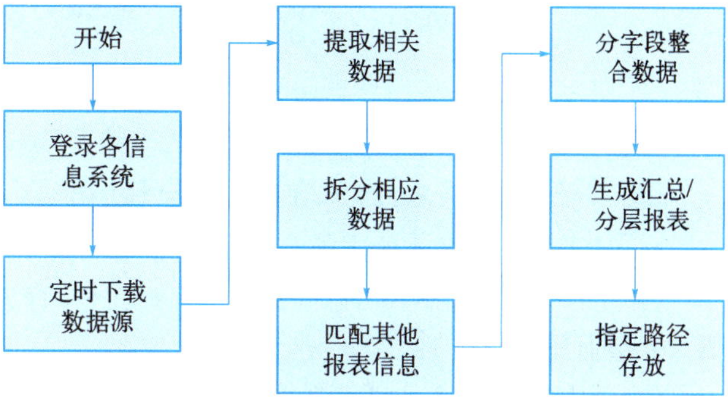

图 1-3 银行领域应用 RPA 技术的流程

3. RPA 机器人在财务领域的应用——银企对账

1) 传统财务业务痛点

(1) 对账过程繁琐,占用大量人员时间,对账人力成本高。

(2) 人工对账出错率高,会对企业资金分配造成不利影响。

(3) U 盾的领用、保管等管理麻烦。

2) 解决方案

RPA 机器人分别登录各个银行或第三方支付平台,下载流水单、对账单以及企业日记账,然后整理成统一格式再进行对账,最后将对账结果通过邮件发送给相关人员,如图 1-4 所示。

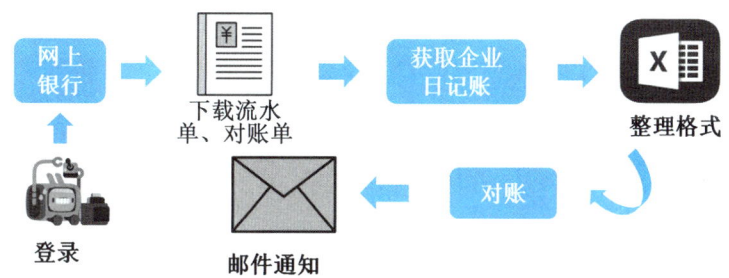

图 1-4 银企对账应用 RPA 技术的流程

4. RPA 机器人在人力资源领域的应用——自动搜寻简历

1) 传统人力资源业务痛点

(1) 人工投入成本高。

(2) 重复劳动多,投入时间多。

(3) 易造成人才流失。

2) 解决方案

自动搜寻简历机器人就是利用 RPA 机器人代替人事招聘经理,实现网站搜索、筛选和解析简历流程的自动化,如图 1-5 所示。

接收需要筛选的岗位 → 进入招聘网站搜索简历 → 设置规则筛选简历 → 解析简历整理归档 → 邮件通知

图 1-5　自动搜寻简历机器人的流程

三、RPA 财务机器人的成效与应用

1. RPA 财务机器人的成效

（1）RPA 财务机器人可以完成财务基础工作，释放人力，让财务人员有更多的精力去从事更为复杂但更具价值的工作。

（2）RPA 财务机器人能够降低财务工作中人工操作带来的风险，提高效率，降低人工成本。

（3）RPA 财务机器人具有灵活性，可根据财务中不同的工作内容，编写不同的脚本，产生满足要求的各种类型的财务机器人。

例如，使用增值税发票填开机器人，可以为财务人员带来以下成效：①快速有效地完成发票填开工作，大幅度提升工作效率；②避免了人工操作风险，明显降低错误率；③财务人员有更多的精力去从事更有价值的工作。

2. RPA 财务机器人的应用

随着人工智能等新技术的发展，基于 RPA 技术的 RPA 财务机器人在企业工作中不断得到应用。虽然 RPA 技术并不是专门为财务工作开发出来的，但基于财务工作的特点，RPA 技术在财务领域的应用非常丰富，如表 1-1 所示。

表 1-1　RPA 财务机器人的应用

项目	内容
网银业务	网银付款机器人、网银审核机器人、工资发放机器人、银行对账单下载机器人、银企对账机器人等
发票业务	发票填开机器人、发票查验机器人、发票认证机器人等
会计核算	薪资核算机器人、费用报销机器人等
税务申报	增值税申报机器人、企业所得税申报机器人、个人所得税申报机器人等
……	……

> **请注意**
>
> 本教材使用的 RPA 机器人开发虚拟平台以厦门科云信息科技有限公司开发的财务机器人教学平台为基础，结合各项大赛的模拟场景进行实践教学。

随堂练习

【练 1-2·多选题】　如果财务人员不使用 RPA 财务机器人，工作会（　　）。
A. 简单重复　　　　　　　　　　B. 手工操作，但不会出错
C. 操作流程固定、处理规则明确　　D. 系统互不相通

参考答案：ACD

任务三 安装 RPA 开发环境——UiPath Studio

一、UiPath 的下载与注册

UiPath 是由 UiPath 公司开发的 RPA 软件，用于实现企业日常工作的自动化，是 RPA 领域最受欢迎的软件之一。该软件最大的优点是功能完善、开发方便，可以方便地管理基于规则的任务，并允许不同的项目和团队之间共享和重用组件，这些软件机器人可以完美地模拟和执行重复过程，提高业务生产力，确保遵从性，增强跨后台办公室的客户体验。

知识点拨

在 RPA 业界除 UiPath 外，还有诸如 Blue Prism、Automation Anywhere、WorkFusion、UiBot 等软件可以进行 RPA 程序开发。

在进行 RPA 开发之前必须下载 UiPath 并进行配置，登录网址"www.uipath.com/academic-alliance-sw"，耐心等待网页出现表单，如图 1-6 所示；按照提示填写并申请注册激活码，读者可以选择有合作关系的学术联盟机构。

请注意

（1）在选择学术联盟机构名称确定国家、省份之后，可以在下拉菜单中查看是否有本校或者本地区的学校，如没有可以选择：China-Jiangsu Vocational College of Finance and Economics（江苏财经职业技术学院）。

（2）由于 UiPath Studio 社区版经常更新迭代，容易出现新旧版本无法兼容的情况，造成教学不便。本课程教学基于 UiPath Studio 教育版工具进行教学与训练，版本号为 UiPath Studio 2020.10.7。

点击表单中的【Request now】按钮，几分钟后将收到一封电子邮件，其中包含安装指南、UiPathStudio.msi 文件的下载链接以及专用的激活码，如图 1-7 所示。

二、UiPath 的安装与配置

下载 UiPath 安装包后双击鼠标启动安装程序"UiPathStudio.msi（教育版）"，按照安装向导的提示完成 UiPath 的安装。

图 1-6 信息注册表单

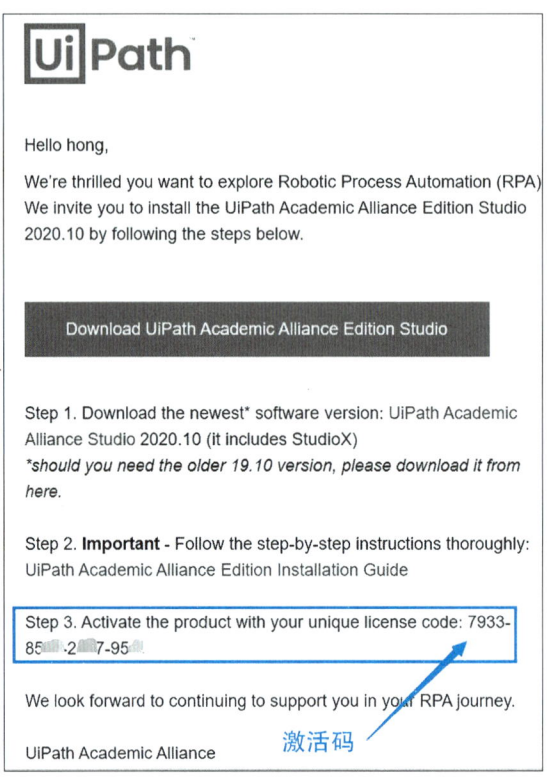

图 1-7　软件激活码

（1）选择"Studio"，点击【安装(I)】按钮，如图 1-8 所示。

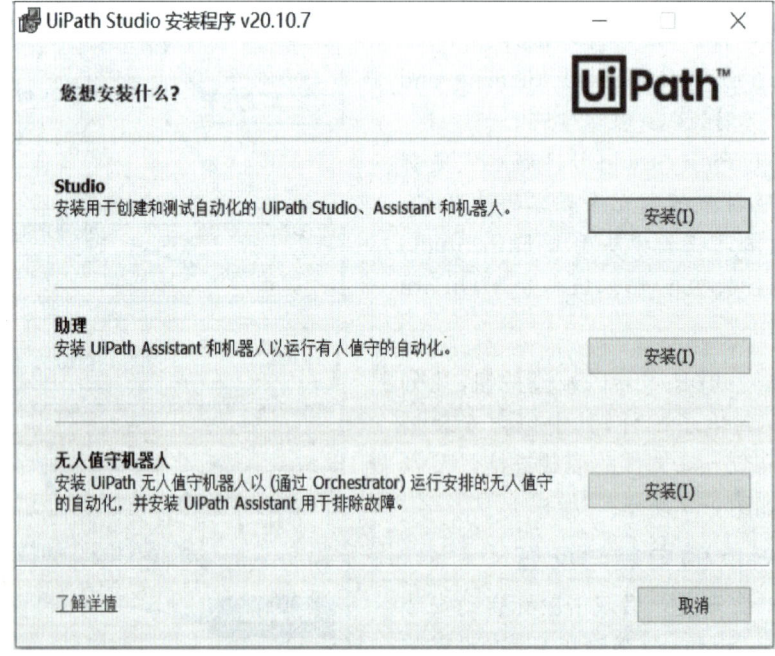

图 1-8　点击安装 UiPath Studio

(2)勾选【我接受许可协议中的条款(A)】复选框,点击【安装(I)】按钮,如图 1-9 所示。

图 1-9　勾选接受许可

(3)继续点击【安装(I)】按钮,如图 1-10 所示。

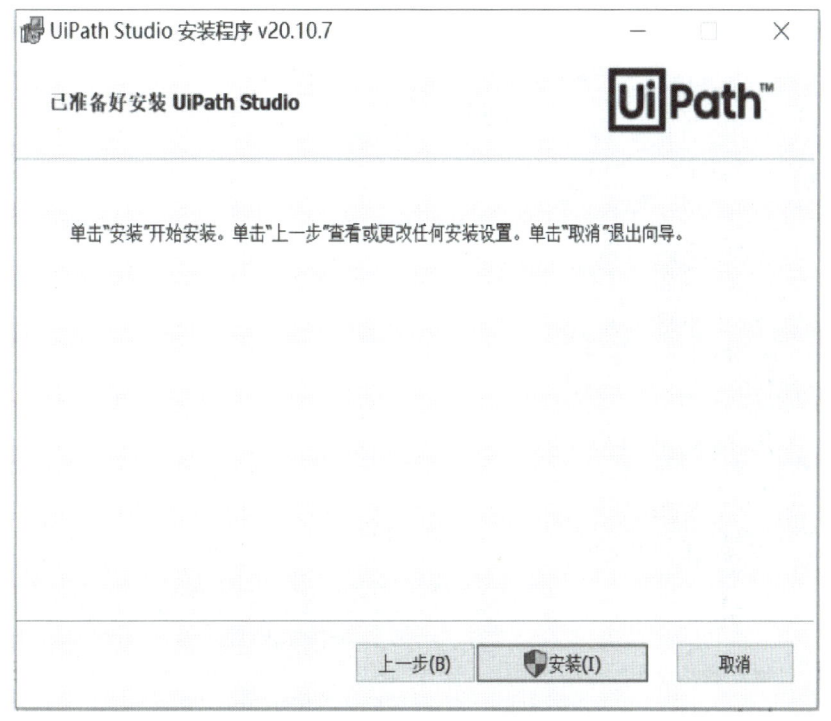

图 1-10　继续点击【安装(I)】按钮

9

（4）等待安装，如图 1-11 所示。

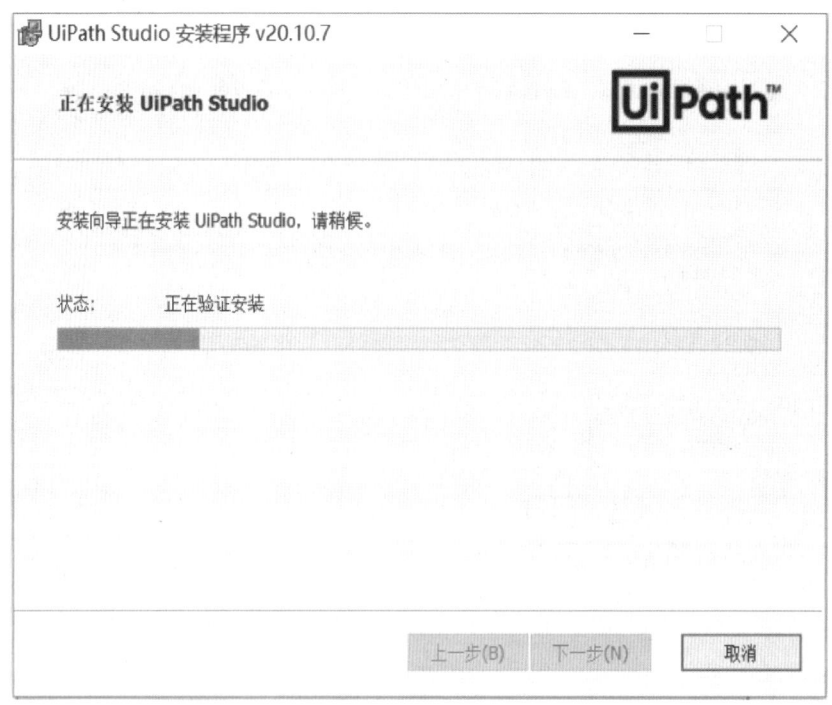

图 1-11　等待软件安装

（5）点击【完成(F)】按钮，启用 UiPath Studio，如图 1-12 所示。

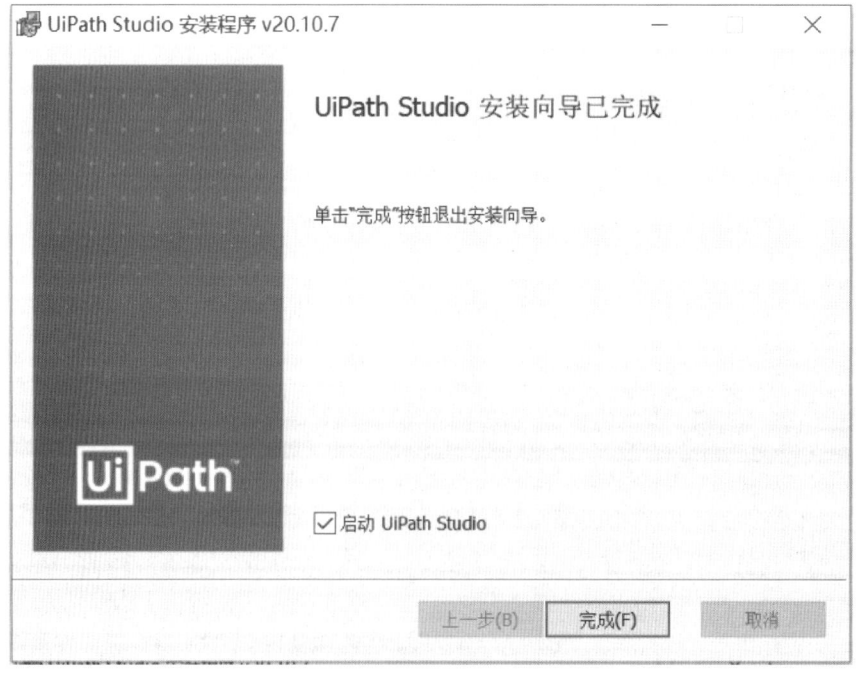

图 1-12　点击【完成(F)】按钮

（6）点击左下角【More Options】按钮进行软件初始设置，如图 1-13 所示。

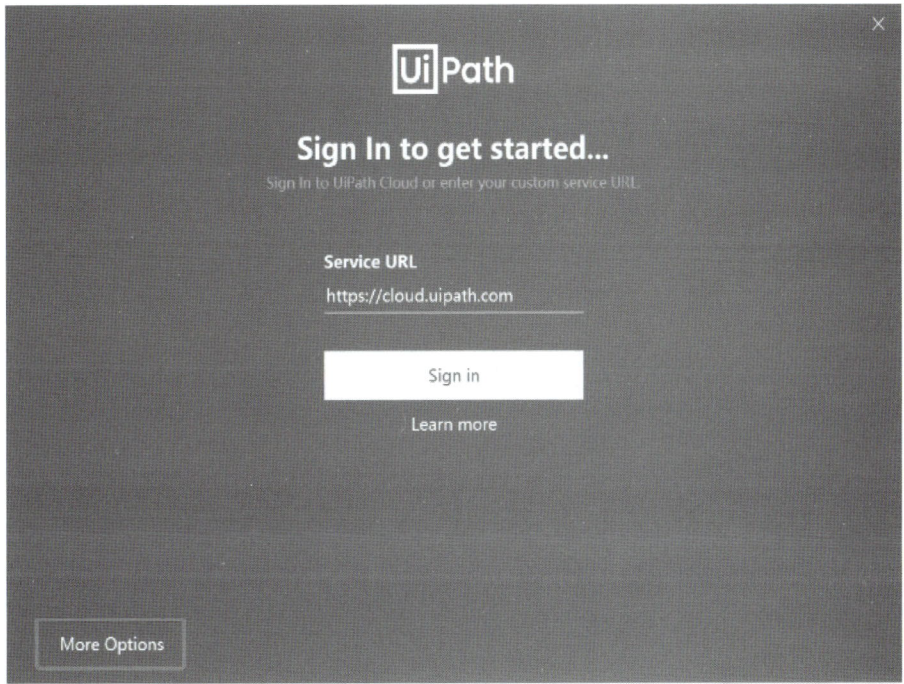

图 1-13　进行软件初始设置

（7）点击【Standalone Options】选项，如图 1-14 所示。

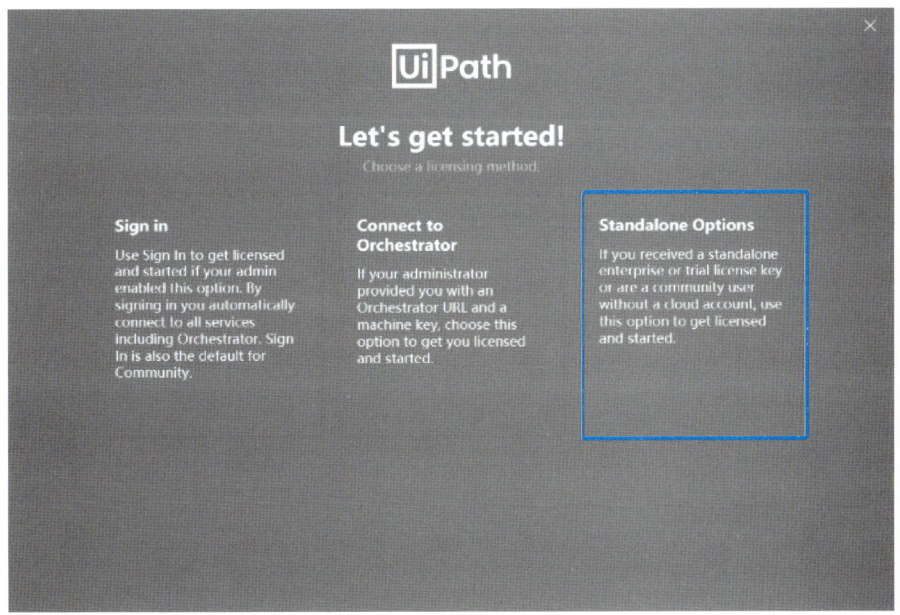

图 1-14　选择相关设置选项

（8）添加许可证密钥即激活码(该激活码为注册时发送至邮箱的激活码)，如图 1-15 所示。

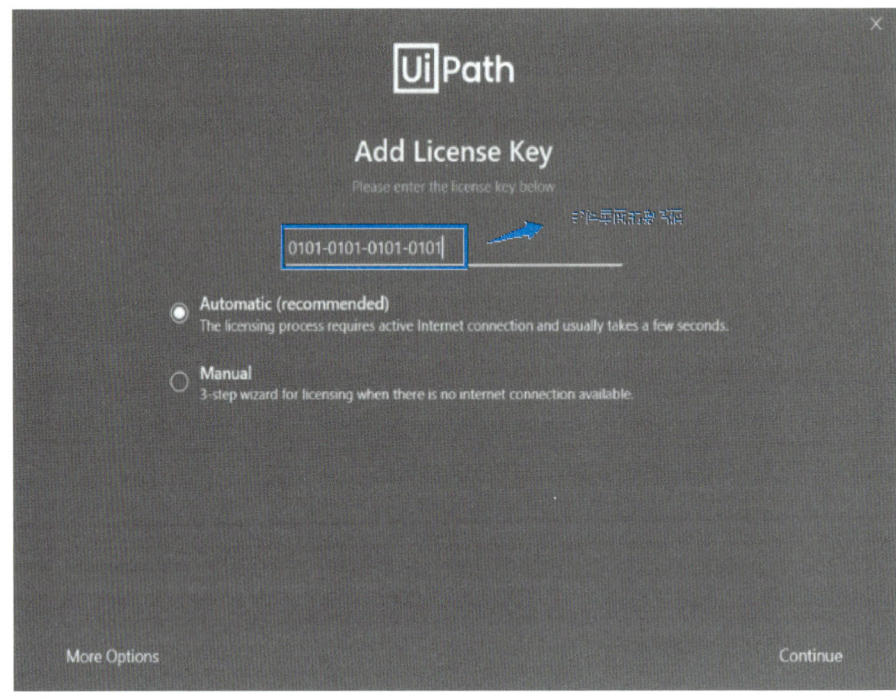

图 1-15　输入获取的激活码

（9）进入流程自动化设计界面，创建自动化流程，如图 1-16 所示。

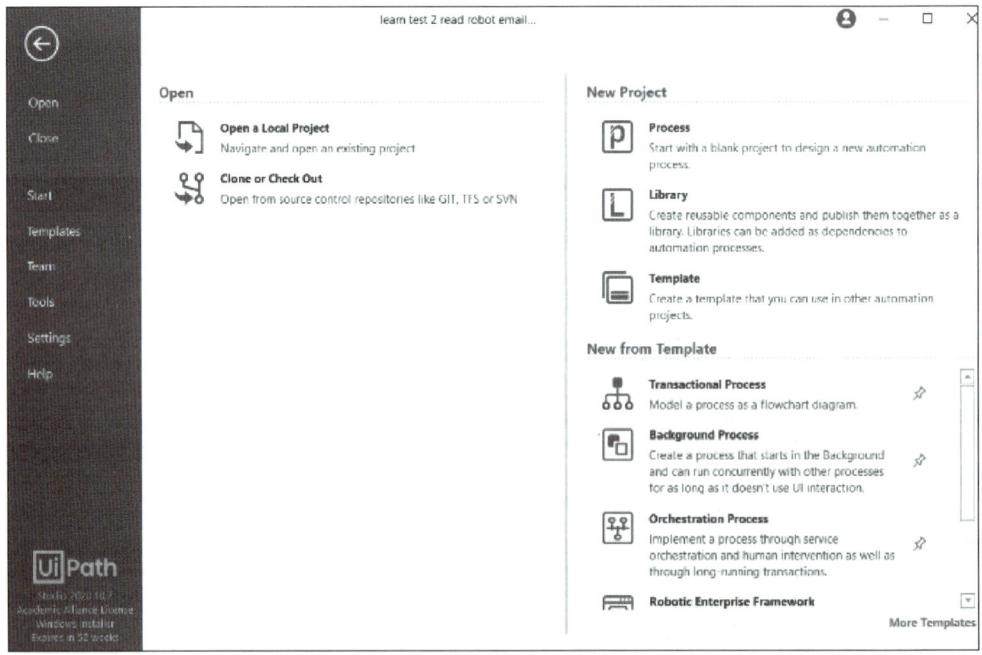

图 1-16　创建自动化流程

（10）点击"Settings"选项配置语言，选择"中文（简体）"，如图 1-17 所示。

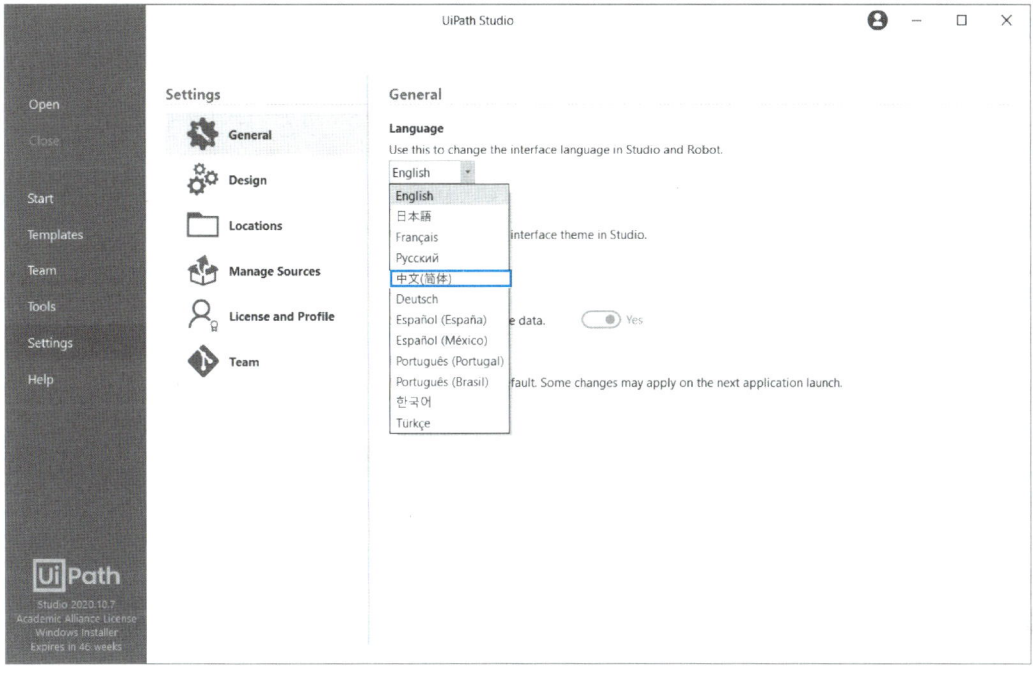

图 1-17　设置软件语言

（11）点击"设置"选项配置管理源信息，如图 1-18 所示。
科云源地址：http://keyun-nuget.acctedu.com/v3/index.json。
国内源地址：https://nuget.cdn.azure.cn/v3/index.json。

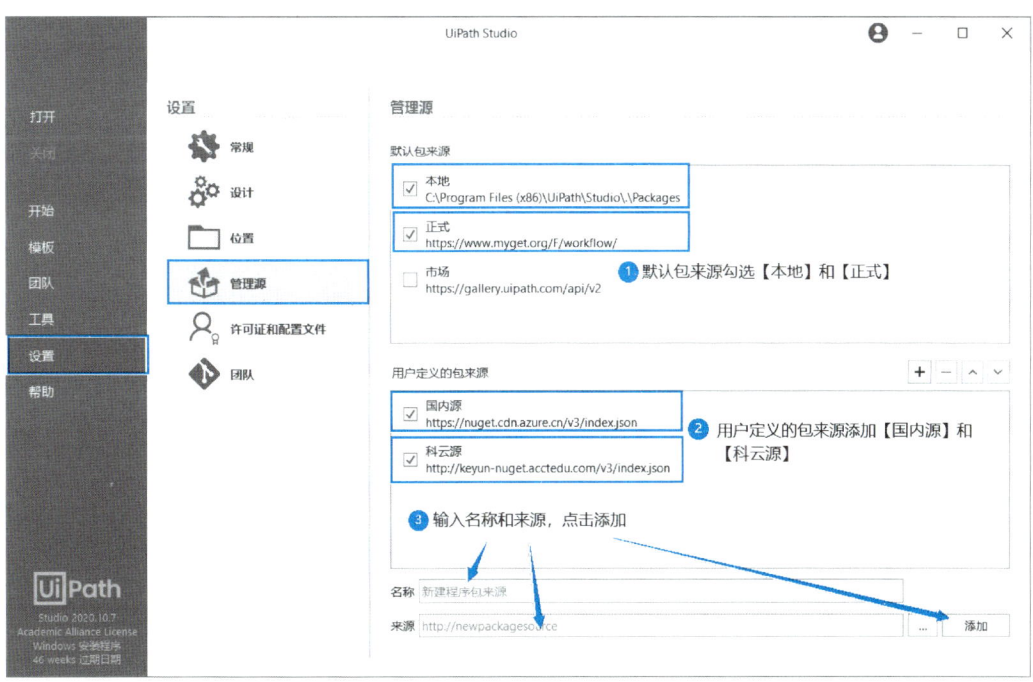

图 1-18　配置管理源信息

(12) 安装浏览器扩展程序。

① 点击"工具"选项,单击【Chrome】图标,弹出提示框"你要允许此应用对你的设备进行修改吗?",点击【是】按钮,弹出【设置扩展程序】提示框,点击【确定】按钮,如图 1-19 所示。

图 1-19　设置扩展程序

② 打开谷歌浏览器,点击右上角自定义及控制按钮,选择【更多工具】选项,点击【扩展程序】选项,如图 1-20 所示。

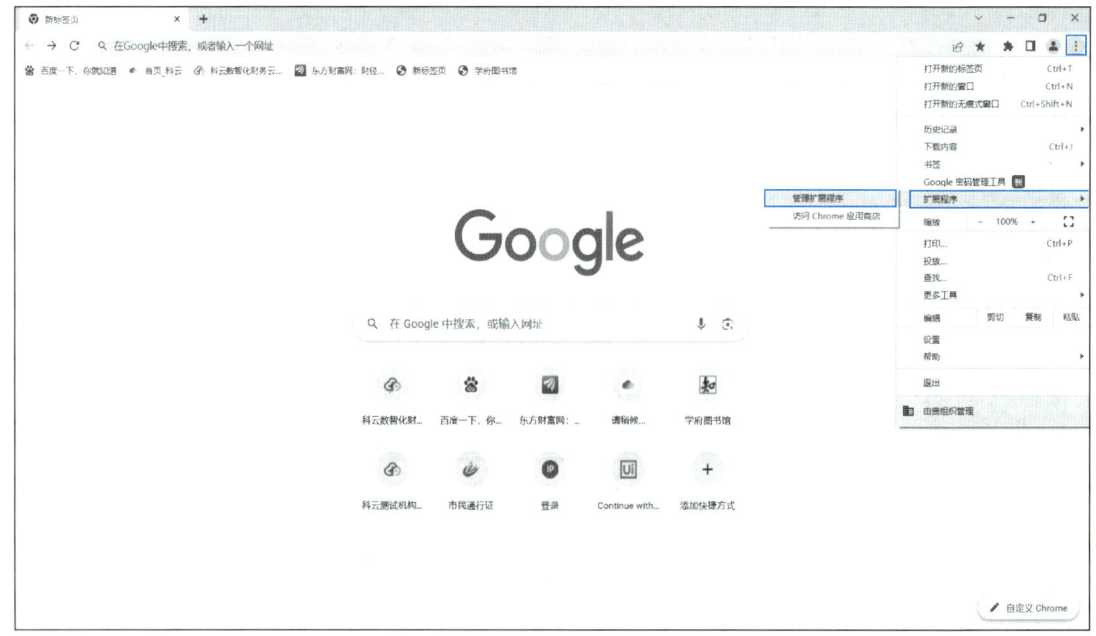

图 1-20　对浏览器进行配置

③ 进入【扩展程序】界面后，将 UiPath 扩展程序右下角图标设置为打开状态，如图 1-21 所示。

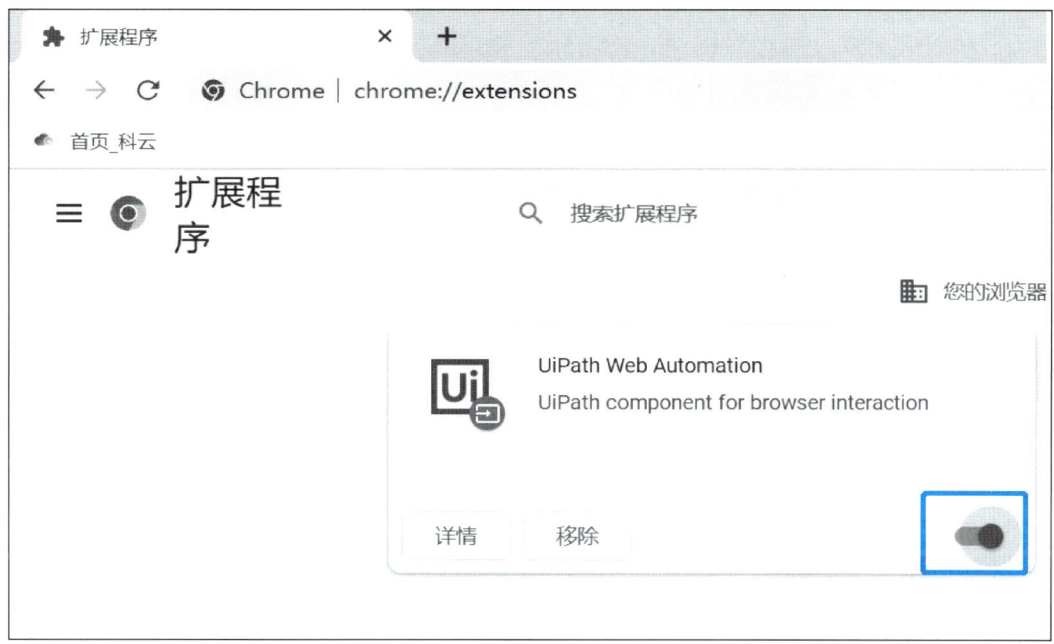

图 1-21　查看浏览器是否配置成功

▶ 请注意

在后续的教学内容以及实践教学平台中，本教材主要以谷歌浏览器 UiPath 扩展程序为操作环境，请读者务必正确配置谷歌浏览器。

夯实 RPA 财务机器人开发基础

知识目标

- 了解 UiPath 的基本功能
- 了解几种常用变量的数据类型、运算符
- 了解流程图类型选择
- 了解常用的鼠标、键盘输入操作活动
- 了解【IF 条件】活动的使用
- 了解先条件循环、后条件循环、遍历循环活动的使用

能力目标

- 掌握 UiPath 常用活动并能编制简单机器人流程
- 掌握 RPA 新技术并能够解决现实问题

素养目标

- 具有良好的职业道德
- 具备独立分析和解决问题的能力
- 具备对信息技术前沿知识和核心素养的认识

任务一　UiPath 介绍

一、UiPath 概述

UiPath 是由 UiPath 公司开发的 RPA 软件,用于实现企业日常工作的自动化,是 RPA 领域最受欢迎的软件之一,由设计平台(Studio)、机器人(Robot)和控制平台(Orchestrator)三大组件组成。UiPath 三大组件间的关系,如图 2-1 所示。

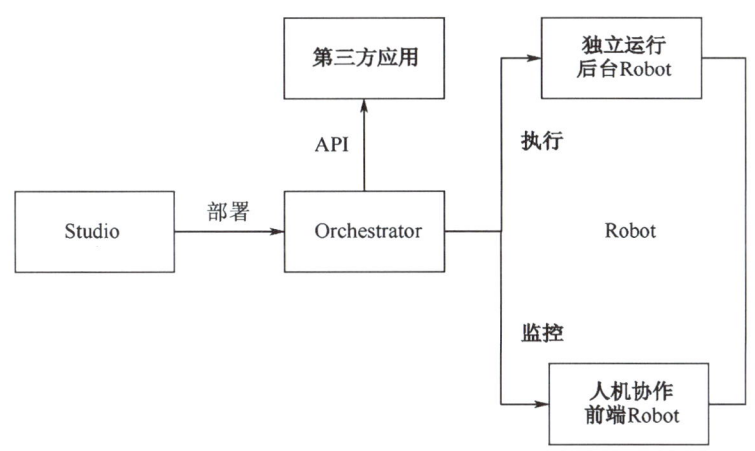

图 2-1　UiPath 三大组件间的关系

1. UiPath Studio

UiPath Studio 是 UiPath 中负责机器人流程设计和开发的环境,可以用来编辑指挥机器人自动工作的控制流程,指挥机器人工作需要编写程序代码。UiPath Studio 是低代码开发环境,不需要用户掌握很多的编程知识。它提供一种图形化界面来帮助用户完成机器人工作流程的编辑和开发,操作界面友好,用户可以非常方便地设计各种机器人自动化流程。

2. UiPath Robot

在 UiPath Studio 中设计好的机器人自动化流程由 UiPath Robot 来运行。Robot 也就是我们常说的机器人,也称虚拟劳动力。Robot 运行流程的方式有两种,第一种是全自动运行,不需要人工参与,也称无人值守运行方式;第二种是由人工参与控制流程的运行。

3. UiPath Orchestrator

UiPath Orchestrator 是机器人的管理者,可以集中调度、管理和监控所有机器人。

综上所述,UiPath 的三大组件相互配合,Studio 负责规划和开发机器人功能,Robot 负责运行机器人流程,Orchestrator 负责管理和监控机器人,三者共同组成了一个完整的 RPA 软件平台。

▶ **请注意**

初学者一般只使用 UiPath Studio,因此,本教材着重介绍机器人的流程设计与开发。

二、UiPath Studio 界面介绍

UiPath Studio 主要包含三个界面,分别为主页界面、设计界面、调试界面,每个界面有特定的功能。

1. 主页界面

UiPath Studio 主页界面左侧主要为软件基础设置选项,包括"打开""开始""模板""团队""工具""设置"和"帮助"。

1) 主页界面"开始"选项

主页界面"开始"选项包括"打开""打开最近使用的文件""新建项目""从模板新建",如图 2-2 所示。

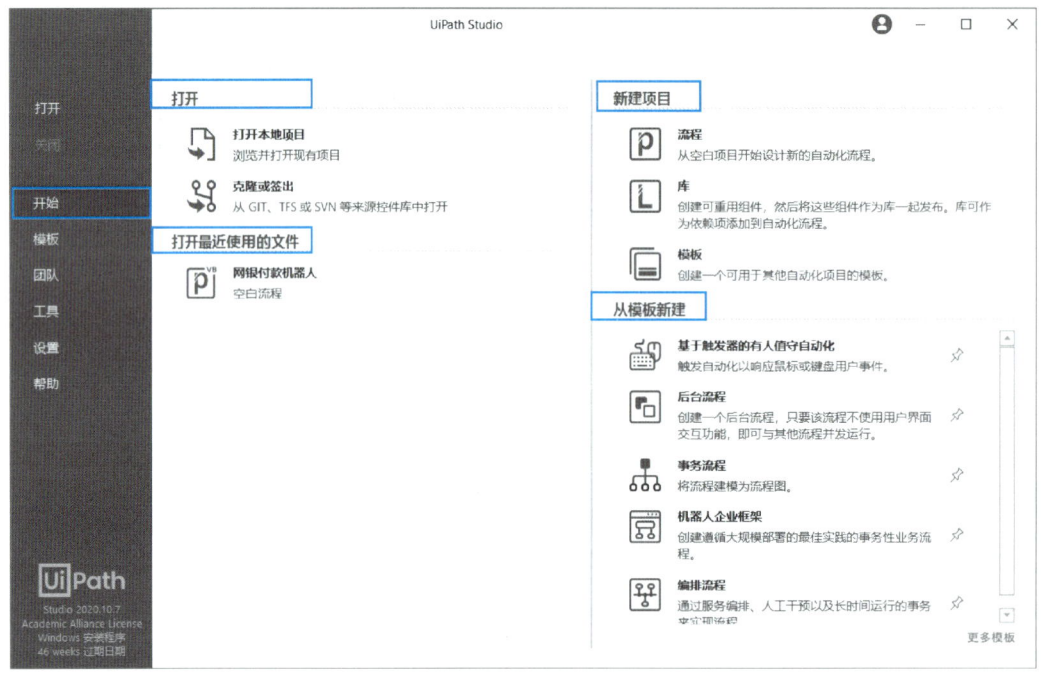

图 2-2　UiPath Studio 主页界面"开始"选项

(1)"打开"(打开本地项目):用于浏览并打开现有项目。

(2)"打开最近使用的文件":显示最近打开项目的记录。

(3)"新建项目"(流程):用于从空白项目开始设计新的自动化流程。

2) 主页界面"工具"选项

主页界面"工具"选项主要包括"应用程序"与"UiPath 扩展程序"两个项目,如图 2-3 所示。

(1)"应用程序":包括"用户界面探测器""项目依赖项批量更新工具""Microsoft Office Interop 修复工具"。

(2)"UiPath 扩展程序":用于将自动化能力扩展到网页浏览器、Java 应用程序、Silverlight 应用程序、Citrix 等。

3) 主页界面"设置"选项

主页界面"设置"选项下包含"常规""设计""位置""管理源""许可证和配置文件"及"团队"六个项目,如图 2-4 所示。

项目二　夯实 RPA 财务机器人开发基础

图 2-3　UiPath Studio 主页界面"工具"选项

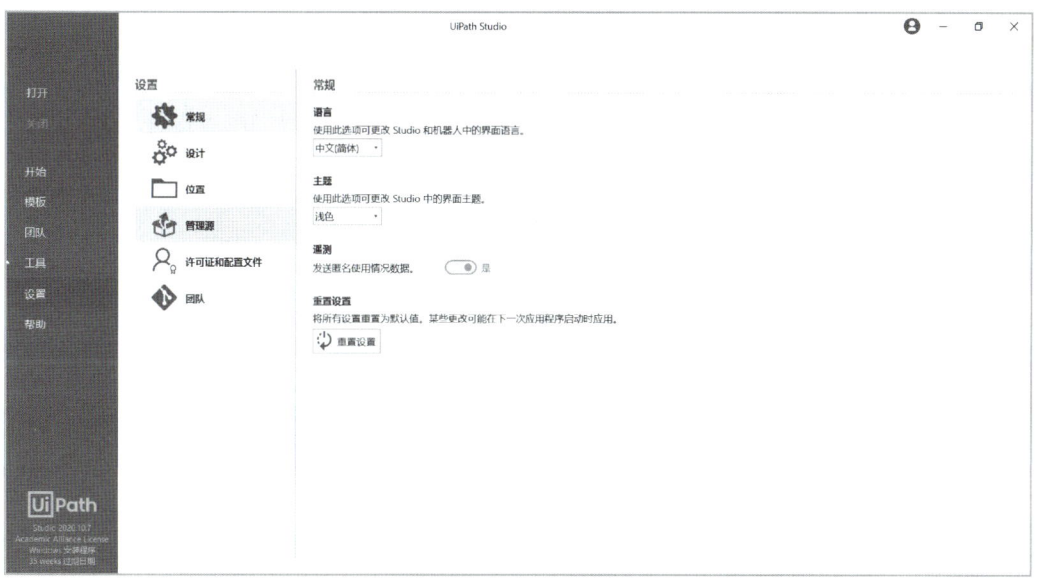

图 2-4　UiPath Studio 主页界面"设置"选项

（1）"常规"：可修改 UiPath Studio 界面语言、主体颜色等。
（2）"设计"：保存并发布、执行、设计样式等配置。
（3）"位置"：更改发布流程、发布库、发布项目模板等的位置。
（4）"管理源"：配置项目包来源，包含默认包来源和用户定义的包来源。
（5）"许可证和配置文件"：更改本地许可证，查看更改的配置文件。
（6）"团队"：主要为来源控件插件。

4）主页界面"帮助"选项

主页界面"帮助"选项提供了"产品文档""社区论坛""帮助中心"等项目。若在使用 UiPath Studio 过程中存在疑问，可进入产品文档或社区论坛查阅相关资料，如图 2-5 所示。

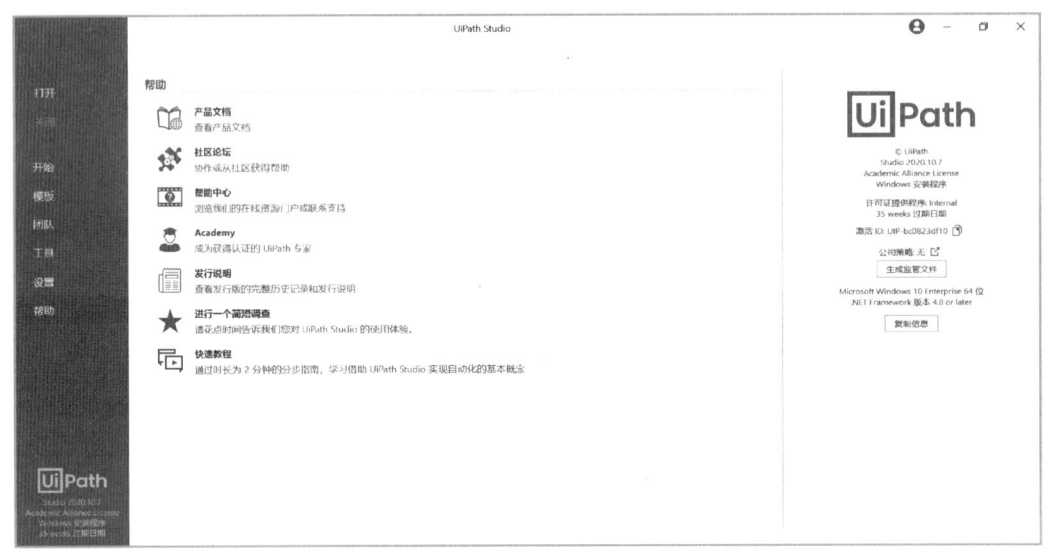

图 2-5　UiPath Studio 主页界面"帮助"选项

2. 设计界面

UiPath Studio 设计界面主要包含"快捷菜单栏""项目""活动""工作流设计"等多个项目面板。

1）设计界面"快捷菜单栏"面板

设计界面"快捷菜单栏"面板功能丰富，包含"新建""保存""导出为模板""调试文件""管理程序包"等多种功能，如图 2-6 所示。

图 2-6　UiPath Studio 设计界面"快捷菜单栏"面板

图 2-7　"新建"菜单下的几个选项

（1）"新建"：可以创建或启动序列、流程图或状态机。其中，序列和流程图为初学者常用的两个业务逻辑，如图 2-7 所示。

（2）"保存"：用于保存当前设计的工作流程。

（3）"调试文件"：用于调试工作流程。

（4）"管理程序包"：用于安装和更新程序包。

（5）"录制"：用于在屏幕上捕获用户的动作并将其转换为序列。

（6）"屏幕抓取"：使用全文、原生或 OCR 方法从指定用户界面元素或文档中提取数据。

(7)"数据抓取":用于抓取浏览器、应用程序或文档界面上的结构化数据。

(8)"用户界面探测器":可以为特定用户界面元素创建一个自定义选取器,帮助用户在使用变量替代选择器时,查看修改后的元素是否有效,用来查找元素与元素间的不同点与相同点。

(9)"导出到 Excel":将当前流程中使用的活动导出至 Excel。

(10)"发布":发布当前流程以供使用。

2)设计界面"项目"面板

设计界面"项目"面板主要包括"依赖项"". screenshorts""Main. xaml""project. json"等项目文件资源,如图 2-8 所示。

(1)"依赖项":官方或者他人制作的封装好的组件,是脚本开发和运行中必备的。每个 UiPath 项目都默认需要以下四个依赖项(等号的左侧为包名,右侧为版本号):

UiPath. Excel. Activities=2.9.5

UiPath. Mail. Activities=1.9.5

UiPath. System. Activities=20.10.4

UiPath. UIAutomation. Activities=20.10.9

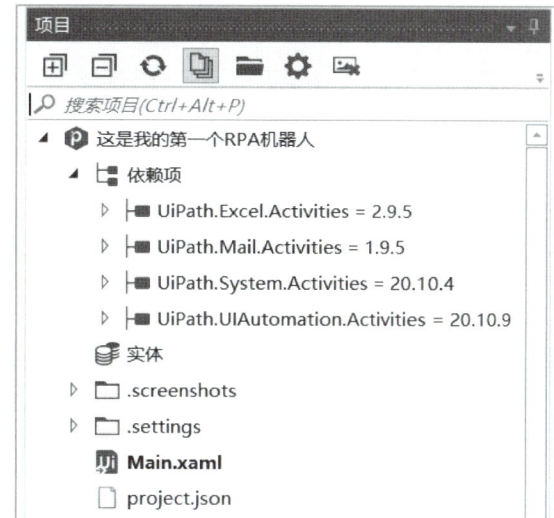

图 2-8　UiPath Studio 设计界面"项目"面板

请注意

当依赖项缺失,依赖项会加载为红色,可以右击该依赖项,选择修复依赖项。

(2)"Main. xaml":该文件包含主工作流程。

(3)"project. json":该文件包含自动化项目信息文件。

3)设计界面"活动"面板

设计界面"活动"面板包含了项目需要的基本活动,可以直接在"活动"面板中调用,也可以在搜索栏中搜索需要的活动。UiPath 中的活动提供了不同应用程序所需的各种自动化操作,将其拖放到工作区中,并对其进行配置,使其能够根据每个活动的需求工作,如图 2-9 所示。

4)设计界面"工作流设计"面板

设计界面"工作流设计"面板显示当前的自动化项目流程。例如,单击主页界面的【打开主工作流】,将活动拖曳至设计区进行流程设计开发的操作,在流程设计的过程中,可根据功能需求配置活动"属性"面板中相应的属性,如图 2-10 所示。

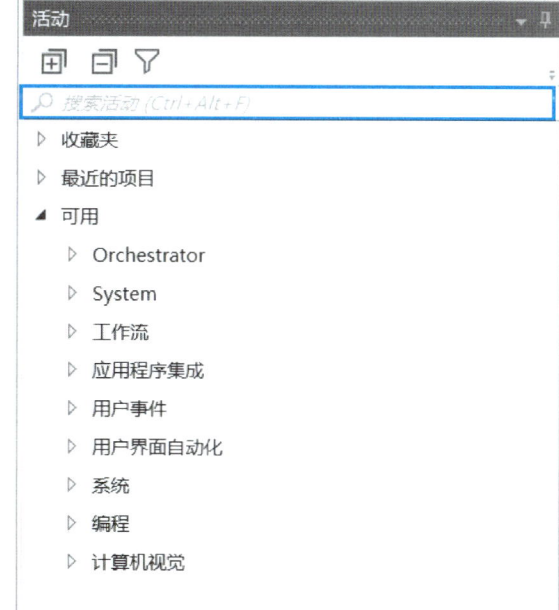

图 2-9　UiPath Studio 设计界面"活动"面板

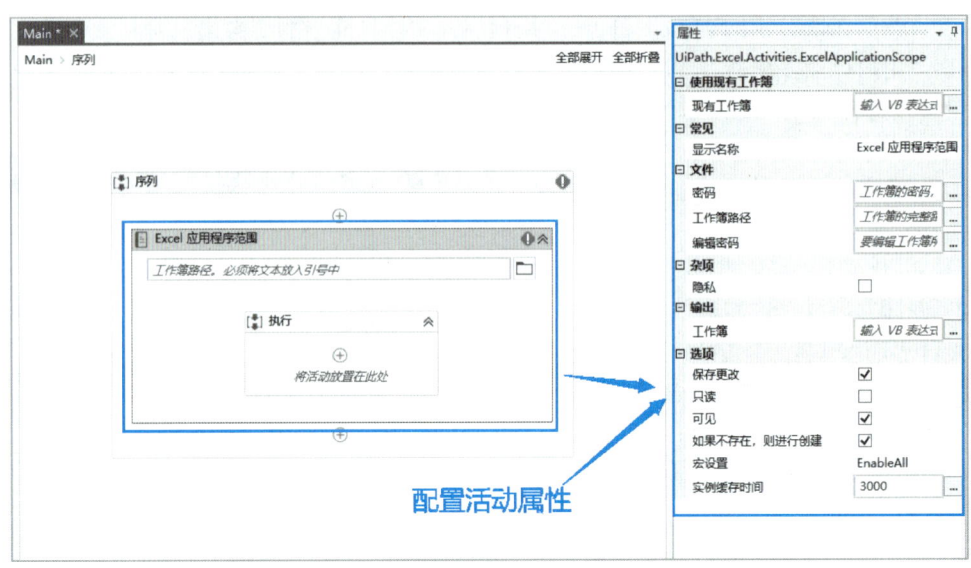

图 2-10　UiPath Studio 设计界面"工作流设计"面板

3. 调试界面

UiPath Studio 调试界面主要用于调试文件、测试断点、慢步骤以及打开日志。调试文件结束后，打开"输出"面板即可看到相对应的调试结果，如图 2-11 所示。

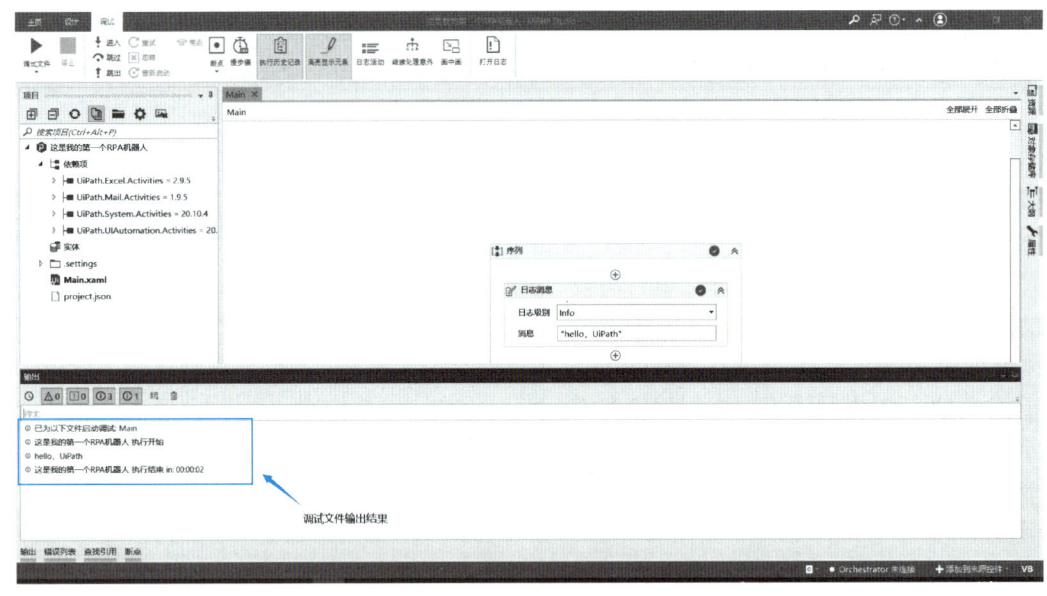

图 2-11　UiPath Studio 调试界面

（1）"调试文件"：调试流程文件。
（2）"断点"：用于对可能触发执行问题的活动有意暂停调试流程。
（3）"慢步骤"：在调试过程中更仔细地查看各项活动。启用此操作后，调试过程中将高亮显示各项活动。
（4）"高亮元素"：被选中的元素在流程执行过程中会显示红色标识。

(5)"执行历史记录":查看执行的历史记录。

(6)"日志活动":日志记录,当其被开启时,会详细记录每一个活动。

(7)"继续处理意外":此调试功能默认禁用。

(8)"画中画":在计算机上的单独会话中执行和调试流程或库。

(9)"打开日志":打开本地存储的日志。

三、UiPath 项目的新建与打开

1. UiPath 项目的新建

打开 UiPath Studio,在主页界面"开始"选项下,点击【新建项目】下的【流程】,弹出【新建空白流程】对话框,在此对话框中输入流程名称、位置等信息,单击【创建】按钮,即可完成一个项目的新建,如图 2-12 所示。

2. UiPath 项目的打开

打开 UiPath Studio,在主页界面"开始"选项下,点击【打开本地项目】按钮,弹出最新打开的项目文件,在此可更改要打开的项目文件,选择"project.json"工作流项目文件,单击【打开(O)】按钮,即可完成项目的打开,如图 2-13 所示。

图 2-12 新建空白流程的操作步骤

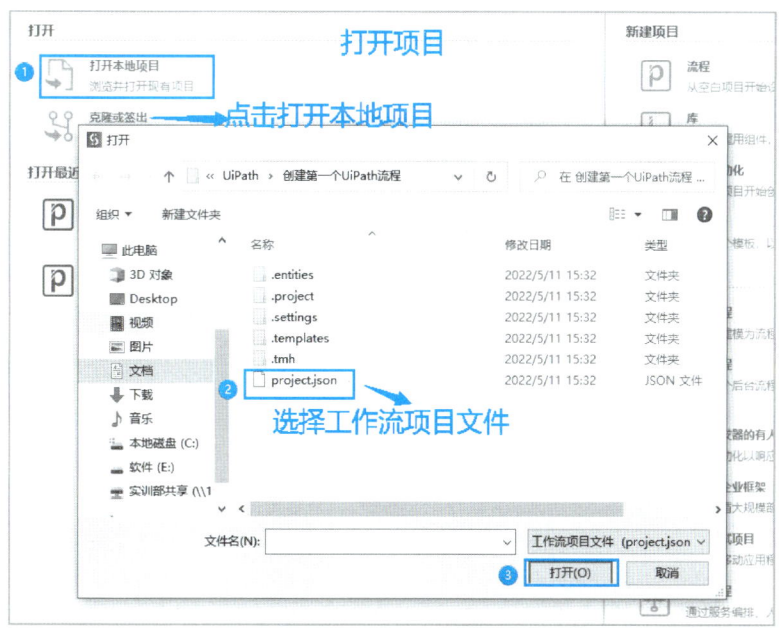

图 2-13 打开项目的操作步骤

【例 2-1】 Hello, UiPath

1）示例描述

请在 UiPath Studio 中创建一个项目,命名为"示例 1",然后设计一个机器人向大家打招呼,内容为"Hello,UiPath"。

2）操作步骤

（1）打开 UiPath Studio,在主页界面点击【流程】新建项目,弹出【新建空白流程】对话框,修改名称为"示例 1",此处位置与说明无须修改,如图 2-14 所示。

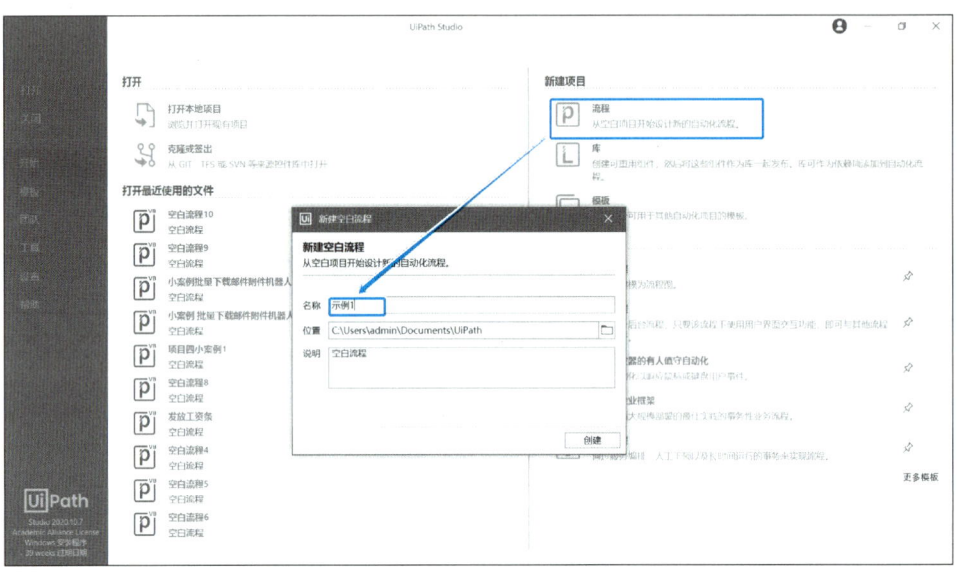

图 2-14　[例 2-1]新建空白流程

（2）单击主页界面的【打开主工作流】,如图 2-15 所示。单击左侧的"活动"面板,在搜索框内输入"序列",拖曳【System】—【Activities】—【Statements】类别下的【序列】至主页界面的加号处,该步骤表示在主工作流中添加一个【序列】活动,如图 2-16 所示。

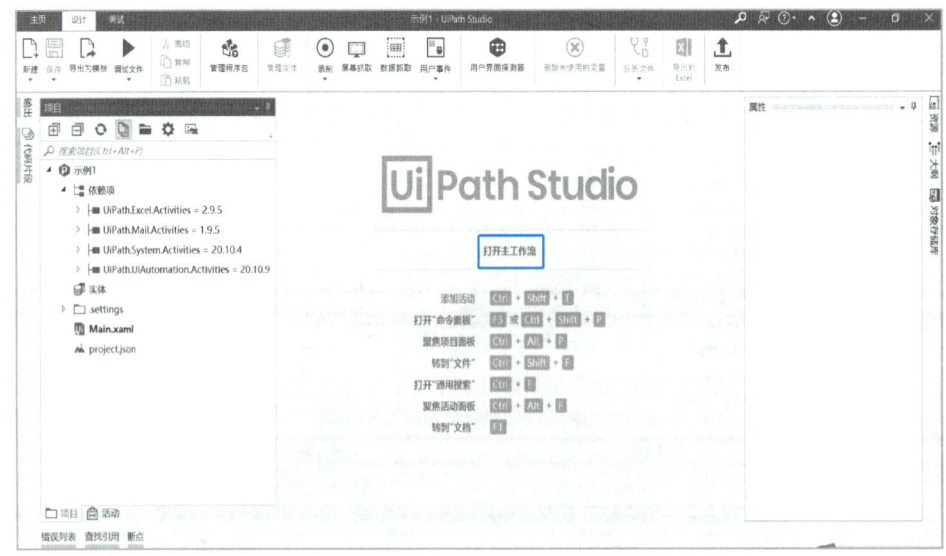

图 2-15　[例 2-1]打开主工作流

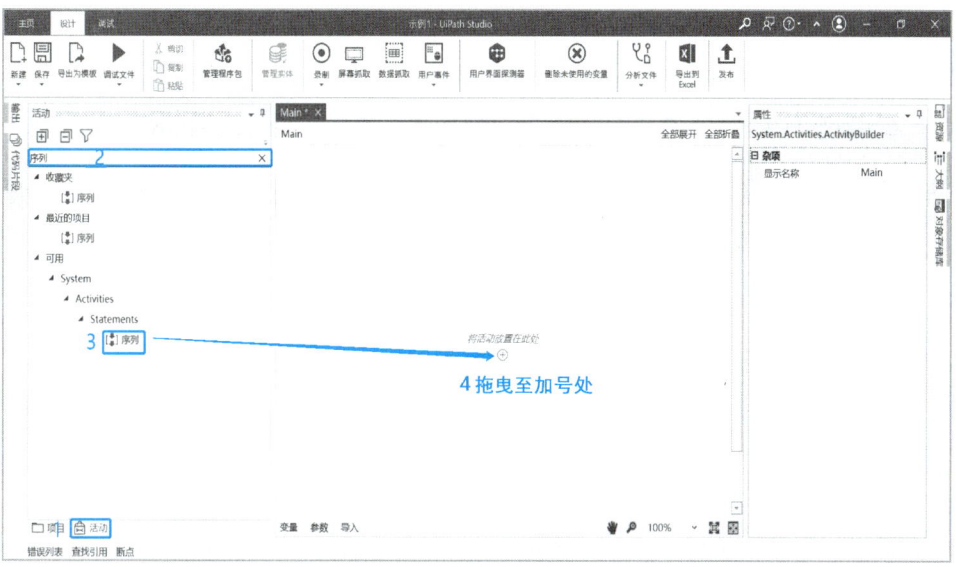

图 2-16 [例 2-1]新建序列流程

(3) 在搜索框内输入"消息框",拖曳【系统】—【对话框】类别下的【消息框】至【序列】内的加号处,该步骤表示添加【消息框】活动,如图 2-17 所示。设置【消息框】活动内容为"Hello,UiPath",如图 2-18 所示。

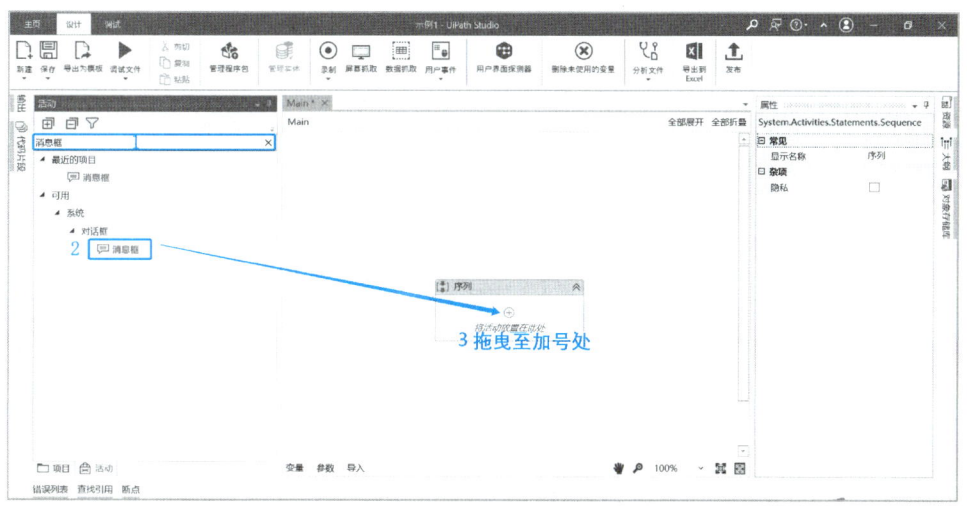

图 2-17 [例 2-1]将【消息框】拖曳至【序列】加号处

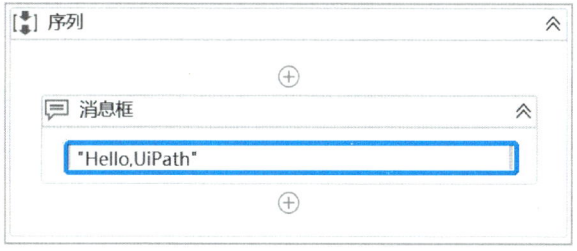

图 2-18 [例 2-1]【消息框】中设置输出文本

> 请注意

【消息框】活动的文本是字符串，必须放在英文状态下的引号内。

（4）单击"设计"面板的"调试文件"选项，运行 RPA 机器人，如图 2-19 所示。

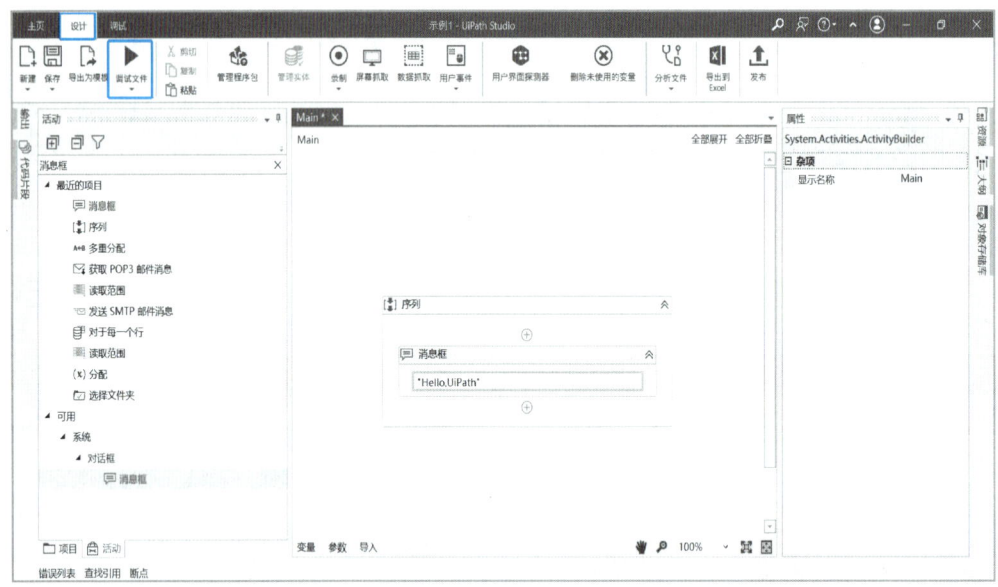

图 2-19 ［例 2-1］进行文件的调试和运行

运行结果如图 2-20 所示。

图 2-20 ［例 2-1］运行结果

> 知识点拨

UiPath Studio 在新建项目时有序列、流程图、状态机三个模式。序列：适用于简单的操作或任务，它可以从一个活动转到另一个活动，且活动之间互不干扰，可用于子模块的调试。流程图：适用于更复杂的业务逻辑，能够通过多个分支逻辑运算符以更多样化的方式整合决策并连接活动。状态机：适用于非常大的项目，在执行中使用有限数量的状态，这些状态由条件（转换）或活动触发。

> 请注意

UiPath 在开发机器人的过程中主要是对活动控件的拖曳，较少会涉及代码的编写，我们可以将主要的学习精力放在对业务流程的理解与设计上。

任务二　UiPath 变量

一、初识变量

1. 变量的含义

变量是内存中保存数据的一个存储空间,主要用于存储数据,一个数据可能被反复使用时都要保存在变量中。变量在 RPA 中扮演重要的数据传递角色,是 RPA 编程不可或缺的一部分。

2. 变量的命名

UiPath 中的变量名由字母、数字和下划线组成,并且要以字母或下划线开头。UiPath 中的变量名不区分大小写,同时,变量的命名不能与 UiPath 的关键字冲突。定义变量时,还要注意变量的作用范围。

> **知识点拨**
>
> (1) 为了提高变量名称的可读性,通常可遵循计算机程序语言中的命名惯例:①蛇形命名法:First1_Name2、first_name2;②大/小驼峰命名法:FirstName、lastName;③帕斯卡命名法:First1Name2、First1Name。
>
> (2) 由于财务工作涉及较多专业名词,为了提高变量名称的可读性,财务人员在开发财务机器人过程中也可使用中文对变量进行命名,如净利润、企业所得税等。

> **请注意**
>
> UiPath Studio 开发中一般采用 VB 为脚本语言,变量命名不区分大小写,需要与 Python 加以区别。

3. 变量的值

变量的值支持多种数据类型,包括通用值、文本、数字、数据表、时间和日期、UiElement、任何".NET"变量类型。使用变量前应先根据存储数据的特点为变量选择合适的数据类型。数据类型决定了数据在内存中的存放方式和占用的内存大小,决定了数据的取值范围和可对数据执行的操作。

二、变量的创建与删除

1. 变量的创建

1) 从"变量"面板中创建变量

在 UiPath Studio 的"变量"面板中,单击【创建变量】按钮,新增一个变量行,输入变量名称、选择变量类型、设置范围、设置默认值后即完成创建,如图 2-21 所示。如果默认值为空,则变量将使用其类型的默认值进行初始化。例如,创建一个变量,变量类型为"Int32",默认值为"0"。

> **请注意**
>
> 仅当"设计器"面板包含至少一个活动时,才能创建变量。

2) 从活动的"属性"面板中创建变量

在活动的"属性"面板中,选中可以编辑的字段,单击鼠标右键,在打开的快捷菜单中选择

图 2-21 从"变量"面板中创建变量

【创建变量】选项,或者按快捷键"Ctrl+K";输入变量名,按"Enter"键即可创建变量。创建好的变量也可在"变量"面板中查看和编辑,如图 2-22 所示。

3) 直接在活动中创建变量

在活动中,选中可以编辑的字段,单击鼠标右键,在打开的快捷菜单中选择【创建变量】选项,或者按快捷键"Ctrl+K";输入变量名,按"Enter"键即可创建变量。创建好的变量也可在"变量"面板中查看和编辑,如图 2-23 所示。

图 2-22 从活动的"属性"面板中创建变量

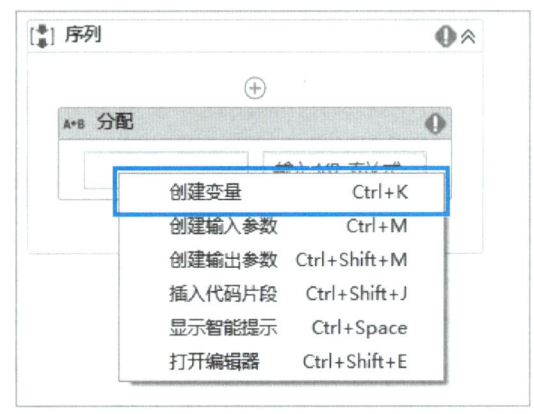

图 2-23 直接在活动中创建变量

2. 变量的删除

若要删除变量,在"变量"面板中选中该变量,单击鼠标右键,选择【删除(D)】选项,或者选中该变量并在键盘上按"Delete"键,如图 2-24 所示。

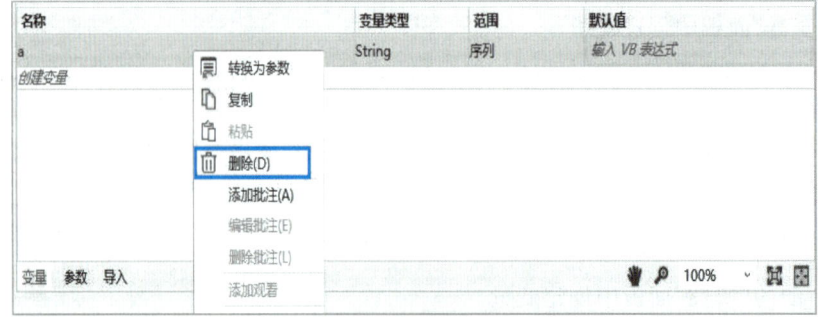

图 2-24 变量的删除

知识点拨

变量在 RPA 开发过程中具有很重要的作用,当遇到复杂的开发过程时,好的变量命名可以帮助我们开发出可读性更好的 RPA 程序。

三、变量的数据类型

1. String

String 是一种只能存储文本的变量类型,该类型的变量可用于存储各类文本信息,如员工姓名、用户名或任何其他字符串。

请注意

UiPath 中的所有字符串必须放在英文状态下的引号内。

【例 2-2】 String

1)示例描述

请在 UiPath Studio 中创建变量"a",数据类型为"String",值为"2021 年资产负债表",并输出该变量。

2)操作步骤

(1)在【序列】中添加【编程】—【调试】类别下的【日志消息】活动,日志级别选择"Info",在消息处按快捷键"Ctrl+K"创建变量"a",如图 2-25 所示。

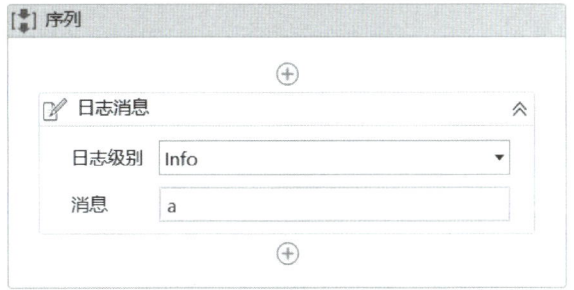

图 2-25 [例 2-2]在【序列】中添加【日志消息】活动

(2)单击【日志消息】活动,打开"变量"面板,修改"a"的变量类型为"String",默认值为"2021 年资产负债表",如图 2-26 所示。

图 2-26 [例 2-2]修改相关变量

运行结果如图 2-27 所示。

2. Boolean

Boolean 也称为布尔值变量,只有两个可能的值:"True"或"False"。该变量帮助用户作出决策,从而更好地控制流程。

【例 2-3】 Boolean

1)示例描述

请在 UiPath Studio 中创建变量"a",数据类型为"Boolean",并输出该变量。

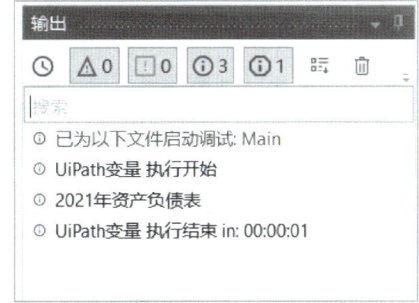

图 2-27 [例 2-2]运行结果

2)操作步骤

(1)在【序列】中添加【编程】—【调试】类别下的【日志消息】活动,日志级别选择"Info",在消息处按快捷键"Ctrl+K"创建变量"a",如图 2-28 所示。

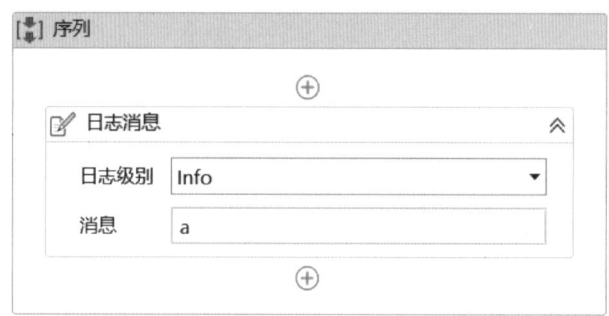

图 2-28 [例 2-3]在【序列】中添加【日志消息】并创建变量

（2）单击【日志消息】活动，打开"变量"面板，修改"a"的变量类型为"Boolean"，如图 2-29 所示。

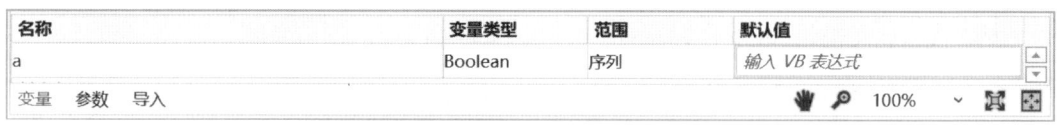

图 2-29 [例 2-3]对变量进行设置

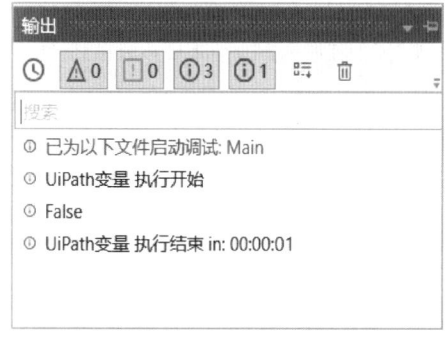

图 2-30 [例 2-3]运行结果

运行结果如图 2-30 所示。

3. Int32

Int32 是数字变量也称为整数或 Int32，用于存储数字信息，可以用于执行方程或比较，传递重要数据和许多其他信息。

【例 2-4】 Int32

1）示例描述

请在 UiPath Studio 中创建变量"a"，数据类型为"Int32"，值为"11"，并输出该变量。

2）操作步骤

（1）在【序列】中添加【编程】—【调试】类别下的【日志消息】活动，日志级别选择"Info"，在消息处按快捷键"Ctrl＋K"创建变量"a"，如图 2-31 所示。

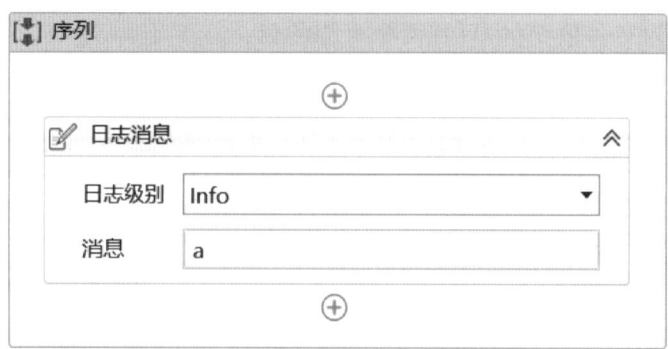

图 2-31 [例 2-4]在【序列】中添加【日志消息】并创建变量

(2)单击【日志消息】活动,打开"变量"面板,修改"a"的变量类型为"Int32",默认值为"11",如图2-32所示。

图 2-32 [例2-4]对变量进行设置

运行结果如图2-33所示。

4. Array

Array是一种用于存储同一类型的多个值的变量,在UiPath中可以创建由数字、字符串、布尔值等组成的数组。通过添加数组项的索引号,可以访问它们的值并将其写入到文本文件中。如【例2-5】中的"a(0)",表示索引该变量的第一个值。

【例2-5】 Array

1)示例描述

请在UiPath Studio中创建变量"a",其数据类型为"Array of [T]"下的"String[]"类型,值为"{"营业收入","营业成本"}",并输出该数组变量的第一个值。

图 2-33 [例2-4]运行结果

2)操作步骤

(1)在【序列】中添加【编程】—【调试】类别下的【日志消息】活动,日志级别选择"Info",如图2-34所示。

(2)单击【日志消息】活动,打开"变量"面板,单击【创建变量】按钮,将变量命名为"a",修改"a"的变量类型为"Array of [T]"下的"String"类型,默认值为"{"营业收入","营业成本"}",在【日志消息】活动的【消息框】处输入"a(0)",如图2-35、图2-36所示。

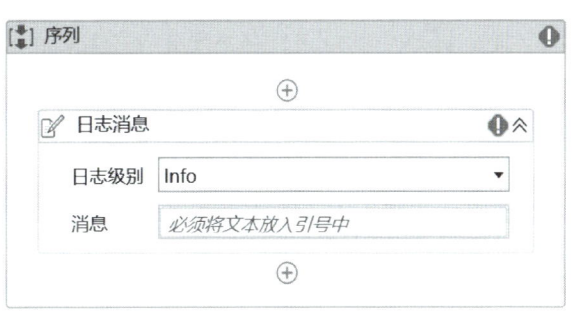

图 2-34 [例2-5]在【序列】中添加【日志消息】

运行结果如图2-37所示。

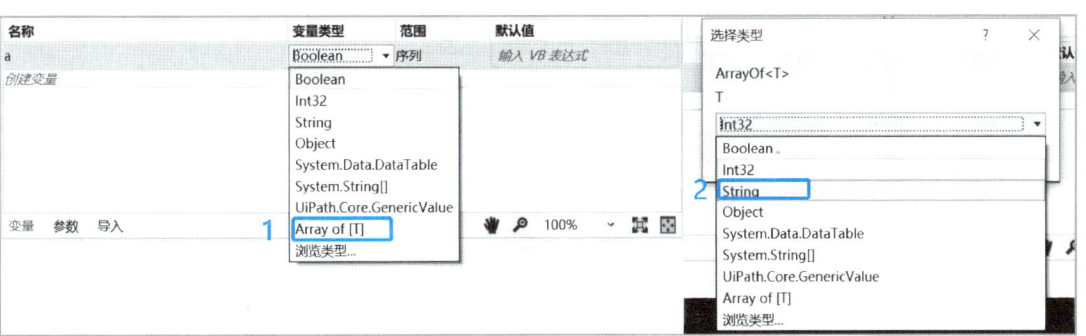

图 2-35 [例2-5]对变量进行设置

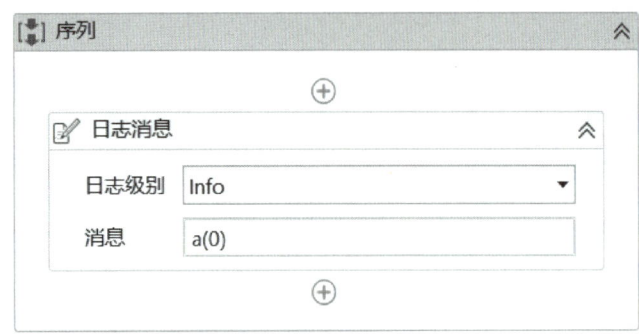
图 2-36 [例 2-5]在【日志消息】中添加变量

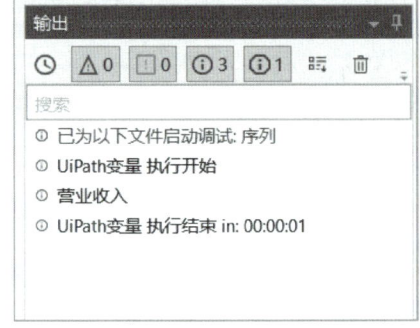
图 2-37 [例 2-5]运行结果

5. GenericValue

GenericValue 是一种可以存储各种类型数据的变量,可以称作泛型,包括文本、数字、日期和数组,它是 UiPath Studio 特有的。UiPath Studio 具有泛型值变量的自动转换机制,可以通过定义它们的表达式来达到预期结果。表达式中第一个元素的数据类型用作 Studio 执行操作时的准则。例如,当两个泛型值变量执行"+"运算时,如果表达式中的第一个变量定义为字符串,则结果是这两个变量的拼接;如果第一个变量定义为整数,则结果是这些整数的和。

▶ 请注意

此处执行求和第二个变量存储数据需为数字。

【例 2-6】 GenericValue

1) 示例描述

请在 UiPath Studio 中创建变量"a",数据类型为"GenericValue",值为"100.1",并输出该变量。

2) 操作步骤

(1) 在【序列】中添加【编程】—【调试】类别下的【日志消息】活动,日志级别选择"Info",在消息处按快捷键"Ctrl+K"创建变量"a",如图 2-38 所示。

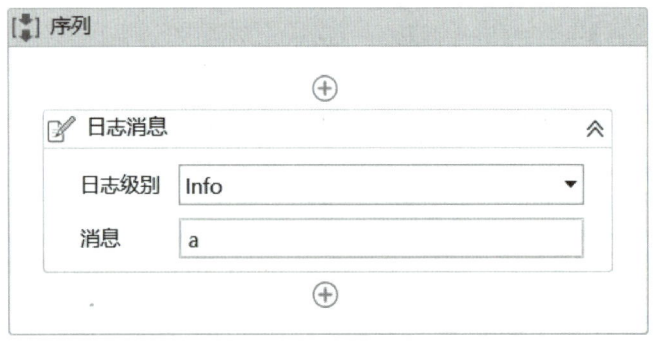
图 2-38 [例 2-6]在【序列】中添加【日志消息】并设置变量

(2) 单击【日志消息】活动,打开"变量"面板,修改"a"的变量类型为"GenericValue",默认值为"100.1",如图 2-39、图 2-40 所示。

运行结果如图 2-41 所示。

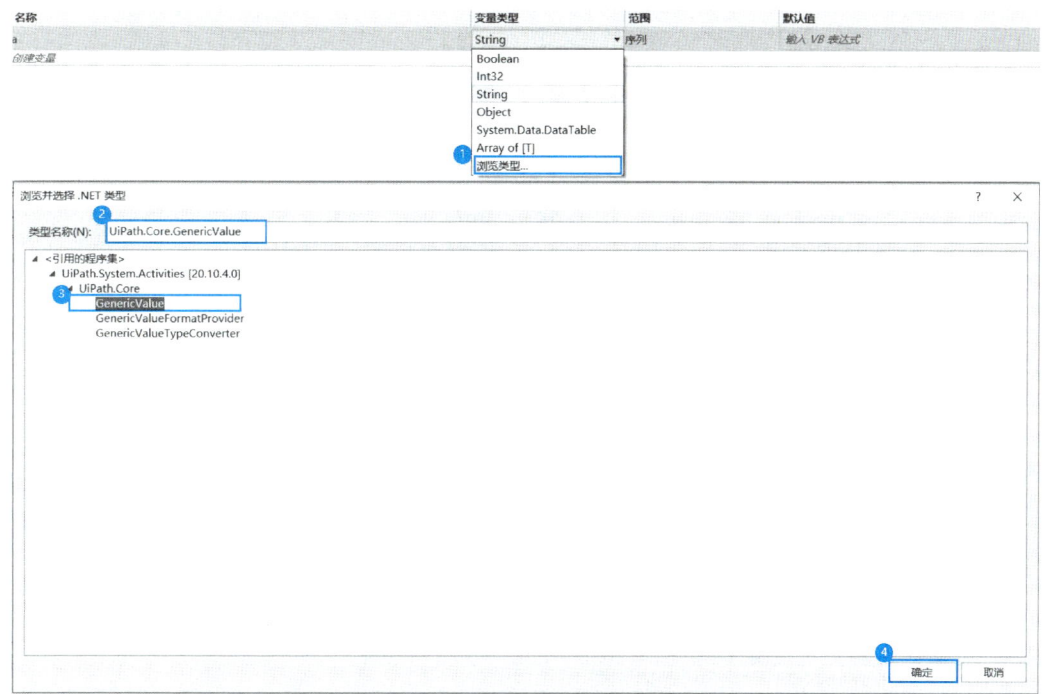

图 2-39 [例 2-6]设置变量类型

图 2-40 [例 2-6]设置变量数值

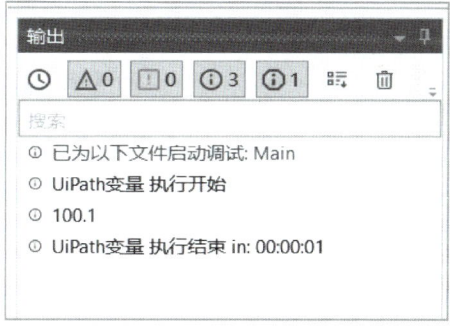

图 2-41 [例 2-6]运行结果

6. DataTable

DataTable 变量可用于存储大量信息，并充当数据库或包含行和列的简单电子表格，将特定数据从一个数据库迁移到另一个数据库，从网站获取信息并将其以本地方式存储在电子表格中，位于"浏览并选择.NET 类型"窗口中"System.Data"下方"System.Data.DataTable"，如图 2-42 所示。

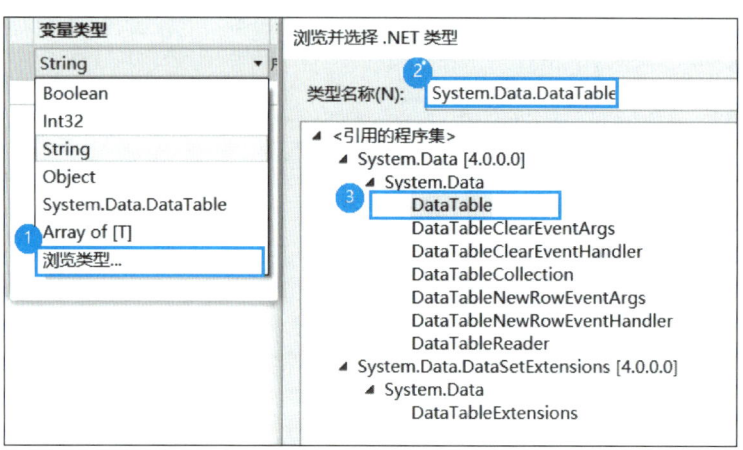

图 2-42 DataTable 类型变量所在位置

> **请注意**

DataTable 类型变量是开发 RPA 财务机器人中一个重要数据类型,本教材后面内容对电子表格的操作主要使用该类型变量,类似 Python 中的 Pandas。

7. Double

Double 是双精度浮点型变量,位于【浏览并选择.NET 类型】窗口中"System"下方"System.Double"。

【例 2-7】 Double

1)示例描述

请在 UiPath Studio 中创建变量"a",数据类型为"Double",值为"3.1415926",并输出该变量。

2)操作步骤

(1)在【序列】中添加【编程】—【调试】类别下的【日志消息】活动,日志级别选择"Info",在消息处按快捷键"Ctrl+K"创建变量"a",如图 2-43 所示。

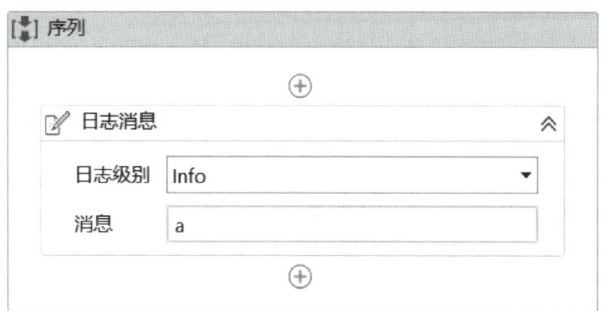

图 2-43 [例 2-7]在【序列】中添加【日志消息】并设置变量

(2)单击【日志消息】活动,打开"变量"面板,修改"a"的变量类型为"Double",默认值为"3.1415926",如图 2-44、图 2-45 所示。

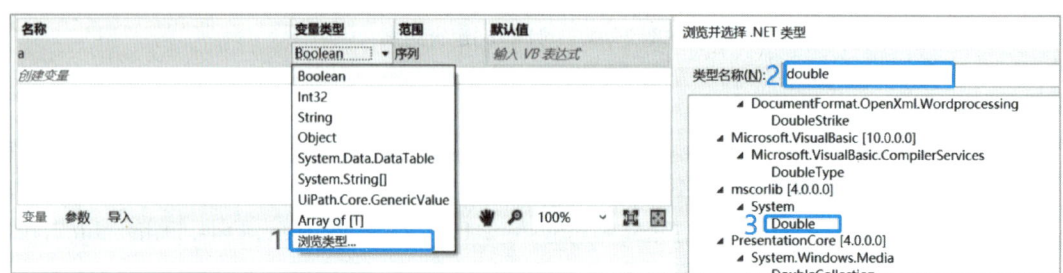

图 2-44 [例 2-7]在"变量"面板修改变量类型

图 2-45 [例 2-7]设置变量数值

运行结果如图 2-46 所示。

四、变量数据类型的转换

不同数据类型的变量之间是可以互相转换的,分为隐式转换和显式转换。隐式转换是系统的默认转换方式,不需要特别声明即可在所有情况下进行。显式转换(强制转换)是一种强制性的转换方式,显式转换使用类型转换关键字,如表 2-1 所示。

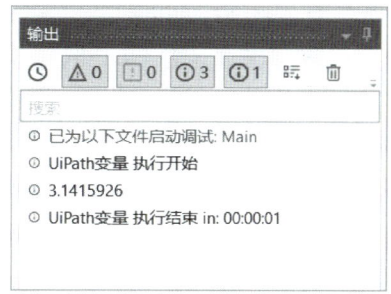

图 2-46 [例 2-7]运行结果

表 2-1 变量数据类型的转换

目标数据类型	转换方法
转换成整数类型	CInt()或 Integer.Parse()
转换成浮点类型	CDbl()或 Double.Parse()
转换成时间日期类型	DateTime.Parse()
转换成字符串类型	ToString
换行符	vbcrlf

【例 2-8】 变量数据类型的转换

1) 示例描述

说明:2021 年 A 公司销售收入为 150 000 元,销售成本为 90 000 元。

要求:设计一个机器人计算 A 公司 2021 年销售毛利率。

活动:【分配】【日志消息】。

2) 操作步骤

(1) 在【序列】中添加一个【System】—【Activities】—【Statements】类别下的【分配】活动,在该活动内按快捷键"Ctrl+K"输入变量名为"销售收入",令"销售收入="150000"",如图 2-47 所示。

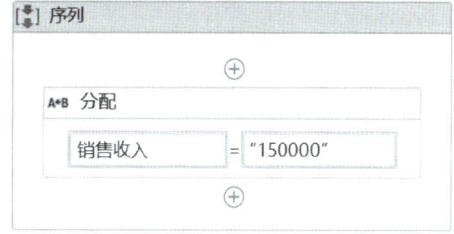

图 2-47 [例 2-8]在【序列】中为销售收入赋值

> **请注意**
> 该活动内创建变量的初始数据类型为"String",此处为了让学生使用函数转换变量类型,因此不在"变量"面板变更变量类型。

(2) 添加一个【System】—【Activities】—【Statements】类别下的【分配】活动,在该活动内按快捷键"Ctrl+K"输入变量名为"销售成本",令"销售成本="90000"",如图 2-48 所示。

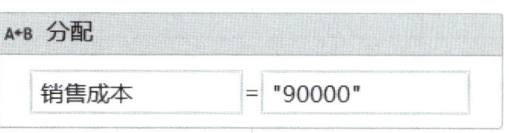

图 2-48 [例 2-8]在【序列】中为销售成本赋值

(3)添加一个【编程】—【调试】类别下的【日志消息】活动,日志级别为"Info",消息处输入销售毛利率计算公式,由于前面创建的变量类型为"String",使用函数 double.parse()将"String"变量类型转换为"Double"变量类型。【日志消息】活动的消息输入为"(double.parse(销售收入)-double.parse(销售成本))/double.parse(销售收入)",如图 2-49 所示。

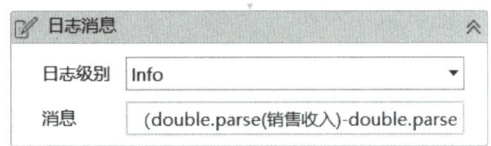

图 2-49 [例 2-8]计算销售毛利

运行结果如图 2-50 所示。

图 2-50 [例 2-8]运行结果

五、运算符

运算符是用于执行某种运算的符号,UiPath 中的运算符大致可以分为 5 种类型,包括算术运算符、连接运算符、关系运算符、赋值运算符和逻辑运算符。

1. 算术运算符

算术运算符用于处理数值计算,UiPath 中常见的算术运算符,如表 2-2 所示。

表 2-2 算术运算符

符号	具体含义	假设 A=2,B=7
^	幂	B^A 结果为 49
+	加法运算	A+B 结果为 9
−	减法运算	A−B 结果为−5
*	乘法运算	A * B 结果为 14
/	将一个操作数除以另一个操作数,并返回一个浮点结果	B/A 结果 3.5
\	将一个操作数除以另一个操作数,并返回一个整数结果	B/A 结果为 3
Mod	取余数	B MOD A 结果为 1

2. 连接运算符

连接运算符的作用是把两个字符串合并成一个字符串,UiPath 的连接运算符,如表 2-3 所示。

表 2-3 连接运算符

类别	运算符号	含义	样例
连接运算符	& 或 +	字符串连接	字符串"科"与字符串"云"的连接结果为"科云"

3. 关系运算符

关系运算符,也称比较运算符,其比较的结果是一个逻辑值(True 或 False)。UiPath 中常见的关系运算符,如表 2-4 所示。

表 2-4　关系运算符

类别	运算符号	含义	假设变量 a＝10,b＝6
关系运算符	＝	等于	a＝b 的关系运算结果为 False
	＞	大于	a＞b 的关系运算结果为 True
	＜	小于	a＜b 的关系运算结果为 False
	＞＝	大于等于	a＞＝5 的关系运算结果为 True
	＜＝	小于等于	a＜＝5 的关系运算结果为 False
	＜＞	不等于	a＜＞b 的关系运算结果为 True

4. 赋值运算符

等号"＝"是 UiPath 中的赋值运算符,该运算符把赋值号右边表达式的计算结果赋给左边的变量。UiPath 中的赋值运算符,如表 2-5 所示。

表 2-5　赋值运算符

类别	运算符号	含义	样例
赋值运算符	＝	赋值	a＝10 的结果是为变量 a 赋值 10

5. 逻辑运算符

逻辑运算符是针对逻辑值进行运算的符号,其运算结果也是一个逻辑值。例如,用逻辑运算符把多个关系表达式连接起来组成一个复杂的逻辑表达式,这种逻辑表达式常用于作为分支程序或循环程序的条件判断。UiPath 中常见的逻辑运算符,如表 2-6 所示。

表 2-6　逻辑运算符

类别	运算符号	含义	假设变量 a＝10,b＝6
逻辑运算符	And	并且	a＞5 And a＜11 的逻辑运算结果为 True
	Or	或者	a＞11 Or b＜8 的逻辑运算结果为 True
	Not	取反	Not a＞5 的逻辑运算结果为 False

6. UiPath 运算符的优先级

UiPath 中的表达式可以由多种运算符号连接多种类型的值组成,当一个表达式中包含多种不同的运算符时,要注意辨别这些运算符的优先级。

UiPath 运算符的优先级从高到低顺序如下:算术运算符(连接运算符)、关系运算符、逻辑运算符、赋值运算符。具体来说,各常见运算符的优先级从高到低顺序如下:＊和/、Mod、＋和－、&、关系运算符(所有关系运算符级别相同)、Not、And、Or、＝(赋值运算符)。

【例 2-9】　算术运算符

1) 示例描述

说明:2022 年 A 公司销售收入为 150 000 元,销售成本为 90 000 元。

要求:设计一个机器人计算 A 公司 2022 年销售毛利率。

活动:【分配】【日志消息】。

2) 操作步骤

(1) 在【序列】中添加三个【System】—【Activities】—【Statements】类别下的【分配】活动,在

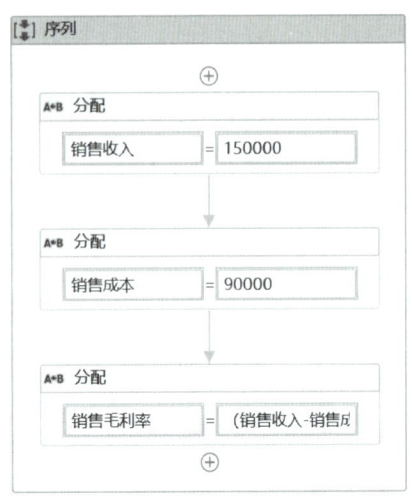

图 2-51 [例 2-9]在【序列】中添加三个【分配】活动

第一个【分配】活动内按快捷键"Ctrl+K"输入变量名为"销售收入",单击该活动,打开"变量"面板,修改该变量的类型为"Double",值为"150000";在第二个【分配】活动内按快捷键"Ctrl+K"输入变量名为"销售成本",单击该活动,打开"变量"面板,修改该变量的类型为"Double",值为"90000";在第三个【分配】活动内按快捷键"Ctrl+K"输入变量名为"销售毛利率",单击该活动,打开"变量"面板,修改该变量的类型为"Double",值为"(销售收入-销售成本)/销售收入",如图 2-51、图 2-52 所示。

(2) 在第三个【分配】活动后面添加【编程】—【调试】类别下的【日志消息】活动,日志级别为"info",消息为"销售毛利率",如图 2-53 所示。

运行结果如图 2-54 所示。

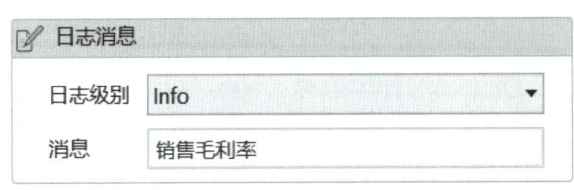

图 2-52 [例 2-9]为变量设置数据类型

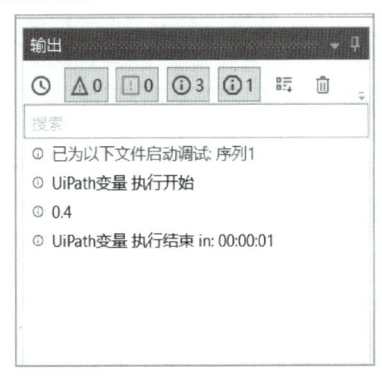

图 2-53 [例 2-9]设置【日志消息】活动

图 2-54 [例 2-9]运行结果

随堂练习

【练 2-1·单选题】 下列选项的组合键中,允许用户从活动的属性字段自动创建变量的是( )。

A. Ctrl+A　　B. Ctrl+K　　C. Ctrl+N　　D. Ctrl+P

参考答案:B

【练 2-2·单选题】 给定两个通用型变量,A 的值为"123",B 的值为"456",那么 A+B 输出的是( )。

A. "123"+"456"　　B. "579"　　C. 579　　D. 123456

参考答案:D

任务三　UiPath 常用活动介绍

一、初识活动

1. 活动的含义

活动（activity）是流程自动化的基石，可以将其理解为"拼图碎片"，是构成自动化程序的最小模块。UiPath 中，活动的复杂性各不相同，用户可以根据其需求对活动进行相应的设置。

2. UiPath 项目依赖项

在 UiPath 中，每个新建流程都默认包含四个项目依赖项。依赖项就是官方或者他人制作的封装好的活动组件，是脚本开发和运行中所必备的组件，如图 2-55 所示。

除默认安装的四个依赖项之外，还可下载安装其他活动程序包。例如，当需要处理 PDF、Word 等文件时，可以通过【管理包】安装使用，操作如图 2-56 所示。

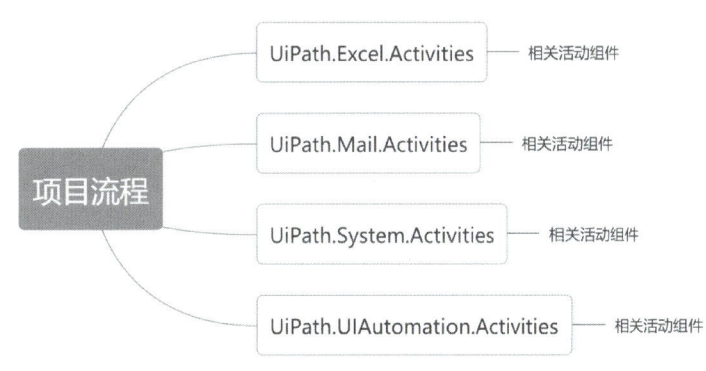

图 2-55　UiPath 默认安装的四个依赖项

图 2-56　在【管理包】中安装其他依赖项

二、工作流类型

1. 序列

序列是最小类型的项目,用于创建由许多子活动组成的线性流程;序列中的子活动均按顺序执行。该活动既可作为独立的自动化项目,也可作为流程图或状态机的一部分,从而帮助用户对特定活动作出分组,如图2-57所示。

2. 流程图

流程图是展示过程的图形表示,能帮助用户轻松查看和遵循流程。它可通过多种方式相互连接,能帮助用户自动执行简单操作并创建复杂的业务流程。流程图既可用作独立的自动化项目,也可包含在更广泛的程序中,如图2-58所示。

图 2-57 序列

图 2-58 流程图

知识点拨

序列适合活动相互跟随的简单场景,能够方便地从一个活动转到另一个活动,不会使项目发生混乱。流程图适合用于更复杂的分支逻辑,用于创建复杂的业务流程并以多种方式连接活动。

三、常用鼠标操作活动

UiPath中的鼠标活动是UiPath机器人模拟人为操作鼠标的一种方法。例如,【用户界面自动化】—【元素】—【鼠标】类型下有单击、双击和悬停等活动,可以模拟人为操作单击鼠标或双击鼠标或鼠标悬停等。

以【单击】活动为例,【单击】活动是单击指定的用户界面元素。该活动在【可用】—【用户界面自动化】—【元素】—【鼠标】类别下,如图2-59所示;【单击】活动"属性"面板,如图2-60所示。

图 2-59 【单击】活动

图 2-60 【单击】活动"属性"面板

【单击】活动属性介绍,如表 2-7 所示。

表 2-7 【单击】活动属性介绍

属性	功能
出错时继续	在当前活动失败的情况下,仍继续执行剩余的活动
在此之前延迟	活动执行之前的延迟时间,默认时间为 200 毫秒
在此之后延迟	执行活动之后的延迟时间,默认时间为 300 毫秒
单击类型	指定模拟点击事件时所使用的鼠标点击类型(单击、双击、向上滚动、向下滚动),默认选择单击
鼠标按键	用于执行点击操作的鼠标按键(左键、右键和中键),默认选择鼠标左键
修饰键	用于添加修饰键,可用的选项如下:Alt、Ctrl、Shift、Win
发送窗口消息	勾选后单击可在后台工作,默认情况下,该复选框处于未选中状态
如果禁用则更改	如果选中,即使禁用指定的用户界面元素,系统仍会执行模拟点击操作
模拟单击	勾选后单击可在后台工作

知识点拨

在使用【单击】活动时,建议勾选【发送窗口消息】或【模拟单击】复选框,避免调试时鼠标移位导致报错。【发送窗口消息】与【模拟单击】复选框两者只能勾选其中一项,如表 2-8 所示。

表 2-8　发送窗口消息与模拟单击的区别

项目	发送窗口消息	模拟单击	均不勾选
含义	通过向目标程序发送一条特定消息的方式执行点击	通过使用目标应用程序点击	通过硬件驱动程序执行点击
后台运行	可以后台运行	可以后台运行	不能后台运行
速度	—	最快	最慢
兼容性	兼容大多数桌面应用程序	—	兼容所有桌面应用程序

四、常用键盘输入活动

1.【设置文本】活动

【设置文本】活动是使您能够将字符串写入指定用户界面元素的"文本"属性。该活动在【可用】—【用户界面自动化】—【元素】—【控件】类别下,如图 2-61 所示;【设置文本】活动"属性"面板,如图 2-62 所示。

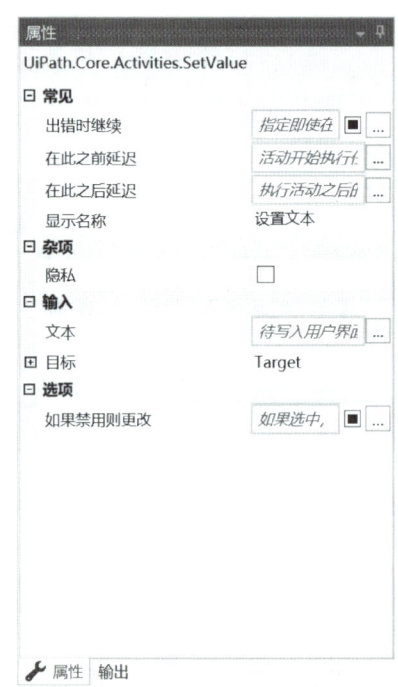

图 2-61　【设置文本】活动　　　图 2-62　【设置文本】活动"属性"面板

【设置文本】活动主要属性介绍,如表 2-9 所示。

表 2-9　【设置文本】活动主要属性介绍

属性	功能
文本	待写入用于界面元素的"文本"属性的字符串
选取器	用于在执行活动时查找特定用户界面元素的"文本"属性。它实际上是 XML 片段,用于指定要查找图形的用户界面元素及其父元素的属性

【例 2-10】 设置文本

1）示例描述

说明：请使用谷歌浏览器打开百度网页，令 RPA 在搜索栏中键入"国家税务总局"。

活动：【单击】【设置文本】。

2）操作步骤

（1）在谷歌浏览器中打开百度网页，在【序列】中添加【元素】—【控件】类别下的【设置文本】活动，点击该活动的【指明在屏幕上】拾取【百度网页】搜索框，并设置输入内容为"国家税务总局"，如图 2-63 所示。

（2）添加【元素】—【鼠标】类别下的【单击】活动，点击该活动的【指明在屏幕上】拾取【百度一下】图标，如图 2-64 所示。

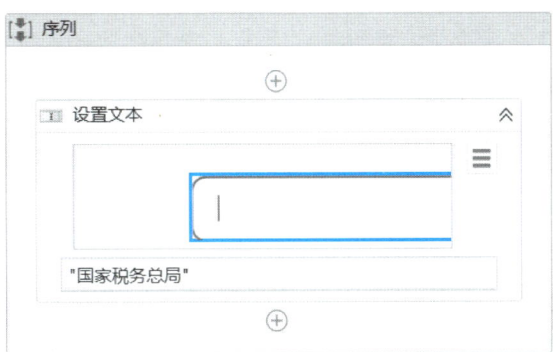

图 2-63 ［例 2-10］在【设置文本】活动中输入信息

图 2-64 ［例 2-10］【单击】活动拾取元素

运行结果如图 2-65 所示。

图 2-65 ［例 2-10］运行结果

2.【输入信息】活动

【输入信息】活动是向用户界面元素发送击键,它支持特殊按键,且可以从下拉列表中选择。该活动在【可用】—【用户界面自动化】—【元素】—【键盘】类别下,如图 2-66 所示;【输入信息】活动"属性"面板,如图 2-67 所示。

图 2-66 【输入信息】活动

图 2-67 【输入信息】活动"属性"面板

【输入信息】活动主要属性介绍,如表 2-10 所示。

表 2-10 【输入信息】活动主要属性介绍

属性	功能
文本	待写入指定用户界面元素的文本。支持特殊按键,且可以从活动下拉列表中选择
发送窗口消息	勾选后单据可在后台工作,默认情况下,该复选框处于未选中状态
在末尾取消选定	在文本输入后添加完整事件,以触发界面响应
如果禁用则更改	如果选中,即使禁用指定的用户界面元素,系统也仍会执行键入操作
模拟键入	勾选后单击可在后台工作
激活	系统默认勾选。勾选该复选框时,系统会将指定用户界面元素置于前台,并在写入文本前将其激活
空字段	勾选该复选框时,系统会在写入文本前清除用户界面元素中所有之前存在的内容
键之间延迟	两次击键之间的延迟时间。默认时间为 10 毫秒,最大值为 1 000 毫秒
键之前单击	勾选该复选框时,在写入文本之前单击指定用户界面元素

知识点拨

【设置文本】与【输入信息】两者虽然都是在界面中输入内容,但存在部分差异。【设置文本】活动只能输入字符串信息,而【输入信息】活动除了字符串还支持特殊按键,如 Alt、Ctrl、Shift、F1、F2 等按键。另外,【输入信息】活动"属性"面板输入信息的设置更丰富,可以触发某些界面响应、清除用户界面元素中所存在的内容、键入前单击等设置。

【例 2-11】 输入信息

1) 示例描述

说明:请使用谷歌浏览器打开百度网页,令 RPA 在搜索栏中键入"国家税务总局"。

要求:使用"Enter"键。

活动:【输入信息】。

2) 操作步骤

在谷歌浏览器中打开百度网页,在【序列】中添加【元素】—【键盘】类别下的【输入信息】活动,点击该活动的【指明在屏幕上】拾取【百度网页】搜索框,设置输入内容为"国家税务总局",点击该活动的【+】按钮选择特殊按键"Enter"键即可,如图 2-68 所示。

运行结果如图 2-69 所示。

图 2-68 [例 2-11]在【输入信息】活动中拾取信息

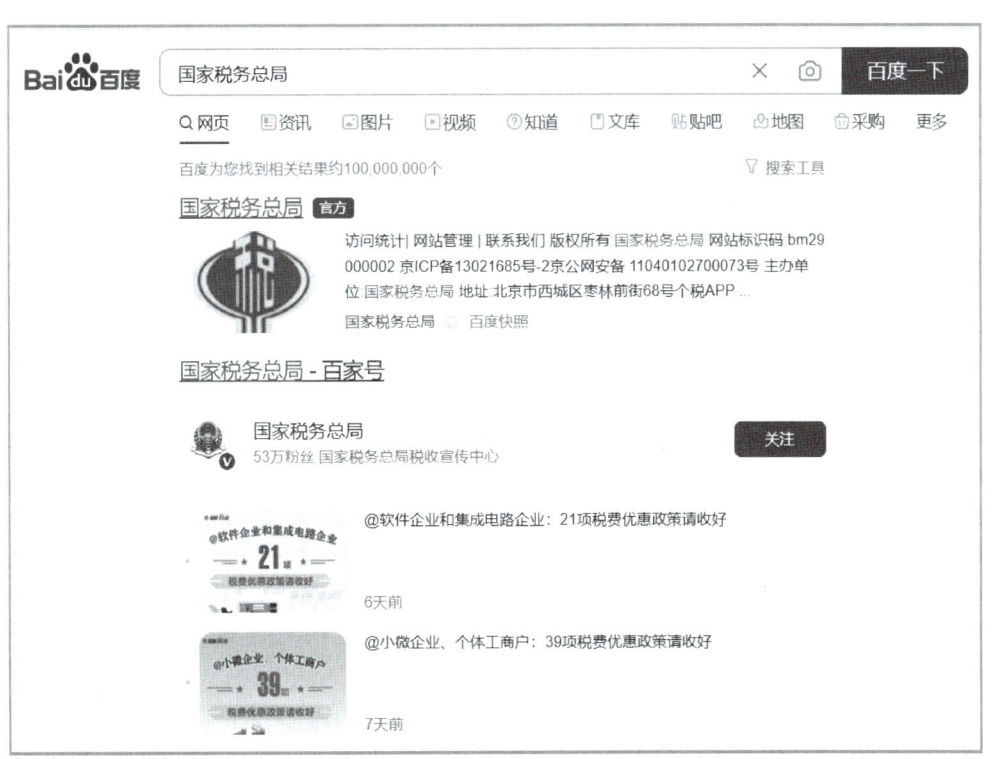

图 2-69 [例 2-11]运行结果

五、其他常用活动

1.【日志消息】活动

【日志消息】活动是在指定的级别写入指定的诊断消息,如图 2-70 所示。该活动在【可用】—【编程】—【调试】类别下。日志级别分为 Fatal、Error、Warn、Info 以及 Trace 五个级别。

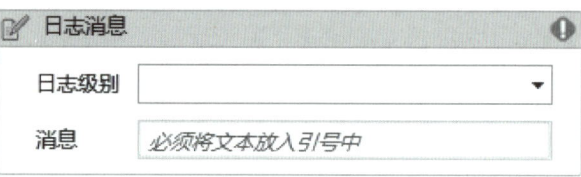

图 2-70 【日志消息】活动

【日志消息】活动的日志级别介绍,如表 2-11 所示。

表 2-11 【日志消息】活动的日志级别介绍

日志级别	功能
Fatal	指出每个将会导致应用程序的退出的严重错误事件,级别较高
Error	指出不影响系统的继续运行的错误事件。例如,打印错误和异常信息
Warn	表明会出现潜在错误的情形,有些信息是提示,不是错误信息
Info	消息在粗粒度级别上强调应用程序的运行过程。打印一些用户感兴趣的或者重要的信息,用于调试输出程序运行中的一些重要信息,但是不能滥用,避免打印过多的日志
Trace	很低的日志级别,一般不会使用

2.【分配】活动

【分配】活动是将任何值分配给变量或参数,常用于循环语句中,给变量重新赋值令机器人进入下一次循环条件判断。该活动在【可用】—【System】—【Activities】—【Statements】类别下,如图 2-71 所示。

图 2-71 【分配】活动

3.【输入对话框】活动

【输入对话框】活动是显示一个对话框,通过其中的标签消息和输入字段提示用户。该活动在【可用】—【系统】—【对话框】类别下,如图 2-72 所示;【输入对话框】活动"属性"面板,如图 2-73 所示。

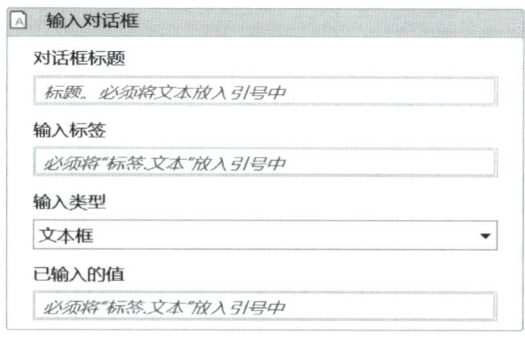

图 2-72 【输入对话框】活动

【输入对话框】活动主要属性介绍,如表 2-12 所示。

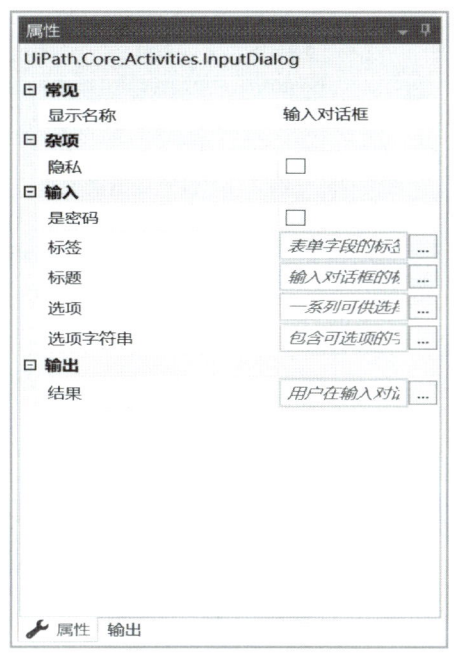

图 2-73 【输入对话框】活动"属性"面板

表 2-12 【输入对话框】活动主要属性介绍

属性	功能
标签	表单字段的标签
标题	输入对话框的标题
选项	一系列可供选择的选项。该字段仅支持字符串数组变量,如{"项目 1"、"项目 2"、"项目 3"}
选项字符串	包含可供选择的选项的字符串,该字段仅支持字符串变量
结果	用户在输入对话框中插入的值

【例 2-12】 输入对话框

1)示例描述

说明:令机器人接收用户输入的 A 公司 2021 年营业收入值 32 450 000 000 元,并通过日志消息将该值输出。

活动:【输入对话框】【日志消息】。

2)操作步骤

(1)在【序列】中添加【系统】—【对话框】类别下的【输入对话框】活动,设置该活动的对话框标题为"营业收入",输入标签为"请输入 A 公司营业收入",输入类型选择"文本框",并在已输入的值处创建变量"a",如图 2-74 所示。

图 2-74 [例 2-12]在【序列】中设置【输入对话框】活动

(2)打开"变量"面板,修改该变量的数据类型为"Double",如图 2-75 所示。

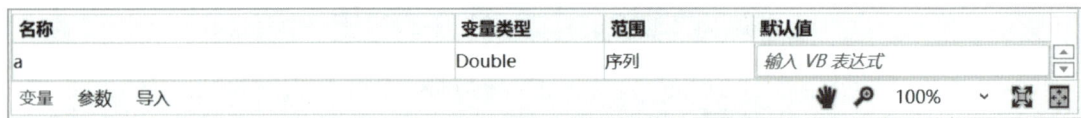

图 2-75 ［例 2-12］设置变量类型

图 2-76 ［例 2-12］设置【日志消息】活动

（3）添加【编程】—【调试】类别下的【日志消息】活动，设置该活动的日志级别为"Info"，消息为"a"，如图 2-76 所示。

（4）点击【调试文件】按钮，在机器人弹出的对话框中输入"32450000000"，如图 2-77 所示。

运行结果如图 2-78 所示。

图 2-77 ［例 2-12］在对话框中输入数值

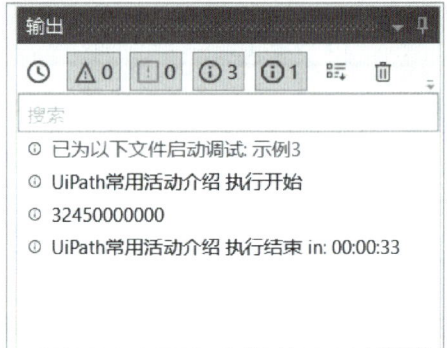

图 2-78 ［例 2-12］运行结果

4.【获取文本】活动

【获取文本】活动可以从指定用户界面元素提取文本值。该活动在【可用】—【用户界面自动化】—【元素】—【控件】类别下，如图 2-79 所示；【获取文本】活动"属性"面板，如图 2-80 所示。

图 2-79 【获取文本】活动

【获取文本】活动主要属性介绍，如表 2-13 所示。

表 2-13 【获取文本】活动主要属性介绍

属性	功能
出错时继续	指定自动化是否应该在活动抛出错误时继续。该字段仅支持布尔值（True 或 False），默认值为"False"。因此，如果该字段为空白并引发错误，则项目的执行将停止；如果该值设置为"True"，则无论出现任何错误，项目都会继续执行
值	用于将指定用户界面元素中的文本存储在变量中。该字段中创建的变量为通用值类型

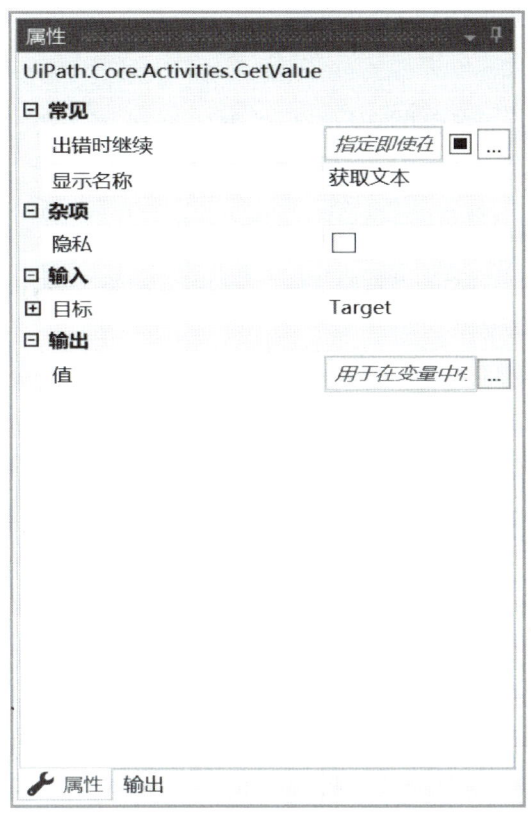

图 2-80 【获取文本】活动"属性"面板

5.【消息框】活动

【消息框】活动是显示一个具有给定文本的消息框,其中包含各种按钮选项,在【可用】—【系统】—【对话框】类别下,如图 2-81 所示。

图 2-81 【消息框】活动

随堂练习

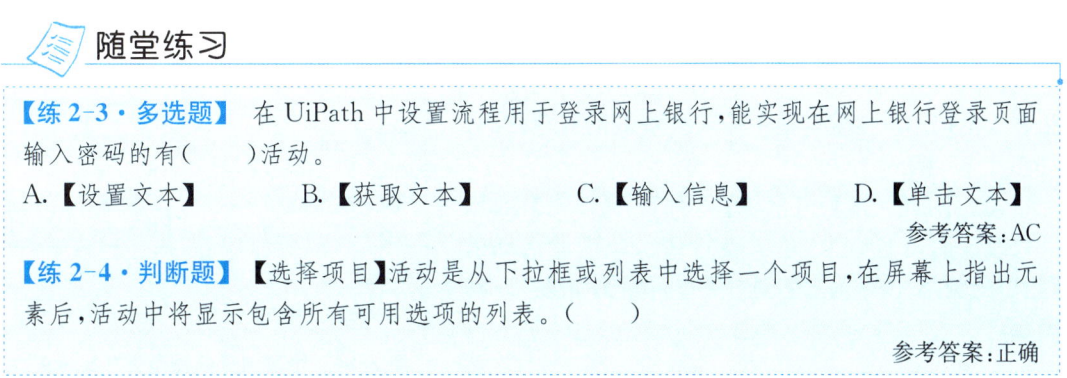

【练 2-3·多选题】 在 UiPath 中设置流程用于登录网上银行,能实现在网上银行登录页面输入密码的有( )活动。
A.【设置文本】　　　B.【获取文本】　　　C.【输入信息】　　　D.【单击文本】

参考答案:AC

【练 2-4·判断题】【选择项目】活动是从下拉框或列表中选择一个项目,在屏幕上指出元素后,活动中将显示包含所有可用选项的列表。( )

参考答案:正确

案例视频

【实践案例一】 股票信息查询机器人

1. 案例描述

在投资股票前,通常会先观察其股价信息,以便判断该股票的状况。现在,利用 UiPath 制作一个"股票信息查询机器人",用来提示贵州茅台的股价信息。

2. 案例要求

(1) 使用【打开浏览器】活动打开东方财富网。

(2) 查询贵州茅台(600519)的最新股价信息,弹出【消息框】显示该股价信息。

3. 机器人流程自动化设计

根据开发流程绘制流程图,如图 2-82 所示。

4. 案例开发

(1) 在【序列】中添加【用户界面自动化】—【浏览器】类别下的【打开浏览器】活动,输入 URL 为"https://www.eastmoney.com/",打开该活动的"属性"面板,修改浏览器类型为 "Chrome",如图 2-83、图 2-84 所示。

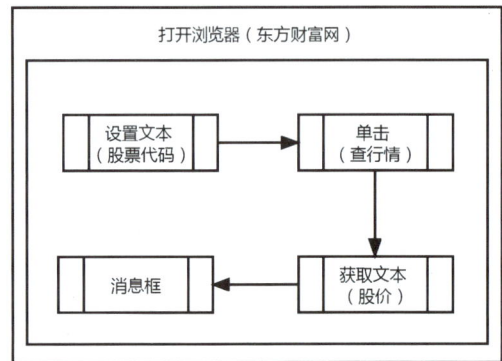

图 2-82　股票信息查询机器人流程图

图 2-83　在【打开浏览器】活动中输入网址

> **请注意**
>
> 输入的 URL 必须是字符串格式,因此该网址必须放在英文状态下的引号内。

(2) 添加【用户界面自动化】—【元素】—【键盘】类别下的【输入信息】活动,并修改该活动名称为"输入股票代码",单击【指出浏览器中的元素】指出输入股票代码的位置,输入文本为"600519"。该步骤表示令机器人模拟用户在搜索框中输入要查询的股票代码,如图 2-85 所示。

(3) 添加【元素】—【鼠标】类别下的【单击】活动,并修改该活动名称为"单击查行情",单击此活动的【指出浏览器中的元素】,选中【查行情】,如图 2-86 所示。

图 2-84　修改浏览器类型为"Chrome"

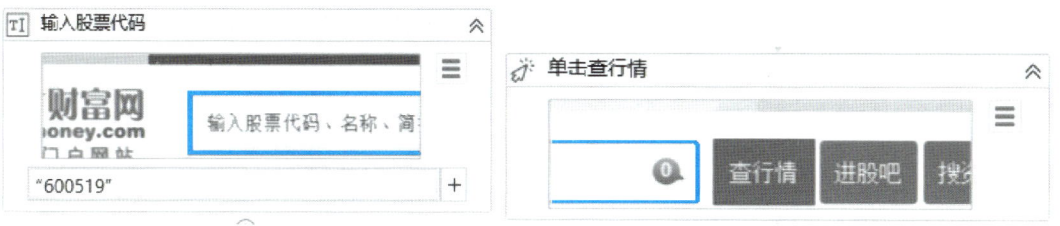

图 2-85 【输入股票代码】活动　　　　　图 2-86 【单击查行情】活动

（4）添加【用户界面自动化】—【元素】—【控件】类别下的【获取文本】活动，并修改该活动名称为"获取股价信息"，单击【指出浏览器中的元素】，选择"在用户界面探测器中打开"，选中网页中贵州茅台的股价作为获取文本的目标；在【用户界面探测器】页面中选定项目，取消勾选【aaname】，勾选【css-selector】和【parentid】复选框；在该活动的"属性"面板输出值处设置变量值为"price"，该变量用于接收获取到的股价信息，变量类型为"String"。以上步骤表示令机器人模拟用户操作获取贵州茅台的股价信息，如图 2-87、图 2-88、图 2-89 所示。

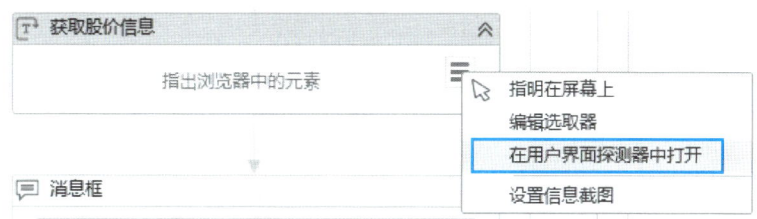

图 2-87　在【用户界面监测器】中进行设置

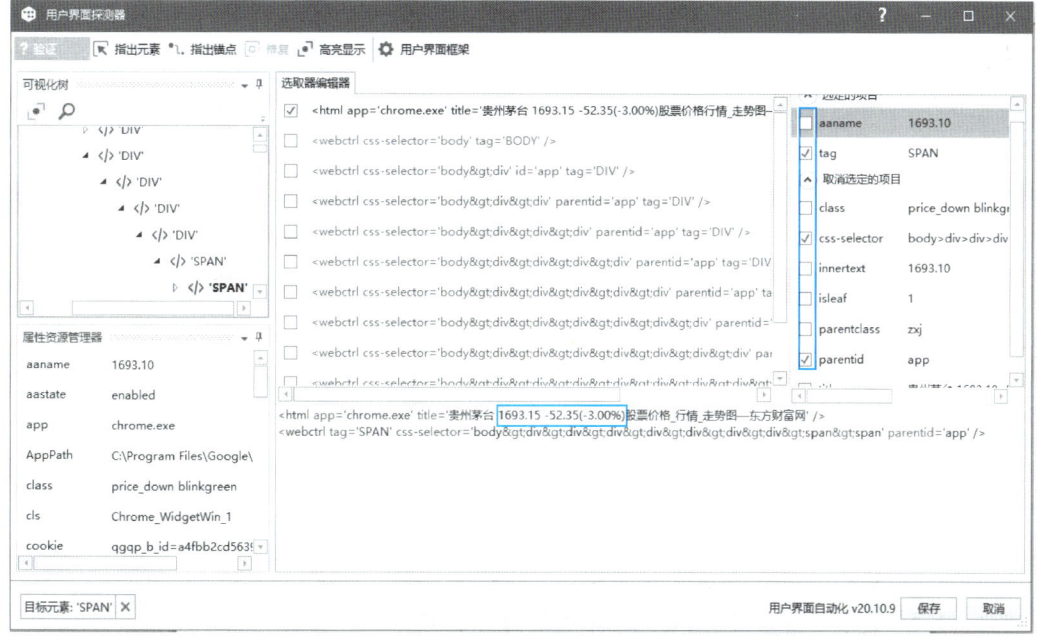

图 2-88　在【用户界面探测器】中设置相关属性

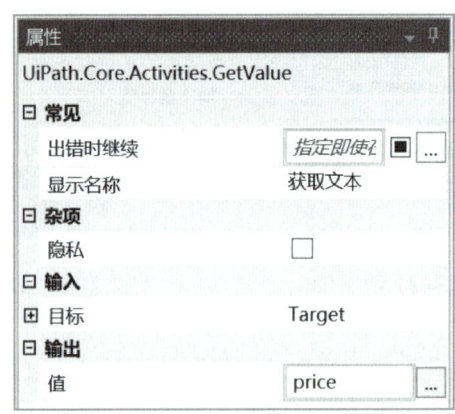

图 2-89　设置输出变量

> 请注意

由于股价不断变化,为增强流程的通用性,可打开【获取文本】活动下的【编辑选取器】,对选取器中的价格"1692.91－52.29(－3.01％)"使用通配符"＊"替换,如图 2-90 所示。

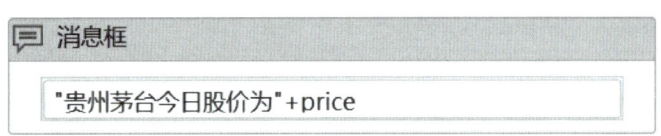

图 2-90　使用通配符替换具体股价

(5)添加【系统】—【对话框】类别下的【消息框】活动,输入文本为""贵州茅台今日股价为"＋price"。该步骤表示令机器人对自动获取到的贵州茅台股价信息进行反馈,如图 2-91 所示。

图 2-91　设置【消息框】

5. 运行结果

点击【调试文件】按钮,股票信息查询机器人即会通过【消息框】弹出贵州茅台今日股价,如图 2-92 所示。

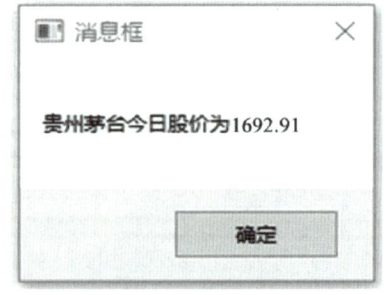

图 2-92　运行结果

> 请注意

此处引用了第三方网站"东方财富网",由于第三方网站的不稳定性,可能出现网页界面结构变更等情况,造成该任务流程无法实现。若开发设计此任务流程时,发生该情况,可根据网页结构的实际情况重新调整、开发、设计该任务流程。另外,由于股票价格实时变动,每次运行可能有不同结果。

> **知识点拨**
>
> 2001年8月27日，贵州茅台在上交所挂牌上市，当日收盘时，总市值定格在88.88亿元。从2012年到2022年，茅台股价、市值增长步入快车道，一举成为中国股改后第一支千元股。

【实践案例二】 利润计算机器人

1. 案例描述

根据《中华人民共和国企业所得税法》规定，依法在中国境内成立的居民企业，征收企业所得税时适用25%的基本税率。

2. 案例要求

请设计一个"利润计算机器人"，使其能根据用户输入的企业总收入与成本费用，自动计算出企业的利润、净利润及净利率。

3. 机器人流程自动化设计

根据开发流程绘制流程图，如图2-93所示。

3. 案例开发

（1）为进行利润计算，需要获取收入等相关数据。添加【System】—【Activities】—【Statements】类别下的【序列】活动，修改名称为"RPA利润计算机器人"。在【序列】中添加【系统】—【对话框】类别下的【输入对话框】活动，在显示名称中增加"（输入总收入）"。对话框标题设置为"输入相关数据"，输入标签设置为"请输入公司本年总收入："，在已输入的值选项框中单击鼠标右键创建变量"收入"，创建的变量为"通用变量"，类型为"String"；为方便后续在公式中直接运用此变量进行计算，修改变量类型为"Double"，用于储存输入的总收入数据，如图2-94所示。

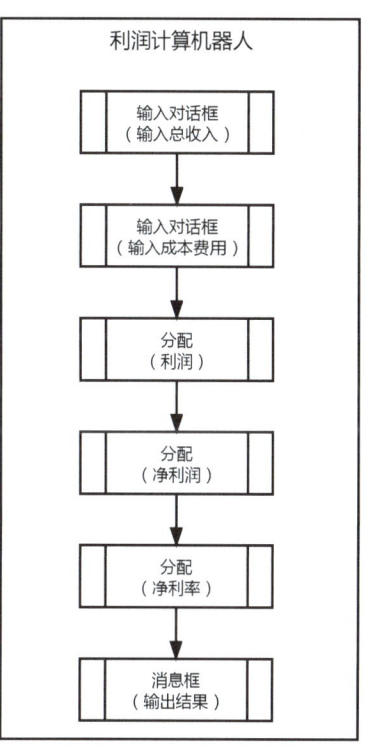

图2-93 利润计算机器人流程图

（2）添加【系统】—【对话框】类别下的【输入对话框】活动，在显示名称中增加"（输入成本费用）"。对话框标题设置为"输入相关数据"，输入标签设置为"请输入公司本年成本费用："，在已输入的值选项框中单击鼠标右键创建变量"成本费用"，修改变量类型为"Double"，用于储存输入的成本费用数据，如图2-95所示。

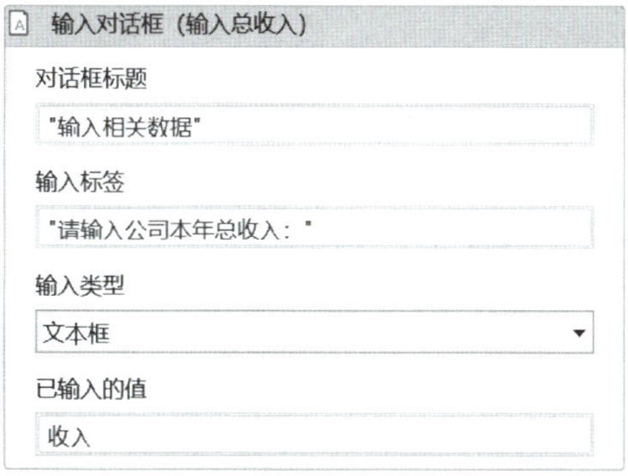

图2-94 设置总收入 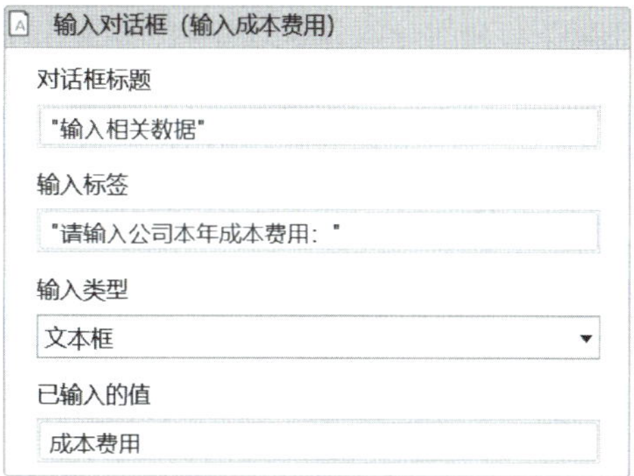　　　　图2-95 设置成本费用

（3）计算利润等指标。添加【工作流】—【控件】类别下的【分配】活动，在"变量"面板创建变量"利润"，变量类型为"Double"，范围为"利润计算机器人"，用于储存计算得到的利润。由于利润、收入、成本费用几个变量类型均为"Double"，可直接计算，因此设置【分配】活动，令"利润＝收入－成本费用"，如图 2-96 所示。

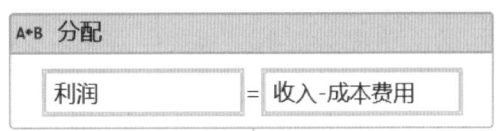

图 2-96　设置利润计算

（4）添加【工作流】—【控件】类别下的【分配】活动，在"变量"面板创建变量"净利润"，变量类型为"Double"，范围为"利润计算机器人"，用于储存计算得到的净利润。净利润等于利润减去所得税费用，由于实际所得税计算工作较为复杂，此处暂时不考虑所得税计算过程中的调整额，简化计算，设置【分配】活动，令"净利润 ＝ 利润 ∗（1－0.25）"，如图 2-97 所示。

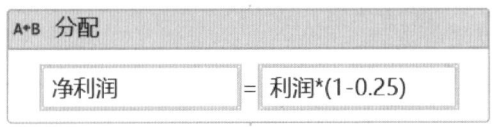

图 2-97　设置净利润

（5）添加【工作流】—【控件】类别下的【分配】活动，在"变量"面板创建变量"净利率"，变量类型为"Double"，范围为"利润计算机器人"，用于储存计算得到的净利率。净利率等于净利润与总收入的比值，设置【分配】活动，令"净利率＝净利润/收入"，如图 2-98 所示。

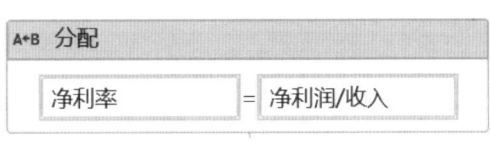

图 2-98　设置净利率

（6）至此，利润指标已经计算完成，结果均储存在对应的变量中，最后输出计算结果。添加【系统】—【对话框】类别下的【消息框】活动，在显示名称中增加"（输出结果）"。输入文本设置

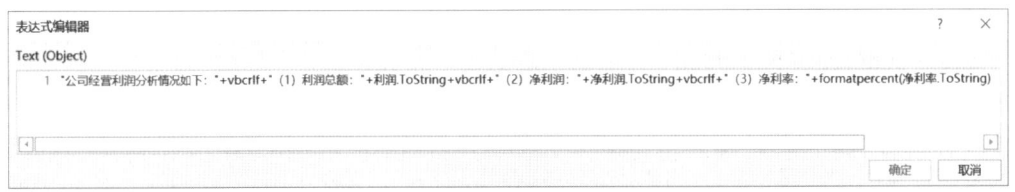

图 2-99　设置输出结果

为"公司经营利润分析情况如下："＋vbcrlf＋"（1）利润总额："＋利润.ToString＋vbcrlf＋"（2）净利润："＋净利润.ToString＋vbcrlf＋"（3）净利率："＋formatpercent(净利率.ToString)"，如图 2-99 所示。其中，"vbcrlf"为换行语法，"formatpercent()"是将数值转换成百分数形式的函数。当运行完成及计算结束，系统弹出【消息框】显示计算结果。

5．运行结果

点击【调试文件】按钮，在弹出的【输入对话框】内输入收入为"3000000"，成本费用为"2500000"，运行结果如图 2-100 所示。

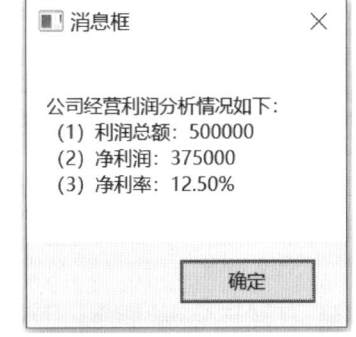

图 2-100　运行结果

任务四　条件分支活动

一、IF 条件

1.【IF 条件】活动

【IF 条件】是 UiPath 提供的条件分支活动之一，活动包含 Condition、Then、Else，如图 2-101 所示。在流程执行的过程中，应先判断"Condition"中的条件，如果条件判断结果为"True"，则执行"Then"分支中的活动；如果"Then"分支中的条件判断结果为"False"，则执行"Else"分支中的活动。【IF 条件】活动位于【可用】—【System】—【Activities】—【Statements】类别下。

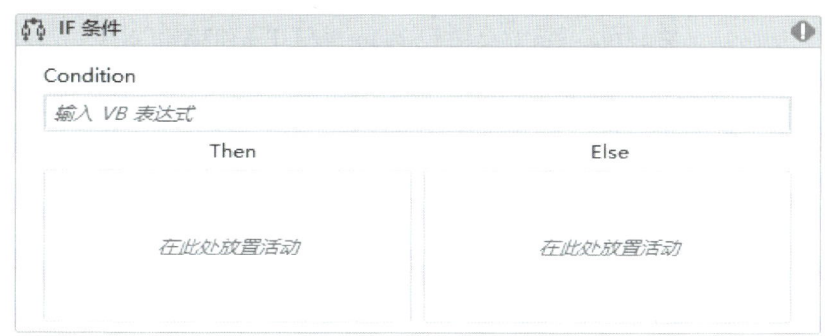

图 2-101　【IF 条件】活动

例如，已知变量 a=10，在【IF 条件】活动的"Condition"中输入"a>7"，判断结果为"True"，此时机器人流程执行"Then"分支内的活动。已知变量"a=3"，在【IF 条件】活动的"Condition"内输入"a>7"，则判断结果为"False"，此时机器人流程执行"Else"分支内的活动。

2.【IF 条件】活动使用场景及适用工作流

【IF 条件】活动用于处理一些决策性质的事件，根据不同的条件执行不同的逻辑。【IF 条件】活动既可以用于流程图中，也可以用于序列中。

【例 2-13】　IF 条件

1）示例描述

说明：Z 公司为清理库存，决定打折销售一批存货。A 商品单价为 5 000 元，当购买数量大于 20 件时，商品总价打九折，小于等于 20 件时，不打折。

要求：设计一个机器人计算购买数量为 30 件商品时的总价。

活动：【IF 条件】【日志消息】。

2）操作步骤

（1）在【序列】中添加【System】—【Activities】—【Statements】类别下的【IF 条件】活动，打开"变量"面板创建变量"a"，修改变量类型为"Int32"，默认值为"30"，如图 2-102、图 2-103 所示。

（2）设置【IF 条件】活动的"Condition"条件为"a>20"，在"Then"执行语句内添加【编程】—【调试】类别下的【日志消息】活动，日志级别为"Info"，消息为"5000 * a * 0.9"；在"Else"执行语句内添加【编程】—【调试】类别下的【日志消息】活动，日志级别为"Info"，消息为"5000 * a"，如图 2-104 所示。

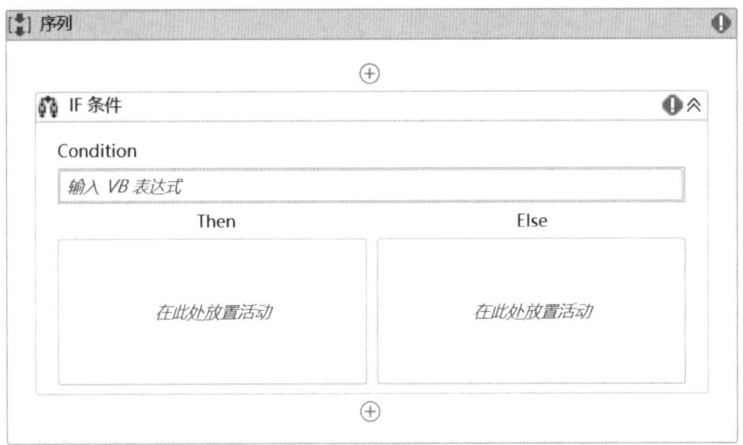

图 2-102　[例 2-13]在【序列】中插入【IF 条件】活动

名称	变量类型	范围	默认值
a	Int32	序列	30

图 2-103　[例 2-13]在"变量"面板创建变量

图 2-104　[例 2-13]设置【IF 条件】活动

运行结果如图 2-105 所示。

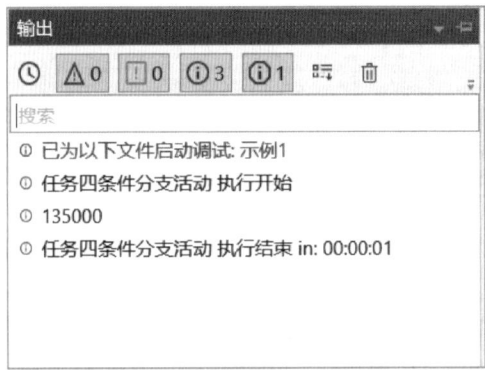

图 2-105　[例 2-13]运行结果

【例 2-14】 IF 条件

1）示例描述

说明：Z 公司为清理库存，决定打折销售一批存货。A 商品单价为 5 000 元，当购买数量大于 20 件时，商品总价打九折，小于等于 20 件时，不打折。

要求：设计一个机器人能接收用户输入的购买数量，并计算购买商品数量为 25 件时的总价。

活动：【输入对话框】【IF 条件】【日志消息】。

2）操作步骤

（1）在【序列】中添加一个【系统】—【对话框】类别下的【输入对话框】活动，设置该活动的对话框标题为"购买件数"，输入标签为"请输入购买件数"，已输入的值处创建变量"a"，如图 2-106 所示。

（2）打开"变量"面板，修改变量类型为"Int32"，如图 2-107 所示。

图 2-106 ［例 2-14］设置【输入对话框】活动

图 2-107 ［例 2-14］设置变量数据类型

（3）添加【System】—【Activities】—【Statements】类别下的【IF 条件】活动，设置【IF 条件】活动的"Condition"条件为"a>20"，在"Then"执行语句内添加【编程】—【调试】类别下的【日志消息】活动，日志级别为"Info"，消息为"5000 * a * 0.9"，在"Else"执行语句内添加【编程】—【调试】类别下的【日志消息】活动，日志级别为"Info"，消息为"5000 * a"，如图 2-108 所示。

图 2-108 ［例 2-14］设置【IF 条件】活动

（4）点击【调试文件】按钮，根据机器人弹出的文本框输入购买件数为"25"，如图 2-109 所示。运行结果如图 2-110 所示。

图 2-109 ［例 2-14］输入购买件数

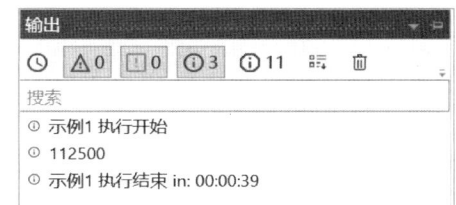

图 2-110 ［例 2-14］运行结果

二、流程决策

1.【流程决策】活动

【流程决策】活动是当满足流程决策指定条件时执行两个分支之一的活动。默认情况下，分支的名称为"True"和"False"，该名称可以在属性面板中修改。【流程决策】活动位于【可用】—【工作流】—【流程图】类别下，如图 2-111 所示；【流程决策】活动"属性"面板，如图 2-112 所示。

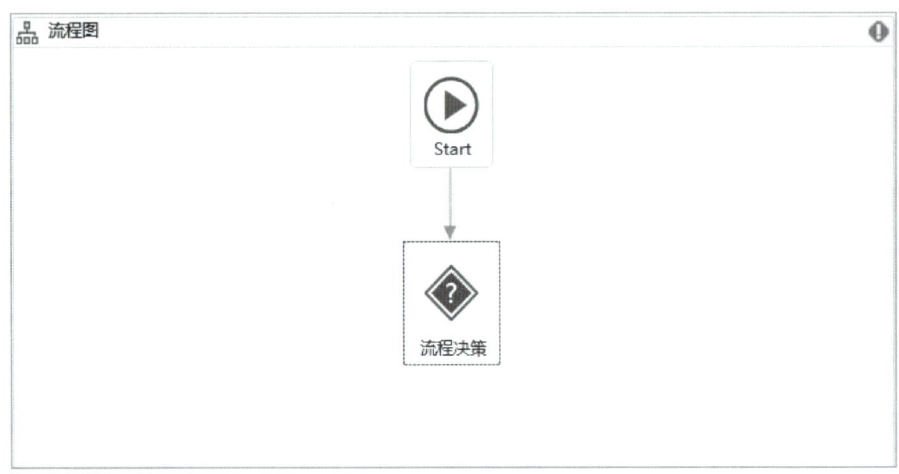

图 2-111 【流程决策】活动

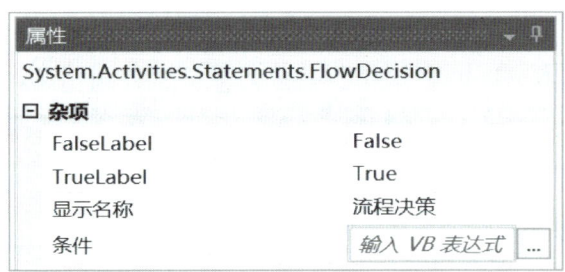

图 2-112 【流程决策】活动"属性"面板

【流程决策】活动主要属性介绍，如表 2-14 所示。

表 2-14 【流程决策】活动主要属性介绍

属性	功能
TrueLabel	默认情况下，此项填写"True"。此处添加的字符串不必放在引号之间
FalseLabel	默认情况下，此项填写"False"。此处添加的字符串不必放在引号之间
条件	在执行分支之前要分析的条件。该字段仅支持布尔表达式

2.【流程决策】活动使用场景及适用工作流

【流程决策】活动可以用于处理一些决策性质的事件，相当于【IF 条件】活动，但是【流程决策】活动只能在流程图中使用，不能单独添加在【序列】内。

【例 2-15】 流程决策

1）示例描述

说明：Z 公司为清理库存，决定打折销售一批存货。A 商品单价为 5 000 元，当购买数量大于等于 20 件时，商品总价打九折，小于 20 件时，不打折。

要求：设计一个机器人接收用户输入的购买数量，并计算购买商品数量为 15 件时的总价。

活动：【输入对话框】【流程决策】【日志消息】。

2）操作步骤

（1）新建一个流程图，在【流程图】中添加一个【系统】—【对话框】类别下的【输入对话框】活动，设置该活动的对话框标题为"购买件数"，输入标签为"请输入购买件数"，已输入的值处创建变量"a"，如图 2-113 所示。

（2）打开"变量"面板，修改变量类型为"Int32"，如图 2-114 所示。

图 2-113　［例 2-15］设置【输入对话框】活动

图 2-114　［例 2-15］设置变量类型

（3）添加一个【工作流】—【流程图】类别下的【流程决策】活动，设置该活动的判断条件为"a>20"，如图 2-115 所示。

（4）在【流程决策】活动的"True"分支上添加一个【编程】—【调试】类别下的【日志消息】活动，设置该活动的日志级别为"Info"，消息为"5000 * a * 0.9"，如图 2-116 所示。

（5）在【流程决策】活动的"False"分支上添加一个【编程】—【调试】类别下的【日志消息】活动，设置该活动的日志级别为"Info"，消息为"5000 * a"，如图 2-117 所示。

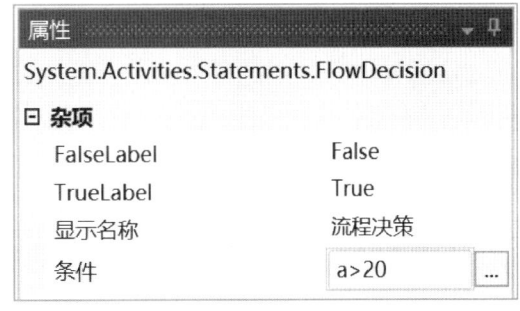

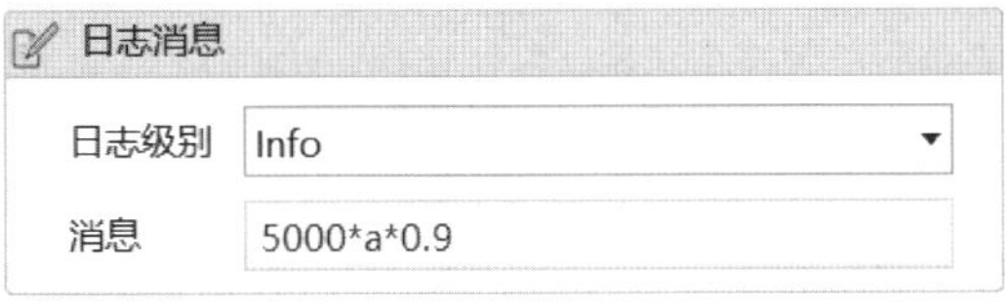

图 2-115　［例 2-15］设置【流程决策】活动的条件

图 2-116　［例 2-15］设置"True"分支上的【日志消息】 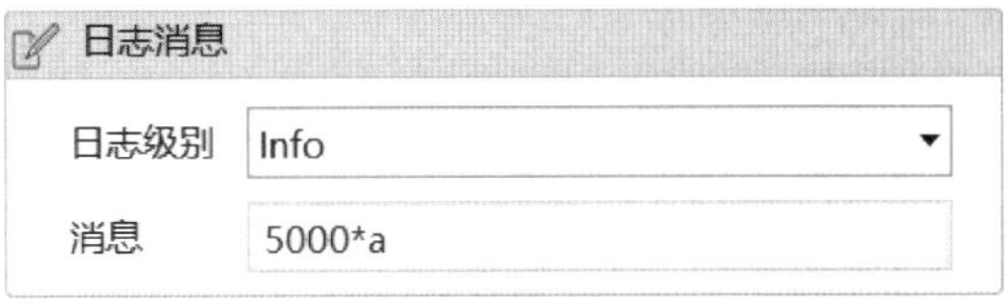　　图 2-117　［例 2-15］设置"False"分支上的【日志消息】

（6）点击【调试文件】按钮，在弹出的【文本框】中输入购买件数为"15"，如图 2-118 所示。运行结果如图 2-119 所示。

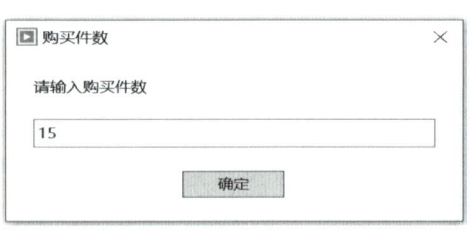

图 2-118 ［例 2-15］输入购买件数

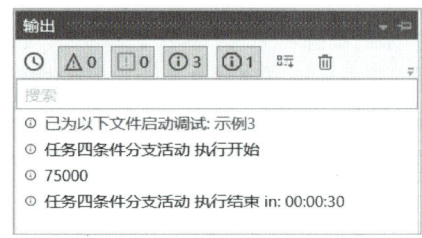

图 2-119 ［例 2-15］运行结果

三、切换

1.【切换】活动

【切换】活动也是分支结构活动之一，该活动由 Expression、Default、Case 三部分组成。其中，"Expression"用于编写条件表达式；"Default"用于包含在所有情况都不满足时才执行的默认活动；"Case"用于符合某一种情况要执行的一个或一组活动。该活动位于【可用】—【System】—【Activities】—【Statements】类别下，如图 2-120 所示；【切换】活动"属性"面板如图 2-121 所示。

图 2-120 【切换】活动

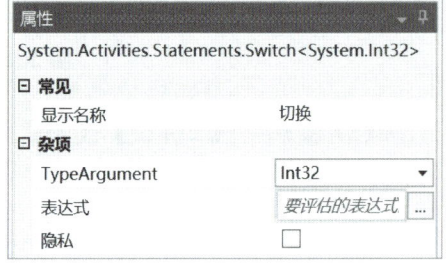

图 2-121 【切换】活动"属性"面板

【切换】活动主要属性介绍，如表 2-15 所示。

表 2-15 【切换】活动主要属性介绍

属性	功能
表达式	执行某个 Case 值时所要遵循的语句。默认情况下，该字段支持的变量类型为"Int32"。如要更改类型，在 TypeArgument 下拉列表中选择其他选项
TypeArgument	用于选择可在"表达式"属性中添加的语句类型。系统默认选择"Int32"

2.【切换】活动使用场景及适用工作流

【切换】活动是多条件分支活动，专门用于根据不同的情况，可选择其中一种情况执行。如果必须针对三个或以上情况进行判断，则可以使用【切换】活动。

【例 2-16】 切换

1）示例描述

说明：增值税发票类型可分为"增值税专用发票""增值税普通发票""增值税电子普通发票"。

要求：设计一个机器人，令机器人根据用户选择的发票类型，输出选择的发票类型。

活动：【切换】【日志消息】【输入对话框】。

2）操作步骤

（1）在【序列】中添加一个【系统】—【对话框】类别下的【输入对话框】活动，设置该活动的对话框标题为"发票类型"，输入标签为"请选择发票类型"，输入类型选择"多选"，输入选项输入"增值税专用发票;增值税普通发票;增值税电子发票"，已输入的值处创建变量"a"，如图 2-122 所示。

（2）添加一个【System】—【Activities】—【Statements】类别下的【切换】活动，将该活动的 TypeArgument 更改为"String"，表达式处输入变量"a"，如图 2-123、图 2-124 所示。

图 2-122　［例 2-16］设置【输入对话框】活动

图 2-123　［例 2-16］添加【切换】活动

（3）在【切换】活动处点击【添加新的用例】，将 Case 值更改为"增值税专用发票"，在该分支下拖入一个【编程】—【调试】类别下的【日志消息】活动，日志级别为"Info"，消息为"增值税专用发票"，如图 2-125 所示。

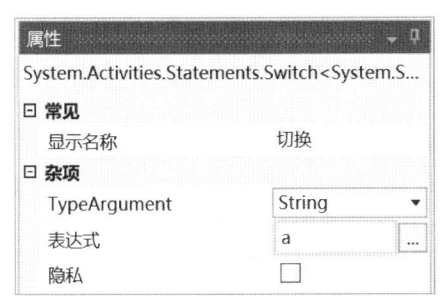

图 2-124　［例 2-16］设置变量

图 2-125　［例 2-16］设置【切换】活动中的增值税专用发票

（4）点击【添加新的用例】，将 Case 值更改为"增值税普通发票"，在该分支下拖入一个【编程】—【调试】类别下的【日志消息】活动，日志级别为"Info"，消息为"增值税普通发票"，如图 2-126 所示。

图 2-126　[例 2-16]设置【切换】活动中的增值税普通发票

（5）点击【添加新的用例】，将 Case 值更改为"增值税电子发票"，在该分支下拖入一个【编程】—【调试】类别下的【日志消息】活动，日志级别为"Info"，消息为"增值税电子发票"，如图 2-127 所示。

（6）点击【调试文件】按钮，在机器人弹出的【文本框】中勾选【增值税专用发票】复选框，如图 2-128 所示。

运行结果如图 2-129 所示。

图 2-127　[例 2-16]设置【切换】活动中的增值税电子发票

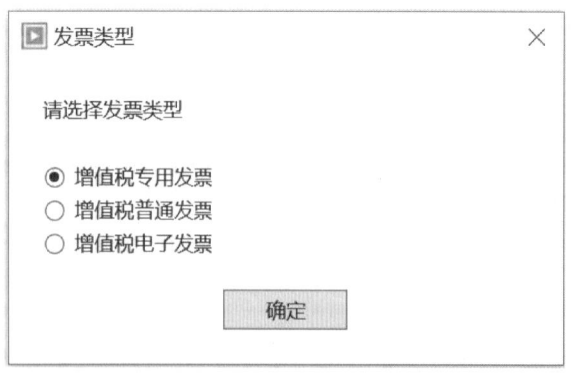

图 2-128　[例 2-16]选择发票类型

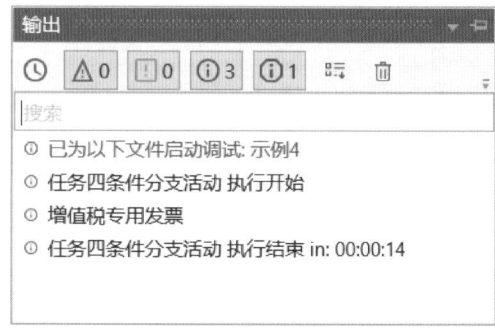

图 2-129　[例 2-16]运行结果

四、流程切换

1.【流程切换】活动

【流程切换】活动是一种特定于流程图的活动,可控制三个或更多个分支,并根据指定条件择一执行。【流程切换】活动位于【可用】—【工作流】—【流程图】类别下,如图 2-130 所示。

图 2-130 【流程切换】活动

2.【流程切换】活动使用场景及适用工作流

【流程切换】活动是多条件分支活动,和"切换"功能一样,但【流程切换】活动仅可在流程图中使用,一般用于大型程序逻辑设计。

【例 2-17】 流程切换

1)示例描述

说明:增值税发票类型可分为"增值税专用发票""增值税普通发票""增值税电子普通发票"。

要求:设计一个机器人,令机器人根据用户选择的发票类型,输出选择的发票类型。

活动:【流程切换】【日志消息】【输入对话框】。

2)操作步骤

(1)新建一个【流程图】,在【流程图】中添加一个【系统】—【对话框】类别下的【输入对话框】活动,设置该活动的对话框标题为"发票类型",输入标签为"请选择发票类型",输入类型选择"多选",输入选项输入"增值税专用发票;增值税普通发票;增值税电子发票",已输入的值处创建变量"a",如图 2-131 所示。

(2)添加一个【工作流】—【流程图】类别下的【流程切换】活动,将该活动的"TypeArgument"更改为"String",表达式为"a",如图 2-132、图 2-133 所示。

图 2-131 [例 2-17]设置【输入对话框】活动

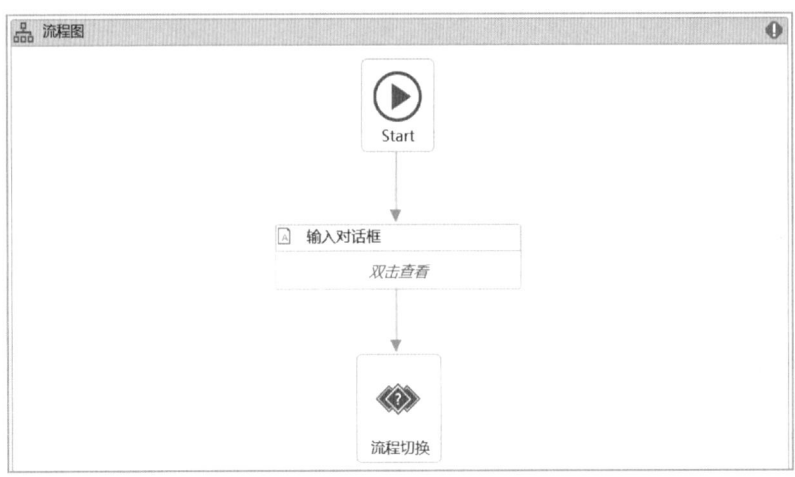

图 2-132 ［例 2-17］添加【流程切换】活动

（3）添加一个【编程】—【调试】类别下的【日志消息】活动，连接【工作流】—【流程图】类别下的【流程切换】活动，该条连接线为"Default"，设置【日志消息】活动的日志级别为"Info"，消息为"增值税电子普通发票"，如图 2-134、图 2-135 所示。

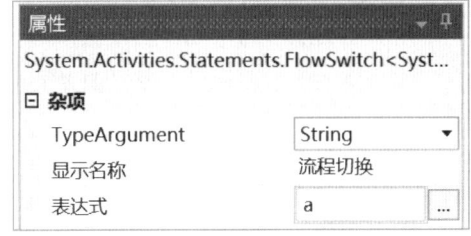

图 2-133 ［例 2-17］添加表达式

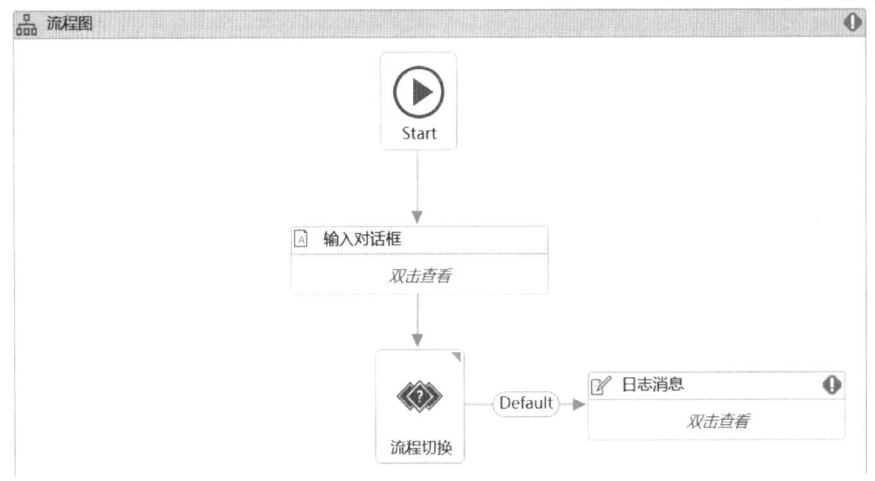

图 2-134 ［例 2-17］设置【流程切换】连线

（4）添加一个【编程】—【调试】类别下的【日志消息】活动，连接【工作流】—【流程图】类别下的【流程切换】活动，连接线的 Case 值更改为"增值税专用发票"，设置该活动的日志级别为"Info"，消息为"增值税专用发票"。继续添加一

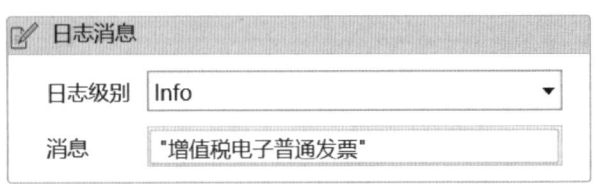

图 2-135 ［例 2-17］设置【日志消息】活动

个【编程】—【调试】类别下的【日志消息】活动,连接【工作流】—【流程图】类别下的【流程切换】活动,连接线的 Case 值更改为"增值税普通发票",设置该活动的日志级别为"Info",消息为"增值税普通发票",如图 2-136、图 2-137、图 2-138 所示。

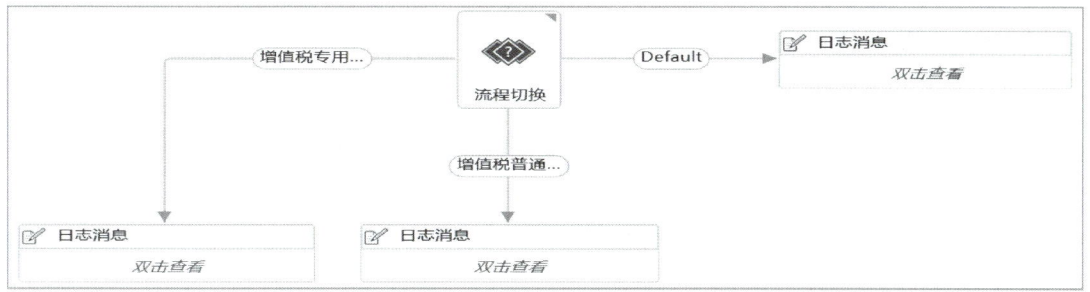

图 2-136 [例 2-17]设置【流程切换】的另外两条连线

图 2-137 [例 2-17]设置增值税专用发票日志消息 1　　图 2-138 [例 2-17]设置增值税普通发票日志消息 2

(5) 点击【调试文件】按钮,在弹出的【文本框】中勾选【增值税普通发票】复选框,如图 2-139 所示。

运行结果如图 2-140 所示。

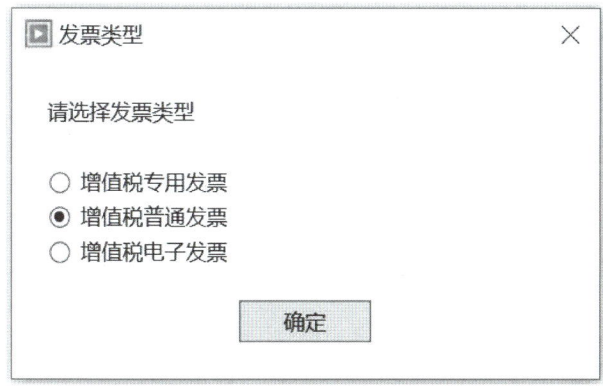 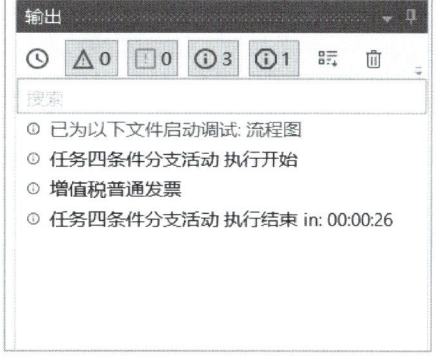

图 2-139 [例 2-17]选择发票类型　　　　　　图 2-140 [例 2-17]运行结果

 随堂练习

【练 2-5·单选题】 已知【IF 条件】活动中,若变量"str"不为空则执行"Else"分支内的流程,以下选项中属于该【IF 条件】活动的判断条件的是(　　)。
A. str＝0　　　　B. str＜＞""　　　　C. str＝""　　　　D. str＜＞0

参考答案:C

案例视频

【实践案例三】 居民工资薪金所得计算机器人

1. 案例描述

根据《中华人民共和国个人所得税法》规定,居民取得的工资薪金所得,应当按照累计预扣法计算预扣税款,计算公式为:本期应预扣预缴税额=(累计预扣预缴应纳税所得额×预扣率－速算扣除数)－累计减免税额－累计已预扣预缴税额。现在使用 UiPath 设计一个"居民工资薪金所得计算机器人"计算个人所得税。

▶ **请注意**

累计减免税额符合个人所得税减免税情况才扣除,本案例不考虑累计减免税额。

2. 案例要求

(1)通过【输入对话框】活动令机器人接收输入的累计预扣预缴应纳税所得额及累计已预扣预缴税额,机器人接收后自动计算本期应预扣预缴税额,并通过【消息框】提示应交个人所得税税额。

(2)设计机器人的状态为循环计算本期应预扣预缴税额,即每计算出一个本期应预扣预缴税额,会继续弹出【对话框】提示用户继续输入累计预扣预缴应纳税所得额及累计已预扣预缴税额,机器人根据输入的数额再次进入计算本期应预扣预缴税额流程。

3. 机器人流程自动化设计

根据开发流程绘制流程图,如图 2-141 所示。

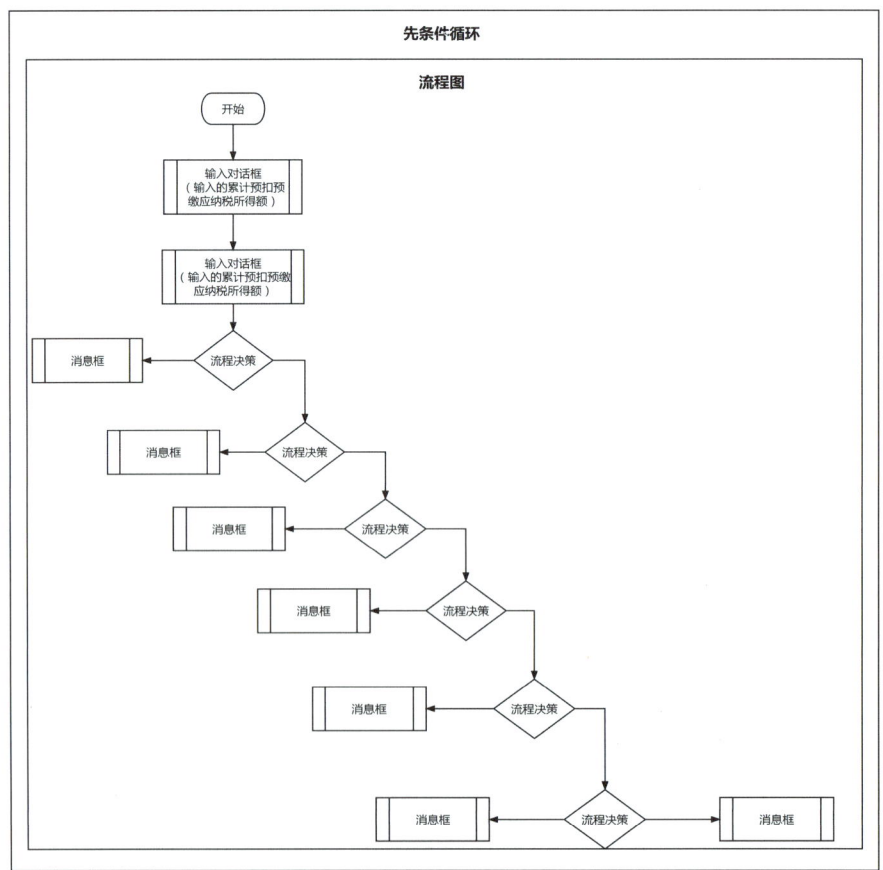

图 2-141 个人薪资所得机器人流程图

4. 案例开发

(1) 在【序列】中添加【工作流】—【控件】类别下的【先条件循环】活动,输入循环条件为"True",如图 2-142 所示。

> **请注意**
>
> 这是一个条件永远为真的循环,如果不手动终止机器人的运行,机器人会永远执行。

(2) 在【正文】序列内添加【工作流】—【流程图】类别下的【流程图】活动,在【流程图】活动中添加八个【流程决策】活动来完成整体流程设计,如图 2-143 所示。由于居民工资薪金所得税计算存在多重条件判断,因此可通过【流程决策】语句来设计流程。

图 2-142 插入【先条件循环】活动

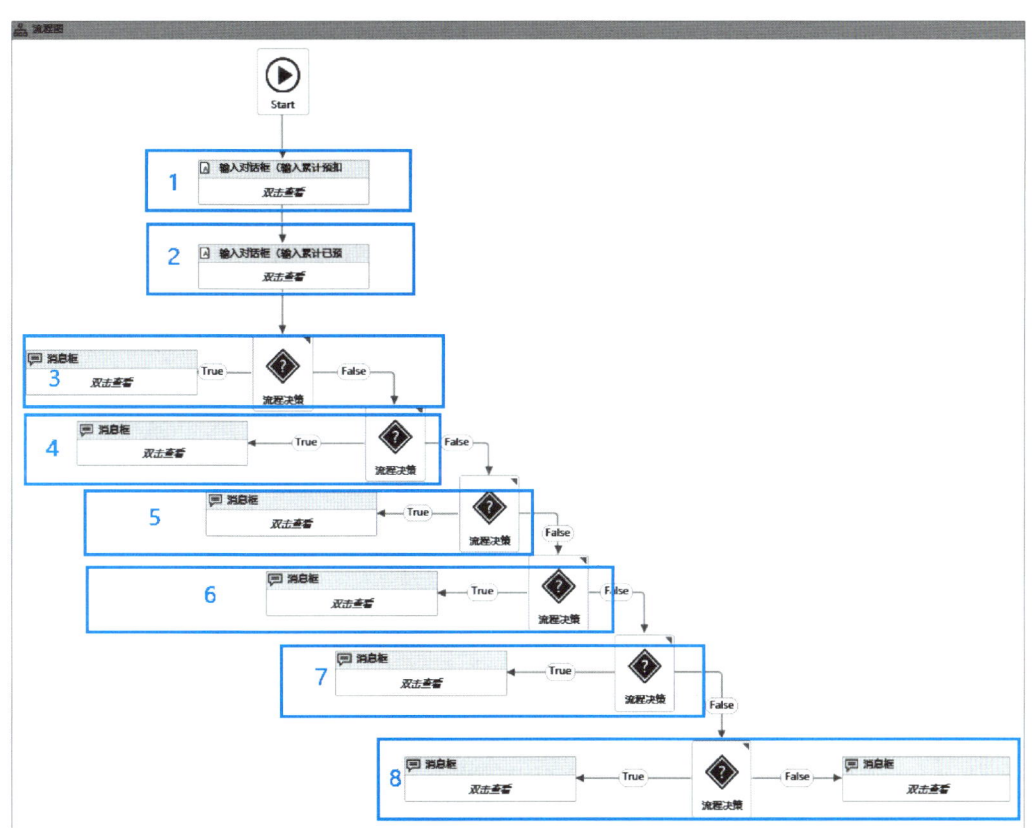

图 2-143 在【流程图】中添加八个【流程决策】活动

(3) 在【流程图】活动内添加一个【系统】—【对话框】类别下的【输入对话框】活动,并修改名称为"输入对话框(输入累计预扣预缴应纳税所得额)"。对话框标题为"累计预扣预缴应纳税所得额",输入标签为"请输入累计预扣预缴应纳税所得额",在已输入的值处创建变量

"Taxableincome",如图 2-144 所示。变量类型为"Double",范围为"序列",该变量用于存储用户输入的累计预扣预缴应纳税所得额。

(4)继续添加一个【系统】—【对话框】类别下的【输入对话框】活动,并修改名称为"输入对话框(输入累计已预扣预缴税额)"。对话框标题为"累计已预扣预缴税额",输入标签为"请输入累计已预扣预缴税额",在已输入的值处创建变量"Tax",如图 2-145 所示,变量类型为"Int32",范围为"序列",该变量用于存储用户输入的累计已预扣预缴税额。

图 2-144 设置【输入对话框】活动 　　图 2-145 设置【输入对话框】活动

(5)在第二个【输入对话框】活动下添加第一个【工作流】—【流程图】类别下的【流程决策】活动,设置判断条件为"Taxableincome<=36000",在判断结果为"True"的分支上添加一个【系统】—【对话框】类别下的【消息框】活动,输入文本为""本期应预扣预缴税额为"+(Taxableincome*0.03-Tax).ToString"。此步骤的功能是当机器人接收的累计预扣预缴应纳税所得额符合小于或等于 36000 元的判断条件时,将反馈计算出的个税值,如图 2-146、图 2-147 所示。

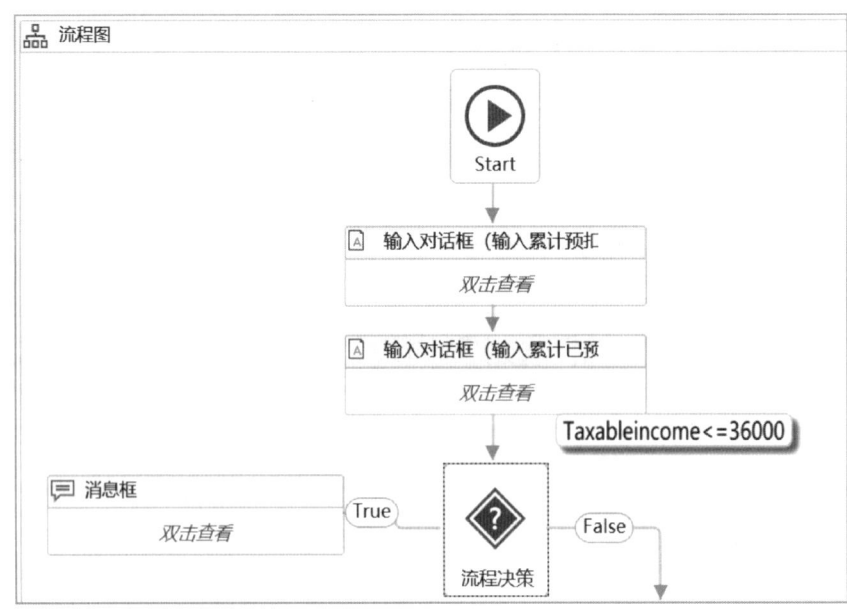

图 2-146　根据条件设置第一个【流程决策】活动

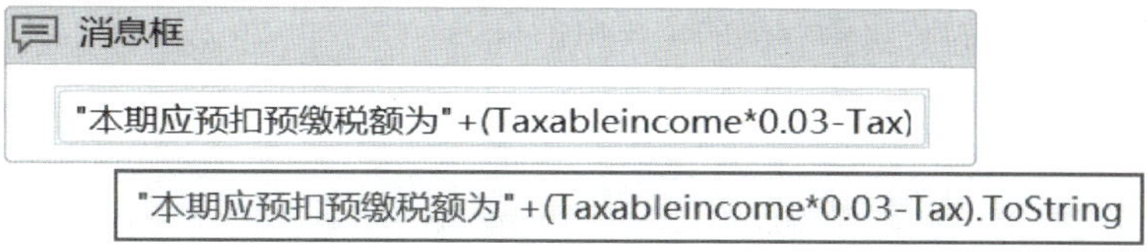

图 2-147 计算第一个【流程决策】活动为"True"的本期预扣预缴税

▶ **请注意**

【消息框】活动内的提示消息须为"String"类型。因此,需要对计算出的金额进行变量转换,将其转换为"String"类型。转换为"String"类型变量的方法为"CStr(X)"或"X. Tostring",其中"X"为需要转换的变量,转换结果即"(Taxableincome * 0.03－Tax). ToString"。

(6) 在第一个【流程决策】活动判断结果为"False"的分支上添加一个【流程决策】活动,即第二个【流程决策】活动,设置判断条件为"Taxableincome<=144000"。在第二个【流程决策】活动判断结果为"True"的分支上添加一个【系统】—【对话框】类别下【消息框】活动,输入文本为""本期应预扣预缴税额为"＋(Taxableincome * 0.1－2520－Tax). ToString",如图 2-148 所示。此步骤功能是当机器人接收的累计预扣预缴应纳税所得额符合小于或等于 144 000 元的判断条件时,将反馈计算出的个税值。

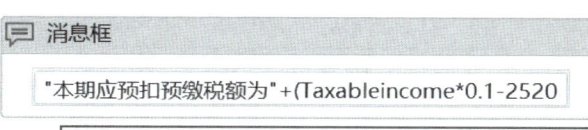

图 2-148 计算第二个【流程决策】活动为"True"的本期预扣预缴税

(7) 在第二个【流程决策】活动判断结果为"False"的分支上添加一个【流程决策】活动,即第三个【流程决策】活动,设置判断条件为"Taxableincome<=300000"。在第三个【流程决策】活动判断结果为"True"的分支上添加一个【系统】—【对话框】类别下【消息框】活动,输入文本为""本期应预扣预缴税额为"＋(Taxableincome * 0.2－16920－Tax). ToString",如图 2-149 所示。此步骤功能是当机器人接收的累计预扣预缴应纳税所得额符合小于或等于 300 000 元的判断条件时,将反馈计算的个税值结果。

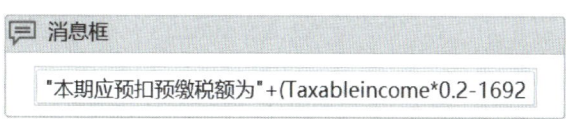

图 2-149 计算第三个【流程决策】活动为"True"的本期预扣预缴税

(8) 在第三个【流程决策】活动判断结果为"False"的分支上继续添加一个【流程决策】活动,即第四个【流程决策】活动,设置判断条件为"Taxableincome<=420000"。在第四个【流程决策】活动判断结果为"True"的分支上添加一个【系统】—【对话框】类别下【消息框】活动,输入文本为""本期应预扣预缴税额为"＋(Taxableincome * 0.25－31920－Tax). ToString",如图 2-150 所示。此步骤功能是当机器人接收的累计预扣预缴应纳税所得额符合小于或等于

420 000 元 的判断条件时,将反馈计算的个税值结果。

图 2-150　计算第四个【流程决策】活动为"True"的本期预扣预缴税

(9) 在第四个【流程决策】活动判断结果为"False"的分支上继续添加一个【流程决策】活动,即第五个【流程决策】活动,设置判断条件为"Taxableincome≤660000"。在第五个【流程决策】活动判断结果为"True"的分支上继续添加一个【系统】—【对话框】类别下【消息框】活动,输入文本为""本期应预扣预缴税额为"+(Taxableincome * 0.3-52920-Tax).ToString",如图 2-151 所示。此步骤功能是当机器人接收的累计预扣预缴应纳税所得额符合小于或等于 660 000 元的判断条件时,将反馈计算的个税值结果。

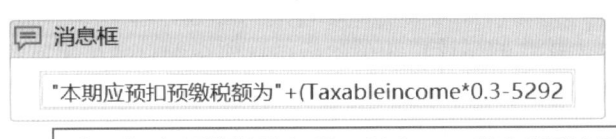

图 2-151　计算第五个【流程决策】活动为"True"的本期预扣预缴税

(10) 在第五个【流程决策】活动判断结果为"False"的分支上继续添加一个【流程决策】活动,即第六个【流程决策】活动,设置判断条件为"Taxableincome≤960000"。在第六个【流程决策】活动判断结果为"True"的分支上添加一个【系统】—【对话框】类别下【消息框】活动,输入文本为""本期应预扣预缴税额为"+(Taxableincome * 0.35-85920-Tax).ToString",如图 2-152 所示。在第六个【流程决策】活动判断结果为"False"的分支上添加一个【系统】—【对话框】类别下【消息框】活动,输入文本为""本期应预扣预缴税额为"+(Taxableincome * 0.45-181920-Tax).ToString",如图 2-153 所示。此步骤功能是让机器人在第六个【流程决策】活动中根据接收到的累计预扣预缴应纳税所得额进行判断,并根据判断结果输出不同的个税计算额。

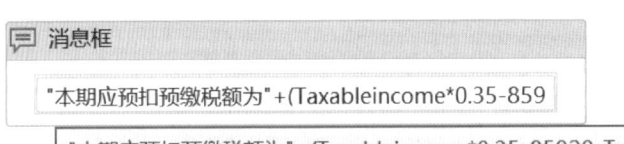

图 2-152　计算第六个【流程决策】活动为"True"的本期预扣预缴税

图 2-153　计算第六个【流程决策】活动为"False"的本期预扣预缴税

5. 运行结果

假设累计预扣预缴应纳税所得额为"120 000元",累计已预扣预缴税额为825元,点击【调试文件】按钮,运行结果如图2-154所示。

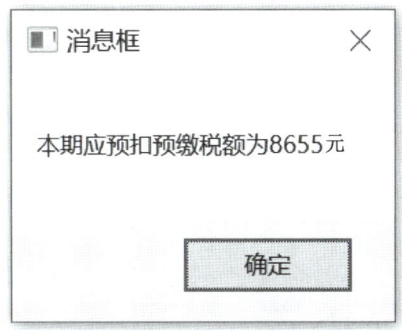

图 2-154　运行结果

职业素养

我国现行的个人所得税制度是《中华人民共和国个人所得税法》多年来经过七次修改后确立的。2019年1月1日,《中华人民共和国个人所得税法》实施后,我国对个人综合所得按年计税,实行"代扣代缴、自行申报、汇算清缴、多退少补、优化服务、事后抽查"的征管制度;其他所得仍然按照分类征收的征管制度。随着经济的发展和个人收入的不断增长,个人所得税在增加财政收入、调节收入差距等方面的作用愈发重要。

【实践案例四】　猜数字游戏机器人

1. 案例描述

系统随机生成一个1~100范围内的数字。用户从键盘输入一个猜测的数字,系统对用户输入的数字与随机生成的数字进行比较,若输入的数字小于随机数,则输出"猜小了!";若输入的数字大于随机数,则输出"猜大了!";若输入的数字等于随机数,则输出"恭喜你猜对啦!"。请根据规则设计一个"猜数字游戏机器人"。

2. 案例要求

使用UiPath开发猜数字游戏机器人。

3. 机器人自动化流程设计

根据开发流程绘制流程图,如图2-155所示。

4. 案例开发

(1) 新建【流程图】,修改名称为"猜数字游戏机器人",添加【工作流】—【控件】类别下的【分配】活动,名称设置为"分配(随机生成数字)"。在"变量"面板创建变量"随机数",变量类型为"Int32",范围为"猜数字游戏机器人",用于储存系统随机生成的数字。使用"new random().Next()"函数可以随机生成指定范围内的整数,例如:new random().Next(1,100)可以随机生成100以内的正整数。设置【分配】活动,令"随机数=new random().Next(1,100)",将随机生成的正整数赋值给变量随机数,如图2-156所示。

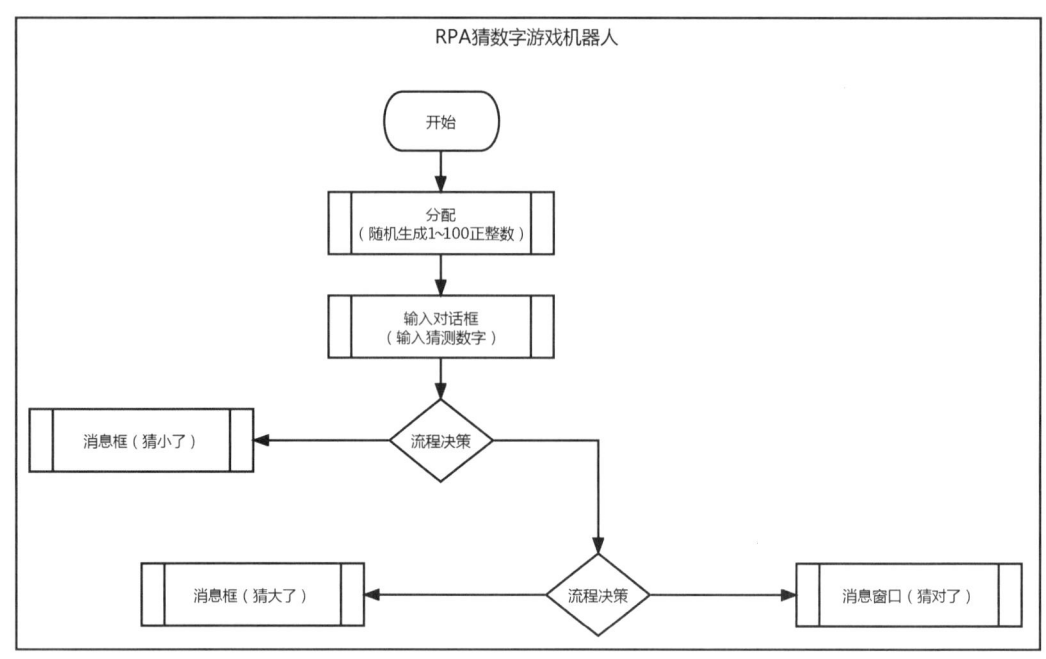

图 2-155 猜数字机器人流程图

（2）添加【系统】—【对话框】类别下的【输入对话框】活动，在显示名称中增加"（输入猜测数字）"，对话框标题设置为"输入数字"，输入标签设置为"请输入猜测的数字"，在已输入的值选项框中单击鼠标右键创建变量"猜测数"，如图 2-157 所示，修改变量类型为"Int32"，范围为"猜数字游戏机器人"，用于储存输入的猜测数字。

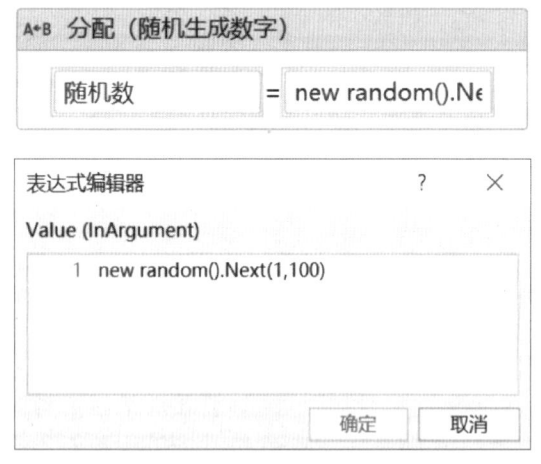

图 2-156 利用【分配】活动生成随机数

图 2-157 设置【输入对话框】活动

（3）添加【工作流】—【流程图】类别下的【流程决策】活动，设置判断条件为"猜测数＜随机数"，即猜测数小于随机数时执行【流程决策】活动"True"分支内的流程，弹出【消息框】提示猜小了；当猜测数大于随机数时执行【流程决策】活动"False"分支内的流程，判断是猜大了还是猜对了，如图 2-158 所示。

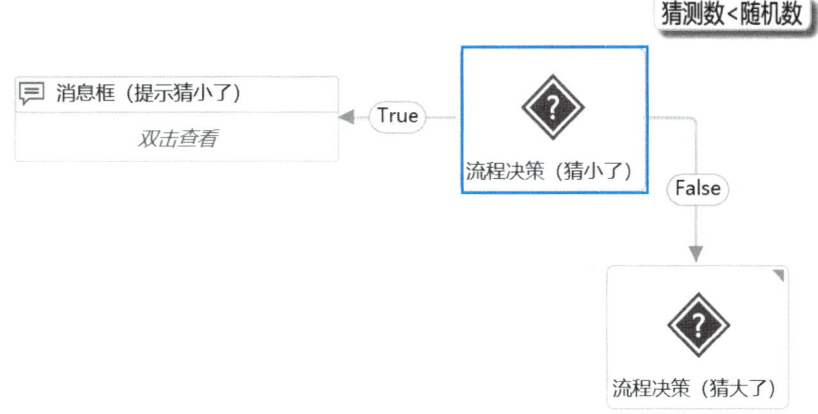

图 2-158　添加【流程决策】活动

（4）当猜测数小于随机数时，执行【流程决策】活动"True"分支内的流程。添加【系统】—【对话框】类别下的【消息框】活动，在显示名称中增加"（提示猜小了）"，【消息框】内文本设置为"猜小了！"，如图 2-159 所示。

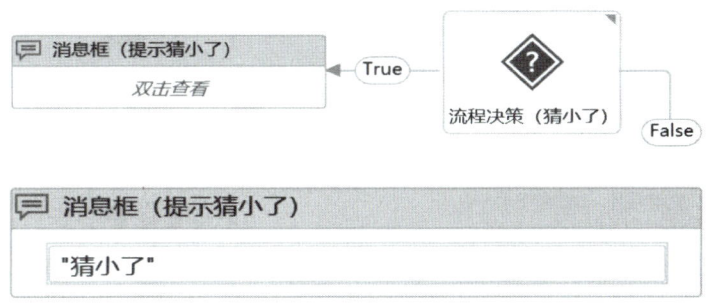

图 2-159　设置【消息框】活动提示猜测结果

（5）当猜测数大于随机数时，执行【流程决策】活动"False"分支内的流程。添加【工作流】—【流程图】类别下的【流程决策】活动，设置判断条件为"猜测数＞随机数"，即猜测数大于随机数时执行【流程决策】活动"True"分支内的流程，弹出【消息框】提示"猜大了"；当猜测数字既不小于也不大于随机数字时执行【流程决策】活动"False"分支内的流程，弹出【消息框】提示"猜对了"，如图 2-160 所示。

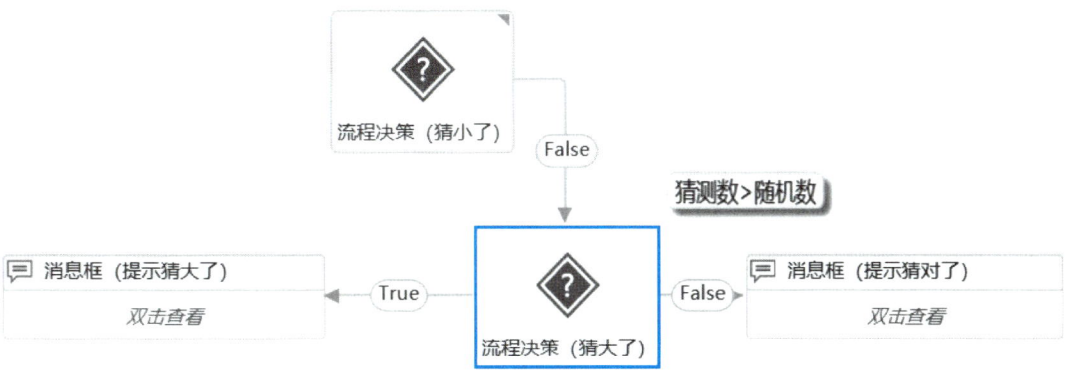

图 2-160　添加【流程决策】活动

(6)当猜测数字大于随机数字时,执行【流程决策】活动"True"分支内的流程。添加【系统】—【对话框】类别下的【消息框】活动,在显示名称中增加"(提示猜大了)",【消息框】内文本设置为"猜大了!",如图 2-161 所示。

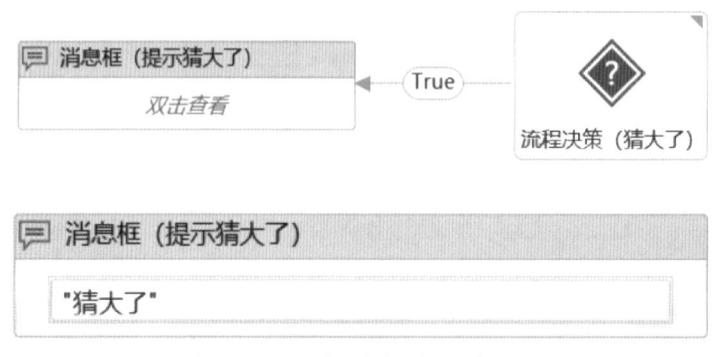

图 2-161　设置【消息框】提示猜测结果

(7)当猜测数字既不小于也不大于随机数字时,执行【流程决策】活动"False"分支内的流程。添加【系统】—【对话框】类别下的【消息框】活动,在显示名称中增加"(提示猜对了)",【消息框】内文本设置为"恭喜你猜对啦!",如图 2-162 所示。

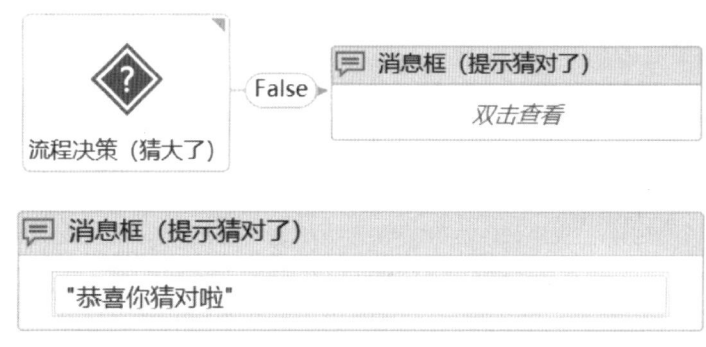

图 2-162　添加【消息框】提示猜测结果

5. 运行结果

点击【调试文件】按钮,输入猜测数字"10",运行结果如图 2-163 所示。

图 2-163　运行结果

任务五　条件循环活动

一、先条件循环

1.【先条件循环】活动

【先条件循环】活动是 UiPath 的条件循环活动之一。当流程中需要满足某种条件、重复执行某件事务时，就可以使用【先条件循环】活动，如图 2-164 所示。

2.【先条件循环】活动的工作原理

【先条件循环】活动由条件和正文两部分组成。当流程执行到该活动时，程序会先执行条件，如果条件判断为"True"，则继续执行正文内的活动，如此循环往复，直到条件判断为"False"时结束循环。

> **请注意**
>
> 如果【先条件循环】活动条件判断永远为"True"，则会进入死循环，如图 2-165 所示。

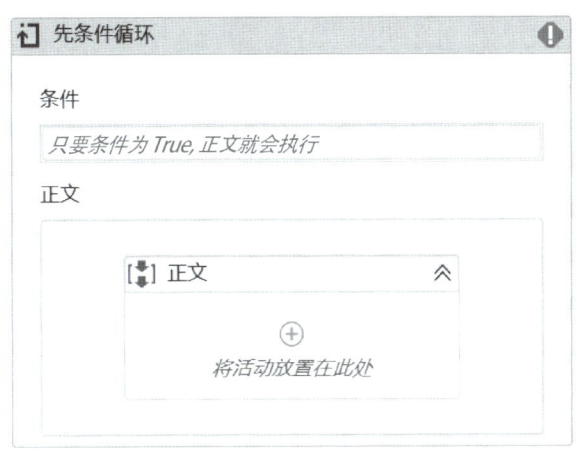

图 2-164　【先条件循环】活动

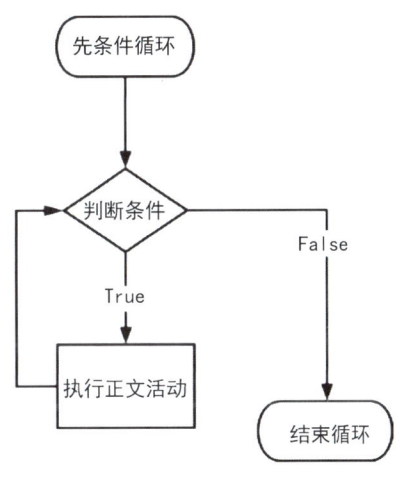

图 2-165　【先条件循环】活动执行流程

【例 2-18】先条件循环

1）示例描述

说明：李明购买了一款 10 000 元的理财产品，期限为 10 年，年利率为 2.75%，每年复利一次。

要求：设计一个机器人计算该理财产品每年年末的本利和，并输出计算结果。

活动：【分配】【先条件循环】【日志消息】

2）操作步骤

（1）添加【System】—【Activities】—【Statements】类别下的【序列】活动，在【序列】中添加【工作流】—【控件】类别下的【先条件循环】活动。在"变量"面板中创建变量"存款年限"，变量类型为"Int32"，范围为"序列"，默认值为"1"。由于本示例中理财产品的存款年限为 10 年，设置【先条件循环】的条件为"存款年限<=10",如图2-166、图2-167所示。

图2-166 [例2-18]在【序列】中添加【先条件循环】活动

名称	变量类型	范围	默认值
存款年限	Int32	序列	1

图2-167 [例2-18]在"变量"面板中创建变量

（2）在【先条件循环】的【正文】序列中添加【System】—【Activities】—【Statements】类别下的【分配】活动。在"变量"面板中创建变量"本利和"和"本金",变量类型均为"Double",范围为"序列",其中本金的默认值设置为"10000"。设置【分配】活动,令"本利和＝本金＊(1＋0.0275)",如图2-168、图2-169所示。

名称	变量类型	范围	默认值
存款年限	Int32	序列	1
本利和	Double	序列	输入 VB 表达式
本金	Double	序列	10000

图2-168 [例2-18]设置变量类型

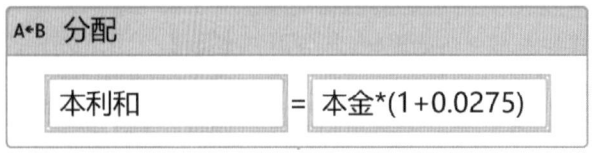

图2-169 [例2-18]设置本利和计算表达式

（3）添加【编程】—【调试】类别下的【日志消息】活动,设置日志级别为"Info",消息为""第"＋存款年限.ToString＋"年年末的本利和为:"＋本利和.ToString＋"元"",即可输出上一步【分配】活动计算出的本利和,如图2-170所示。

（4）由于本示例为复利计算，每一年年末的本利和即下一年年初的本金。添加【System】—【Activities】—【Statements】类别下的【分配】活动，令"本金＝本利和"。为控制【先条件循环】活动能进入下一年的本利和计算，添加【System】—【Activities】—【Statements】类别下的【分配】活动，令"存款年限＝存款年限＋1"，如图 2-171 所示。

运行结果如图 2-172 所示。

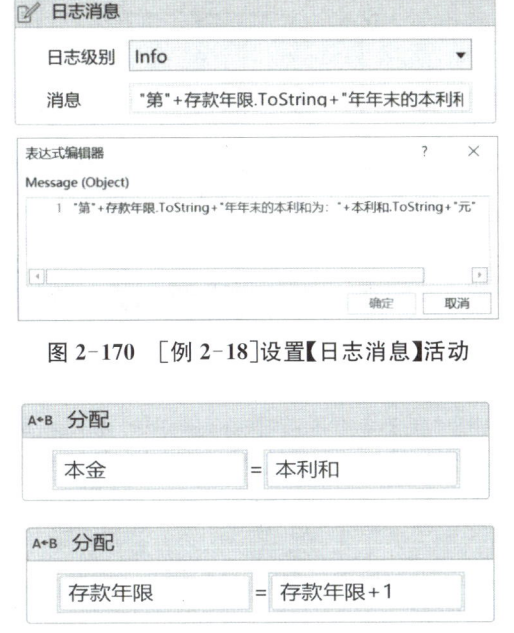

图 2-170　[例 2-18]设置【日志消息】活动

图 2-172　[例 2-18]运行结果

图 2-171　[例 2-18]计算本利和与存款年限

二、后条件循环

1.【后条件循环】活动

【后条件循环】也是条件循环活动。该活动和【先条件循环】活动类似，两者的区别是【后条件循环】活动会至少执行一次循环体内的事务，而【先条件循环】活动可能因为一开始条件不满足而不执行循环体内的事务，如图 2-173 所示。

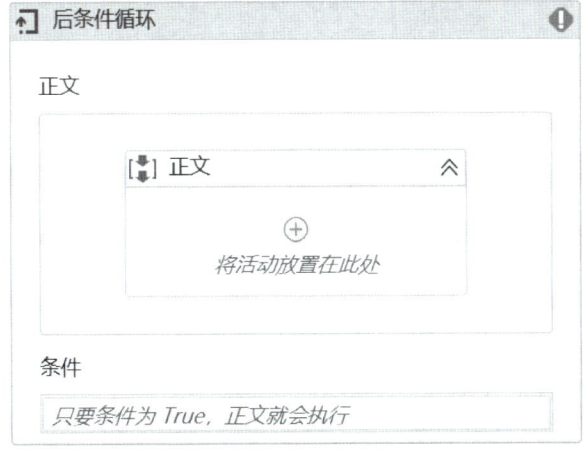

图 2-173　【后条件循环】活动

2.【后条件循环】活动工作原理

【后条件循环】活动由条件和正文两部分组成。当流程执行到该活动时，程序会先执行一次正文内的活动，再进入条件判断，如果条件判断为“True”，则继续执行【正文】序列内的活动，如此循环往复，直到条件判断为“False”时，结束循环，如图 2-174 所示。

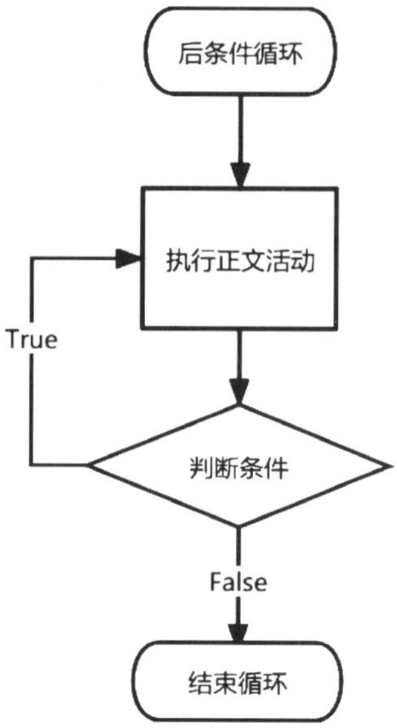

图 2-174 【后条件循环】活动执行流程

【例 2-19】 后条件循环

1）示例描述

说明：李明购买了一款 10 000 元的理财产品，期限为 10 年，年利率为 2.75%，每年复利一次。

要求：设计一个机器人计算该理财产品每年年末的本利和，并将计算结果输出。

活动：【分配】【后条件循环】【日志消息】。

2）操作步骤

（1）添加【System】—【Activities】—【Statements】类别下的【序列】活动，在【序列】中添加【工作流】—【控件】类别下的【后条件循环】活动。在“变量”面板中创建变量“存款年限”，变量类型为“Int32”，范围为“序列”，默认值为“1”。由于本示例中理财产品的存款年限为 10 年，设置【后条件循环】活动的条件为“存款年限<=10”，如图 2-175、图 2-176 所示。

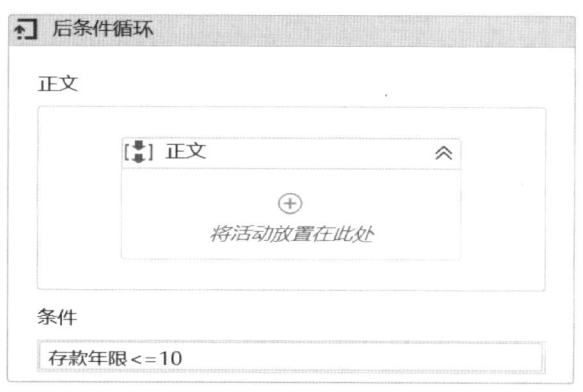

图 2-175 ［例 2-19］在【序列】中插入【后条件循环】活动

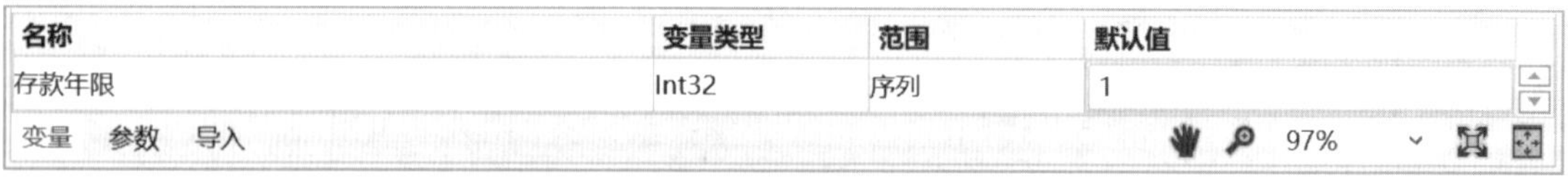

名称	变量类型	范围	默认值
存款年限	Int32	序列	1

图 2-176 ［例 2-19］设置变量类型

（2）在【后条件循环】活动的【正文】中添加【System】—【Activities】—【Statements】类别下的【分配】活动。在“变量”面板中创建变量“本利和”和“本金”，变量类型均为“Double”，范围为“序列”，其中本金的默认值设置为“10000”。设置【分配】活动，令“本利和＝本金＊(1＋0.0275)”，如图 2-177、图 2-178 所示。

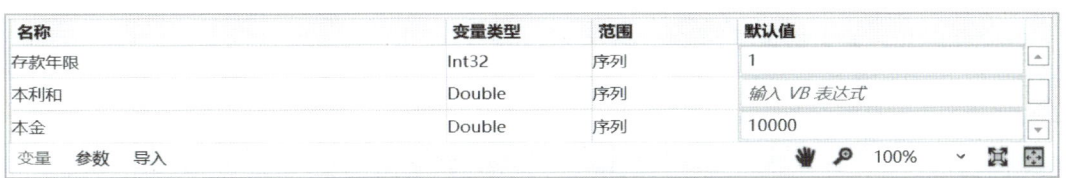

图 2-177　[例 2-19]设置变量类型

（3）添加【编程】—【调试】类别下的【日志消息】活动，设置日志级别为"Info"，消息为""第"＋存款年限.ToString＋"年年末的本利和为:"＋本利和.ToString＋"元""，即可输出上一步【分配】活动计算出的本利和，如图 2-179 所示。

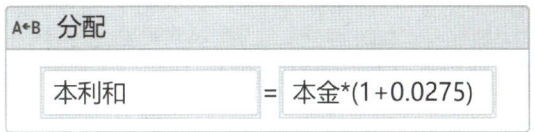

图 2-178　[例 2-19]设置计算本利和表达式

（4）由于本示例为复利计算，每一年年末的本利和即为下一年年初的本金。添加【System】—【Activities】—【Statements】类别下的【分配】活动，令"本金＝本利和"。为控制【后条件循环】活动能进入下一年的本利和计算，添加【System】—【Activities】—【Statements】类别下的【分配】活动，令"存款年限＝存款年限＋1"，如图 2-180 所示。

运行结果如图 2-181 所示。

图 2-179　[例 2-19]设置【日志消息】活动

图 2-180　[例 2-19]计算本金和存款年限

图 2-181　[例 2-19]运行结果

三、遍历循环

【遍历循环】活动用于循环遍历集合中的每个元素。当用户要对某个集合中的每个元素执行相同操作时，便可使用【遍历循环】活动。当流程执行到该活动时，由变量"item"遍历表达式,取集合中的第一个元素,再执行正文内的活动,如此遍历循环,直到集合中最后一个元素执行正文内的活动完为止。

图2-182 【遍历循环】活动

> **请注意**
>
> 该活动下的变量"item"无须定义,此处变量也可按实际需要自行定义名称,如图2-182所示。

【例2-20】 遍历循环

1) 示例描述

说明:李明购买了一款10 000元的理财产品,期限为10年,年利率为2.75%,每年复利一次。

要求:设计一个机器人,令机器人通过遍历循环数组{1,2,3,4,5,6,7,8,9,10},完成每年年末的本利和的计算,并将结果输出。

活动:【分配】【遍历循环】【日志消息】。

2) 操作步骤

（1）添加【System】—【Activities】—【Statements】类别下的【序列】活动,在【序列】活动中添加【System】—【Activities】—【Statements】类别下的【分配】活动。在"变量"面板中创建变量"存款年限",变量类型为"Int32[]",范围为"序列"。由于本示例中理财产品的存款年限为10年,设置【分配】活动,令"存款年限＝{1,2,3,4,5,6,7,8,9,10}",如图2-183所示。

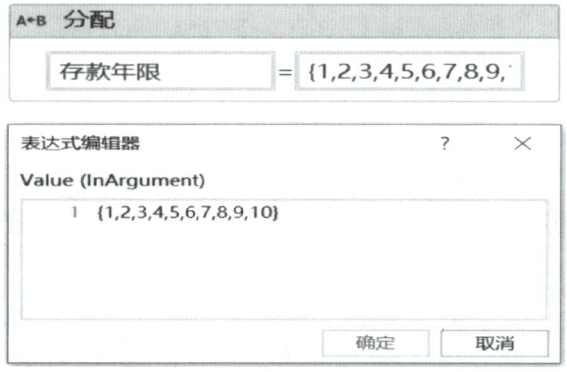

图2-183 ［例2-20]为存款年限赋值

（2）在【分配】活动后添加【工作流】—【控件】类别下的【遍历循环】活动,由于此【遍历循环】活动所要循环的变量"存款年限"为"Int32[]"类型,在【遍历循环】活动的"属性"界面设置TypeArgument为"Int32"类型,值为"存款年限"。每一次循环,变量"item"都会依次引用数组"存款年限"中的元素,如图2-184、图2-185所示。

图2-184 ［例2-20]在【序列】中添加【遍历循环】活动

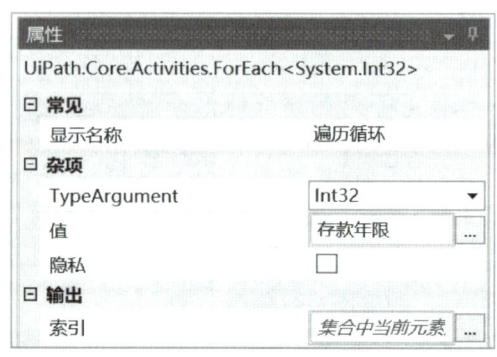

图2-185 ［例2-20]设置【遍历循环】活动属性

(3) 添加【System】—【Activities】—【Statements】类别下的【分配】活动。在"变量"面板中创建变量"本利和"和"本金",变量类型均为"Double",范围为"序列",其中本金的默认值设置为"10000"。设置【分配】活动,令"本利和＝本金＊(1＋0.0275)",如图 2-186、图 2-187 所示。

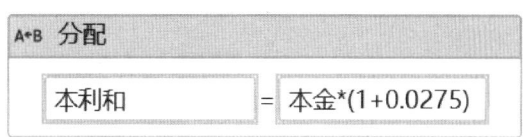

图 2-186 [例 2-20]计算本利和

名称	变量类型	范围	默认值
存款年限	Int32[]	序列	输入 VB 表达式
本利和	Double	序列	输入 VB 表达式
本金	Double	序列	10000

图 2-187 [例 2-20]设置变量类型

(4) 添加【编程】—【调试】类别下的【日志消息】活动,设置日志级别为"Info",消息为""第"＋item.ToString＋"年年末的本利和为:"＋本利和.ToString＋"元"",输出上一步【分配】活动计算出的本利和,如图 2-188 所示。

图 2-188 [例 2-20]设置【日志消息】活动

(5) 由于本示例为复利计算,每一年年末的本利和即为下一年年初的本金。添加【System】—【Activities】—【Statements】类别下的【分配】活动,令"本金＝本利和",如图 2-189 所示。

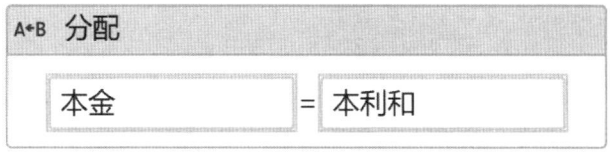

图 2-189 [例 2-20]计算本金

运行结果如图 2-190 所示。

图 2-190　[例 2-20]运行结果

四、循环中断

1.【中断】活动

【中断】是一种中断活动，只能用于循环体中，表示活动所在位置退出【循环】活动（遍历循环、先条件循环、后条件循环），并使用随后的活动继续执行工作流，如图 2-191 所示。

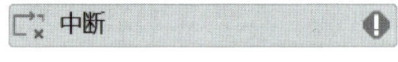

图 2-191　【中断】活动

2.【继续】活动

【继续】也是一种中断活动，与【中断】活动不同的是，【继续】活动只是中断当次循环，整个循环并不会结束，如图 2-192 所示。

图 2-192　【继续】活动

 随堂练习

【练 2-6 · 多选题】　关于【先条件循环】活动与【后条件循环】活动，以下说法正确的有（　　）。

A.　只要条件不满足，【先条件循环】活动就不会执行循环语句
B.　如果循环条件为"False"，【后条件循环】活动只循环一次
C.　如果循环条件永远为"True"，不管是【先条件循环】活动还是【后条件循环】活动都会进入死循环
D.　【先条件循环】活动一定会先执行一次循环

参考答案：ABC

【实践案例五】 企业所得税测算机器人

1. 案例描述

根据企业所得税法律制度的规定,依法在中国境内成立的居民企业,征收企业所得税时适用25%的基本税率。而部分企业,可适用20%、15%和10%的征收率。例如,符合条件的小型微利企业适用20%的征收率,国家需要重点扶持的高新技术企业则适用15%的征收率。

2. 案例要求

(1)假设不考虑适用15%税率的其他类型企业以及适用10%税率的企业,请设计一个"企业所得税测算机器人",使其能自动计算出企业的应纳企业所得税。

(2)梳理人工测算企业所得税的业务流程,需详细梳理、确定25%或者20%征收率的判断条件,并简要分析该流程中存在的业务痛点。

(3)根据(2)的结果,简要分析 RPA 技术在该场景下的适配性,并设计企业所得税测算机器人自动化流程,令机器人可以自动判断该企业适用的税率并计算应缴税额。

(4)使用 UiPath 开发企业所得税测算机器人。

3. 机器人自动化流程设计

根据开发流程绘制流程图,如图 2-193 所示。

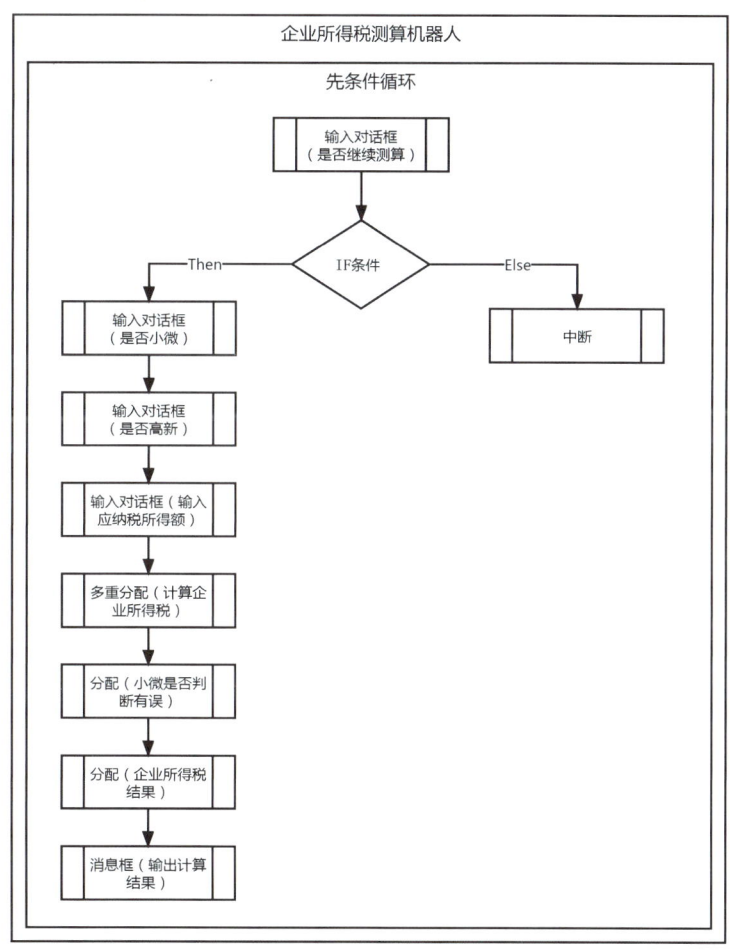

图 2-193 企业所得税测算机器人流程图

4. 案例开发

（1）新建【序列】，修改名称为"企业所得税测算机器人"。添加【工作流】—【控件】类别下的【先条件循环】活动，条件设置为"True"，即正文会一直执行，如图 2-194 所示。

（2）在【先条件循环】活动的【正文】序列中添加【系统】—【对话框】类别下的【输入对话框】活动，对话框标题设置为"企业所得税测算机器人"，输入标签设置为"是否测算企业所得税"，输入类型选择"多选"，输入选项数组设置为"继续;退出"，在已输入的值选项框中单击鼠标右键创建变量"是否继续"，用于储存选项继续和退出，如图 2-195 所示。

图 2-194　在【序列】中添加【先条件循环】活动　　　　图 2-195　设置【输入对话框】活动

（3）添加一个【工作流】—【控制】类别下的【IF 条件】活动，设置该活动的判断条件为"是否继续="继续""，即当在第一个【输入对话框】活动中选择"继续"时，执行"Then"分支内的活动，否则执行"Else"分支内的活动，如图 2-196 所示。

图 2-196　设置【IF 条件】活动

（4）条件"是否继续＝'继续'"不成立时，意味着第一个【输入对话框】活动运行时选择了"退出"选项。在"Else"分支中添加【工作流】—【控件】类别下的【中断】活动，用于跳出【先条件循环】活动，如图 2-197 所示。

（5）添加【系统】—【对话框】类别下的【输入对话框】活动，对话框标题设置为"企业所得税测算机器人"，输入标签设置为"当前企业是否小微企业"，输入类型选择"多选"，输入选项数组

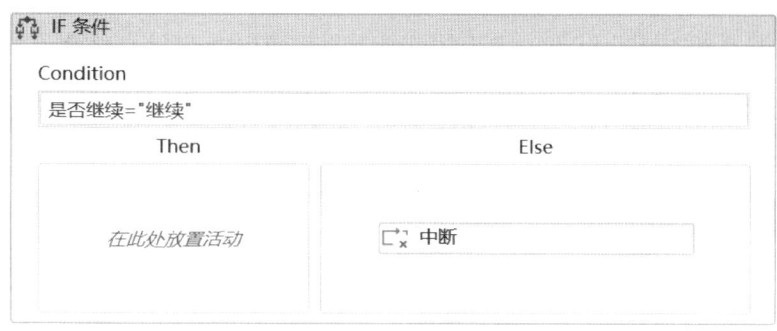

图 2-197 插入【中断】活动

设置为"是;否",在已输入的值选项框中单击鼠标右键创建变量"是否小微企业",用于储存选项"是"和"否",如图 2-198 所示。

（6）添加【系统】—【对话框】类别下的【输入对话框】活动,对话框标题设置为"企业所得税测算机器人",输入标签设置为"当前企业是否高新技术企业:",输入类型选择"多选",输入选项数组设置为"是;否",在已输入的值选项框中单击鼠标右键创建变量"是否高新企业",用于储存选项"是"和"否",如图 2-199 所示。

图 2-198 设置【输入对话框】活动　　　　图 2-199 设置【输入对话框】活动

（7）添加【系统】—【对话框】类别下的【输入对话框】活动,对话框标题设置为"企业所得税测算机器人",输入标签设置为"请输入当前企业应纳税所得额:",输入类型选择"文本框",在已输入的值选项框中单击鼠标右键创建变量"应纳税所得额",如图 2-200 所示。修改变量类型为"Double",范围为"企业所得税测算机器人",用于储存输入的应纳税所得额数值。

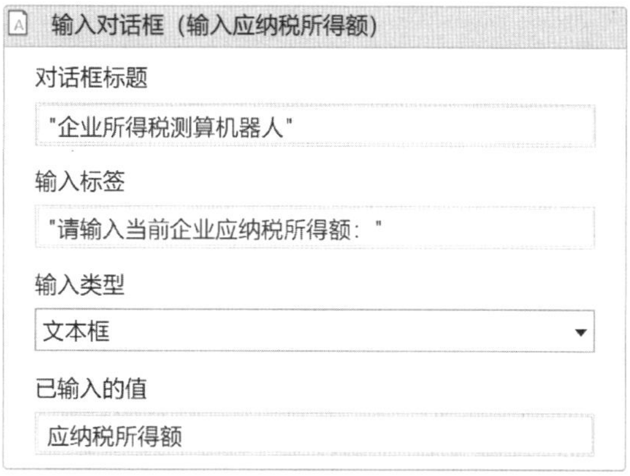

（8）添加【工作流】—【控件】类别下的

图 2-200 设置【输入对话框】活动

【多重分配】活动,在"变量"面板中创建三个变量"普通企业所得税""小微企业所得税""高新企业所得税",变量类型选择"Double",范围为"企业所得税测算机器人"。设置【多重分配】活动,按照计算规则将结果分配给三个变量,令"普通企业所得税=if(应纳税所得额>0,应纳税所得额*0.25,0);小微企业所得税=if(应纳税所得额>0,if(应纳税所得额<=1000000,应纳税所得额*0.125*0.2,应纳税所得额*0.05-25000),0);高新企业所得税=if(应纳税所得额>0,应纳税所得额*0.15,0)",如图2-201所示。

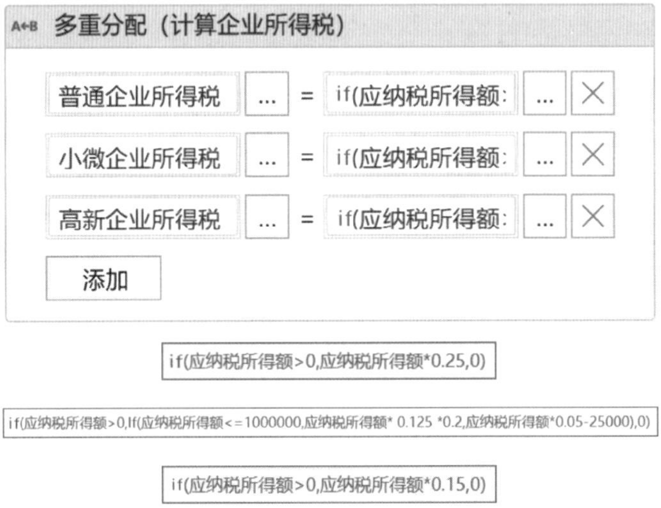

图2-201 进行各种类型企业所得税计算

(9) 添加【工作流】—【控件】类别下的【分配】活动,在"变量"面板创建变量"输入有误",变量类型为"String",范围为"企业所得税测算机器人",用于储存输入的应纳税所得额是否符合小微企业条件的判断结果。设置【分配】活动,令"输入有误=if(是否小微企业="是"And 应纳税所得额>3000000,"提示:测算可能有误;"+vbcrlf+"应纳税所得额为"+应纳税所得额.ToString+"超过3000000;"+vbcrlf+"请重新确认是否小微企业;"+vbcrlf+"如有问题请重新测算!!","")",其中"vbcrlf"为换行语法,如图2-202所示。

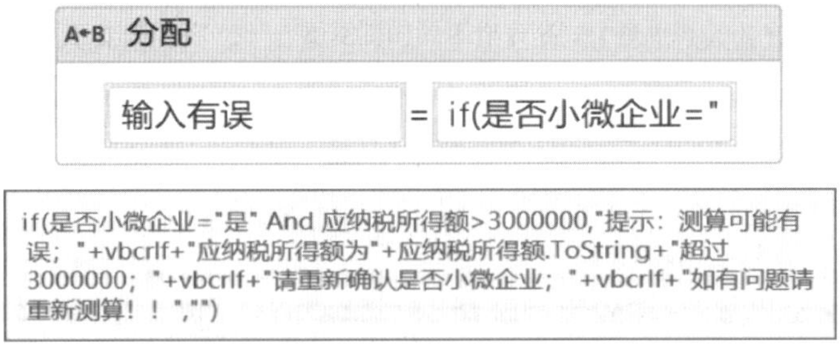

图2-202 判断应纳税额所得额是否符合小微企业

(10) 添加【工作流】—【控件】类别下的【分配】活动,在"变量"面板创建变量"企业所得税",变量类型为"String",范围为"企业所得税测算机器人",用于储存整个计算后的最终输出结果。设置【分配】活动,令"企业所得税=if(是否小微企业="是",if(是否高新企业="否","当前企业是小微企业;"+vbcrlf+"应纳税额测算:"+小微企业所得税.ToString+"元。"+vbcrlf+输入有误,"当前企业既是小微企业又是高新技术企业;"+vbcrlf+"按小微企业应纳税额测算:"+小微企业所得税.ToString+"元;"+vbcrlf+"按高新技术企业应纳税额测算:"+高新企业所得税.ToString+"元;"+vbcrlf+"建议按小微企业优惠政策缴纳企业所得税。"+vbcrlf+输入有误),If(是否高新企业="是","当前企业是高新技术企业;"+vbcrlf+"应纳税额测算:"+高新企业所得税.ToString+"元。","当前企业无企业所得税税收优惠;"+vbcrlf+"应纳税额测算:"+普通企业所得税.ToString+"元。"))",其中"vbcrlf"为换行语法,如图 2-203 所示。

图 2-203　计算企业所得税

(11) 添加【系统】—【对话框】类别下的【消息框】活动,【消息框】内文本设置为变量"企业所得税",如图 2-204 所示。

图 2-204　设置【消息框】活动计算企业所得税

> 请注意

小微企业与高新技术企业所得税税收优惠计算请查看当前最新优惠政策。

5. 运行结果

假设一家小微企业的应纳税所得额为 2 600 000 元,点击【调试文件】按钮,运行结果如图 2-205 所示。

图 2-205　运行结果

职业素养

企业所得税是指对中华人民共和国境内的企业（居民企业及非居民企业）和其他取得收入的组织以其生产经营所得为课税对象所征收的一种所得税。作为企业所得税纳税人，应依照《中华人民共和国企业所得税法》缴纳企业所得税。

RPA 财务机器人 Excel 应用

学习目标

- 了解【应用程序集成】—【Excel】类别下活动的应用
- 了解【系统】—【文件】—【工作簿】类别下活动的应用
- 了解什么是数据表
- 了解读取数据表的方法
- 了解数据表类别下的常用活动
- 掌握数据表与 Excel 工作表的联系及区别

能力目标

- 掌握数据对应关系并能绘制开发流程图
- 掌握常见故障排查与调试的方法

素养目标

- 具有独立思考和主动探究的能力
- 具有爱岗敬业的专业素养和勇于创新的职业精神

任务一　Excel 基本活动介绍

一、Excel 操作自动化

UiPath 中与 Excel 操作有关的活动主要用于帮助各种类型的企业用户实现 Microsoft Excel 数据处理自动化。UiPath 中与 Excel 操作有关的活动包括从单元格、列、行或范围中读取数据，向其他电子表格或工作簿写入数据，从 Excel 中提取公式等。UiPath 中与 Excel 操作有关的活动主要包括【应用程序集成】—【Excel】类别下的活动和【系统】—【文件】—【工作簿】类别下的活动。

（1）【应用程序集成】—【Excel】类别下的活动：该组活动都必须包含在【Excel 应用程序范围】活动里，不能单独使用，同时各个活动要操作的 Excel 工作簿路径统一在【Excel 应用程序范围】活动里设置，如图 3-1 所示。

（2）【系统】—【文件】—【工作簿】类别下的活动：该组活动对 Excel 工作簿进行操作时，需要为每个活动各自设置工作簿路径，如图 3-2 所示。

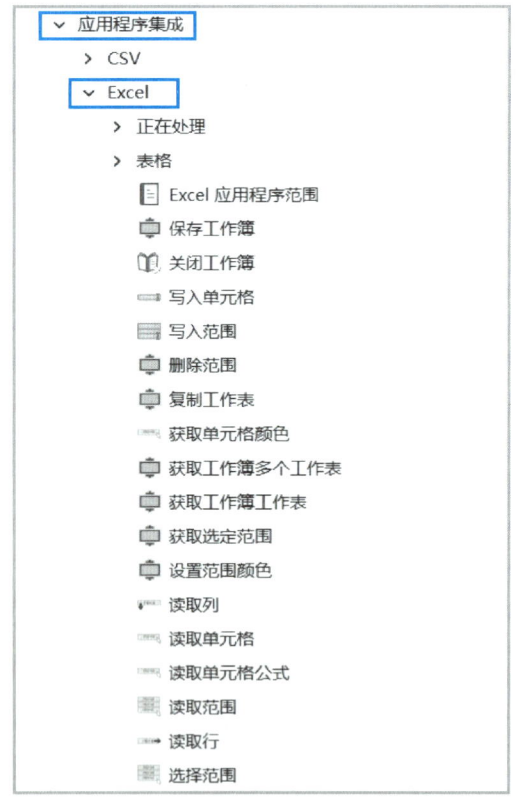

图 3-1　【Excel】类别下的活动

图 3-2　【工作簿】类别下的活动

相较而言，图 3-1 中的功能比图 3-2 中的功能更丰富。

二、【表格】类活动

Excel 自动化的【表格】类活动的主要功能是对单元格进行基本操作，如对单元格进行读取、写入等操作。

1.【Excel 应用程序范围】活动

【Excel 应用程序范围】活动在【应用程序集成】—【Excel】—【表格】类别下，该活动用于打开 Excel 工作簿并为其他 Excel 活动提供数据范围，如图 3-3 所示。当此活动结束时，机器人将关闭指定的工作簿和 Excel 应用程序。如果在该活动的"输出"—"工作簿"属性中提供了类型为"WorkbookApplication"的变量，则工作簿数据将保存在相应的变量中，即使此活动结束，该变量中的数据仍然可以使用。如果指定的工作簿文件不存在，此活动将创建一个新的 Excel 工作簿。

图 3-3 【Excel 应用程序范围】活动

2.【读取范围】活动

【读取范围】活动是从 Excel 工作表中读取指定范围内的若干个单元格数据。在【Excel 应用程序范围】活动的【执行】序列内添加一个【读取范围】活动，令机器人读取"工资结算明细表"中"A:F"范围内的数据，如图 3-4 所示。

在【读取范围】活动"属性"面板的输出数据表处设置变量为"DT"，即将读到的数据保存在变量"DT"中，如图 3-5 所示。

图 3-4 【读取范围】活动

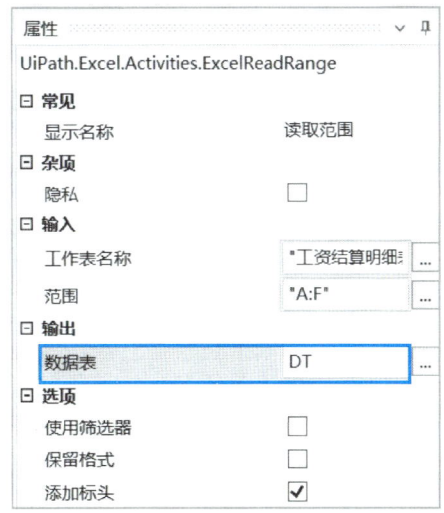

图 3-5 设置输出数据表

> 请注意
>
> "属性"面板中的【添加标头】复选框默认为选中状态，即该活动会自动提取指定电子表格范围中的列标题。

【读取范围】活动的主要属性，如表 3-1 所示。

表 3-1 【读取范围】活动的主要属性

活动	属性	参数	功能
读取范围	输入	工作表名称	读取工作表名称
		范围	读取数据范围。如果未指定范围，将读取整个表格；如果将范围指定为某个单元格，则读取从该单元格开始的整个表格。范围的表示形式同 Excel 区域的表示形式
	输出	数据表	将读到的数据存储在“DataTable”类型的变量中
	选项	使用筛选器	如果勾选此复选框，则该活动不会读取指定范围中已筛除的内容，系统默认未选中
		保留格式	如果勾选此复选框，将保留所读取的范围的格式，系统默认未选中
		添加标头	如果勾选此复选框，则将提取指定数据范围中的列标头，系统默认选中

【例 3-1】 读取范围

1）示例描述

说明：已知“A 公司费用汇总表.xlsx”内包含三张表，分别为 1 号门店经营费用、2 号门店经营费用与 3 号门店经营费用，该表数据如图 3-6 所示。

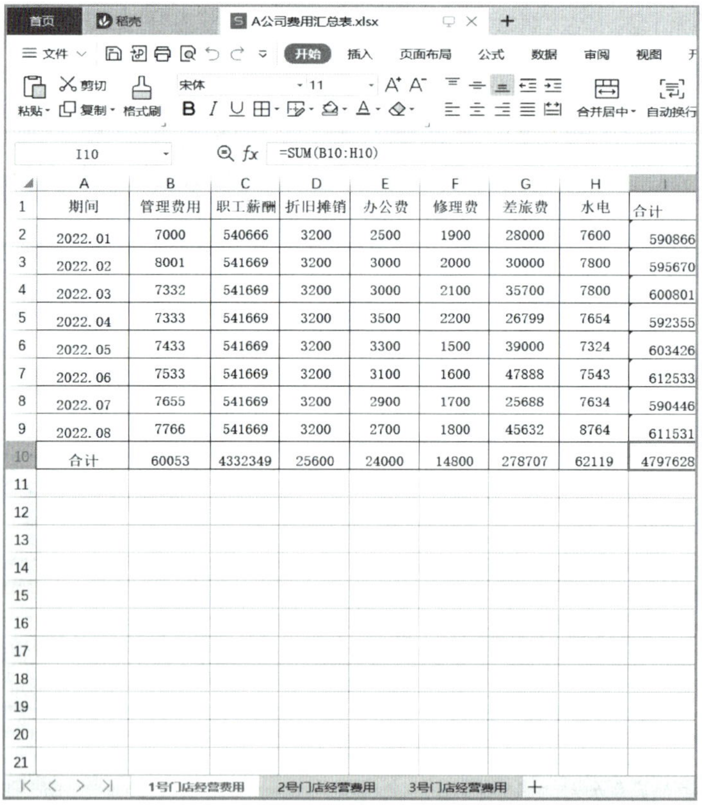

期间	管理费用	职工薪酬	折旧摊销	办公费	修理费	差旅费	水电	合计
2022.01	7000	540666	3200	2500	1900	28000	7600	590866
2022.02	8001	541669	3200	3000	2000	30000	7800	595670
2022.03	7332	541669	3200	3000	2100	35700	7800	600801
2022.04	7333	541669	3200	3500	2200	26799	7654	592355
2022.05	7433	541669	3200	3300	1500	39000	7324	603426
2022.06	7533	541669	3200	3100	1600	47888	7543	612533
2022.07	7655	541669	3200	2900	1700	25688	7634	590446
2022.08	7766	541669	3200	2700	1800	45632	8764	611531
合计	60053	4332349	25600	24000	14800	278707	62119	4797628

图 3-6 [例 3-1]费用汇总表

要求：设计一个机器人读取"1号门店经营费用"表并通过【消息框】提示费用合计金额。

活动：【Excel 应用程序范围】【读取范围】【消息框】。

2）操作步骤

（1）在【序列】中添加【应用程序集成】—【Excel】类别下的【Excel 应用程序范围】活动，为该活动设置工作簿路径，单击【浏览】按钮，选择"A 公司费用汇总表.xlsx"文件，如图 3-7 所示。

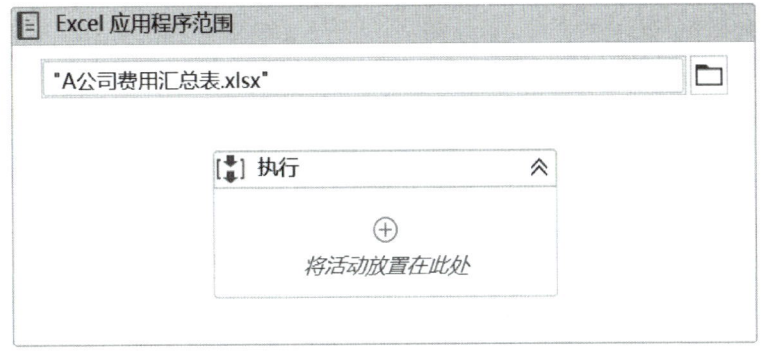

图 3-7 ［例 3-1］设置【Excel 应用程序范围】活动

▶ 请注意

需将"A 公司费用汇总表.xlsx"保存在当前 RPA 项目文件夹中，即将文件保存在相对路径下。

（2）在【Excel 应用程序范围】活动下的【执行】序列中添加【应用程序集成】—【Excel】类别下的【读取范围】活动。打开该活动的"属性"面板，设置工作表名称为"1号门店经营费用"，范围为"A:I"，在输出数据表处创建变量"Data"，变量类型为"DataTable"，范围为"执行"，该变量 Data 用于存储"1号门店经营费用"表中 A 列至 I 列的数据，如图 3-8、图 3-9、图 3-10 所示。

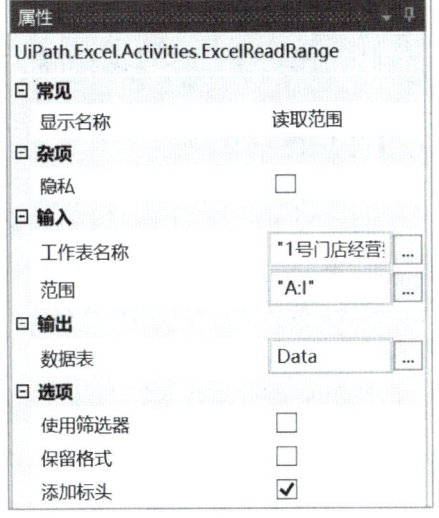

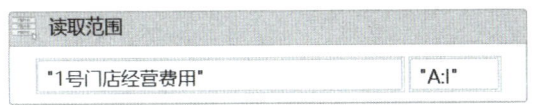

图 3-8 ［例 3-1］设置【读取范围】活动　　图 3-9 ［例 3-1］设置属性

名称	变量类型	范围	默认值
Data	DataTable	执行	输入 VB 表达式

图 3-10 设置变量类型

（3）添加【系统】—【对话框】类别下的【消息框】活动，设置文本为""1号门店经营费用合计数为"+Data(8)(8).tostring+"元""，用于输出 1号门店经营费用的合计数，如图 3-11 所示。

图 3-11 ［例 3-1］设置【消息框】活动

运行结果如图 3-12 所示。

3.【读取列】活动

【读取列】活动是从指定单元格所在的列中读取整列数据。如图 3-13 所示，在【Excel 应用程序范围】活动的【执行】序列内添加一个【读取列】活动，令机器人读取"工资结算明细表"工作表中 B1 单元格所在的整列数据。

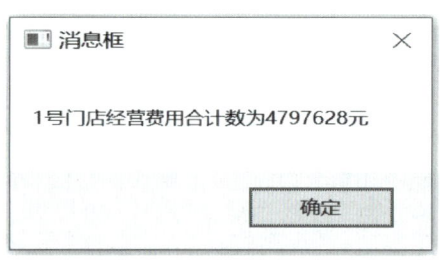

图 3-12 ［例 3-1］运行结果

图 3-13 添加【读取列】活动

【例 3-2】 读取列

1）示例描述

说明：已知"A 公司费用汇总表.xlsx"内包含三张表，分别为 1 号门店经营费用、2 号门店经营费用与 3 号门店经营费用，该表数据如图 3-6 所示。

要求：设计一个机器人读取"1 号门店经营费用"表中"合计"列的数据，并通过【消息框】提示期间为"2022.08"的合计费用。

活动：【Excel 应用程序范围】【读取列】【消息框】。

2）操作步骤

（1）在【序列】中添加【应用程序集成】—【Excel】类别下的【Excel 应用程序范围】活动。为该活动设置工作簿路径，单击【浏览】按钮，选择"A 公司费用汇总表.xlsx"文件，如图 3-14 所示。

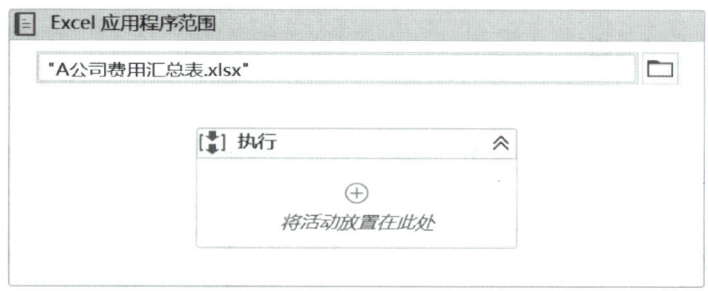

图 3-14 ［例 3-2］设置【Excel 应用程序范围】活动

> **请注意**
>
> 需将"A 公司费用汇总表.xlsx"保存在当前 RPA 项目文件夹中，即将文件保存在相对路径下。

（2）在【Excel 应用程序范围】活动下的【执行】序列中添加【应用程序集成】—【Excel】类别下的【读取列】活动。打开该活动的"属性"面板，设置工作表名称为"1号门店经营费用"，起始单元格为"I1"；在输出数据表处创建变量"合计"，变量类型为"IEnumerable＜Object＞"，范围为"序列"，该变量用于存储"1号门店经营费用"表中 I 列的数据，如图 3-15、图 3-16、图 3-17 所示。

图 3-15　[例 3-2]设置【读取列】活动

图 3-16　[例 3-2]设置属性

图 3-17　[例 3-2]设置变量类型

（3）添加【系统】—【对话框】类别下的【消息框】活动，设置文本为""1号门店 2022 年 8 月的费用合计数为"＋合计(8).tostring＋"元""，用于输出 1 号门店 2022 年 8 月的费用合计数，如图 3-18 所示。

图 3-18　[例 3-2]设置【消息框】活动

运行结果如图 3-19 所示。

4.【读取行】活动

【读取行】活动是从给定单元格所在的行中读取整行数据。在【Excel 应用程序范围】活动的【执行】序列内添加一个【读取行】活动，令机器人读取"工资结算明细表"工作表中 A2 单元格所在行的数据，如图 3-20 所示。

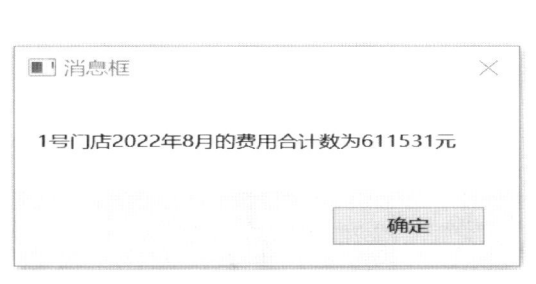

图 3-19　[例 3-2]运行结果

图 3-20　添加【读取行】活动

【例 3-3】 读取行

1）示例描述

说明：已知"A 公司费用汇总表.xlsx"内包含三张表，分别为 1 号门店经营费用、2 号门店经营费用与 3 号门店经营费用，该表数据如图 3-6 所示。

要求：设计一个机器人读取"1 号门店经营费用"表中期间为"2022.02"的数据，并通过【消息框】提示该期间的管理费用。

活动：【Excel 应用程序范围】【读取行】【消息框】。

2）操作步骤

（1）在【序列】中添加【应用程序集成】—【Excel】类别下的【Excel 应用程序范围】活动，为该活动设置工作簿路径，单击【浏览】按钮，选择"A 公司费用汇总表.xlsx"文件，如图 3-21 所示。

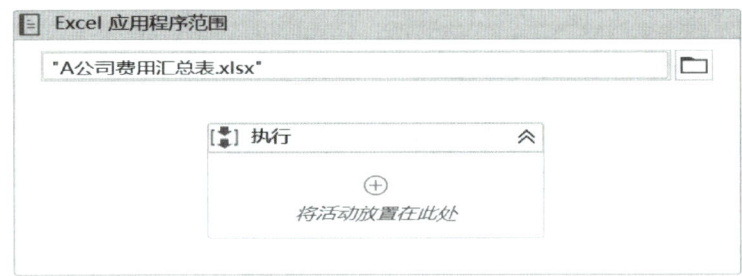

图 3-21　［例 3-3］设置【Excel 应用程序范围】活动

▶ 请注意

需将"A 公司费用汇总表.xlsx"保存在当前 RPA 项目文件夹中，即将文件保存在相对路径下。

（2）在【Excel 应用程序范围】活动下的【执行】序列中添加【应用程序集成】—【Excel】类别下的【读取行】活动。打开该活动的"属性"面板，设置工作表名称为"1 号门店经营费用"，起始单元格为"A3"；在输出数据表处创建变量"二月费用"，变量类型为"IEnumerable＜Object＞"，范围为"序列"，该变量用于存储"1 号门店经营费用"表中第三行的数据，如图 3-22、图 3-23、图 3-24 所示。

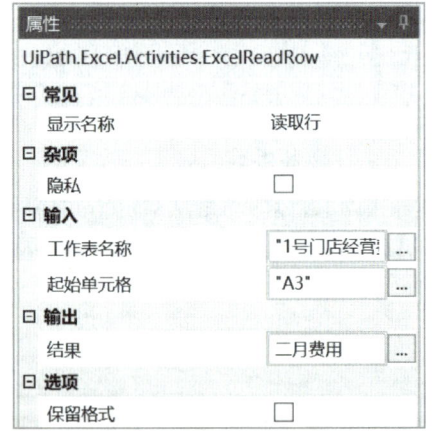

图 3-22　［例 3-3］设置【读取行】活动　　　图 3-23　［例 3-3］设置属性

图 3-24　［例 3-3］设置变量类型

(3) 添加【系统】—【对话框】类别下的【消息框】活动，设置文本为""1号门店 2022 年 2 月的管理费用为"＋二月费用（1）.tostring＋"元""，用于输出 1 号门店 2022 年 2 月的管理费用，如图 3-25 所示。

图 3-25　［例 3-3］设置【消息框】活动

运行结果如图 3-26 所示。

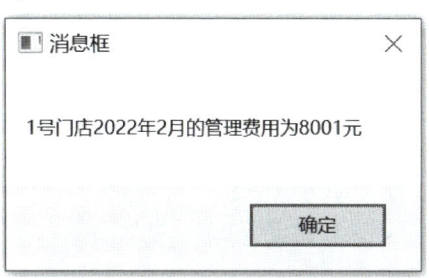

图 3-26　［例 3-3］运行结果

5.【读取单元格】活动

【读取单元格】活动是指读取 Excel 单元格的值，并可将读出的数据存储在变量中。在【Excel 应用程序范围】活动的执行序列内添加一个【读取单元格】活动，令机器人读取 Excel 工作簿"工资明细表.xlsx"的"工资结算明细表"工作表的 A1 单元格的数据，如图 3-27 所示。

6.【写入范围】活动

【写入范围】活动是指将流程中的数据表写入 Excel 工作簿中指定工作表的指定范围内，写入数据的位置从指定的起始单元格开始，如果未指定起始单元格，则从 A1 单元格开始写入，如图 3-28 所示。如果操作的工作表不存在，系统将自动创建新工作表。

图 3-27　添加【读取单元格】活动

图 3-28　【写入范围】活动

▶ 请注意

新写入的数据将覆盖原有指定范围内的数据。

【写入范围】活动的主要属性,如表 3-2 所示。

表 3-2 【写入范围】活动的主要属性

活动	属性	参数	功能
写入范围	目标	工作表名称	要写入的工作表名
		起始单元格	从指定单元格开始写入数据
	输入	数据表	数据表中保存着即将要写入 Excel 中的数据
	选项	添加标头	如果选中,则将列标头写入工作表的指定范围,默认未选中

【例 3-4】 写入范围

1)示例描述

说明:已知“工资明细表.xlsx”内包含一张工资结算明细表,数据如图 3-29 所示。

要求:设计一个机器人读取“工资结算明细表”中战略规划部的工资情况,并将该数据写入名称显示为“战略规划部”的工作表。

活动:【Excel 应用程序范围】【读取范围】【写入范围】。

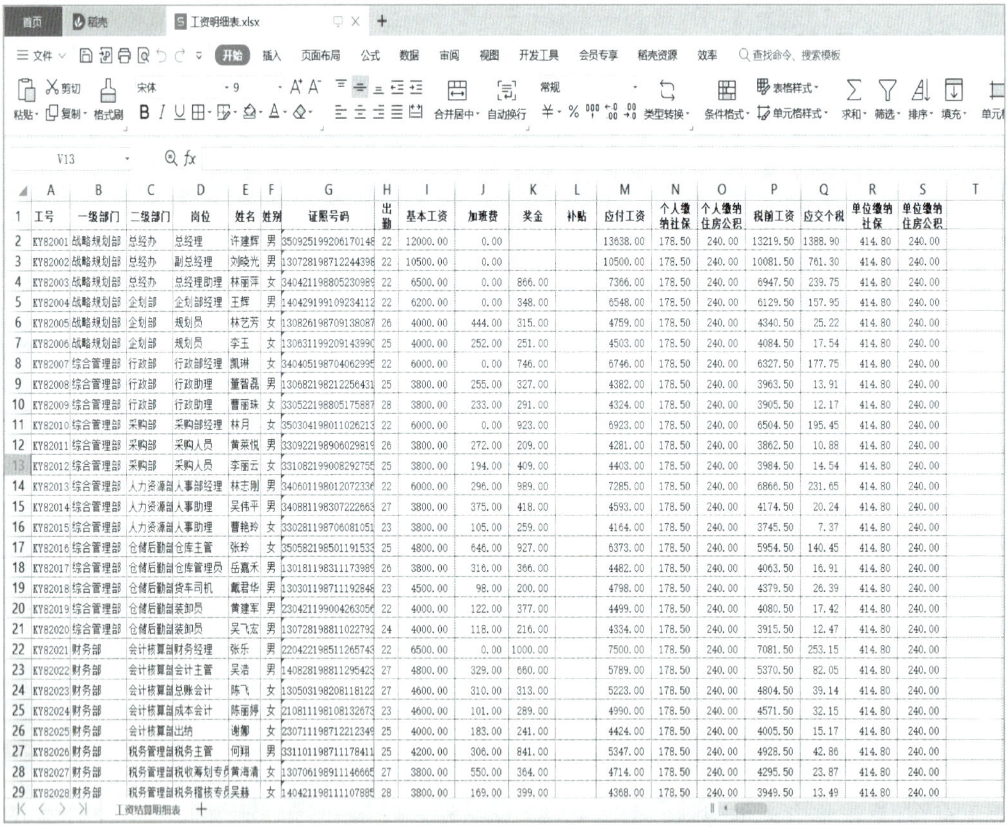

工号	一级部门	二级部门	岗位	姓名	姓别	证照号码	出勤	基本工资	加班费	奖金	补贴	应付工资	个人缴纳社保	个人缴纳住房公积	税前工资	应交个税	单位缴纳社保	单位缴纳住房公积
KY82001	战略规划部	总经办	总经理	许建辉	男	35092519920617014‍8	22	12000.00	0.00			13638.00	178.50	240.00	13219.50	1388.90	414.80	240.00
KY82002	战略规划部	总经办	副总经理	刘晓光	男	130728198712244398	22	10500.00	0.00			10500.00	178.50	240.00	10081.50	761.30	414.80	240.00
KY82003	战略规划部	总经办	总经理助理	林丽萍	女	340421198805230989	22	6500.00	0.00	866.00		7366.00	178.50	240.00	6947.50	239.75	414.80	240.00
KY82004	战略规划部	企划部	企划部经理	王辉	男	140429199109234112	22	6200.00	0.00	348.00		6548.00	178.50	240.00	6129.50	157.95	414.80	240.00
KY82005	战略规划部	企划部	规划员	林艺芳	女	130826198709138087	26	4000.00	444.00	315.00		4759.00	178.50	240.00	4340.50	25.22	414.80	240.00
KY82006	战略规划部	企划部	规划员	李玉	女	130631199209143990	25	4000.00	252.00	251.00		4503.00	178.50	240.00	4084.50	17.54	414.80	240.00
KY82007	综合管理部	行政部	行政部经理	凯琳	女	340405198704062995	22	6000.00	0.00	746.00		6746.00	178.50	240.00	6327.50	177.75	414.80	240.00
KY82008	综合管理部	行政部	行政助理	董智磊	男	130682198212256431	25	3800.00	255.00	327.00		4382.00	178.50	240.00	3963.50	13.91	414.80	240.00
KY82009	综合管理部	行政部	行政助理	曹丽珠	女	330522198805175887	28	3800.00	233.00	291.00		4324.00	178.50	240.00	3905.50	12.17	414.80	240.00
KY82010	综合管理部	采购部	采购部经理	林月	女	350304198011026213	22	6000.00	0.00	923.00		6923.00	178.50	240.00	6504.50	195.45	414.80	240.00
KY82011	综合管理部	采购部	采购人员	黄莱悦	男	330922198906029819	26	3800.00	272.00	209.00		4281.00	178.50	240.00	3862.50	10.88	414.80	240.00
KY82012	综合管理部	采购部	采购人员	李丽云	女	331082199008292755	25	3800.00	194.00	409.00		4403.00	178.50	240.00	3984.50	14.54	414.80	240.00
KY82013	综合管理部	人力资源部	人事部经理	林志刚	男	340601198012072336	22	6000.00	296.00	989.00		7285.00	178.50	240.00	6866.50	231.65	414.80	240.00
KY82014	综合管理部	人力资源部	人事助理	吴伟平	男	340881198307222663	27	3800.00	375.00	418.00		4593.00	178.50	240.00	4174.50	20.24	414.80	240.00
KY82015	综合管理部	人力资源部	人事助理	曹艳玲	女	330281198706081051	23	3800.00	105.00	259.00		4164.00	178.50	240.00	3745.50	7.37	414.80	240.00
KY82016	综合管理部	仓储后勤部	仓库主管	张玲	女	350582198501191533	25	4800.00	646.00	927.00		6373.00	178.50	240.00	5954.50	140.45	414.80	240.00
KY82017	综合管理部	仓储后勤部	仓库管理员	岳嘉禾	男	130181198311173989	26	3800.00	316.00	366.00		4482.00	178.50	240.00	4063.50	16.91	414.80	240.00
KY82018	综合管理部	仓储后勤部	货车司机	戴君华	男	130301198711192848	23	4500.00	98.00	200.00		4798.00	178.50	240.00	4379.50	26.39	414.80	240.00
KY82019	综合管理部	仓储后勤部	装卸员	黄建军	男	230421199004263056	22	4000.00	122.00	377.00		4499.00	178.50	240.00	4080.50	17.42	414.80	240.00
KY82020	综合管理部	仓储后勤部	装卸员	吴飞宏	男	130728198811022792	24	4000.00	118.00	216.00		4334.00	178.50	240.00	3915.50	12.47	414.80	240.00
KY82021	财务部	会计核算部	财务经理	张乐	男	220422198511265743	22	6500.00	0.00	1000.00		7500.00	178.50	240.00	7081.50	253.15	414.80	240.00
KY82022	财务部	会计核算部	会计主管	吴浩	男	140828198811295423	27	4800.00	329.00	660.00		5789.00	178.50	240.00	5370.50	82.05	414.80	240.00
KY82023	财务部	会计核算部	总账会计	陈飞	女	130503198208118122	27	4600.00	310.00	313.00		5223.00	178.50	240.00	4804.50	39.14	414.80	240.00
KY82024	财务部	会计核算部	成本会计	陈丽婷	女	210811198108132673	23	4600.00	101.00	289.00		4990.00	178.50	240.00	4571.50	32.15	414.80	240.00
KY82025	财务部	会计核算部	出纳	谢卿	女	230711198712212349	25	4000.00	183.00	241.00		4424.00	178.50	240.00	4005.50	15.17	414.80	240.00
KY82026	财务部	税务管理部	税务主管	何翔	男	331101198711178411	25	4200.00	306.00	841.00		5347.00	178.50	240.00	4928.50	42.86	414.80	240.00
KY82027	财务部	税务管理部	税收筹划专员	黄海清	女	130706198911146665	27	3800.00	550.00	364.00		4714.00	178.50	240.00	4295.50	23.87	414.80	240.00
KY82028	财务部	税务管理部	税务稽核专员	吴赫	女	140421198111107885	28	3800.00	169.00	399.00		4368.00	178.50	240.00	3949.50	13.49	414.80	240.00

图 3-29 [例 3-4]工资明细表

2)操作步骤

(1)在【序列】中添加【应用程序集成】—【Excel】类别下的【Excel 应用程序范围】活动,为该活动设置工作簿路径,单击【浏览】按钮,选择“工资明细表.xlsx”文件,如图 3-30 所示。

> 请注意

需将"工资明细表.xlsx"保存在当前 RPA 项目文件夹中,即将文件保存在相对路径下。

图 3-30 [例 3-4]在【序列】中插入【Excel 应用程序范围】活动

(2) 在【Excel 应用程序范围】活动下的【执行】序列中添加【应用程序集成】—【Excel】类别下的【读取范围】活动。打开该活动的"属性"面板,设置工作表名称为"工资结算明细表",起始单元格为"A1:S7",在输出数据表处创建变量"Data_1",如图 3-31、图 3-32 所示。变量类型为"DataTable",范围为"执行",该变量用于存储"工资结算明细表"中单元格 A1 到 S7 范围的数据,即战略规划部的工资情况。

图 3-31 [例 3-4]设置【读取范围】活动

图 3-32 [例 3-4]设置属性

(3) 添加【应用程序集成】—【Excel】类别下的【写入范围】活动,设置工作表名称为"战略规划部",起始单元格为"A1",输入数据表为"Data_1",勾选【添加标头】复选框,将存储在变量"Data_1"中的数据写入表格"战略规划部"中,如图 3-33、图 3-34 所示。

图 3-33 [例 3-4]设置【写入范围】活动

图 3-34 [例 3-4]设置属性

> **请注意**
>
> 如果"战略规划部"工作表不存在,机器人通过【写入范围】活动自动在"工资明细表.xlsx"内创建该工作表,命名为"战略规划部"。

运行结果如图 3-35 所示。

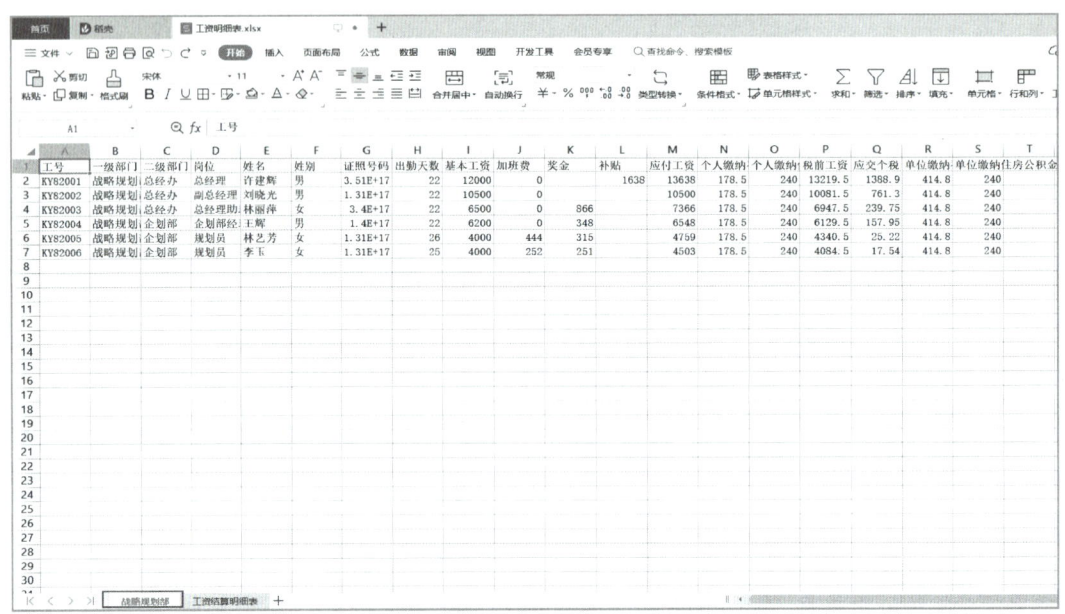

图 3-35 [例 3-4]运行结果

7.【写入单元格】活动

【写入单元格】活动是指将值或公式写入指定的单元格或范围。如果操作的工作表不存在,则由系统自动创建该工作表,如果对应单元格内有值,则原数据被覆盖,如图 3-36 所示。

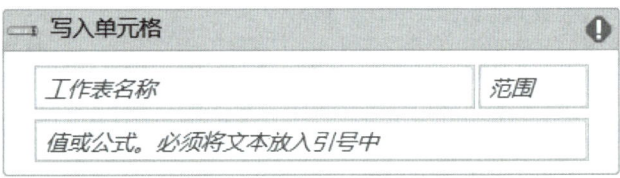

图 3-36 设置【写入单元格】活动

【写入单元格】活动的主要属性,如表 3-3 所示。

表 3-3 【写入单元格】活动的主要属性

活动	属性	参数	功能
写入单元格	目标	工作表名称	要写入数据的工作表名
		范围	要写入的单元格或范围
	输入	值	要写入单元格或范围的值或公式

【例 3-5】 写入单元格

1)示例描述

说明:已知"工资明细表.xlsx"内包含工资结算明细表。

要求:设计一个机器人在"工资结算明细表"的 T1 单元格处写入"实发工资",在 T2 单元格处写入公式"＝SUM（M2－N2－O2－Q2）"计算实发工资。

活动：【Excel 应用程序范围】【写入单元格】。

2）操作步骤

（1）在【序列】中添加【应用程序集成】—【Excel】类别下的【Excel 应用程序范围】活动，为该活动设置工作簿路径，单击【浏览】按钮，选择"工资明细表.xlsx"，如图 3-37 所示。

图 3-37　[例 3-5]在【序列】中插入【Excel 应用程序范围】活动

> **请注意**
>
> 需将"工资明细表.xlsx"保存在当前 RPA 项目文件夹中，即将文件保存在相对路径下。

（2）在【Excel 应用程序范围】活动下的【执行】序列中添加【应用程序集成】—【Excel】类别下的【写入单元格】活动，设置工作表名称为"工资结算明细表"，范围为"T1"，输入值为"实发工资"，即令机器人将输入值"实发工资"写入"工资结算明细表"的 T1 单元格，如图 3-38 所示。

（3）添加【应用程序集成】—【Excel】类别下的【写入单元格】活动，设置工作表名称为"工资结算明细表"，范围为"T2"，输入值为"=SUM(M2-N2-O2-Q2)"，即令机器人写入公式，计算 T2 单元格的实发工资，如图 3-39 所示。

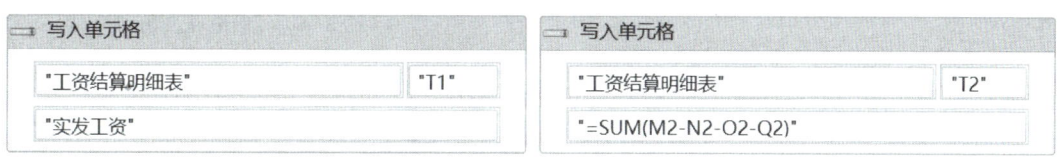

图 3-38　[例 3-5]设置【写入单元格】活动　　　图 3-39　[例 3-5]计算实发工资

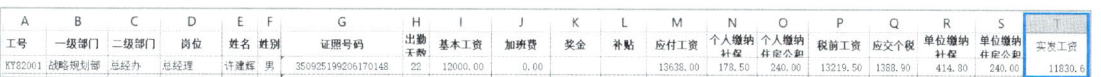

图 3-40　[例 3-5]运行结果

运行结果如图 3-40 所示。

三、【正在处理】类别下的活动

【应用程序集成】—【Excel】—【正在处理】类别下的八个过程活动，主要包括复制范围、执行宏、插入/删除列/行、删除重复范围、查找范围等功能，如图 3-41 所示。

【正在处理】类别下的活动的功能，如表 3-4 所示。

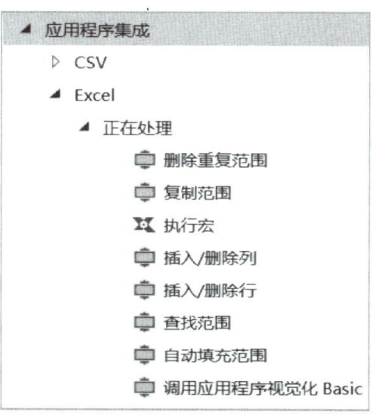

图 3-41　【正在处理】类别下的活动

表 3-4 【正在处理】类别下的活动的功能

类型	活动	功能
Excel	删除重复范围	删除指定范围内所有重复行
	复制范围	复制整个范围，包括值、公式、表格式和单元格格式，并将其粘贴到指定工作表中
	执行宏	工作簿需要一个启用宏的工作簿，更改将立即保存，只能在 Excel 应用程序范围中使用
	插入/删除列	在某个位置添加或删除指定数量的列
	插入/删除行	在某个位置添加或删除指定数量的行
	查找范围	在指定范围内搜索具有特定值的单元格坐标，并将其作为字符串变量返回
	自动填充范围	使用源范围中定义的公式规则，并根据最终范围对其进行调整，模拟 Excel 中的自动填充功能
	调用应用程序视觉化 Basic	调用应用程序视觉化 Basic 控件的主要功能是从包含 VBA 代码的外部文件调用宏，并对 Excel 文件运行宏

本教材主要介绍【复制范围】活动和【插入/删除列】活动。

1.【复制范围】活动

【复制范围】活动主要用于复制整个范围，包括值、公式、表格和单元格格式，并将其粘贴到指定的工作表中的具体位置上，如图 3-42 所示。

图 3-42 【复制范围】活动

【复制范围】活动的主要属性，如表 3-5 所示。

表 3-5 【复制范围】活动的主要属性

活动	属性	参数	功能
复制范围	目标	目标单元格	待粘贴范围的起始单元格
		目标工作表	待粘贴数据的目标工作表
	输入	工作表名称	要复制的源工作表名
		源范围	要复制的原始范围
	选项	复制项目	选择性复制粘贴，可从下拉菜单中选择要复制粘贴的项目，例如值、公式等，默认为"All"

【例 3-6】 复制范围

1) 示例描述

说明：【例 3-5】中机器人已在"工资结算明细表"的 T2 单元格内写入公式计算实发工资。

要求：令机器人复制 T2 单元格的公式，写入 T3 至 T45 单元格，完成实发工资的计算。

活动：【Excel 应用程序范围】【先条件循环】【读取范围】【复制范围】。

2) 操作步骤

(1) 在【序列】中添加【应用程序集成】—【Excel】类别下的【Excel 应用程序范围】活动，为该活动设置工作簿路径，单击【浏览】按钮，选择"工资明细表.xlsx"，如图 3-43 所示。

> **请注意**
>
> 需将【例 3-5】中已计算出 T2 单元格实发工资的"工资明细表.xlsx"保存在当前 RPA 项目文件夹中,即将文件保存在相对路径下。

(2)在【Excel 应用程序范围】活动下的【执行】序列中添加【应用程序集成】—【Excel】类别下的【读取范围】活动,设置工作表名称为"工资结算明细表",范围为"A:S",

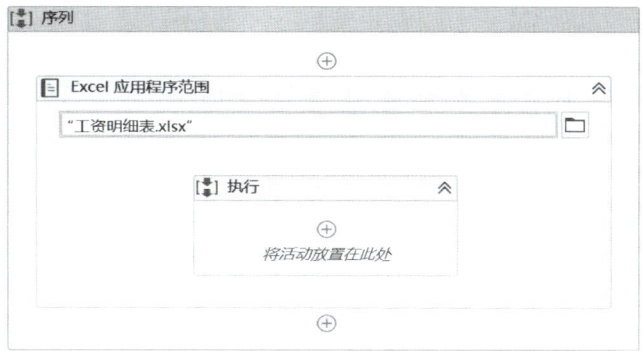

图 3-43　[例 3-6]在【序列】中插入【Excel 应用程序范围】活动

输出数据表处创建变量"Data_2",如图 3-44、图 3-45 所示。变量类型为"DataTable",范围为"执行",该变量用于存储"工资结算明细表"中 A 列至 S 列的数据。

(3)添加【工作流】—【控件】类别下的【先条件循环】活动,在"变量"面板处创建变量"i",变量类型为"Int32",范围为"执行",设置默认值为"1",该变量用于表示第几行。设置【先条件循环】活动的输入条件为"Data_2(i)(0).tostring<>""",表示当第 i 行第 1 列的数据不为空时,需要继续执行【正文】序列里的活动,如图 3-46、图 3-47 所示。

图 3-44　[例 3-6]设置【读取范围】活动

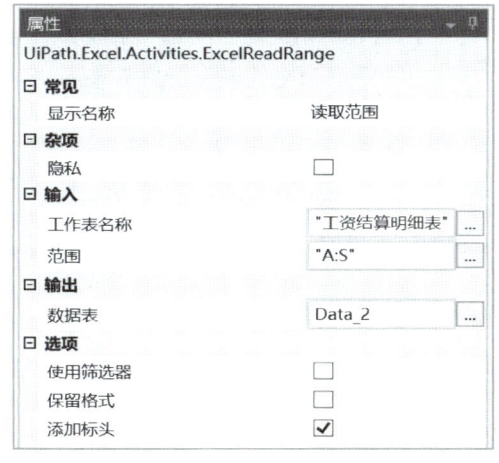

图 3-45　[例 3-6]设置属性

图 3-46　[例 3-6]设置【先条件循环】活动

名称	变量类型	范围	默认值
Data_2	DataTable	执行	输入 VB 表达式
i	Int32	执行	1

图 3-47　[例 3-6]设置变量类型

(4) 在【正文】序列中添加【应用程序集成】—【Excel】类别下的【复制范围】活动。打开【复制范围】的"属性"面板，设置目标单元格为""T"+(i+2).tostring"，目标工作表为"工资结算明细表"，输入工作表名称为"工资结算明细表"，输入源范围为"T2"，复制项目默认为"All"，表示将"工资结算明细表"中T2单元格的所有内容全部复制至该表的""T"+(i+2)"单元格，如图3-48、图3-49所示。

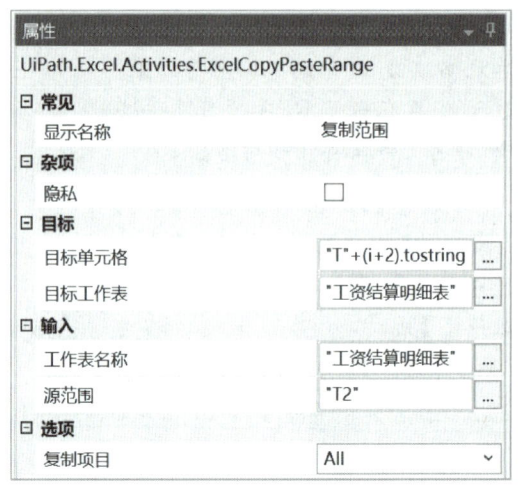

图3-48 ［例3-6］添加【复制范围】活动

图3-49 ［例3-6］设置属性

(5) 在【复制范围】活动下添加【System】—【Activities】—【Statements】类别下的【分配】活动，设置【分配】活动，令"i=i+1"，如图3-50所示。

运行结果如图3-51所示。

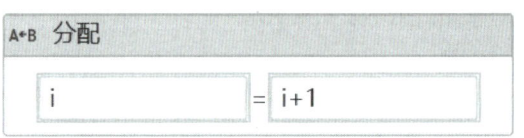

图3-50 ［例3-6］设置【分配】活动

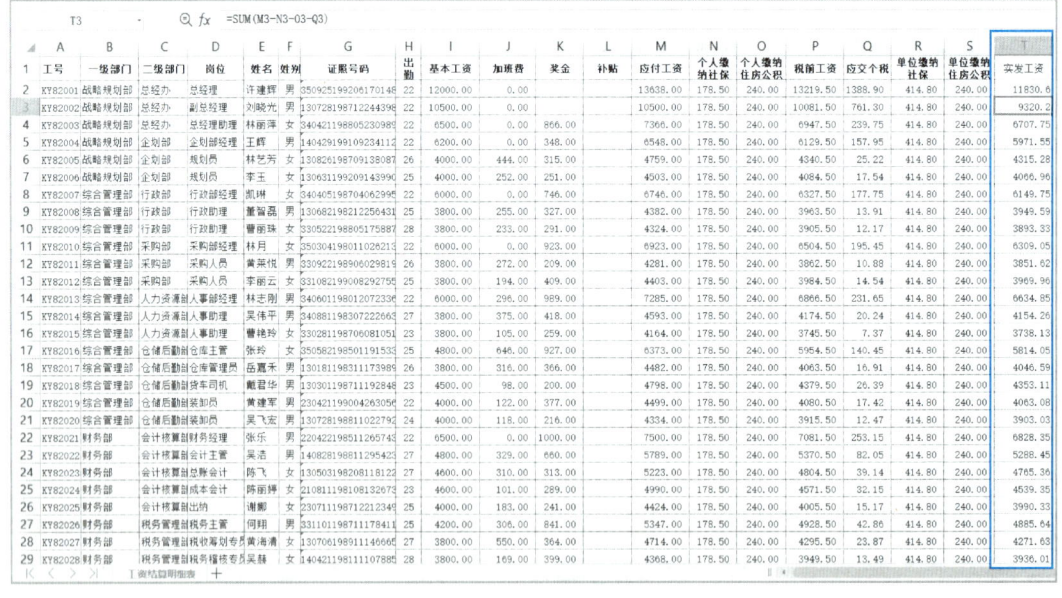

图3-51 ［例3-6］运行结果

2.【插入/删除列】活动

【插入/删除列】活动主要是在某个位置添加或删除指定数量的列，如图3-52所示。

图3-52 【插入/删除列】活动

【插入/删除列】活动的主要属性,如表 3-6 所示。

表 3-6 【插入/删除列】活动的主要属性

活动	属性	参数	功能
插入/删除列	目标	位置	默认值为"1",执行插入/删除操作的位置,该字段仅支持"整数"或"Int32"类型变量
		无行	默认值为"1",需要删除或添加的列数,该字段仅支持"整数"或"Int32"类型变量
	输入	更改模式	选择添加或删除活动;选择"Add"将添加列,而选择"Remove"将删除列

【例 3-7】 插入/删除列

1) 示例描述

说明:已知 A 公司"工资明细表.xlsx"内包含一张工资结算明细表,目前该公司取消工资补贴制度。

要求:设计一个机器人删除"工资结算明细表"内的补贴列。

活动:【Excel 应用程序】【插入/删除列】。

2) 操作步骤

(1) 在【序列】中添加【应用程序集成】—【Excel】类别下的【Excel 应用程序范围】活动,为该活动设置工作簿路径,单击【浏览】按钮,选择"工资明细表.xlsx",如图 3-53 所示。

图 3-53 [例 3-7]在【序列】中插入【Excel 应用程序范围】活动

> 请注意

需将"工资明细表.xlsx"保存在当前 RPA 项目文件夹中,即将文件保存在相对路径下。

(2) 在【Excel 应用程序范围】活动下的【执行】序列中添加【应用程序集成】—【Excel】类别下的【插入/删除列】活动。打开该活动的"属性"面板,设置目标位置为"12",无列为"1",输入工作表名称为"工资结算明细表",更改模式为"Remove",表示将"工资结算明细表"中第 12 列删除,即删除补贴这一列,如图 3-54、图 3-55 所示。

图 3-54 [例 3-7]添加【插入/删除列】活动

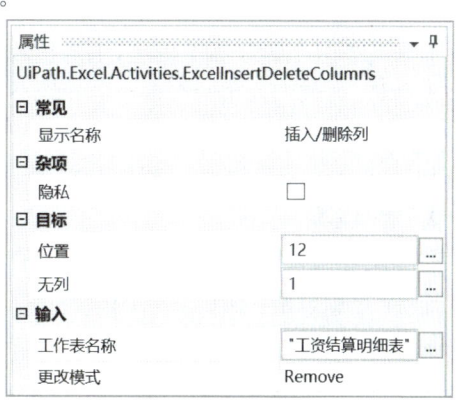

图 3-55 [例 3-7]设置属性

运行结果如图3-56所示。

图3-56 [例3-7]运行结果

随堂练习

【练3-1·单选题】 如果要在Excel单元格中写入求和公式,应使用( )活动。
A.【写入单元格】 B.【读取单元格】
C.【生成数据表】 D.【输出数据表】

参考答案:A

案例视频

【实践案例六】 工资结算机器人

1. 案例描述

企业每个月都需要做工资表,工资结算工作通常需要对员工的基础信息、考勤数据、各部门奖金数据、各部门加班费数据等进行综合计算。虽然借助Excel这样的办公软件可以很快完成此项工作,但若是集团公司旗下有好几百家公司,每个月重复编写计算函数、重复进行计算的工作量就会无比巨大,也很容易出错。

2. 案例要求

作为集团公司的工资核算人员,请结合Excel和UiPath,利用员工基础信息、本月考勤、本月奖金、本月加班费等数据,设计和开发"工资结算机器人",以达到30秒内准确生成集团工资表的目标。

3. 机器人自动化流程设计

根据开发流程绘制流程图,如图3-57所示。

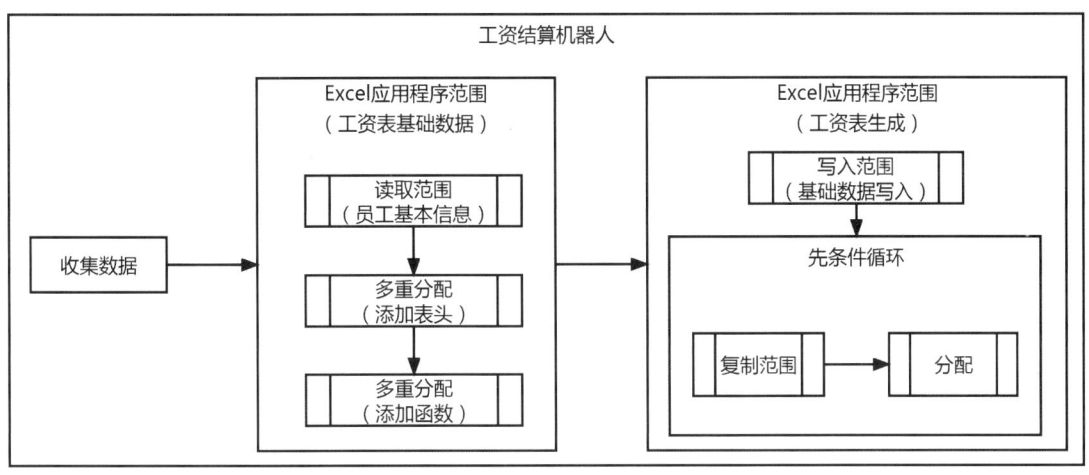

图 3-57 工资结算机器人流程图

4. 案例开发

1）收集数据

收集 Excel 工资数据表，为后续流程作准备。Excel 工资数据文件包含"员工基础信息.xlsx""本月考勤.xlsx""本月奖金.xlsx"和"本月加班费.xlsx"。

（1）员工基础信息表包含工号、所属部门、职位、姓名、岗位基本工资等信息，数据从 A 列至 H 列，如图 3-58 所示。

	A	B	C	D	E	F	G	H
1	工号	一级部门	二级部门	职位	姓名	性别	居民身份证	岗位基本工资（含满勤奖300元）
2	TL10001	综合管理部	总经办	总经理	陆奕文	男	230708197907214214	12000.00
3	TL10002	综合管理部	总经办	副总经理	朱樱	女	140929197810277802	9000.00
4	TL10003	综合管理部	总经办	副总经理	钟玲	女	222401198912276845	7000.00
5	TL10004	综合管理部	行政部	行政经理	吴绚丽	女	210114198408250043	7000.00
6	TL10005	综合管理部	行政部	行政助理	张倩均	女	210114199408151643	5000.00
7	TL10006	综合管理部	财务部	会计主管	周鑫童	男	110107197903118434	4500.00
8	TL10007	综合管理部	财务部	总账会计	钟罗荇	男	110106198406200912	4500.00
9	TL10008	综合管理部	财务部	出纳	陆雨朋	女	110111199609083563	3500.00
10	TL10009	综合管理部	采购部	采购主管	刘磷品	男	110115198409044033	4500.00
11	TL10010	综合管理部	仓管部	仓库主管	陈战力	男	140724198002236555	5000.00
12	TL10011	综合管理部	仓管部	仓管员	吴轩	女	140724198902453265	4000.00
13	TL10012	销售部	业务部	业务主管	杨帆	男	141022199102013856	6500.00
14	TL10013	销售部	业务部	业务人员	廖丽霞	女	150204199007023643	3500.00
15	TL10014	销售部	业务部	业务人员	詹渊	男	150422198909034637	3500.00
16	TL10015	销售部	业务部	业务人员	宋子洋	男	150422199409235539	3500.00
17	TL10016	销售部	业务部	业务人员	宋秦	男	150422199604037837	3500.00
18	TL10017	销售部	业务部	业务人员	陈飞展	女	130202199012058565	3500.00
19	TL10018	基本生产车间	生产管理部	生产负责人	赵凌霄	男	210904198004198874	6000.00
20	TL10019	基本生产车间	生产管理部	生产主管	林一淡	女	210904199504296824	5000.00
21	TL10020	基本生产车间	生产管理部	生产主管	吴长江	男	211102199806092824	5000.00
22	TL10021	基本生产车间	加工车间	车间组长	王伟	男	210904198711097093	6000.00
23	TL10022	基本生产车间	加工车间	质量检测员	蔡亦辉	男	131102199009129414	5000.00
24	TL10023	基本生产车间	加工车间	生产工人	柳韵平	女	321003197801231980	4000.00
25	TL10024	基本生产车间	加工车间	生产工人	柯寻依	女	210782198411306182	4000.00
26	TL10025	基本生产车间	加工车间	生产工人	孙敏涛	男	140826198411096896	4000.00
27	TL10026	基本生产车间	加工车间	生产工人	黄梅	女	210101197809027642	4000.00
28	TL10027	基本生产车间	加工车间	生产工人	张恒	男	350505199207051214	4000.00

图 3-58 员工资基础信息表

（2）本月考勤表包含员工信息和考勤信息，如图 3-59 所示。

	A	B	C	D	E	F	G	H	I	J
1	工号	姓名	性别	居民身份证	满勤	事假	年假（带薪休假）	病假	缺勤	出勤
2	TL10001	陆奕文	男	230708197907214214	22				0	22
3	TL10002	朱樱	女	140929197810277802	22				0	22
4	TL10003	钟玲	女	222401198912276845	22				0	22
5	TL10004	吴绚丽	女	210114198408250043	22				0	22
6	TL10005	张倩均	女	210114199408151643	22		3		3	19
7	TL10006	周鑫童	男	110107197903118434	22				0	22
8	TL10007	钟罗荇	男	110106198406200912	22				0	22
9	TL10008	陆雨朋	男	110111199609083563	22				0	22
10	TL10009	刘磷品	男	110115198409044033	22	1			1	21
11	TL10010	陈战力	男	140724198002236555	22				0	22
12	TL10011	吴轩	女	140724198902453265	22				0	22
13	TL10012	杨帆	男	141022199102013856	22			2	2	20
14	TL10013	廖丽霞	女	150204199007023643	22				0	22
15	TL10014	詹渊	男	150422198909034637	22				0	22
16	TL10015	宋子洋	男	150422199409235539	22	2			2	20
17	TL10016	宋秦	男	150422199604037837	22				0	22
18	TL10017	陈飞展	女	130202199012058565	22				0	22
19	TL10018	赵凌青	男	210904198004198874	22				0	22
20	TL10019	林一淡	女	210904199504296824	22				0	22
21	TL10020	吴长江	男	211102198006206514	22			5	5	17
22	TL10021	王伟	男	210904198711097093	22				0	22
23	TL10022	蔡亦辉	男	131102199009129414	22				0	22
24	TL10023	柳韵平	女	321003197801231980	22				0	22
25	TL10024	柯寻依	女	210782198411306182	22	2			2	20
26	TL10026	孙敏涛	男	140826198411096896	22				0	22
27	TL10027	黄梅	女	210101197809027642	22				0	22
28	TL10028	张恒	男	350505199207051214	22				0	22

图 3-59　本月考勤表

（3）本月奖金表和本月加班费表包含了员工信息、奖金数据、加班费数据等，如图 3-60、图 3-61 所示。

	A	B	C	D	E
1	工号	姓名	性别	居民身份证	奖金
2	TL10001	陆奕文	男	230708197907214214	1187.00
3	TL10002	朱樱	女	140929197810277802	1152.00
4	TL10003	钟玲	女	222401198912276845	1242.00
5	TL10004	吴绚丽	女	210114198408250043	1413.00
6	TL10006	周鑫童	男	110107197903118434	1427.00
7	TL10007	钟罗荇	男	110106198406200912	1254.00
8	TL10009	刘磷品	男	110115198409044033	1002.00
9	TL10010	陈战力	男	140724198002236555	2222.00
10	TL10011	吴轩	女	140724198902453265	1022.00
11	TL10012	杨帆	男	141022199102013856	2977.00
12	TL10013	廖丽霞	女	150204199007023643	3575.00
13	TL10014	詹渊	男	150422198909034637	3082.00
14	TL10015	宋子洋	男	150422199409235539	3917.00
15	TL10016	宋秦	男	150422199604037837	2943.00
16	TL10017	陈飞展	女	130202199012058565	4158.00

图 3-60　本月奖金表

2) 设置工资表基础数据

（1）在工作流的【序列】内添加【Excel 应用程序范围】活动，修改此活动的显示名称为"Excel 应用程序范围（工资表基础数据）"，设置工作簿路径为"员工基础信息.xlsx"。在【Excel 应用程序范围】活动的【执行】序列内添加【读取范围】活动，并修改该活动的名称为"读取范围（员工基本信息）"，读取"Sheet1"工作表中"A:K"范围内的数据，如图 3-62 所示。

（2）在【读取范围】活动的"属性"面板中，添加数据表变量"DATA"接收此活动读取到的数据，取消勾选【添加标头】复选框以获取表格的列标题。此步骤功能帮助机器人读取员工基础信息表里的基础信息，并将读到的数据保存在数据表变量"DATA"中，以在后续流程中使用"DATA"中的数据进行进一步的计算和处理，如图 3-63 所示。

	A	B	C	D	E
1	工号	姓名	性别	居民身份证	加班费
2	TL10018	赵凌霄	男	210904********8874	2301
3	TL10019	林一淡	女	210904********6824	2563
4	TL10020	吴长江	男	211102********6514	1684
5	TL10021	王伟	男	210904********7093	504
6	TL10022	蔡亦辉	男	131102********9414	680
7	TL10023	柳韵平	女	321003********1980	674
8	TL10024	柯寻依	女	210782********6182	1295
9	TL10026	孙敏涛	男	140826********6896	990
10	TL10027	黄梅	女	210101********7642	1690
11	TL10028	张恒	男	350505********1214	1576
12	TL10029	李礼辉	女	211303********7608	1018
13	TL10030	秦亚飞	男	141029********5193	1340
14	TL10031	吴浩然	女	140202********0900	1529
15	TL10032	刘筱雪	女	210702********3247	1474
16	TL10033	钟玲玉	女	350701********9849	907
17	TL10034	钟迪淳	女	321011********2485	1317
18	TL10035	王俞莹	男	350627********2052	1443
19	TL10036	李杰	男	310118********1198	704
20	TL10037	吴玲	女	140222********5402	1177
21	TL10038	朱壹多	男	220204********9359	1510
22	TL10039	林一强	男	110107********2156	1203
23	TL10040	章冬清	女	140110********1242	815
24	TL10041	黄乐平	男	130402********0650	1340
25	TL10042	王玲	女	140411********1623	599
26	TL10043	胡平一	男	210302********1778	1240
27	TL10044	柯泽兵	女	110109********1328	1104

图 3-61　本月加班费表

图 3-62　添加【读取范围】活动

图 3-63　设置属性

> **请注意**
>
> 此处读取了"Sheet1"工作表中"A:K"范围内的数据，员工基础信息表中只有"A:H"列中有原始数据，而读取到的数据显然多了 I 列、J 列和 K 列，这三个列并没有数据，后续步骤将由机器人自动为这三列补充数据。

（3）在【读取范围】活动后添加【工作流】—【控件】类别下的【多重分配】活动,设置显示名称为"多重分配(添加表头)"。在此活动中为"DATA"变量添加新列名,对照"员工基础信息表",令"DATA(0)(7)="基本薪资""＂DATA(0)(8)="奖金""＂DATA(0)(9)="加班费""＂DATA(0)(10)="合计"",即在"DATA"变量中添加三个新列名,如图 3-64 所示。此步骤功能是使机器人在数据表"DATA"中设置基本薪资、奖金、加班费和合计四个列名,为后续读取其他工资数据并存储到"DATA"中做好准备。

（4）添加【多重分配】活动,设置显示名称为"多重分配(添加函数)",为基本薪资、奖金、加班费和合计四个列添加读取数据的函数,如图 3-65 所示。

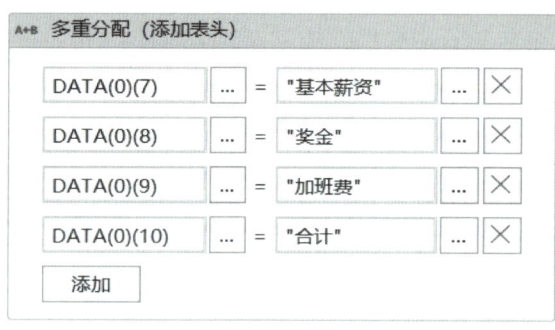

图 3-64　设置【多重分配】活动

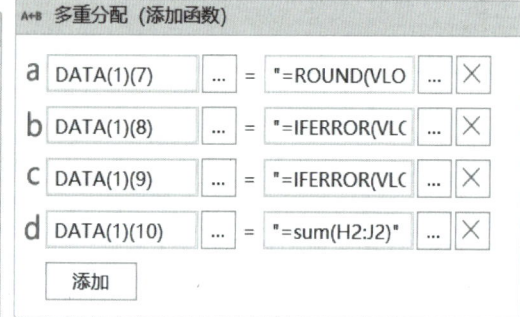

图 3-65　设置计算公式

> **请注意**
>
> 本步骤仅为 DATA(1)行的(7)(8)(9)(10)四个列读取工资数据。
>
> a 处为 DATA(1)(7)赋值表达式:
>
> DATA(1)(7)="=ROUND(VLOOKUP(A2,[员工基础信息.xlsx]Sheet1!＄A:＄H,8,0)-(VLOOKUP(A2,[员工基础信息.xlsx]Sheet1!＄A:＄H,8,0)-300)/22*(VLOOKUP(A2,[本月考勤.xlsx]Sheet1!＄A:＄J,6,0)+VLOOKUP(A2,[本月考勤.xlsx]Sheet1!＄A:＄J,8,0)*0.5)-IF(VLOOKUP(A2,[本月考勤.xlsx]Sheet1!＄A:＄J,9,0)>0,300,0),2)"。此赋值的作用是让机器人根据计算公式计算出员工当月可取得的基本薪资,并将计算结果添加到 DATA(1)(7)中。
>
> b 处为 DATA(1)(8)赋值表达式:
>
> DATA(1)(8)="=IFERROR(VLOOKUP(A2,[本月奖金.xlsx]Sheet1!＄A:＄E,5,0),0)"。此赋值的作用是让机器人获取员工本月奖金,并将结果添加到 DATA(1)(8)中。
>
> c 处为 DATA(1)(9)赋值表达式:
>
> DATA(1)(9)="=IFERROR(VLOOKUP(A2,[本月加班费.xlsx]Sheet1!＄A:＄E,5,0),0)"。此赋值的作用是让机器人获取员工本月加班费,并将结果添加到 DATA(1)(9)中。
>
> d 处为 DATA(1)(10)赋值表达式:
>
> DATA(1)(10)="=SUM(H2:J2)"。此赋值的作用是让机器人计算工资合计数,并将计算结果添加到 DATA(1)(10)中。
>
> 可以看出,以上设置的工资计算表达式其实就是 Excel 函数。通过上述流程,机器人可以自动从多张 Excel 表中读取数据,并完成工资计算。

3) 生成本月工资结算表

（1）在【序列】中添加一个【Excel 应用程序范围】活动，修改此活动的显示名称为"Excel 应用程序范围（工资表生成）"，设置工作簿路径为"本月工资结算表.xlsx"。由于此工作簿并不存在，机器人将创建一个新的名为"本月工资结算表.xlsx"的 Excel 文件，如图 3-66 所示。

图 3-66　添加【Excel 应用程序范围】活动

（2）在【Excel 应用程序范围】活动的【执行】序列内添加【写入范围】活动，设置显示名称为"写入范围（基础数据写入）"，将"2）设置工资表基础数据"中创建的存储工资计算结果的数据表变量"DATA"写入"本月工资结算表"中，如图 3-67 所示。

图 3-67　设置【写入范围】活动

（3）步骤（1）的功能是使机器人在生成的"本月工资结算表.xlsx"内写入工资结果数据，最终生成的工资表包含"工号""一级部门""二级部门""职位""姓名""性别""居民身份证""基本薪资""奖金""加班费""合计"等列，写入结果如图 3-68 所示。

	A	B	C	D	E	F	G	H	I	J	K
1	工号	一级部门	二级部门	职位	姓名	性别	居民身份证	基本薪资	奖金	加班费	合计
2	TL10001	综合管理部	总经办	总经理	陆奕文	男	230708********4214	12000	1187	0	13187
3	TL10002	综合管理部	总经办	副总经理	朱樱	女	140929********7802				
4	TL10003	综合管理部	总经办	副总经理	钟玲	女	222401********6845				
5	TL10004	综合管理部	行政部	行政经理	吴绚丽	女	210114********0043				
6	TL10005	综合管理部	行政部	行政助理	张倩均	女	210114********1643				
7	TL10006	综合管理部	财务部	会计主管	周鑫童	男	110107********8434				
8	TL10007	综合管理部	财务部	总账会计	钟罗芬	女	110106********0912				
9	TL10008	综合管理部	财务部	出纳	陆雨朋	女	110111********3563				
10	TL10009	综合管理部	采购部	采购主管	刘磕品	男	110115********4033				
11	TL10010	综合管理部	仓管部	仓库主管	陈战力	男	140724********6555				
12	TL10011	综合管理部	仓管部	仓管员	吴轩	女	140724********3265				
13	TL10012	销售部	业务部	业务主管	杨帆	男	141022********3856				
14	TL10013	销售部	业务部	业务人员	廖丽霞	女	150204********3643				
15	TL10014	销售部	业务部	业务人员	詹渊	男	150422********4637				
16	TL10015	销售部	业务部	业务人员	宋子洋	男	150422********5539				
17	TL10016	销售部	业务部	业务人员	宋素	男	150422********7837				
18	TL10017	销售部	业务部	业务人员	陈飞展	女	130202********8565				
19	TL10018	基本生产车间	生产管理部	生产负责人	赵凌霄	男	210904********8874				
20	TL10019	基本生产车间	生产管理部	生产主管	林一淡	女	210904********6824				
21	TL10020	基本生产车间	生产管理部	生产主管	吴长江	男	211102********6514				
22	TL10021	基本生产车间	加工车间	车间组长	王伟	男	210904********7093				
23	TL10022	基本生产车间	加工车间	质量检测员	蔡亦辉	男	131102********9414				
24	TL10023	基本生产车间	加工车间	生产工人	柳韵平	女	321003********1980				
25	TL10024	基本生产车间	加工车间	生产工人	柯寻依	女	210782********6182				

图 3-68　工资表信息

> **请注意**
>
> 写入所读取的表格数据时并不会将格式一起写入，因此身份号码显示为乱码，运行完成后调整单元格格式即可显示正常。

（4）H3 单元格开始的区域还没有写入相应的工资数据，下面的操作将采用 Excel 中复制单元格的方法来完成这些数据的写入。在【写入范围】活动后添加【先条件循环】活动，并修改该活动名称为"先条件循环（复制函数）"，对此活动进行设置，增加循环变量"i"，变量类型为"Int32"，默认值为"2"，循环条件为"DATA(i)(0).ToString<>"""，如图 3-69、图 3-70 所示。

图 3-69　设置【先条件循环】活动

（5）在【先条件循环】活动的【正文】序列中添加【复制范围】活动，设置工作表名称为"Sheet1"，源范围为"H2:K2"，目标单元格为""H"+(i+1).ToString"，目标工作表为"Sheet1"，如图 3-71、图 3-72 所示。

（6）添加【分配】活动，设置"i=i+1"表达式。（4）～（6）这三个步骤功能是使机器人完成从源单元格区域"H2：K2"到目标单元格区域的复制，每次循环复制一行，直到工号列的值为空时停止，如图 3-73 所示。

名称	变量类型	范围	默认值
DATA	DataTable	序列	输入 VB 表达式
i	Int32	序列	2

图 3-70　设置变量类型

图 3-71　添加【复制范围】活动

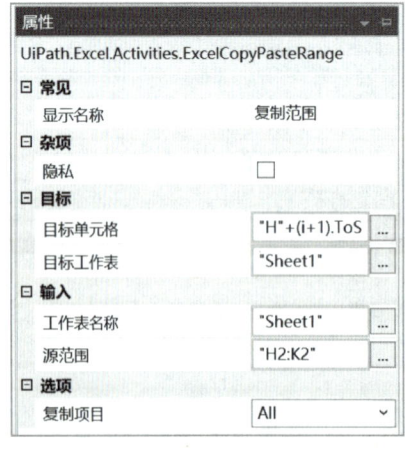

图 3-72　设置属性

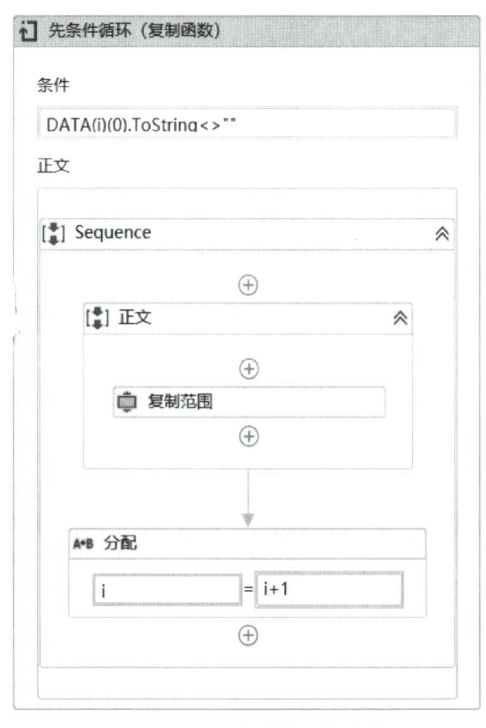

图 3-73　添加【分配】活动

5. 运行结果

点击【调试文件】按钮,机器人会读取员工基础信息、本月奖金、本月加班费等数据,自动生成本月工资结算表,运行结果如图 3-74 所示。

	A	B	C	D	E	F	G	H	I	J	K
1	工号	一级部门	二级部门	职位	姓名	性别	居民身份证	基本薪资	奖金	加班费	合计
2	TL10001	综合管理部	总经办	总经理	陆奕文	男	230708********4214	12000	1187	0	13187
3	TL10002	综合管理部	总经办	副总经理	朱樱	女	140929********7802	9000	1152	0	10152
4	TL10003	综合管理部	总经办	副总经理	钟玲	女	222401********6845	7000	1242	0	8242
5	TL10004	综合管理部	行政部	行政经理	吴绚丽	女	210114********0043	7000	1413	0	8413
6	TL10005	综合管理部	行政部	行政助理	张倩均	女	210114********1643	4700	0	0	4700
7	TL10006	综合管理部	财务部	会计主管	周鑫童	男	110107********8434	4500	1427	0	5927
8	TL10007	综合管理部	财务部	总账会计	钟罗荇	女	110106********0912	4500	1254	0	5754
9	TL10008	综合管理部	财务部	出纳	陆雨朋	女	110111********3563	3500	0	0	3500
10	TL10009	综合管理部	采购部	采购主管	刘磷品	男	110115********4033	4009.09	1002	0	5011.09
11	TL10010	综合管理部	仓管部	仓库主管	陈战力	男	140724********6555	5000	2222	0	7222
12	TL10011	综合管理部	仓管部	仓管员	吴轩	男	140724********3265	4000	1022	0	5022
13	TL10012	销售部	业务部	业务主管	杨帆	男	141022********3856	5918.18	2977	0	8895.18
14	TL10013	销售部	业务部	业务人员	廖丽霞	女	150204********3643	3500	3575	0	7075
15	TL10014	销售部	业务部	业务人员	詹渊	男	150422********4637	3500	3082	0	6582
16	TL10015	销售部	业务部	业务人员	宋子洋	男	150422********5539	2909.09	3917	0	6826.09
17	TL10016	销售部	业务部	业务人员	宋秦	男	150422********7837	3500	2943	0	6443
18	TL10017	销售部	业务部	业务人员	陈飞展	女	130202********8565	3500	4158	0	7658
19	TL10018	基本生产车间	生产管理部	生产负责人	赵凌胄	男	210904********8874	6000	0	2301	8301
20	TL10019	基本生产车间	生产管理部	生产主管	林一淡	男	210904********6824	5000	0	2563	7563
21	TL10020	基本生产车间	生产管理部	生产主管	吴长江	男	211102********6514	4165.91	0	1684	5849.91
22	TL10021	基本生产车间	加工车间	车间组长	王伟	男	210904********7093	6000	0	504	6504
23	TL10022	基本生产车间	加工车间	质量检测员	蔡亦辉	男	131102********9414	5000	0	680	5680

图 3-74 运行结果

职业素养

依据我国法律规定,工资应当以货币形式按月支付给劳动者本人。任何单位和个人不得克扣或者无故拖欠劳动者的工资。用人单位应当及时向劳动者以劳动合同约定和国家规定的形式、方法给员工支付工资。

任务二 数据表活动

一、认识数据表

1. 数据表

数据表(DataTable)是 UiPath 中的一种变量类型,这种变量类型可以储存大量的、具有行和列的、表格形式的数据,它以行索引和列索引来标识每个数据,可以简单地将数据表视为 Excel 工作表的内存表示形式。

2. 数据表的行列索引

在数据表中,行与列的索引都是从 0 开始的,即数据表的第一行内容(不含标题行)索引为 0,第一列索引为 0;若数据表第一行内容为列标题,则索引 0 从第二行开始,如图 3-75 所示。

3. 数据表的读取方法

假设数据表变量命名为"Data",读取该数据表的内容可用以下几种方法:

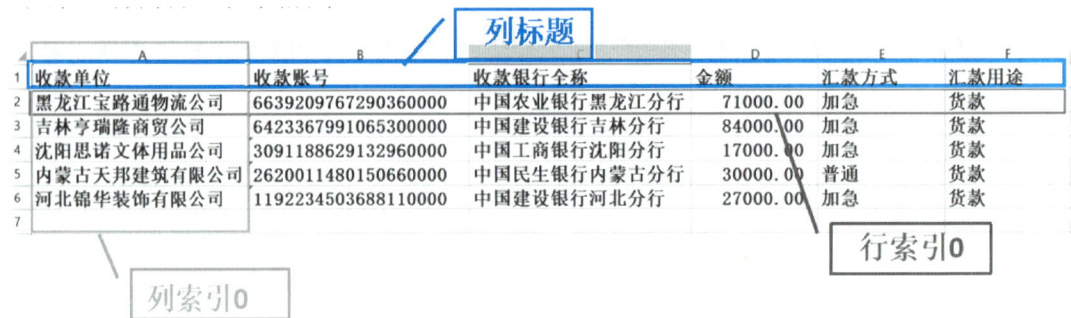

图 3-75 数据表的行列索引

方法一：Data(i)(j)代表数据表中的第 i 行第 j 列。
方法二：使用【对于每一个行】活动访问每一行的数据。
方法三：Data(0)("工资")代表第 0 行的工资列。

4. 数据表与 Excel 的区别

UiPath 中的数据表常用于存储从 Excel 文件中读取的数据。这种数据表与 Excel 数据的区别在于后者是一个 Excel 文件，可以存储各种类型的数据（文字、图片等），也可以格式化排版；而 UiPath 中的数据表只是最简单的电子表格数据类型，只有行、列与可选标题。

二、数据表常用活动

数据表常用活动位于【编程】—【数据表】类别下，其中主要包括【删除数据列】【删除数据行】【删除重复行】【合并数据表】等 16 个子活动，如图 3-76 所示。

1.【对于每一个行】活动

【对于每一个行】活动的作用是遍历数据表中的每一行内容，遍历的结果为数据行（而非某一个元素），并执行循环体中的活动，如图 3-77 所示。其中，该活动下的变量"row"无须定义，此处变量也可按实际需要自行定义名称。遍历的对象为"DataTable"类型的变量。

图 3-76 【数据表】下的子活动

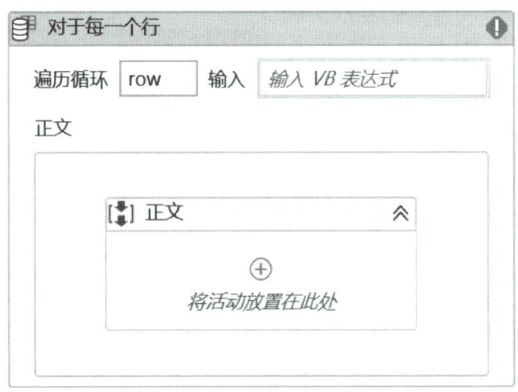

图 3-77 【对于每一个行】活动

【例 3-8】 对于每一个行

1）示例描述

说明：已知“年终奖金.xlsx”内包含一张“年终奖金发放表”，数据如图 3-78 所示。

要求：设计一个机器人遍历循环年终奖金发放表，筛选出年终奖金超过 10 000 的职员，并输出筛选结果。

活动：【Excel 应用程序范围】【读取范围】【对于每一个行】【IF 条件】【日志消息】。

	工号	一级部门	二级部门	岗位	姓名	姓别	证照号码	年终奖金	个税	实发年终奖金
2	KY82001	战略规划部	总经办	总经理	许建辉	男	350925199206170148	28920	2787	26133
3	KY82002	战略规划部	总经办	副总经理	刘晓光	男	130728198712244398	30555	2950.5	27604.5
4	KY82003	战略规划部	总经办	总经理助理	林丽萍	女	340421198805230989	13975	419.25	13555.75
5	KY82004	战略规划部	企划部	企划部经理	王辉	男	140429199109234112	15128	453.84	14674.16
6	KY82005	战略规划部	企划部	规划员	林艺芳	女	130826198709138087	6200	186	6014
7	KY82006	战略规划部	企划部	规划员	李玉	女	130631199209143990	7880	236.4	7643.6
8	KY82007	综合管理部	行政部	行政部经理	凯琳	女	340405198704062995	11340	340.2	10999.8
9	KY82008	综合管理部	行政部	行政助理	董智磊	男	130682198212256431	6270	188.1	6081.9
10	KY82009	综合管理部	行政部	行政助理	曹丽珠	女	330522198805175887	4864	145.92	4718.08
11	KY82010	综合管理部	采购部	采购部经理	林月	女	350304198011026213	11580	347.4	11232.6
12	KY82011	综合管理部	采购部	采购人员	黄莱悦	男	330922198906029819	5624	168.72	5455.28
13	KY82012	综合管理部	采购部	采购人员	李丽云	女	331082199008292755	6308	189.24	6118.76
14	KY82013	综合管理部	人力资源部	人事部经理	林志刚	男	340601198012072336	13500	405	13095
15	KY82014	综合管理部	人力资源部	人事助理	吴伟平	男	340881198307222663	6346	190.38	6155.62
16	KY82015	综合管理部	人力资源部	人事助理	曹艳玲	女	330281198706081051	4598	137.94	4460.06
17	KY82016	综合管理部	仓储后勤部	仓库主管	张玲	女	350582198501191533	8928	267.84	8660.16
18	KY82017	综合管理部	仓储后勤部	仓库管理员	岳嘉禾	男	130181198311173989	6346	190.38	6155.62
19	KY82018	综合管理部	仓储后勤部	货车司机	戴君华	男	130301198711192848	7380	221.4	7158.6
20	KY82019	综合管理部	仓储后勤部	装卸员	黄建军	男	230421199004263056	6400	192	6208
21	KY82020	综合管理部	仓储后勤部	装卸员	吴飞宏	男	130728198811022792	5040	151.2	4888.8
22	KY82021	财务部	会计核算部	财务经理	张乐	男	220422198511265743	11895	356.85	11538.15
23	KY82022	财务部	会计核算部	会计主管	吴浩	男	140828198811295423	6624	198.72	6425.28
24	KY82023	财务部	会计核算部	总账会计	陈飞	女	130503198208118122	7452	223.56	7228.44
25	KY82024	财务部	会计核算部	成本会计	陈丽婷	女	210811198108132673	7314	219.42	7094.58
26	KY82025	财务部	会计核算部	出纳	谢娜	女	230711198712212349	5760	172.8	5587.2
27	KY82026	财务部	税务管理部	税务主管	何翔	男	331101198711178411	8022	240.66	7781.34
28	KY82027	财务部	税务管理部	税收筹划专员	黄海清	女	130706198911146665	5016	150.48	4865.52
29	KY82028	财务部	税务管理部	税务稽核专员	吴林	女	140421198111107885	5662	169.86	5492.14

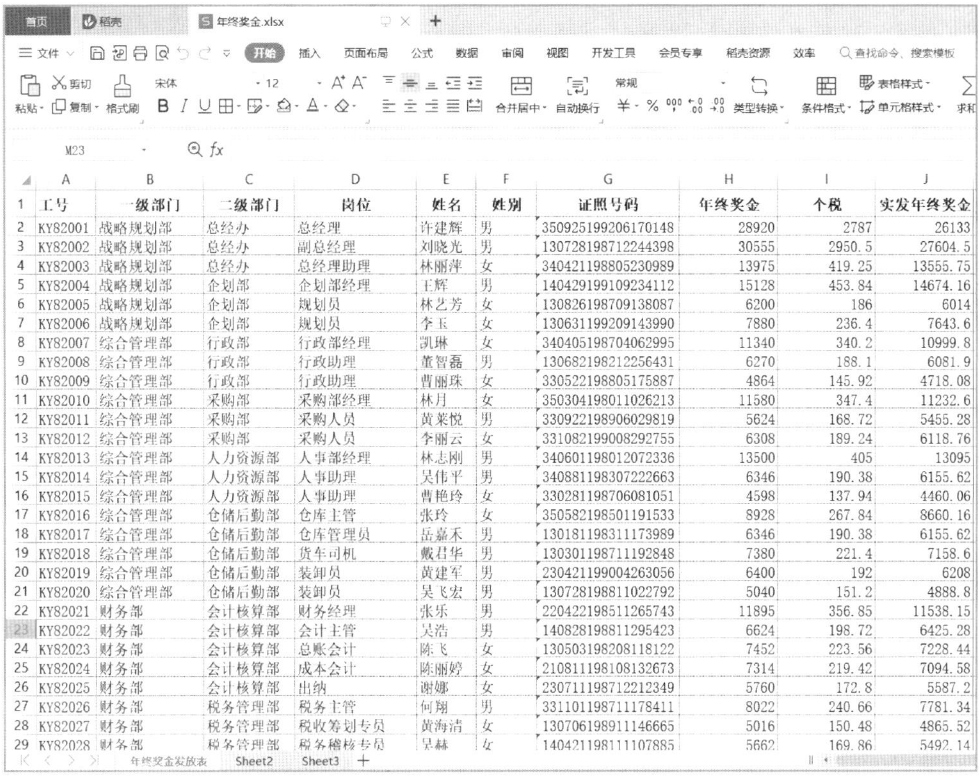

图 3-78 [例 3-8]年终奖金发放表

2）操作步骤

（1）在【序列】中添加【应用程序集成】—【Excel】类别下的【Excel 应用程序范围】活动，设置工作簿路径为“年终奖金.xlsx”，该路径为相对路径，如图 3-79 所示。

图 3-79 [例 3-8]添加【Excel 应用程序范围】活动

（2）在【序列】中添加【应用程序集成】—【Excel】类别下的【读取范围】活动，设置工作表名称为“年终奖

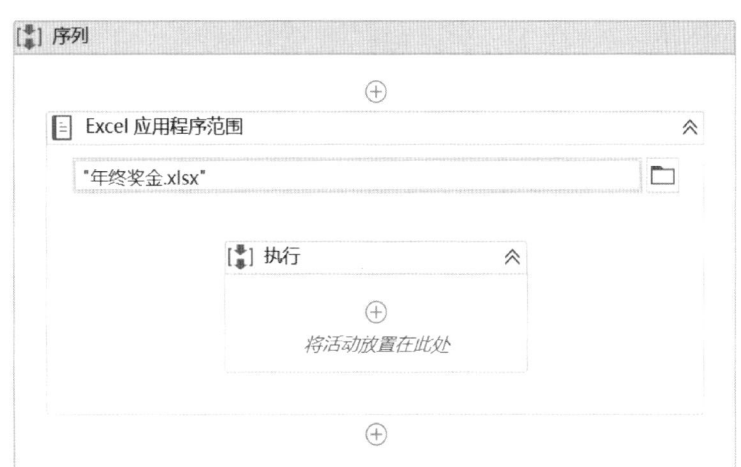

金发放表",范围为"A1:J45",如图3-80所示。在该活动"属性"面板的输出数据表处创建变量"Data_3",变量类型为"DataTable",范围为"执行",该变量用于存储"年终奖金发放表"中单元格 A1 到 J45 范围的所有数据。

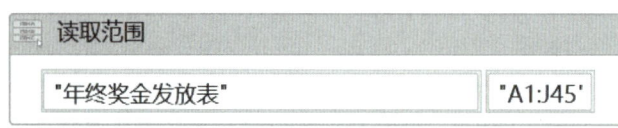

图 3-80 [例 3-8]设置【读取范围】活动

(3) 添加【编程】—【数据表】类别下的【对于每一个行】活动,输入数据表为"Data_3",此处表示令机器人遍历数据表变量"Data_3"中的每一行数据,如图 3-81 所示。

(4) 在【正文】序列中添加【System】—【Activities】—【Statements】类别下的【IF 条件】活动,设置判断条件为"cdbl(row(7))>10000",该活动用于判断每位职员的年终奖金是否大于10 000 元,如图 3-82 所示。

图 3-81 [例 3-8]设置【对于每一个行】活动　　图 3-82 [例 3-8]设置【IF 条件】活动

> 请注意
>
> cdbl()函数可将数据类型转换为"Double"类型。

(5) 在"Then"执行语句中添加【日志消息】活动,日志级别为"Info",日志消息为"row(3).tostring＋row(4).ToString＋"年终奖金为"＋row(7).ToString＋"元"",如图 3-83 所示。

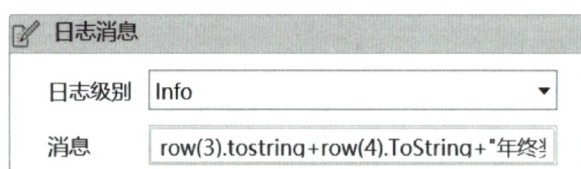

图 3-83 [例 3-8]设置【日志消息】活动

运行结果如图 3-84 所示。

2.【排序数据表】活动

【排序数据表】活动是根据指定列的值,按升序或降序对整个数据表进行排序,如图 3-85 所示。

图 3-84 [例 3-8]运行结果

图 3-85 【排序数据表】活动

【排序数据表】活动的主要属性,如表 3-7 所示。

表 3-7 【排序数据表】活动的主要属性

活动	属性	参数	功能
排序数据表	排序列	列	包含要排序的列的变量,该字段仅支持"DataColumn"变量。在该属性字段中设置变量将禁用其他两个属性
		名称	要搜索的列的名称,该字段仅支持字符串和"String"变量。在该属性字段中设置变量将禁用其他两个属性
		索引	要搜索的列的索引,该字段仅支持"Int32"变量。在该属性字段中设置变量将禁用其他两个属性
		顺序	表格的排序顺序。"Ascending"表示第一个值是最低值,"Descending"表示第一个值是最高值
	输入	数据表	要排序的数据表,该字段仅支持"DataTable"变量
	输出	数据表	数据表的排序结果,该字段仅支持"DataTable"变量

【例 3-9】 排序数据表

1)示例描述

说明:已知"年终奖金.xlsx"内包含一张"年终奖金发放表"。

要求:设计一个机器人对"年终奖金发放表"内的实发年终奖金进行降序排序。

活动:【Excel 应用程序范围】【读取范围】【排序数据表】【写入范围】。

2)操作步骤

(1)在【序列】中添加【应用程序集成】—【Excel】类别下的【Excel 应用程序范围】活动,设置工作簿路径为"年终奖金.xlsx",该路径为相对路径,如图 3-86 所示。

图 3-86 [例 3-9]添加【Excel 应用程序范围】活动

(2)在【执行】序列中添加【应用程序集成】—【Excel】类别下的【读取范围】活动,设置工作表名称为"年终奖金发放表",范围为"A:J",在该活动"属性"面板的输出数据表处创建变量"DT",变量类型为"DataTable",范围为"执行",该变量用于存储"年终奖金发放表"中 A 列到 J 列的数据,如图 3-87 所示。

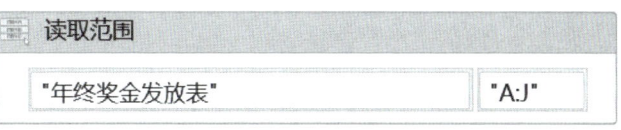

图 3-87 [例 3-9]设置【读取范围】活动

(3) 添加【编程】—【数据表】类别下的【排序数据表】活动,打开该活动的"属性"面板,输入索引为"9",顺序选择"Descending",设置输入数据表为"DT",在输出数据表处创建变量"DT_1",变量类型为"DataTable",范围为"执行",如图3-88、图3-89所示。该活动表示对"年终奖金发放表"第9列(即"实发年终奖金"列)进行降序排列,降序排列后的数据存储在变量"DT_1"中。

图3-88 【排序数据表】活动

图3-89 [例3-9]设置属性

(4) 添加【应用程序集成】—【Excel】类别下的【写入范围】活动,打开该活动的"属性"面板,设置工作表名称为"Sheet1",起始单元格为"A1",输入数据表为"DT_1",勾选【添加标头】复选框,如图3-90所示。这一步表示将降序排列后的数据写入工作表"Sheet1"中,从A1单元格开始写。

运行结果如图3-91所示。

图3-90 [例3-9]设置【写入范围】活动

	A	B	C	D	E	F	G	H	I	J	K
1	工号	一级部门	二级部门	岗位	姓名	姓别	证照号码	年终奖金	个税	实发年终奖金	
2	KY82002	战略规划部	总经办	副总经理	刘晓光	男	1.3073E+17	30555	2950.5	27604.5	
3	KY82001	战略规划部	总经办	总经理	许建辉	男	3.5093E+17	28920	2787	26133	
4	KY82035	销售部	市场部	市场部经理	胡素华	女	1.4021E+17	17040	511.2	16528.8	
5	KY82038	销售部	业务部	业务部经理	陈晓芬	女	3.4112E+17	15660	469.8	15190.2	
6	KY82004	战略规划部	企划部	企划部经理	王辉	男	1.4043E+17	15128	453.84	14674.16	
7	KY82003	战略规划部	总经办	总经理助理	林丽萍	女	3.4042E+17	13975	419.25	13555.75	
8	KY82013	综合管理部	人力资源部	人事部经理	林志刚	男	3.406E+17	13500	405	13095	
9	KY82037	销售部	市场部	市场执行专	陈晨	男	1.4093E+17	12348	370.44	11977.56	
10	KY82021	财务部	会计核算部	财务经理	张乐	男	2.2042E+17	11895	356.85	11538.15	
11	KY82039	销售部	业务部	业务人员	曹酷菲	男	1.1023E+17	11680	350.4	11329.6	
12	KY82010	综合管理部	采购部	林月		女	3.503E+17	11580	347.4	11232.6	
13	KY82007	综合管理部	行政部	行政经理	凯琳	女	3.4041E+17	11340	340.2	10999.8	
14	KY82036	销售部	市场部	市场策划专	刘梅	女	3.411E+17	11298	338.94	10959.06	
15	KY82043	销售部	业务部	业务人员	戴丽萍	女	2.3122E+17	11200	336	10864	
16	KY82040	销售部	业务部	业务人员	张荣华	女	3.306E+17	11040	331.2	10708.8	
17	KY82041	销售部	业务部	业务人员	曾倩	女	1.3042E+17	10640	319.2	10320.8	
18	KY82044	销售部	业务部	业务人员	张含枫	女	1.3068E+17	9800	294	9506	
19	KY82042	销售部	业务部	业务人员	毛庆生	男	1.4043E+17	9280	278.4	9001.6	
20	KY82016	综合管理部	仓储后勤部	仓库主管	张玲	女	3.5058E+17	8928	267.84	8660.16	
21	KY82026	财务部	税务管理部	税务主管	何翔	女	3.311E+17	8022	240.66	7781.34	
22	KY82006	战略规划部	企划部	规划员	李玉	女	1.3063E+17	7880	236.4	7643.6	
23	KY82030	财务部	财务管理部	财务主管	林剑立	男	2.205E+17	7605	228.15	7376.85	
24	KY82023	财务部	会计核算部	总账会计	陈飞	女	1.305E+17	7452	223.56	7228.44	
25	KY82018	综合管理部	仓储后勤部	货车司机	戴君华	男	1.303E+17	7380	221.4	7158.6	
26	KY82024	财务部	会计核算部	成本会计	陈丽婷	女	2.1081E+17	7314	219.42	7094.58	
27	KY82034	财务部	财务管理部	内部审计专	林子怡	女	1.4083E+17	6760	202.8	6557.2	
28	KY82022	财务部	会计核算部	会计主管	吴浩	男	1.4083E+17	6624	198.72	6425.28	
29	KY82019	综合管理部	仓储后勤部	装卸员	黄建军	男	2.3042E+17	6400	192	6208	
30	KY82015	综合管理部	人力资源部	吴伟平		男	3.4088E+17	6346	190.38	6155.62	

图3-91 [例3-9]运行结果

3.【构建数据表】活动

【构建数据表】活动是根据指定架构创建数据表。此处创建数据表允许自定义行列数以及每列数据类型、值等，创建完的数据表以变量的形式存储于系统内部，不会展示人机交互界面，如图 3-92 所示。如果写入 Excel 工作簿，则需要使用【写入范围】【附加范围】等活动来实现。

图 3-92 【构建数据表】活动

在活动主体中单击【数据表】按钮即可打开【构建数据表】窗口，自定义要创建的表格，如图 3-93 所示。

图 3-93 构建数据表窗口

【例 3-10】 构建数据表

1) 示例描述

说明：A 公司财务每月要向上级部门汇报经营成果，汇报内容主要为营业收入、营业成本、营业外支出、营业外收入、利润总额、净利润几个项目的本期金额及上期金额。

要求：设计一个机器人为 A 公司编制一张简易利润表格式。

活动：【构建数据表】【Excel 应用程序范围】【写入范围】。

2) 操作步骤

（1）在【序列】中添加【应用程序集成】—【Excel】类别下的【Excel 应用程序范围】活动，设置工作簿路径为"简易利润表.xlsx"，该路径为相对路径，如图 3-94 所示。

图 3-94 ［例 3-10］添加【Excel 应用程序范围】活动

> **请注意**
>
> 在相对路径下,并不存在该表,系统在运行过程中会自动创建该表。

（2）在【执行】序列中添加【编程】—【数据表】类别下的【构建数据表】活动,单击数据表,点击编辑列,修改第一列列名称为"项目",数据类型为"String",单击【确定】按钮。后面几列按相同方法修改列名称,添加项目列下的行数据,如图 3-95 所示。表格构建完后,在该活动的"属性"面板的输出数据表处创建变量"Data_4",用于存储构建好的表格。

（3）添加【应用程序集成】—【Excel】类别下的【写入范围】活动,打开该活动的"属性"面板,设置工作表名称为"Sheet1",起始单元格为"A1",输入数据表为"Data_4",勾选【添加标头】复选框。这一步表示将存储在变量"Data_4"中已经构建好的数据表写入"简易利润表.xlsx"的"Sheet1"工作表中,从 A1 单元格开始写入,如图 3-96 所示。

图 3-95　[例 3-10]设置【构建数据表】活动

图 3-96　[例 3-10]设置【写入范围】活动

运行结果如图 3-97 所示。

	A	B	C
1	项目	本期金额	上期金额
2	一、营业收入		
3	减：营业成本		
4	二、营业利润		
5	加：营业外收入		
6	减：营业外支出		
7	三、利润总额		
8	减：所得税费用		
9	四、净利润		

图 3-97　[例 3-10]运行结果

4.【添加数据行】活动

【添加数据行】活动是将数据行添加到指定的数据表中,如图 3-98 所示。

图 3-98 【添加数据行】活动

【添加数据行】活动的主要属性,如表 3-8 所示。

表 3-8 【添加数据行】活动的主要属性

活动	属性	参数	功能
添加数据行	输入	数据行	为数据行对象,用于添加到数据表。如果设置了此属性,系统会忽略数组行属性
		数据表	为数据表对象,用于添加行
		数组行	为对象数组,用于添加到数据表。每个对象类均应映射到数据表中对应列的类型

【例 3-11】 添加数据行

1) 示例描述

说明:由于 A 公司要求财务每月汇报的经营成果要包含每股收益项目,因此编制简易利润表要进行调整。

要求:令机器人在【例 3-10】创建的数据表"Data_4"中添加一行数据,数组行为{"五、每股收益"}。

活动:【构建数据表】【Excel 应用程序】【写入范围】【添加数据行】。

2) 操作步骤

利用【例 3-10】已创建好的运行程序,在【构建数据表】活动下添加【编程】—【数据表】类别下的【添加数据行】活动。打开该活动的"属性"面板,输入数据表为"Data_4",数组行为{"五、每股收益"},表示将"五、每股收益"添加到【例 3-10】创建的数据表"Data_4"中,如图 3-99、图 3-100 所示。

运行结果如图 3-101 所示。

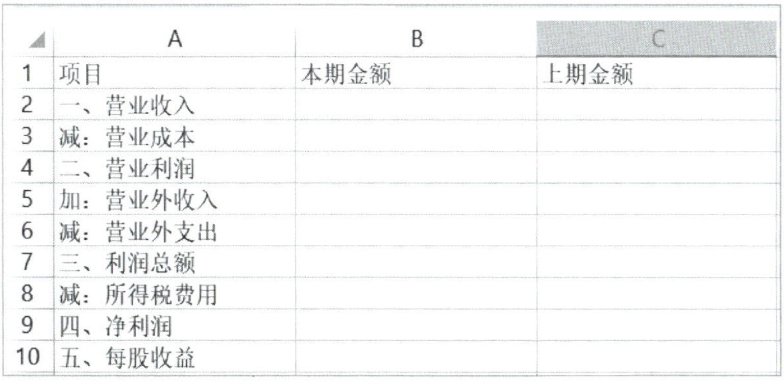

图 3-99 [例 3-11]添加【添加数据行】活动

图 3-100 [例 3-11]设置属性

	A	B	C
1	项目	本期金额	上期金额
2	一、营业收入		
3	减:营业成本		
4	二、营业利润		
5	加:营业外收入		
6	减:营业外支出		
7	三、利润总额		
8	减:所得税费用		
9	四、净利润		
10	五、每股收益		

图 3-101 [例 3-11]运行结果

5.【筛选数据表】活动

【筛选数据表】活动用于在【筛选器向导】窗口中指定条件筛选"DataTable"变量,如图 3-102 所示。此活动可以根据该向导中指定的逻辑条件保留或删除行或列。活动主体包含【筛选器向导】按钮,便于用户随时访问向导并自定义设置。

图 3-102 【筛选数据表】活动

【筛选数据表】活动的主要属性,如表 3-9 所示。

表 3-9 【筛选数据表】活动的主要属性

活动	属性	参数	功能
筛选数据表	输入	数据表	要筛选的"DataTable"变量,该字段仅支持"DataTable"变量
	输出	数据表	最终筛选出的"DataTable"变量。若使用与"输入"字段中相同的变量,系统会覆盖初始变量,但添加新变量不会影响初始变量。该字段仅支持"DataTable"变量
	选项	筛选器行模式	指定通过保留或删除目标行来筛选表格
		选择列模式	指定通过保留或删除目标列来筛选表格

"筛选器向导"功能介绍,如表 3-10 所示。

表 3-10 "筛选器向导"功能介绍

	功能	说明
筛选器向导	筛选行	用于按行筛选"DataTable"变量
	And/Or	指定条件之间要使用的逻辑连词。系统仅在设置多个条件时才会显示该按钮。默认情况下,当添加新条件时,该按钮会显示为"And"。单击按钮可将其值更改为"Or"
	添加/删除条件	单击【+】按钮可在条件中另添一行,而单击【X】按钮则会删除行
	列	在数据表中保留或删除的列
	操作	"列"和"值"之间要满足的逻辑条件
	值	使用"运算"和"列"检查的值

【例 3-12】 筛选数据表

1) 示例描述

说明:已知"年终奖金.xlsx"内包含一张"年终奖金发放表"。

要求:设计一个机器人筛选战略规划部的年终奖金,并将筛选结果写入"战略规划部年终奖金表"。

活动:【Excel 应用程序】【筛选数据表】【读取范围】【写入范围】。

2) 操作步骤

(1) 在【序列】中添加【应用程序集成】—【Excel】类别下的【Excel 应用程序范围】活动,设置工作簿路径为"年终奖金.xlsx",该路径为相对路径,如图3-103所示。

图3-103 [例3-12]添加【Excel应用程序范围】活动

(2) 在【执行】序列中添加【应用程序集成】—【Excel】类别下的【读取范围】活动,设置工作表名称为"年终奖金发放表",范围为"A:J",如图3-104所示。在该活动"属性"面板的输出数据表处创建变量"Data_5",变量类型为"DataTable",范围为"执行",该变量用于存储"年终奖金发放表"中A列到J列的数据。

图3-104 [例3-12]设置【读取范围】活动

(3) 添加【编程】—【数据表】类别下的【筛选数据表】活动,单击【筛选器向导】按钮,输入数据表为"Data_5",输出数据表处创建变量"Data_6",变量类型为"DataTable",范围为"执行"。在行筛选模式处勾选【保留】复选框,将规则定为"一级部门=战略规划部",将筛选后的数据表存储在变量"Data_6"中,如图3-105所示。

(4) 添加【应用程序集成】—【Excel】类别下的【写入范围】活动,打开该活动的"属性"面板,设置工作表名称为"战略规划部年终奖金表",起始单元格为"A1",输入数据表为"Data_6",勾选【添加标头】复选框。这一步表示将存储在变量"Data_6"中的数据表写入"战略规划部年终奖金表"中,从A1单元格开始写入,如图3-106所示。

图3-105 [例3-12]设置【筛选数据表】活动

图3-106 [例3-12]设置【写入范围】活动

运行结果如图 3-107 所示。

A1 fx 工号

工号	一级部门	二级部门	岗位	姓名	性别	证照号码	年终奖金	个税	实发年终奖金
KY82001	战略规划部	总经办	总经理	许建辉	男	3.50925E+17	28920	2787	26133
KY82002	战略规划部	总经办	副总经理	刘晓光	男	1.30728E+17	30555	2950.5	27604.5
KY82003	战略规划部	总经办	总经理助理	林丽萍	女	3.40421E+17	13975	419.25	13555.75
KY82004	战略规划部	企划部	企划部经理	王辉	男	1.40429E+17	15128	453.84	14674.16
KY82005	战略规划部	企划部	规划员	林艺芳	女	1.30826E+17	6200	186	6014
KY82006	战略规划部	企划部	规划员	李玉	女	1.30631E+17	7880	236.4	7643.6

战略规划部年终奖金表 年终奖金发放表 Sheet2 Sheet3

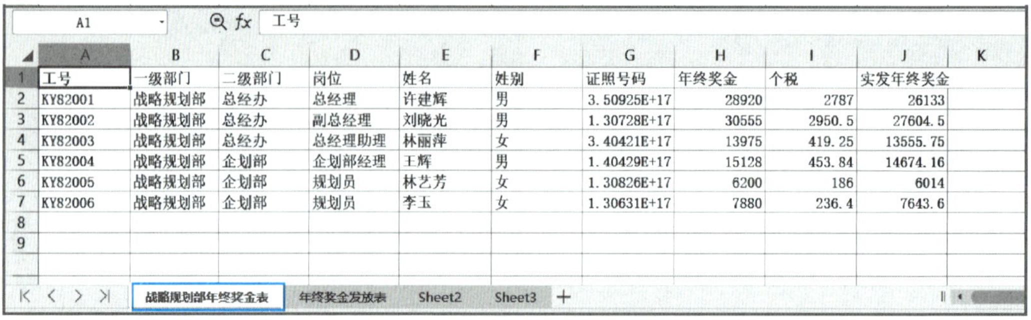

图 3-107 [例 3-12]运行结果

6.【联接数据表】活动

【联接数据表】活动根据"联接类型"属性中指定的联接规则，使用两张表共有的值来合并两张表格中的行，如图 3-108 所示。

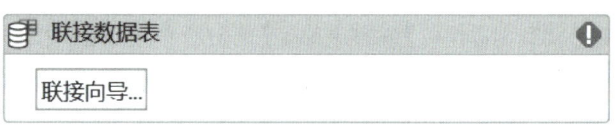

图 3-108 【联接数据表】活动

【联接数据表】活动的主要属性，如表 3-11 所示。

表 3-11 【联接数据表】活动的主要属性

活动	属性	参数	功能
联接数据表	输入	数据表 1	在联接操作中使用的第一张表，存储在"DataTable"变量中。该字段仅支持"DataTable"变量
		数据表 2	在联接操作中使用的第二张表，存储在"DataTable"变量中。该字段仅支持"DataTable"变量
	输出	数据表	包含已联接的值的表格，存储在"DataTable"变量中。该字段仅支持"DataTable"变量
	选项	联接类型	使用的联接操作类型，包括 Inner、Left、Full

"联接向导"功能介绍，如表 3-12 所示。

表 3-12 "联接向导"功能介绍

	功能	说明
联接向导	表 1 的列	第一张表中列的名称。该字段仅支持包含列名称的"String"变量、包含列索引的"Int32"变量或"ExcelColumn"变量
	表 2 的列	第二张表中列的名称。该字段仅支持包含列名称的"String"变量、包含列索引的"Int32"变量或"ExcelColumn"变量
	操作	定义列之间关系的运算

【联接数据表】活动的"联接类型"功能具体如下：

(1) Inner：保留"数据表 1"和"数据表 2"中所有满足"联接"规则的行。所有不符合规则的行均会从生成的表中删除。

（2）Left：保留"数据表1"中的所有行以及"数据表2"中仅满足"联接"规则的值。对于在"数据表2"中不存在匹配项的"数据表1"的行，将"null"值插入相应列中。

（3）Full：保留"数据表1"和"数据表2"中的所有行，不考虑是否满足联接条件。将"null"值插入两张表中不存在匹配项的行。

【例3-13】 联接数据表

1）示例描述

说明：已知A公司第一季度与第二季度商品销售明细表在"商品销售明细表.xlsx"内，数据如图3-109所示。

要求：为便于对两个季度的商品销售情况对比分析，使用【联接数据表】活动令机器人将两张销售明细表进行合并。

活动：【Excel应用程序】【读取范围】【联接数据表】【写入范围】。

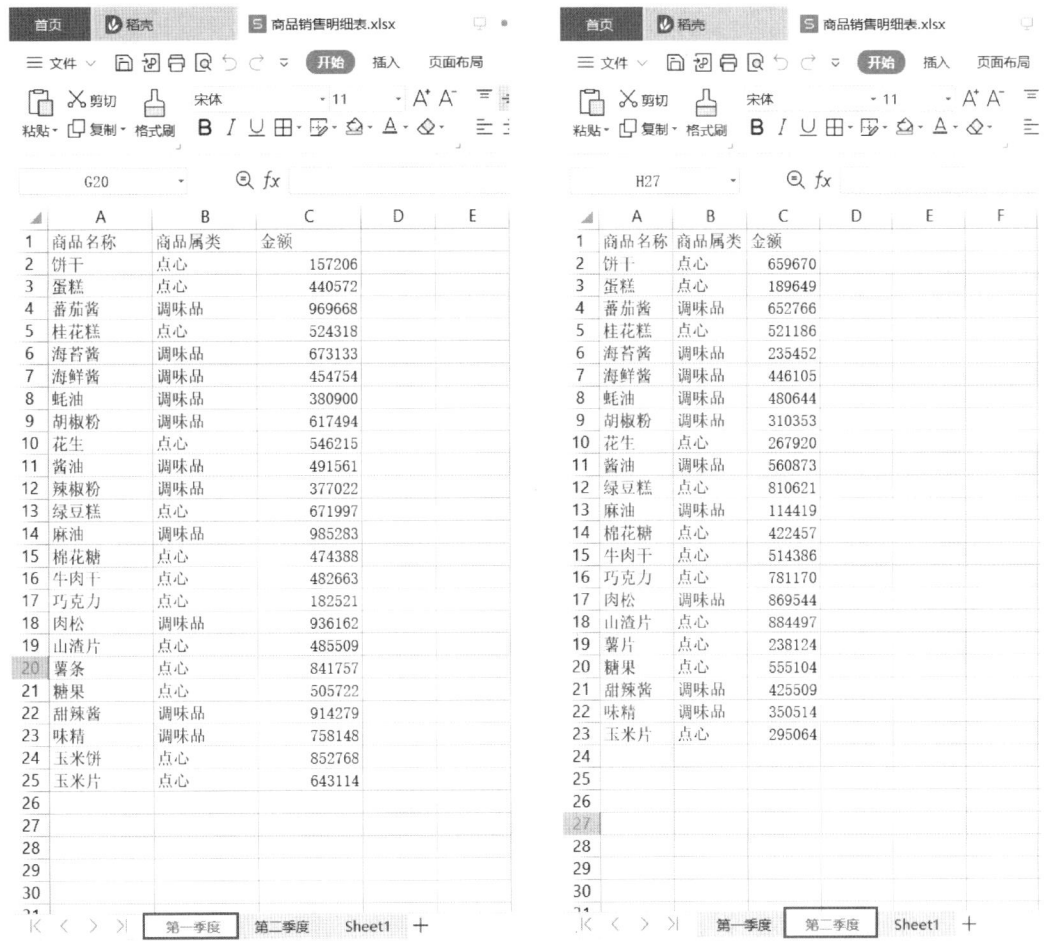

图3-109 ［例3-13］商品销售明细表

2）操作步骤

（1）在【序列】中添加【应用程序集成】—【Excel】类别下的【Excel应用程序范围】活动，设置工作簿路径为"商品销售明细表.xlsx"，该路径为相对路径，如图3-110所示。

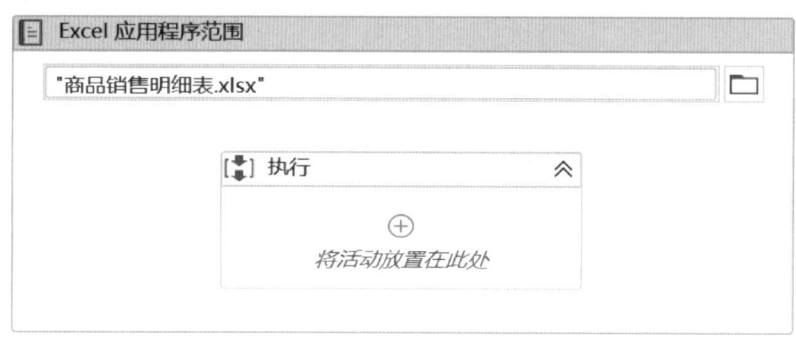

图 3-110　[例 3-13]添加【Excel 应用程序范围】活动

（2）在【执行】序列中添加【应用程序集成】—【Excel】类别下的【读取范围】活动，设置工作表名称为"第一季度"，范围为"A1:C25"，在该活动"属性"面板的输出数据表处创建变量"Data_7"，变量类型为"DataTable"，范围为"执行"，该变量用于存储工作表"第一季度"中 A1 单元格到 C25 单元格范围的所有数据，如图 3-111 所示。

（3）在【执行】序列中添加【应用程序集成】—【Excel】类别下的【读取范围】活动，设置工作表名称为"第二季度"，范围为"A1:C23"，在该活动"属性"面板的输出数据表处创建变量"Data_8"，变量类型为"DataTable"，范围为"执行"，该变量用于存储工作表"第二季度"中 A1 单元格到 C23 单元格范围的所有数据，如图 3-112 所示。

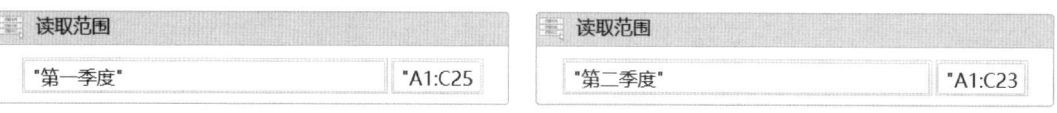

图 3-111　[例 3-13]设置【读取范围】活动　　图 3-112　[例 3-13]设置【读取范围】活动

（4）添加【编程】—【数据表】类别下的【联接数据表】活动，单击【联接向导】按钮，输入数据表 1 为"Data_7"，输入数据表 2 为"Data_8"，输出数据表处创建变量为"Data_9"，变量类型为"DataTable"，范围为"执行"，该变量用于存储第一季度和第二季度合并后的数据。为了便于对两个季度所有商品的销售情况进行对比分析，需要保留第一季度和第二季度的所有行，因此选择"Full"联接类型。联接规则为将第一季度的商品名称(第一列，列数 0)和第二季度的商品名称(第一列，列数 0)核对，通过共有的值来合并两张表格的行，不满足联接规则的，系统会将"null"值插入两张表中不存在匹配项的行，如图 3-113 所示。

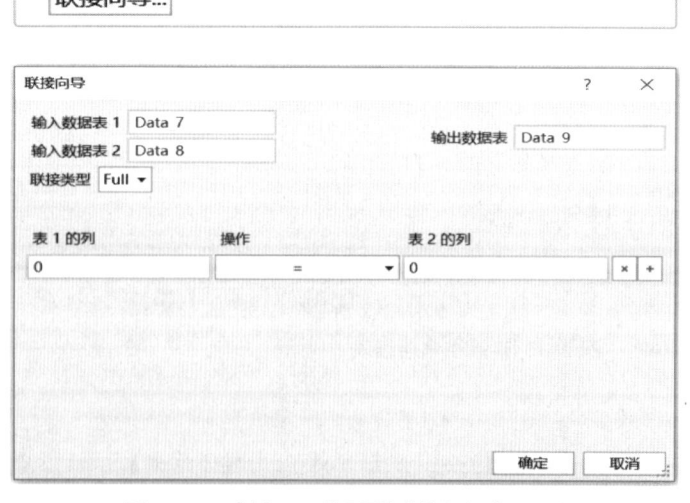

图 3-113　[例 3-13]设置【联接数据表】活动

（5）添加【应用程序集成】—【Excel】类别下的【写入范围】活

动，打开该活动的“属性”面板，设置工作表名称为“Sheet1”，起始单元格为“A1”，输入数据表为“Data_9”，勾选【添加标头】复选框。这一步表示将两个工作表合并后的数据写入工作表“Sheet1”中，从 A1 单元格开始，如图 3-114 所示。

图 3-114 [例 3-13]设置【写入范围】活动

运行结果如图 3-115 所示。

	A	B	C	D	E	F
1	商品名称	商品属类	金额	商品名称_1	商品属类_1	金额_1
2	饼干	点心	985594	饼干	点心	931521
3	蛋糕	点心	898178	蛋糕	点心	622585
4	蕃茄酱	调味品	905725	蕃茄酱	调味品	910796
5	桂花糕	点心	963170	桂花糕	点心	116706
6	海苔酱	调味品	871205	海苔酱	调味品	576216
7	海鲜酱	调味品	654180	海鲜酱	调味品	287385
8	蚝油	调味品	264787	蚝油	调味品	194071
9	胡椒粉	调味品	570358	胡椒粉	调味品	904878
10	花生	点心	994093	花生	点心	313661
11	酱油	调味品	581131	酱油	调味品	867405
12	绿豆糕	点心	253070	绿豆糕	点心	985874
13	麻油	调味品	639468	麻油	调味品	104564
14	棉花糖	点心	284688	棉花糖	点心	453819
15	牛肉干	点心	487152	牛肉干	点心	822805
16	巧克力	点心	651416	巧克力	点心	135316
17	肉松	调味品	921643	肉松	调味品	523510
18	山渣片	点心	774088	山渣片	点心	589392
19	糖果	点心	427337	糖果	点心	407836
20	甜辣酱	调味品	742984	甜辣酱	调味品	782138
21	味精	调味品	411435	味精	调味品	231435
22	玉米片	点心	287637	玉米片	点心	206968
23	辣椒粉	调味品	488734			
24	薯条	点心	703785			
25	玉米饼	点心	140201			
26				薯片	点心	471973

图 3-115 [例 3-13]运行结果

随堂练习

【练 3-2 · 单选题】 如果指定条件筛选“DataTable”变量，应选择(　　)活动。

A. 筛选数据表　　B. 输出数据表　　C. 查找数据表　　D. 获取数据行

参考答案:A

【练 3-3 · 多选题】 下列关于数据表与 Excel 的说法中，正确的有(　　)。

A. 数据表就是电子表格，只有行、列及可选标题

B. 数据表可以看成 Excel 工作表的内存表现形式

C. 一个 Excel 文件，可以存储各种类型的数据

D. 从 Excel 文件读取的数据可存储于数据表

参考答案:ABCD

案例视频

【实践案例七】 费用汇总机器人

1. 案例描述

亚邦集团旗下有很多家门店,每个月都需要对各个门店的经营费用明细进行汇总分析,由于公司旗下的门店较多,人工操作则需要消耗大量的时间,请为这家集团公司设计开发一个"费用汇总机器人"。

2. 案例要求

(1) 梳理人工进行费用汇总的业务流程,并绘制流程图,简要分析该流程中存在的业务痛点。

(2) 针对各家门店经营费用明细表中的数据,思考数据标准与规范化设计,设计"亚邦集团费用汇总主表"格式,明确表格中表头数据内容。

(3) 设计 RPA 费用汇总机器人自动化流程,令机器人可以自动汇总多家门店的费用数据到一张汇总表中,并记录机器人操作过程。

(4) 使用 UiPath 中 Excel 自动化相关活动开发费用汇总机器人。

3. 机器人自动化流程设计

根据开发流程绘制流程图,如图 3-116 所示。

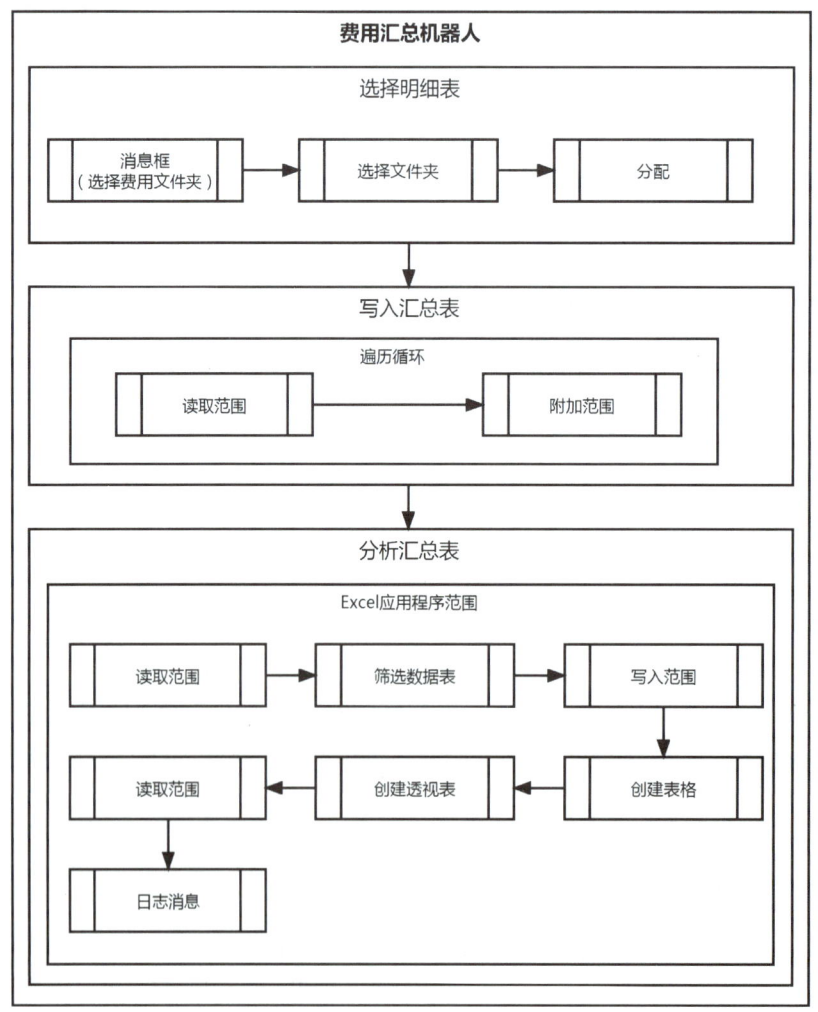

图 3-116 费用汇总机器人流程图

4. 案例开发

1) 数据准备

创建一个文件夹，用于存储亚邦集团旗下 7 家门店的经营费用明细，如图 3-117 所示。其中，每个门店经营费用明细表，如图 3-118 所示；亚邦集团费用汇总主表，如图 3-119 所示。

名称	修改日期	类型	大小
1号门店经营费用明细表.xlsx	22/8/3 13:52	XLSX 工作表	10 KB
2号门店经营费用明细表.xlsx	22/8/3 13:53	XLSX 工作表	10 KB
3号门店经营费用明细表.xlsx	22/8/3 13:53	XLSX 工作表	10 KB
4号门店经营费用明细表.xlsx	22/8/3 13:53	XLSX 工作表	10 KB
5号门店经营费用明细表.xlsx	22/8/3 13:53	XLSX 工作表	10 KB
6号门店经营费用明细表.xlsx	22/8/3 13:53	XLSX 工作表	10 KB
7号门店经营费用明细表.xlsx	22/8/3 13:54	XLSX 工作表	10 KB
亚邦集团费用汇总主表.xlsx	22/8/3 16:10	XLSX 工作表	13 KB

图 3-117 门店经营费用明细文件

1号门店经营费用明细表

门店	期间	职工薪酬	折旧摊销	办公费	审计咨询	修理费	差旅费	公积金	水电	合计
1号门店经营费用明细表	2021.01	449409	27692	7164	4178	3773	6389	1868	4159	504632
1号门店经营费用明细表	2021.02	346407	21139	9527	3077	3909	7844	2838	3570	398311
1号门店经营费用明细表	2021.03	459655	21828	5106	3845	4950	6953	1104	4722	508163

图 3-118 门店经营费用明细表

图 3-119 亚邦集团费用汇总主表

2）开发步骤

（1）打开主工作流,添加【序列】流程,并将该【序列】的名称修改为"费用汇总机器人"。在【费用汇总机器人】序列中添加三个【序列】流程,将这三个【序列】的名称分别命名为"选择明细表""写入汇总表"和"分析汇总表",如图3-120所示。

（2）在【选择明细表】序列中添加【系统】—【对话框】类别下的【消息框】活动,并将该活动的名称修改为"消息框（选择费用文件夹）",设置文本为"请选择费用明细文件夹",如图3-121所示。

（3）添加【系统】—【对话框】类别下的【选择文件夹】活动,如图3-122所示。打开该活动的"属性"面板,在输出选择的文件夹中创建变量"费用文件夹",如图3-123所示,变量类型为"String",范围为"费用汇总机器人",该变量用于存储所选文件夹的完整路径。

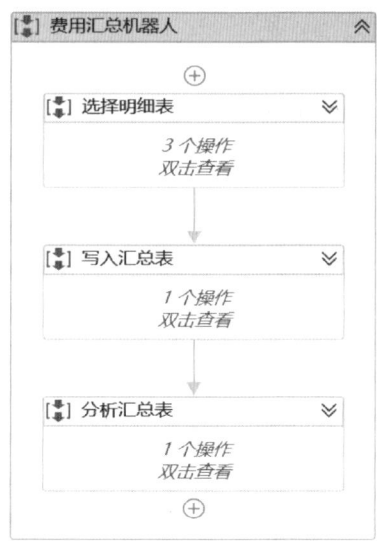

图3-120　添加【序列】流程

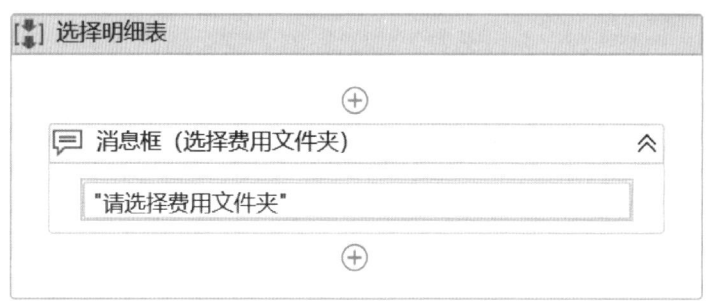

图3-121　设置【消息框】活动

图3-122　添加【选择文件夹】活动

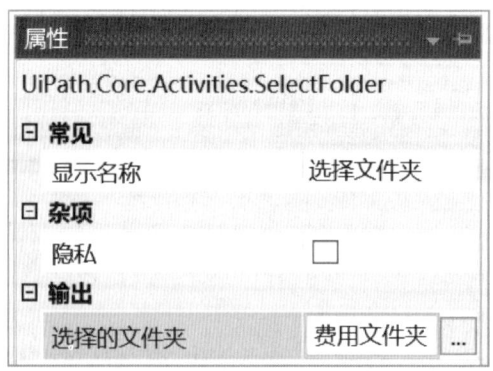

图3-123　设置属性

（4）添加【System】—【Activities】—【Statements】类别下的【分配】活动，在该活动下创建变量"费用明细表"，变量类型为"String[ ]"，范围为"费用汇总机器人"。此步骤是将数据包下的明细表文件通过【分配】活动赋值给变量"费用明细表"，分配公式为"费用明细表＝Directory.GetFiles(费用文件夹，"＊明细表＊")"，如图 3-124、图 3-125 所示。

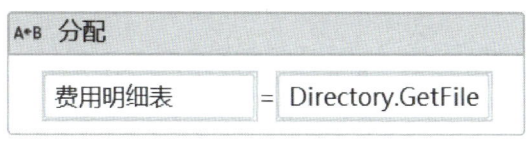

图 3-124　获取费用明细表文件

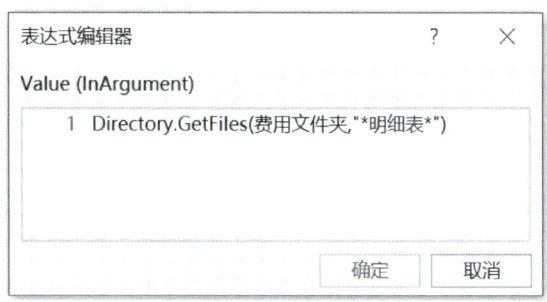

图 3-125　设置表达式

▶ 请注意

Directory.GetFiles(参数 1，参数 2)是获取指定目录下的所有文件，"参数 1"是指要搜索目录的相对路径或绝对路径，"参数 2"默认是选取目录中的所有文件，可以指定通配符限定选取文件。

（5）在【写入汇总表】序列中添加【工作流】—【控件】类别下的【遍历循环】活动，由 item 遍历循环数组变量"费用明细表"，如图 3-126 所示。此步骤令机器人将存储在变量"费用明细表"中的明细表依次输入到 item 中，遍历一次输入一张明细表。

图 3-126　设置【遍历循环】活动

（6）在【遍历循环】活动的【正文】序列中继续添加【文件】—【工作簿】类别下的【读取范围】活动。打开该活动的"属性"面板，设置工作簿路径为"item.ToString"，工作表名称为"Sheet1"，范围为"A2:K5"，在输出数据表处创建变量"费用明细"，如图 3-127、图 3-128 所示。变量类型为"DataTable"，范围为"费用汇总机器人"，该变量用于存储遍历循环读取到的每张明细表中 A2 到 K5 范围的数据。

图 3-127　设置【读取范围】活动

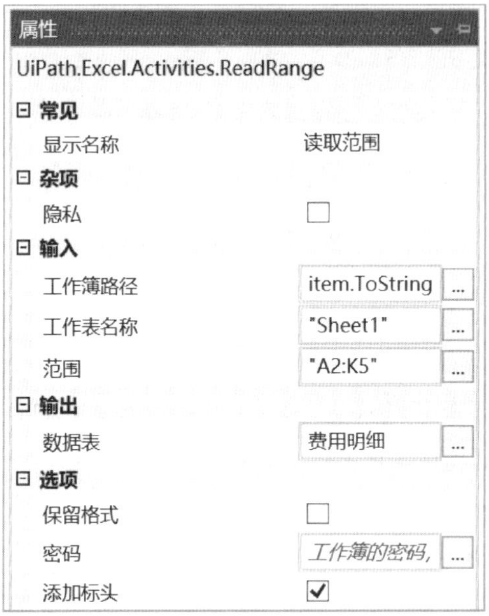

图 3-128　设置属性

（7）添加【文件】—【工作簿】类别下的【附加范围】活动，单击【浏览】按钮，设置工作簿路径为"数据包\亚邦集团费用汇总主表.xlsx"，输入工作表名称为"集团费用汇总表"，输入数据表为"费用明细"，将存储在变量"费用明细"中的数据附加到"集团费用汇总表"中，如图 3-129 所示。

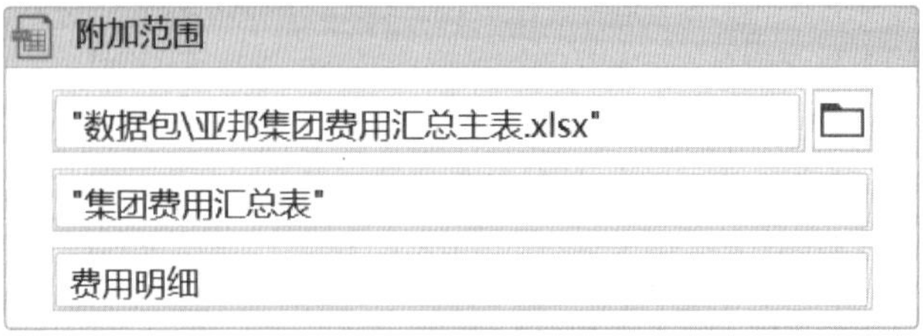

图 3-129　设置【附加范围】活动

▶ 请注意

需将"数据包\亚邦集团费用汇总主表.xlsx"保存在当前 RPA 项目文件夹中,即将文件保存在相对路径下。

(8) 在【分析汇总表】序列下添加【应用程序集成】—【Excel】类别下的【Excel 应用程序范围】活动,设置工作表路径为"数据包\亚邦集团费用汇总主表.xlsx",该文本需放在英文状态下的引号内,如图 3-130 所示。

图 3-130 添加【Excel 应用程序范围】活动

(9) 在【执行】序列中添加【应用程序集成】—【Excel】类别下的【读取范围】活动。打开该活动的"属性"面板,设置工作表名称为"集团费用汇总表",范围为"A2",输出数据表处创建变量"data",如图 3-131、图 3-132 所示。变量类型为"DataTable",范围为"费用汇总机器人",该变量用于存储"集团费用汇总表"中的数据。

图 3-131 设置【读取范围】活动

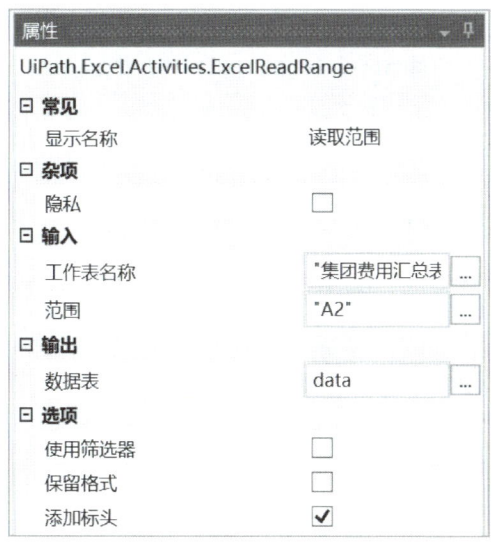

图 3-132 设置属性

> **请注意**
>
> 此活动读取的"集团费用汇总表"内的数据是已经完成各个门店第一季度的费用汇总后的数据。

（10）添加【编程】—【数据表】类别下的【筛选数据表】活动，单击【筛选器向导】按钮，输入数据表为"data"，单击【输出列】页签，删除"期间"列，输出数据表处创建变量"data_1"，变量类型为"DataTable"，范围为"费用汇总机器人"，该变量用于存储删除"期间"列的费用汇总表，如图 3-133、图 3-134 所示。

图 3-133　选择【筛选数据表】活动

图 3-134　设置【筛选数据表】活动

（11）添加【应用程序集成】—【Excel】类别下的【写入范围】活动，设置工作表名称为"第一季度费用汇总表"，起始单元格为"A1"，输入数据表为"data_1"，勾选【添加标头】复选框，将存储在"data_1"中的费用汇总表写入"第一季度费用汇总表"，如图 3-135 所示。

图 3-135　设置【写入范围】活动

（12）添加【应用程序集成】—【Excel】—【表格】类别下的【创建表格】活动，输入工作表名称为"第一季度费用汇总表"，设置目标范围为"A:J"，目标表格命名为"费用汇总"，此步骤是使用

"第一季度费用汇总表"中 A 到 J 列的数据创建一张"费用汇总"的表格,如图 3-136 所示。

图 3-136　设置【创建表格】活动

(13) 添加【应用程序集成】—【Excel】—【表格】类别下的【创建透视表】活动,输入工作表名称为"第一季度费用汇总表",设置目标范围为"M1",输入源表格名称为"费用汇总",目标表格命名为"数据透视表"。此步骤是使用工作表"第一季度费用汇总表"中的"费用汇总"表格作为源表格数据创建一张数据透视表,如图 3-137 所示。

图 3-137　设置【创建透视表】活动

(14) 添加【应用程序集成】—【Excel】类别下的【读取范围】活动。打开该活动的"属性"面板,设置工作表名称为"第一季度费用汇总表",范围为"M1:V10",在输出数据表处创建变量"data_2",变量类型为"DataTable",范围为"费用汇总机器人",该变量用于存储"数据透视表"中的数据,如图 3-138、图 3-139 所示。

图 3-138　设置【读取范围】活动

图 3-139　设置属性

(15)添加【编程】—【调试】类别下的【日志消息】活动,如图 3-140 所示。设置消息为""亚邦集团所有门店费用汇总情况如下:"+vbCrLf+"职工薪酬合计:"+data_2(8)(1).tostring+vbCrLf+"折旧摊销合计:"+data_2(8)(2).tostring+vbCrLf+"办公费合计:"+data_2(8)(3).tostring+vbCrLf+"审计咨询合计:"+data_2(8)(4).tostring+vbCrLf+"修理费合计:"+data_2(8)(5).tostring+vbCrLf+"差旅费合计:"+data_2(8)(6).tostring+vbCrLf+"保险费合计:"+data_2(8)(7).tostring+vbCrLf+"水电合计:"+data_2(8)(8).tostring。"

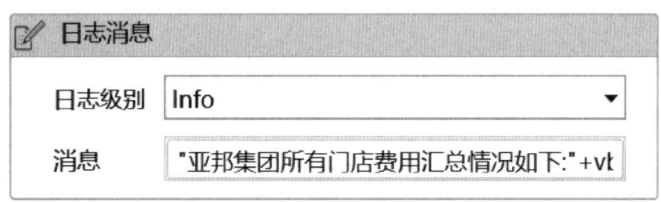

图 3-140　设置【日志消息】活动

5. 运行结果

单击【调试文件】按钮,机器人汇总各个门店的费用明细表,并分析费用汇总表输出汇总情况,运行结果如图 3-141 所示。

图 3-141　运行结果

RPA 财务机器人电子邮件应用

知识目标

- 了解电子邮件协议的概念
- 了解电子邮件环境的配置

能力目标

- 掌握操作电子邮件的活动组件
- 掌握发送 SMTP 邮件消息活动
- 掌握获取 POP3 邮件消息活动
- 掌握"批量下载邮件附件机器人"的设计

素养目标

- 具备一定的编程和脚本编写技能
- 具备良好的逻辑思维能力和问题解决能力
- 具备自我学习和不断更新的意愿和能力

任务一 RPA 操作电子邮件的环境准备

一、电子邮件简介

电子邮件(E-mail)是一种用电子手段提供信息交换的通信方式,是互联网应用最广的服务之一。通过网络的电子邮件系统,用户可以以非常低廉的价格、非常快速的方式与世界上任何一个角落的网络用户联系。电子邮件把邮件通过邮件服务器传送至收件人邮箱中,收件人可随时上网在自己使用的邮件服务器中读取邮件。

收发电子邮件有两种形式:网页邮箱与客户端邮箱。网页邮箱就是通过网页收发邮件,例如进入网站 https://email.163.com 可登录网易邮箱进行邮件收发的操作。客户端邮箱通常是指使用 IMAP/APOP/POP3/SMTP/ESMTP/协议收发电子邮件的软件,如 foxmail、outlook 等,使用客户端邮箱,可将信件收取到本地计算机上,离线后仍可阅读信件。

知识点拨

SMTP(Simple Mail Transfer Protocol)是发送电子邮件时常用的一种协议。SMTP 和 POP 是电子邮件系统中两个不同的协议,分别用于发送和接收邮件。在实际应用中,两种协议可以结合使用,例如使用 SMTP 协议发送邮件,使用 POP 协议在另一台设备上接收邮件。

二、开启电子邮件协议

使用 UiPath Studio 进行自动收发邮件,必须先开启电子邮件协议。在收发邮件的过程中,需要遵守相关的协议,其中主要有:

(1) 发送电子邮件的协议:SMTP。
(2) 接收电子邮件的协议:POP3 和 IMAP。

本教材使用网易邮箱进行收发邮件,为开通网易邮箱 POP3/SMTP/IMAP 协议的操作过程,如图 4-1、图 4-2、图 4-3、图 4-4 所示。

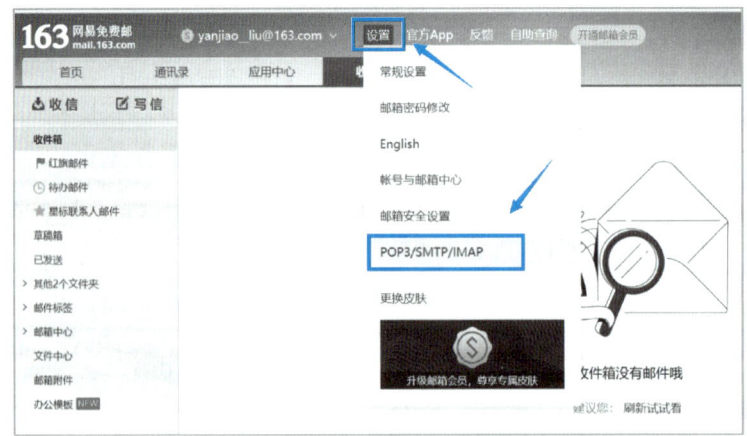

图 4-1 开启 POP3、SMTP、IMAP 协议操作步骤一

图 4-2　开启 POP3、SMTP、IMAP 协议操作步骤二

图 4-3　开启 POP3、SMTP、IMAP 协议操作步骤三

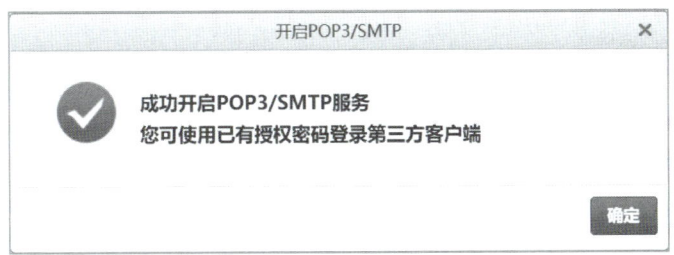

图 4-4　开启 POP3、SMTP、IMAP 协议操作步骤四

▶ 请注意

网易邮箱对 POP 取信频率有严格的限制,因此相对取信速度比较慢。如果确认邮箱开通了 POP 功能,但还是不能绑定成功,可以尝试在邮箱用户名处填写邮箱地址全称,再查看是否绑定成功。

随堂练习

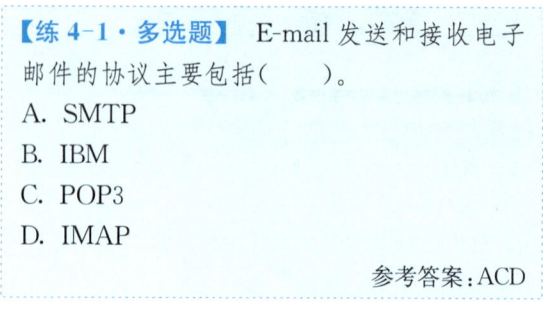

【练 4-1·多选题】 E-mail 发送和接收电子邮件的协议主要包括（　　）。
A. SMTP
B. IBM
C. POP3
D. IMAP

参考答案：ACD

三、使用 RPA 机器人操作电子邮件

使用电子邮件自动化功能，需要先检查是否已安装操作电子邮件的相关活动组件。可打开 UiPath，在"活动"面板的搜索栏中输入"邮件"，【应用程序集成】下显示【邮件】标签则表明已安装，如图 4-5 所示。如果没有检测到相应的电子邮件活动组件，可以打开管理包搜索相应的活动包进行安装，如图 4-6 所示。

图 4-5 【应用程序集成】—【邮件】

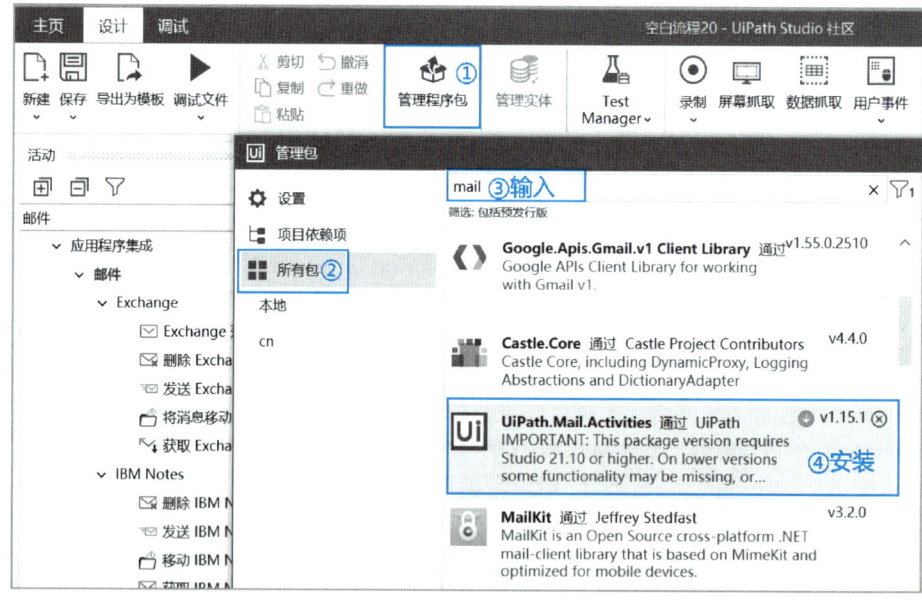

图 4-6 管理包

【例 4-1】 邮件发送机器人

1）示例描述

说明：请开通个人网易邮箱的 POP3/SMTP 协议，下载源码包，对下方提供的源码包进行修改，使 RPA 机器人给自己的邮箱发送 2022 年 1～2 月团建清单及发票文件，文件列表如图 4-7 所示。

电脑 > 下载 > RPA邮件发送机器人			
名称	修改日期	类型	大小
.settings	2022/10/14 14:52	文件夹	
22-1团建聚餐	2022/10/14 14:52	WPS PDF 文档	52 KB
22-2团建聚餐	2022/10/14 14:52	WPS PDF 文档	43 KB
2022年1~2月团建清单	2022/10/14 14:52	XLS 工作表	19 KB
Main	2022/10/14 14:52	Windows.XamlDoc...	5 KB
project	2022/10/14 14:52	JSON 文件	2 KB

图 4-7 ［例 4-1］源码包文件列表

2）操作步骤

（1）开通网易邮箱 POP3/SMTP 协议：

步骤一：登录网易邮箱，单击【设置】页签，选择【POP3/SMTP/IMAP】选项，如图 4-8 所示。

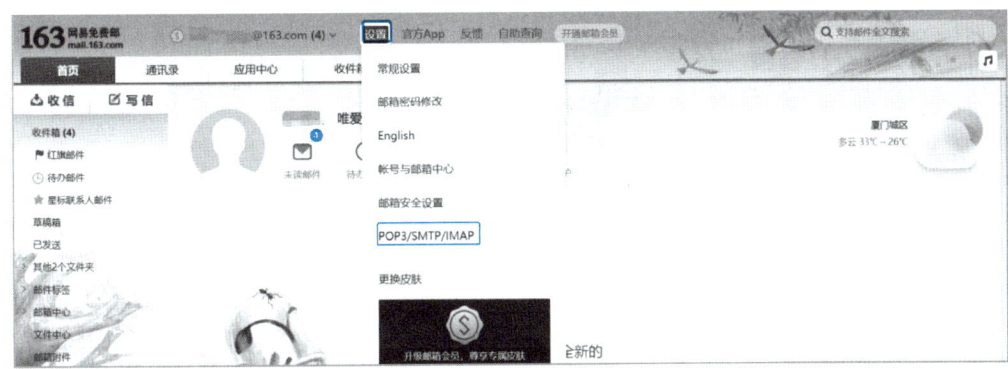

图 4-8 ［例 4-1］单击【设置】页签

步骤二：单击【POP3/SMTP 服务】后的【开启】选项，如图 4-9 所示。

图 4-9 ［例 4-1］单击【开启】按钮

步骤三：弹出【帐号安全提示】窗口，单击【继续开启】按钮，使用手机扫描二维码发送短信，发送完毕后单击【我已发送】按钮，如图 4-10、图 4-11 所示。

▶ 请注意

请使用页面提供的手机号发送短信。

图 4-10 ［例 4-1］单击【继续开启】按钮

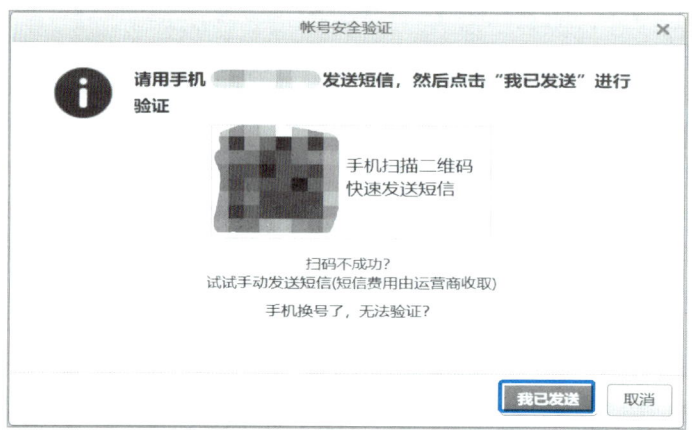

图 4-11 ［例 4-1］发送短信

步骤四：成功开启 POP3/SMTP 服务，由于授权码只显示一次，而后续步骤需要多次使用授权码，因此，在此步骤需记下授权码，单击【确定】按钮，如图 4-12 所示。

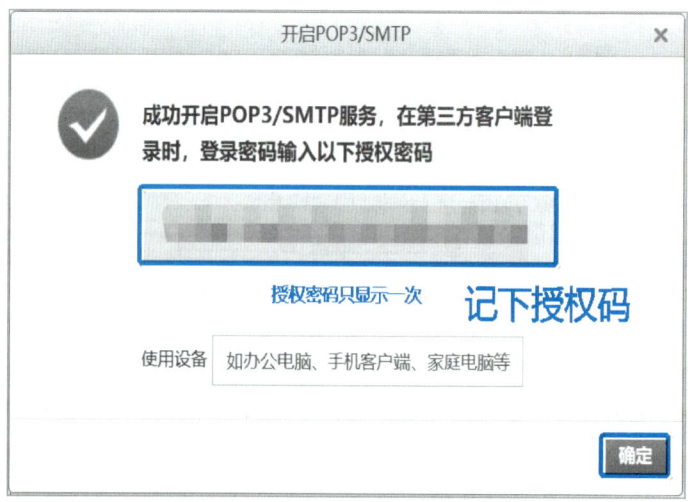

图 4-12 ［例 4-1］获取授权码

(2) 修改源码包发送团建清单：

步骤一：解压"RPA 邮件发送机器人"压缩包，双击【main】打开主工作流，如图 4-13 所示。

图 4-13　[例 4-1]打开主工作流

步骤二：选中【序列】下的【发送 SMTP 邮件消息】活动后，单击"属性"面板，如图 4-14 所示。

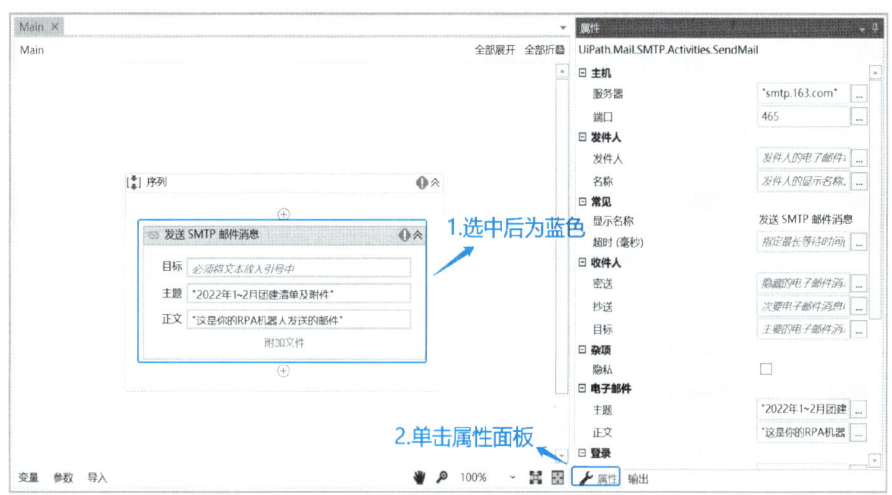

图 4-14　[例 4-1]单击【发送 SMTP 邮件消息】的"属性"面板

步骤三：将"属性"面板中收件人标签下的目标处设置为自己的邮箱账号，在抄送处输入授课老师的邮箱账号（如没有，可为空或者输入其他人的邮箱账号），如图 4-15 所示。

步骤四：在"属性"面板【登录】标签下的密码处输入授权码，在电子邮件处输入邮箱账号，与"步骤三"目标中的账号相同，如图 4-16 所示。

> 请注意
>
> 邮箱密码是用于登录邮箱账号的凭证，而邮箱开通 POP/SMTP 服务的授权码是用于访问和管理邮箱的邮件客户端或其他应用程序的凭证。

步骤五：单击【发送 SMTP 邮件消息】活动中的【附加文件】，弹出文件框，单击【创建参数】按钮，在此处添加附件，如图 4-17、图 4-18 所示。

> 请注意
>
> 若附件保存在相对路径下，则参照"步骤五"添加附件；若附件保存在绝对路径下，则参照"步骤六""步骤七"添加附件。

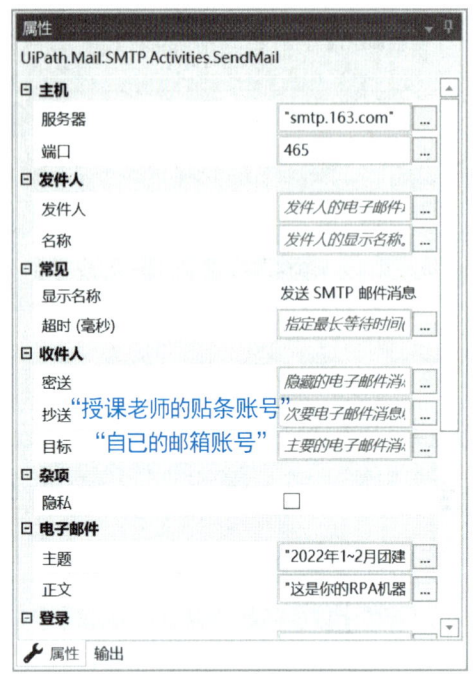

图 4-15 ［例 4-1］设置邮箱账号　　图 4-16 ［例 4-1］输入授权码和邮箱账号

图 4-17 ［例 4-1］单击【发送 SMTP 邮件消息】活动中的【附加文件】

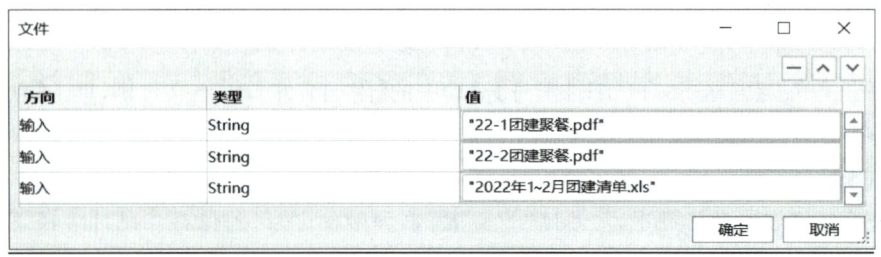

图 4-18 ［例 4-1］添加附件行

步骤六：单击"项目"面板，打开"2022年1~2团建清单.xls"文件所在位置，单击鼠标右键查看"2022年1~2团建清单.xls"文件的属性，复制位置信息（"22-1团建聚餐""22-2团建聚餐"的附件操作相同），如图4-19所示。

步骤七：单击【发送SMTP邮件消息】活动中的【附加文件】或者单击"属性"面板的附件右侧【…】按钮添加附件，将上一步复制的位置信息进行粘贴，手动输入文件名及后缀，全部录入完成后单击【确定】按钮（以下链接仅供参考，文件夹位置与同学们在属性中复制的不同，不要直接复制。"C:\Users\keyun\Desktop\RPA发送邮件机器人\2022年1~2月团建清单.xls" "C:\Users\keyun\Desktop\RPA发送邮件机器人\22-1团建聚餐.pdf" "C:\Users\keyun\Desktop\RPA发送邮件机器人\22-2团建聚餐.pdf"），如图4-20、图4-21所示。

图4-19　［例4-1］复制文件夹位置信息

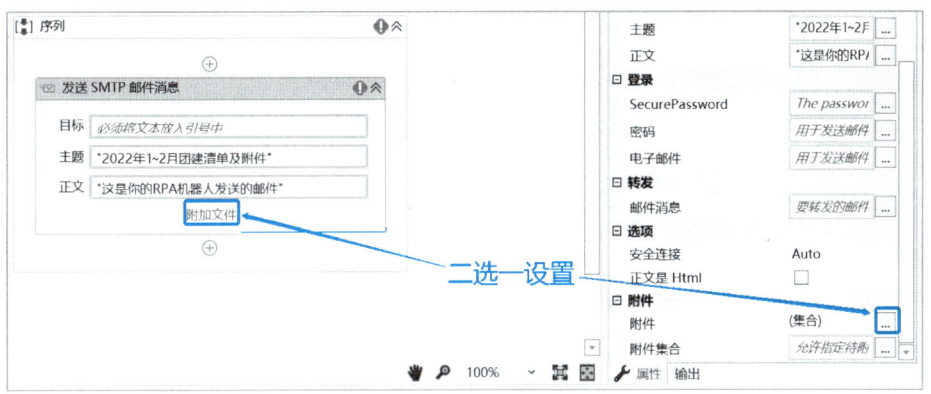

图4-20　［例4-1］添加附加文件

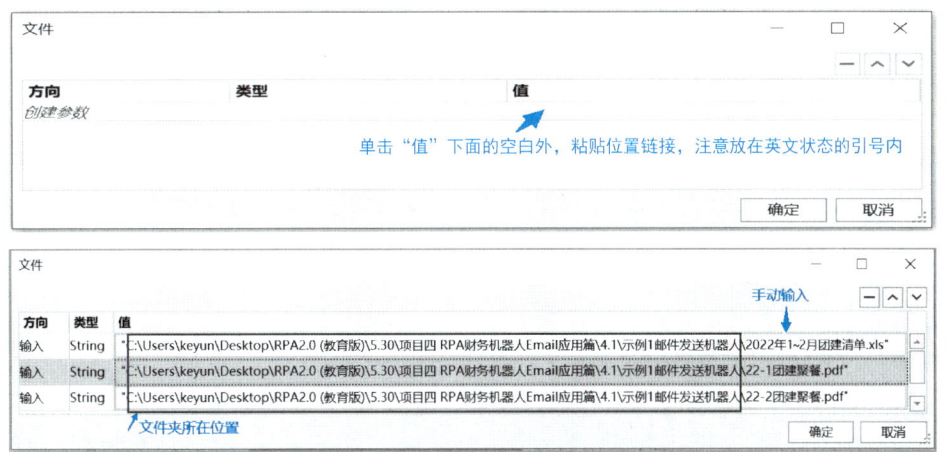

图4-21　［例4-1］输入文件位置

步骤八：单击【调试文件】按钮，等待接收 RPA 机器人发来的第一封电子邮件，如图 4-22 所示。

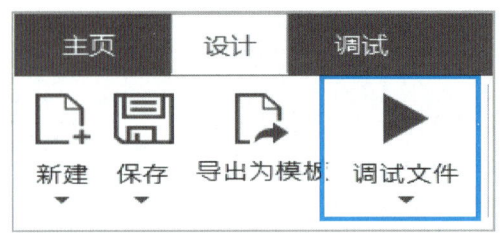

图 4-22　［例 4-1］单击【调试文件】按钮

运行结果如图 4-23 所示。

图 4-23　［例 4-1］RPA 机器人发送的邮件

职业素养

　　学习 RPA 在电子邮件领域的操作，首先要了解基本的电子邮件协议和标准，如 POP3、SMTP、IMAP 等，并熟悉电子邮件的基本概念和术语，如邮件主题、发件人、收件人、附件等。RPA 技术不断发展和更新，学习 RPA 需要不断学习和了解最新的技术和趋势，需具备自我学习和不断更新的意愿和能力。

随堂练习

【练 4-2·多选题】　在使用 RPA 自动化电子邮件的过程中，需要注意(　　)。
A. 保护账户安全，避免泄露用户名和密码
B. 避免向外发送机密邮件
C. 控制邮件发送频率，避免被视为垃圾邮件
D. 调整邮件发送时间，避免干扰收件人的工作
E. 了解邮件接收方的邮件过滤规则和限制，避免被拦截

参考答案：ABCDE

任务二　RPA 发送电子邮件

一、使用 RPA 发送电子邮件

【发送 SMTP 邮件消息】活动是使用 SMTP 协议发送电子邮件,使用该活动发送邮件需要在"属性"面板中配置服务器地址及端口号,如图 4-24 所示。

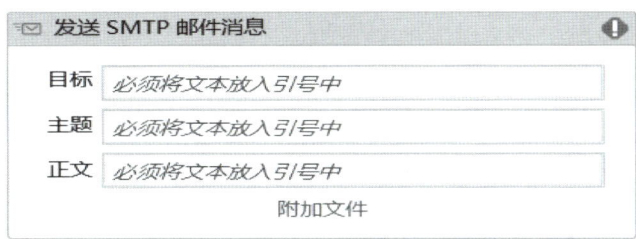

图 4-24　【发送 SMTP 邮件消息】活动

【发送 SMTP 邮件消息】活动主要属性和功能介绍,如表 4-1 所示。

表 4-1　【发送 SMTP 邮件消息】活动的主要属性和功能

活动	属性	参数	功能
发送 SMTP 邮件消息	主机	服务器	待使用的电子邮件服务器主机
		端口	用于发送电子邮件消息的端口
	收件人	目标	电子邮件消息的收件人
	电子邮件	主题	电子邮件消息的主题
		正文	电子邮件消息正文
	登录	密码	用于发送邮件消息的电子邮件账户密码
		电子邮件	用于发送邮件消息的电子邮件账户

不同邮件服务商的端口不同,本教材以网易邮箱为例,其他邮件服务商的端口可自行查询,如表 4-2 所示。

表 4-2　"属性"面板-端口

邮件服务商	协议类型	协议功能	服务器地址	非 SSL 端口号	SSL 端口号
网易邮箱	SMTP	发送邮件	smtp.163.com	25	465/994
	POP3	接收邮件	pop.163.com	110	995
	IMAP	接收邮件	imap.163.com	143	993

【例 4-2】　发送单个邮件

1) 示例描述

任务:设计一个 RPA 机器人给自己发送一封邮件。

主题：2022年1～2月团建清单及发票附件
正文：这是你的RPA机器人发送的邮件
附件：2022年1～2月团建清单.xls
　　　22—1团建聚餐.pdf
　　　22—2团建聚餐.pdf
团建清单及发票文件，如图4-25所示。

名称	修改日期	类型	大小
22-1团建聚餐	2022/10/14 15:40	WPS PDF 文档	52 KB
22-2团建聚餐	2022/10/14 15:40	WPS PDF 文档	43 KB
2022年1~2月团建清单	2022/10/14 15:40	XLSX 工作表	11 KB

图4-25　［例4-2］团建清单及发票文件

2）操作步骤

（1）在【序列】中添加【系统】—【对话框】类别下的【输入对话框】活动并修改名称为"输入对话框-请输入账号名称"，对话框标题设置为"自动发送邮件"，输入标签设置为"请输入收件人邮箱账号"，在已输入的值选项框中通过快捷键创建变量"邮箱账号"，如图4-26所示。变量类型为"String"，范围为"序列"，该变量用于存储收件人的邮箱账号。

（2）添加【系统】—【对话框】类别下的【消息框】活动，输入文本为"请选择文件夹"，如图4-27所示。

（3）添加【系统】—【对话框】类别下的【选择文件夹】活动，打开该活动的"属性"面板，在选择的文件夹中创建变量"files"，如图4-28、图4-29所示。变量类型为"String"，范围为"序列"，该变量用于存储所选文件夹的完整路径。

（4）添加【System】—【Activities】—【Statements】类别下的【分配】活动，在该活动下创建变量"arrfiles"，变量类型为"String［］"，范围为"序列"。将获取到的"files"路径下含有团建名称的文件通过【分配】活动赋值给变量"arrfiles"，分配公式为"arrfiles＝Directory.GetFiles（files，"＊团建＊"）"，如图4-30所示。

图4-26　［例4-2］设置【输入对话框】活动

图4-27　［例4-2］添加【消息框】活动

图4-28　设置【选择文件夹】活动

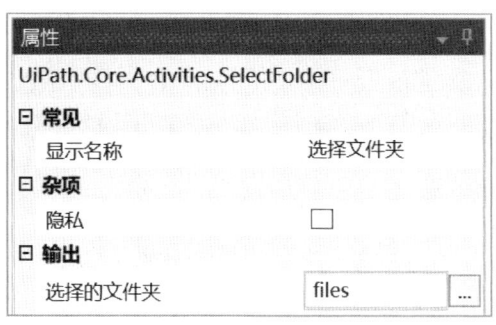

图 4-29 ［例 4-2］设置【选择文件夹】活动"属性"面板

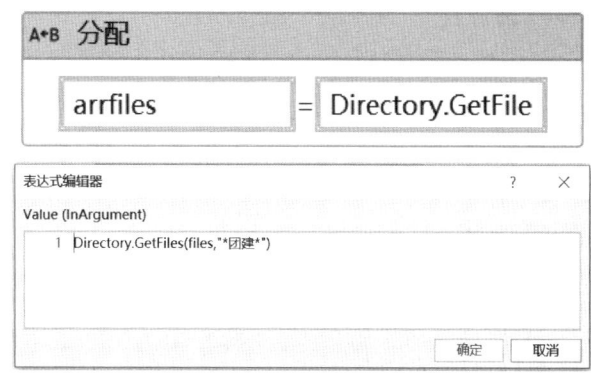

图 4-30 ［例 4-2］设置【分配】活动

（5）添加【应用程序集成】—【邮件】—【SMTP】类别下的【发送 SMTP 邮件消息】活动,点击该活动的"属性"面板,设置主机服务器为"smtp.163.com",端口为"465",设置收件人目标为变量"邮箱账号",主题为"2022 年 1~2 月团建清单及附件",正文为"这是你的 RPA 机器人发送的邮件"。设置登录密码即网易邮箱的授权码,在电子邮件处输入网易邮箱的邮箱账号,设置附件集合为变量"arrfiles",如图 4-31、图 4-32、图 4-33 所示。

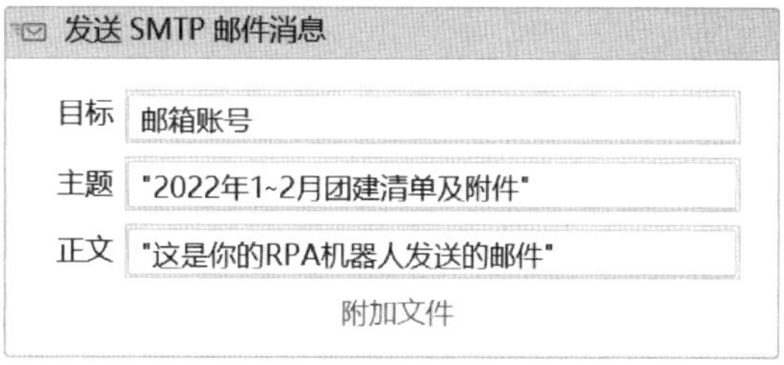

图 4-31 ［例 4-2］【发送 SMTP 邮件消息】活动设置一

图 4-32 ［例 4-2］【发送 SMTP 邮件消息】活动设置二

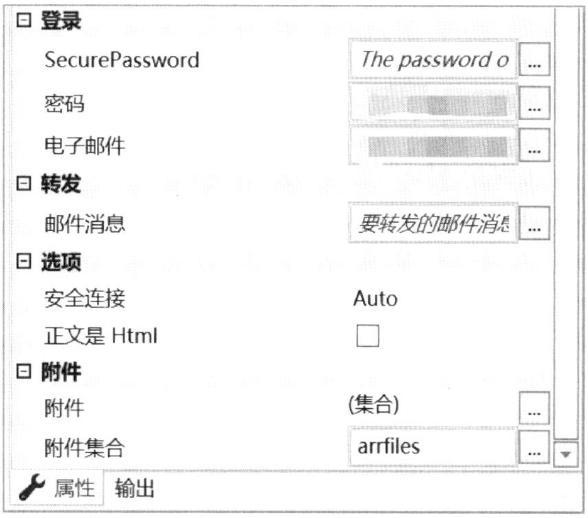

图 4-33 ［例 4-2］【发送 SMTP 邮件消息】活动设置三

> **请注意**
>
> 该授权码和邮箱账号都需要放在英文状态下的引号内。

(6) 添加【系统】—【对话框】类别下的【消息框】活动,输入文本设置为"发送完毕",用于提示执行活动结束,如图4-34所示。

图4-34 [例4-2]添加【消息框】活动

运行结果如图4-35所示。

图4-35 [例4-2]RPA机器人发送的邮件

二、使用RPA批量发送邮件

使用UiPath批量发送邮件,一般步骤为将发送名单存储在电子表格中,通过读取电子表格遍历循环。

在UiPath中,Directory.GetFiles()是用于获取指定目录下所有符合指定搜索模式的文件的方法。它的参数包括目录路径和搜索模式。例如:Directory.GetFiles("C:\Users\Public\Documents", "*.txt")将返回"C:\Users\Public\Documents"目录下所有以".txt"扩展名结尾的文件的完整路径,作为字符串数组,进行下一步操作使用。

【例4-3】 批量发送邮件示例

1) 示例描述

设计一个RPA机器人给参加团建人员发送团建清单及发票附件,参加团建人员信息见"收件人信息表.xlsx",如图4-36所示。

主题:2022年1~2月团建清单及发票附件
正文:这是你的RPA机器人发送的邮件
附件:2022年1~2月团建清单.xls
　　　22-1团建聚餐.pdf
　　　22-2团建聚餐.pdf

图4-36 [例4-3]收件人信息表

2）操作步骤

（1）添加【系统】—【对话框】类别下的【消息框】活动，输入文本为"请选择文件夹"，如图4-37所示。

图4-37　［例4-3］添加【消息框】活动

（2）在【序列】中添加【系统】—【对话框】类别下的【选择文件夹】活动，打开该活动的"属性"面板，在输出选择的文件夹中创建变量"files"，如图4-38所示。变量类型为"String"，范围为"序列"，该变量用于存储所选文件夹的完整路径。

（3）添加【System】—【Activities】—【Statements】类别下的【分配】活动，在该活动下创建变量"arrfiles"，变量类型为"String[ ]"，范围为"序列"。将获取到的"files"路径下含有团建名称的文件通过【分配】活动赋值给变量"arrfiles"，分配公式为"arrfiles = Directory.GetFiles(files,"*团建*")"，如图4-39所示。

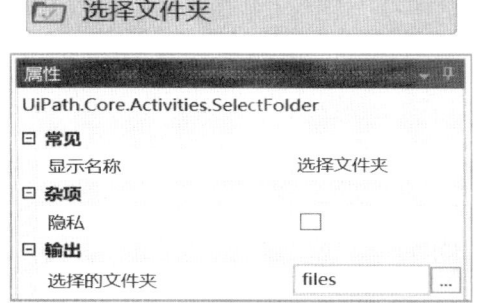

图4-38　［例4-3］添加【选择文件夹】活动

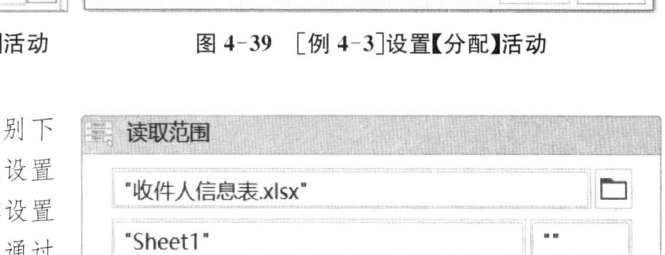

图4-39　［例4-3］设置【分配】活动

（4）添加【文件】—【工作簿】类别下的【读取范围】活动，输入工作簿路径设置为"收件人信息表.xlsx"，工作表名称设置为"Sheet1"，范围为""，输出数据表处通过快捷键创建变量"data_收件人"，变量类型为"DataTable"，范围为"序列"，该变量用于存储"Sheet1"工作表中的内容，如图4-40所示。

（5）添加【编程】—【数据表】类别下的【对于每一个行】活动，输入数据表为"data_收件人"，如图4-41所示。

（6）在【正文】序列中添加【应用程序集成】—【邮件】—【SMTP】类别下的【发送SMTP邮件消息】活动，点击该活动的"属性"面板，设置主机服务器为"smtp.163.com"，端口为"465"，设置收件人目标为"row(1).tostring"，主题为"2022年1～2月团建清单及附件"，正

图4-40　［例4-3］添加【读取范围】活动

图4-41　［例4-3］设置【对于每一个行】活动

文为"这是你的 RPA 机器人发送的邮件"。登录密码即网易邮箱的授权码，在电子邮件处输入网易邮箱的邮箱账号，设置附件集合为"arrfiles"，如图 4-42、图 4-43、图 4-44 所示。

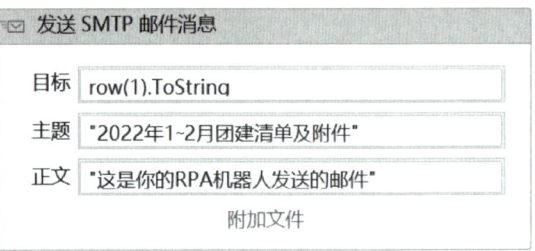

图 4-42　[例 4-3]【发送 SMTP 邮件消息】活动设置一

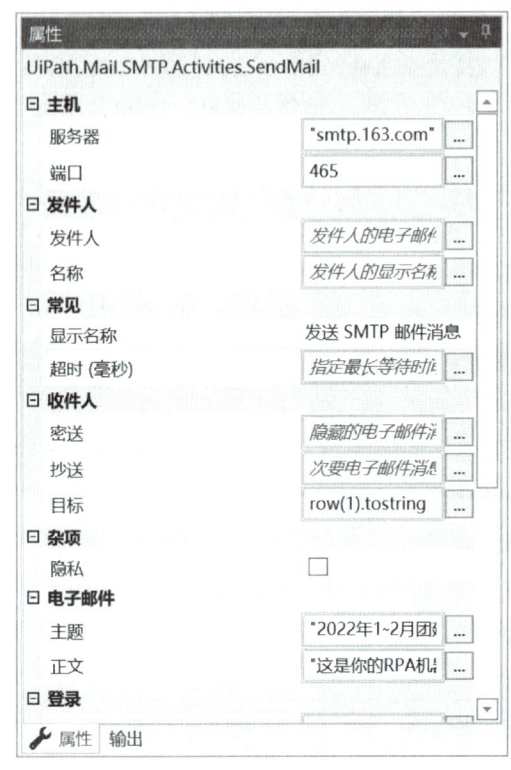

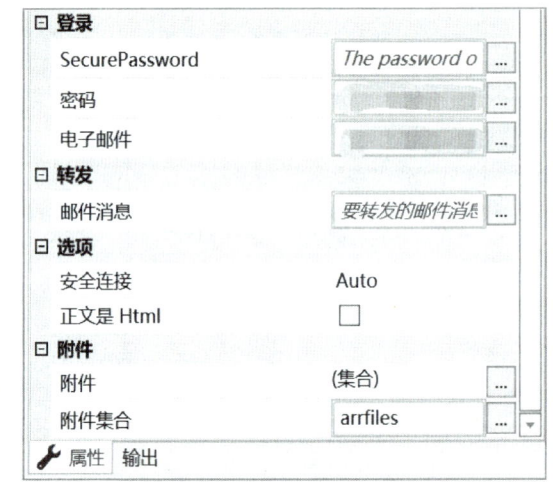

图 4-43　[例 4-3]【发送 SMTP 邮件消息】活动设置二

图 4-44　[例 4-3]【发送 SMTP 邮件消息】活动设置三

（7）添加【系统】—【对话框】类别下的【消息框】活动，输入文本设置为"发送完毕"，用于提示执行活动结束，如图 4-45 所示。

运行结果如图 4-46 所示。

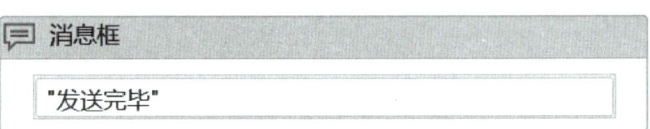

图 4-45　[例 4-3]添加【消息框】活动

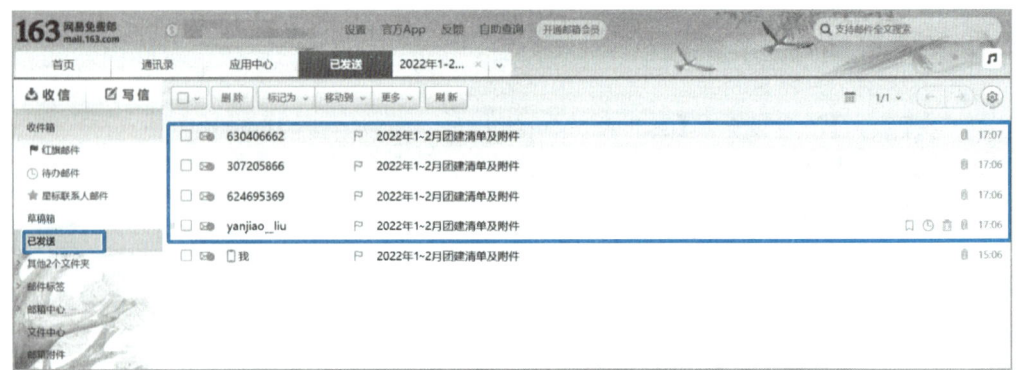

图 4-46　[例 4-3]发送团建清单及发票附件

> **职业素养**
>
> 发送电子邮件,需要编写高质量的邮件内容,包括主题、正文、附件等,确保内容清晰、简洁、易读,并避免出现拼写和语法错误。要考虑邮件发送的时间和频率,避免在不合适的时间发送邮件或频繁发送邮件,造成收件人的不适或拒绝接收。

案例视频

【实践案例八】 E-mail 工资条发放机器人

1. 案例描述

工资条记载着员工工资的发放情况,同时员工对工资条有知情权和监督权。北京科云股份有限公司财务部门每月都要通过电子邮件向员工发放工资条,由于公司员工众多,该操作繁琐,容易出现邮箱号、工资条金额等信息输入错误或者漏发、错发的情况发生。面对此痛点,该公司希望开发一款"E-mail 工资条发放机器人"代替人工完成此项工作。

资料准备:E-mail 工资条发放机器人所获取的工资发放清单工作簿中应当包含三个工作表,即工资明细表、员工资料表和工资条。这三张表的关系如下:

(1)工资明细表为当月应发放工资的员工工资明细,如图 4-47 所示。

图 4-47 工资明细表

(2)员工资料表包括:①工号;②姓名;③员工接收工资条的 E-mail;④相关事项,即工资条发放主题;⑤是否通知成功,如图 4-48 所示。

图 4-48 员工资料表

(3)工资条主要包括:①工号;②姓名;③职位;④性别;⑤身份证;⑥出勤天数;⑦基本工资;⑧加班费;⑨奖金;⑩岗位津贴;⑪应付工资;⑫个人医社保费合计;⑬个人住房公积金;⑭税前工资;⑮应交个税;⑯实发工资,如图 4-49 所示。此外还要在工资条中设置公式,使其自动勾稽到工资明细表中对应工号的工资明细,通过修改工号即显示对应员工的工资明细。

2022年1月份工资条

工号	姓名	职位	性别	身份证	出勤天数	基本工资	加班费	奖金	岗位津贴	应付工资	个人医社保费合计	个人住房公积金	税前工资	应交个税	实发工资
HY005	柳之雅	人事主管	男	350582197309277037	22	7800.00	0.00	900.00	0.00	8700.00	178.50	240.00	8281.50	38.45	8243.05

注:工资保密,请尽快核对您的工资,如有问题请联系行政助理唐棠!

图 4-49 2022 年 1 月份工资条

知识点拨

工资作为员工的薪酬收入,属于个人隐私范畴,保密工资涉及个人隐私权的保护。一方面,员工的工资涉及个人的经济状况和社会地位,公开工资信息可能会影响员工的个人形象和尊严;另一方面,工资涉及员工和企业之间的雇佣关系,工资信息的保密有利于维护企业的竞争优势和员工的权益,防止员工之间因为工资高低产生不必要的矛盾和纷争。

2. 案例要求

(1) 梳理人工发放工资条的业务流程,并绘制流程图,简要分析该流程中存在的业务痛点。
(2) 使用 UiPath 中 E-mail 相关活动开发 E-mail 工资条发放机器人。

3. 机器人自动化流程设计

根据案例开发流程绘制流程图,如图 4-50 所示。

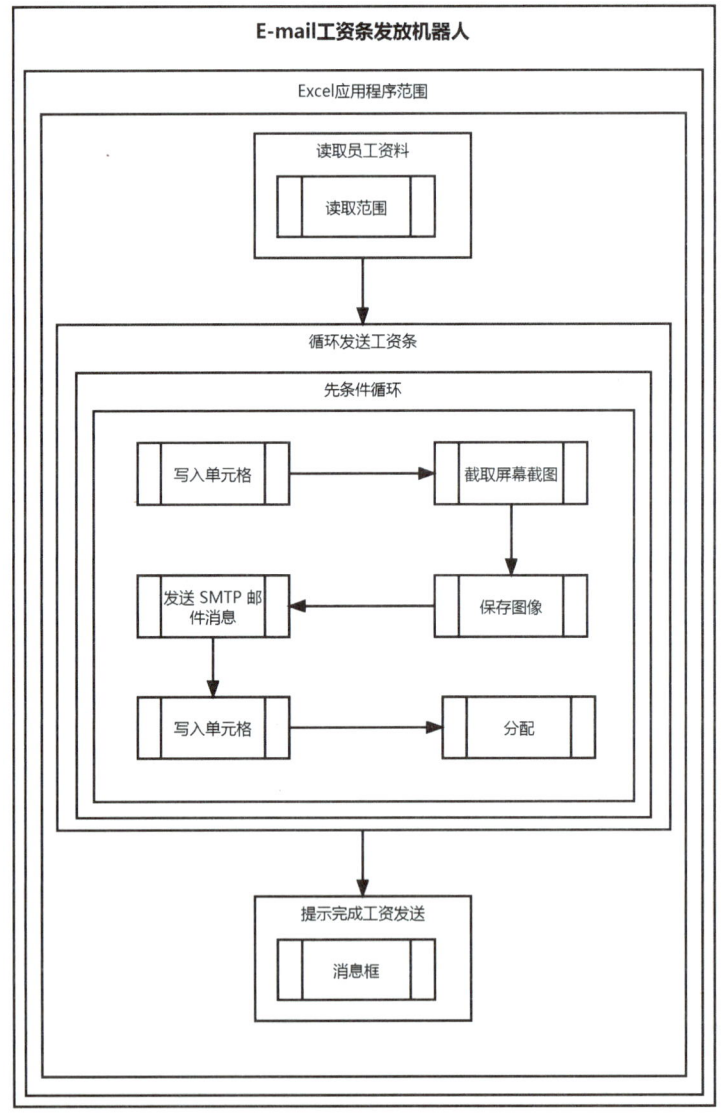

图 4-50　E-mail 工资条发放机器人流程图

4. 案例开发

(1) 新建一个序列，名称更改为"RPA E-mail 工资条发放机器人"，在此【序列】中添加一个【应用程序集成】—【Excel】类别下的【Excel 应用程序范围】活动，为【Excel 应用程序范围】活动设置工作簿路径，即设置 E-mail 工资条发放机器人读取的 Excel 文件的路径。在【Excel 应用程序范围】活动中，单击【浏览】按钮，选择"E-mail 工资条发放机器人.xlsx"文件。在【执行】序列内添加三个【序列】，显示名称分别备注为"读取员工资料""循环发送工资条""工资条发送完成"，如图 4-51 所示。

(2) 在【读取员工资料】序列内添加【应用程序集成】—【Excel】类别下的【读取范围】活动，设置读取范围为"员工资料"，设置范围为"A:E"。在"属性"面板输出处创建变量"data"，修改此变量的执行范围为"RPA E-mail 工资条发放机器人"，此变量用于存储员工资料表中 A 列到 E 列的数据，勾选【添加标头】复选框，如图 4-52 所示。

图 4-51 在【Excel 应用程序范围】活动内添加三个【序列】

图 4-52 设置【读取范围】活动

(3) 在"变量"面板下创建变量"i"，变量类型为"Int32"，范围为"RPA E-mail 工资条发放机器人"，如图 4-53 所示。

名称	变量类型	范围	默认值
data	DataTable	RPA E-mail工资条发放机器人	输入 VB 表达式
i	Int32	RPA E-mail工资条发放机器人	输入 VB 表达式

图 4-53 在"变量"面板创建变量

（4）在【循环发送工资条】序列中，添加【工作流】—【控件】类别下的【先条件循环】活动，用于循环工资条发送。在【先循环条件】活动中，设置条件为"data(i)(0).tostring<>""，该循环条件用于判断"工资条发放清单.xlsx"文件中的"员工资料"工作表的工号是否为空，为空则停止循环，即若员工资料表内的工号栏为空，则表明没有需要继续发送的工资条，如图 4-54 所示。

图 4-54　设置【先条件循环】活动

（5）在【先循环条件】活动的【正文】内添加【应用程序集成】—【Excel】类别下的【写入单元格】活动，在显示名称中增加"(写入员工工号)"，写入表格名称为"工资条"，单元格为"B4"，内容为员工资料表的工号，表达式为"data(i)(0).tostring"，如图 4-55 所示。

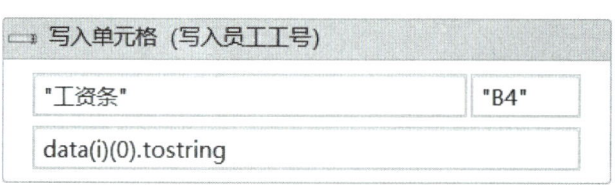

图 4-55　设置【写入单元格】活动

（6）添加【用户界面自动化】—【元素】—【属性】类别下的【截取屏幕截图】活动，在显示名称中增加"(截取工资条)"，点击【指明在屏幕上】拾取工资条表中完整的工资条，在"属性"面板输出屏幕截图处设置变量为"wages"，该变量用于存储截取的工资条，如图 4-56、图 4-57 所示。

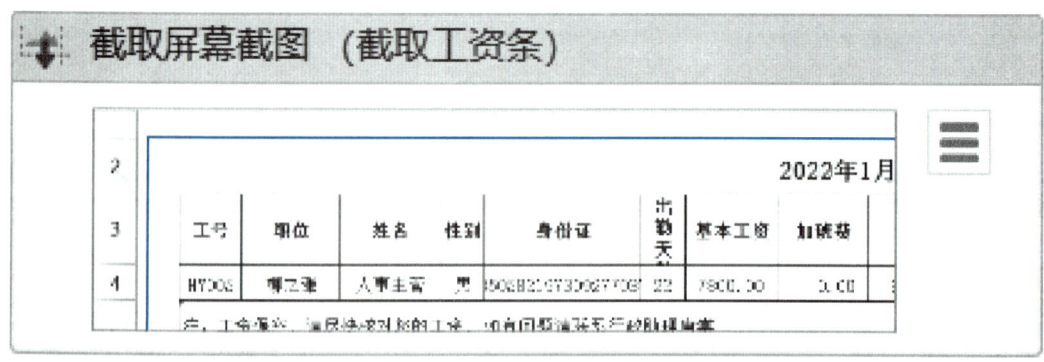

图 4-56　【截取屏幕截图】活动设置一

（7）添加【用户界面自动化】—【图像】—【文件】类别下的【保存图像】活动，在显示名称中增加"（保存工资条）"，输入图像为"wages"，保存图像路径为"data(i)(0).ToString＋"工资条.jpg""，如图 4-58 所示。

> 请注意
>
> 由于该图片保存在相对路径下，图像路径直接显示为该图片的名称。

（8）添加【应用程序集成】—【邮件】—【SMTP】类别下的【发送 SMTP 邮件消息】活动，在显示名称中增加"（发送邮件）"。目标为"data(i)(2).tostring"，即员工资料表第 3 列的 E-mail，主题为"发放工资条"，正文为"data(i)(3).tostring"，即员工资料表第 4 列的事项。点击【附加文件】按钮，将员工工资条图片作为邮件附件发送，值设置为"data(i)(0).tostring＋"工资条.jpg""，此处值为工资条图片的存放路径，即相对路径。设置【发送 SMTP 邮件消息】活动的"属性"面板，服务器为"smtp.163.com"，发件人为"jianxuezhen_1@163.com"（这个邮箱不能直接使用，只作为示例，实际操作请使用自己开通 SMTP 服务的邮箱），授权密码为开通 SMTP 协议的授权密码，如图 4-59、图 4-60、图 4-61 所示。

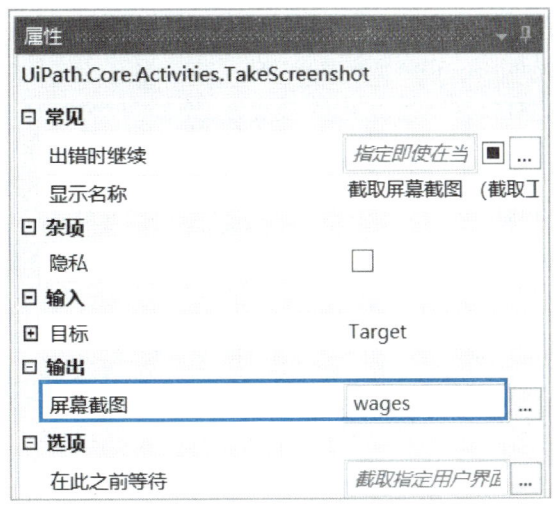

图 4-57 【截取屏幕截图】活动设置二

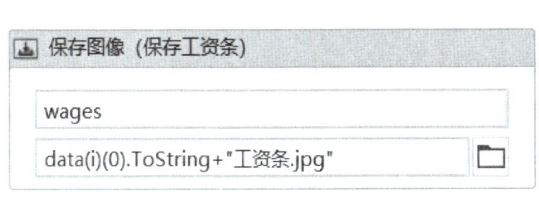

图 4-58 设置【保存图像】活动

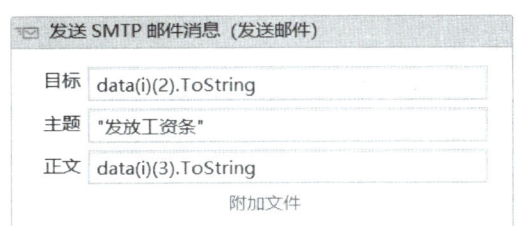

图 4-59 【发送 SMTP 邮件消息】活动设置一

图 4-60 【发送 SMTP 邮件消息】活动设置二

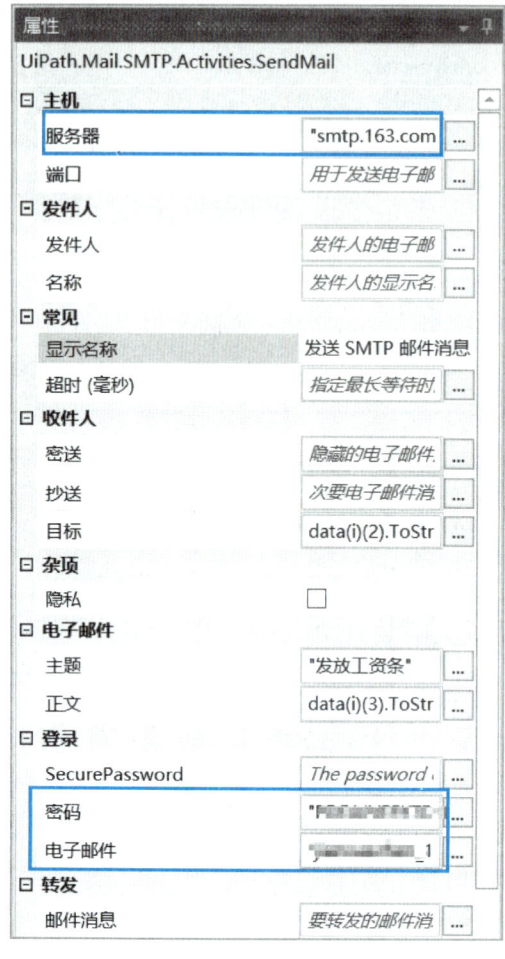

图 4-61 【发送 SMTP 邮件消息】活动设置三

（9）添加【应用程序集成】—【Excel】类别下的【写入单元格】活动，在显示名称中增加"（标记完成）"，设置工作表名称为"员工资料"，范围为""E"+(i+2).ToString"，对工资条发送完成的员工标记"OK"，如图 4-62 所示。

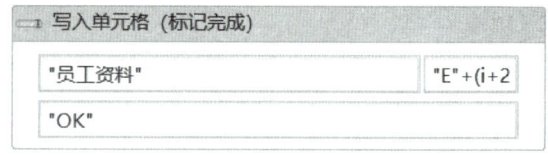

图 4-62 设置【写入单元格】活动

（10）添加【工作流】—【控件】类别下的【分配】活动，令机器人执行下一个员工工资条循环判断，分配的表达式为"i=i+1"，如图 4-63 所示。

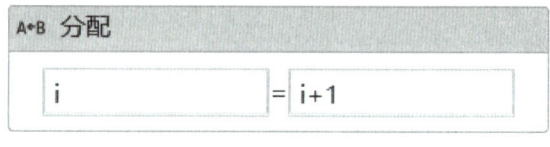

图 4-63 设置【分配】活动

（11）在【工资条发送完成】序列中添加【系统】—【对话框】类别下的【消息框】活动，【消息框】内输入"工资条发送完成"，即令机器人在全部工资条发送完成后提示"工资条发送完成"，如图 4-64 所示。

至此，E-mail 工资条发放机器人自动化流程设计就完成了。

5．运行结果

点击【调试文件】按钮，机器人通过电子邮件一个一个向员工发送工资条，发送完毕后弹出【消息框】提示发送完成，如图 4-65 所示。

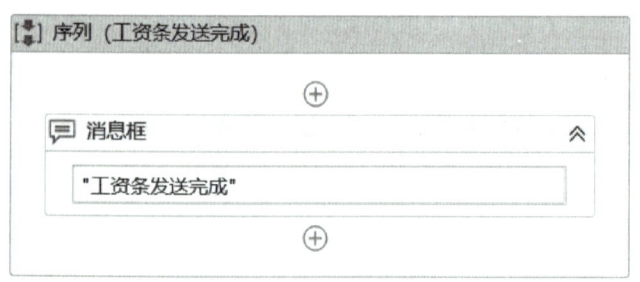

图 4-64 设置【消息框】活动

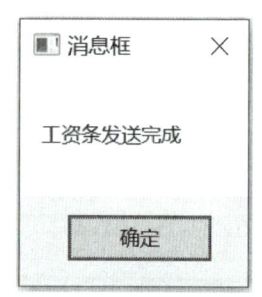

图 4-65 弹出【消息框】提示工资条发送完成

【练 4-3·单选题】 若想通过 RPA 发送 E-mail,需要开通(　　)协议。
A. SMTP　　　B. POP3　　　C. IMAP　　　D. IBM

参考答案:A

任务三　RPA 读取电子邮件

一、使用 RPA 获取电子邮件消息

【获取 POP3 邮件消息】活动是用于从指定服务器检索 POP3 电子邮件消息,如图 4-66 所示。

【获取 POP3 邮件消息】活动主要属性介绍,如表 4-3 所示。

图 4-66　【获取 POP3 邮件消息】活动

表 4-3　【发送 POP3 邮件消息】活动的主要属性

活动	属性	参数	功能
发送 POP3 邮件消息	主机	服务器	待使用的电子邮件服务器主机
		端口	用于接收电子邮件消息的端口
	登录	密码	用于接收邮件消息的电子邮件账户密码
		电子邮件	用于接收邮件消息的电子邮件账户
	输出	消息	作为邮件消息对象集合的已检索邮件消息
	选项	删除消息	指定是否标记已读消息以便删除
		顶部	从列表顶部开始检索的消息数量

在【获取 POP3 邮件消息】活动下创建的变量"mails",用于存储获取的邮件信息,变量类型为"list＜mailmessage＞"。结合【遍历循环】活动,由变量"item"遍历"mails",则"item"实际就是获取"mails"中的每一封邮件。每封邮件有很多属性,例如在【遍历循环】活动的【正文】内添加【消息框】活动,然后在【消息框】活动内输入"item.",会出现一个下拉框,可选择获取其不同类型的属性内容,如图 4-67 所示。

输出邮件相关属性的表示方法如下:
邮件主题:item.Subject
邮件正文:item.Body
邮件发件人:item.Sender
邮件收件人:item.From

图 4-67　输出邮件属性

邮件发送时间：item.Date

【例4-4】 读取指定邮件主题

1）示例描述

说明：为区分机器人获取的每封邮件的主题内容，确保邮箱收件箱中最新4封的邮件的主题不同。

任务：令RPA机器人批量读取邮箱收件箱前4封邮件并输出第4封邮件的主题。

2）操作步骤

（1）新建【序列】，修改序列名称为"获取POP3邮件消息"，添加【应用程序集成】—【邮件】—【POP3】类别下的【获取POP3邮件消息】活动，以获取自己邮箱收件箱中前4封邮件，如图4-68所示。

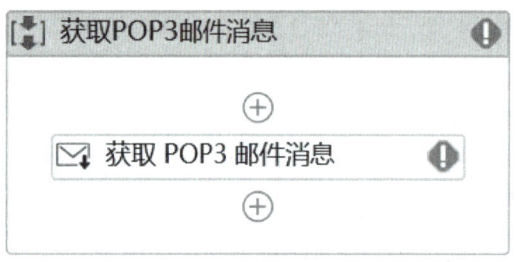

图4-68 ［例4-4］添加【获取POP3邮件消息】活动

图4-69 ［例4-4］设置【获取POP3邮件消息】活动的"属性"面板

（2）点击【获取POP3邮件消息】活动的"属性"面板，修改属性，创建变量"mails"来存储获取到的邮件信息，如图4-69所示。

（3）添加【编程】—【调试】类别下的【日志消息】活动，日志级别选择"info"，在消息中输入表达式为"mails(3).Subject"用来输出第4封邮件的主题，如图4-70所示。

运行结果如图4-71所示。

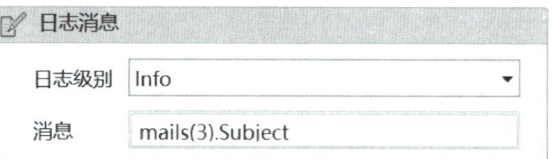

图4-70 ［例4-4］设置【日志消息】活动输出第4封邮件主题

图4-71 ［例4-4］输出第4封邮件的主题

【例 4-5】 批量读取邮件主题

1）示例描述

说明：为区分机器人获取每封邮件的主题内容，确保邮箱收件箱中最新的 4 封邮件的主题不同。

任务：令 RPA 机器人批量读取邮箱收件箱前 4 封邮件，并输出所获取邮件的主题。

2）操作步骤

（1）新建【序列】，修改序列名称为"获取 POP3 邮件消息"，添加【应用程序集成】—【邮件】—【POP3】类别下的【获取 POP3 邮件消息】活动，以获取自己邮箱收件箱中前 4 封邮件，如图 4-72 所示。

（2）点击【获取 POP3 邮件消息】活动的"属性"面板，修改属性，创建变量"mails"来存储获取到的邮件信息，如图 4-73 所示。

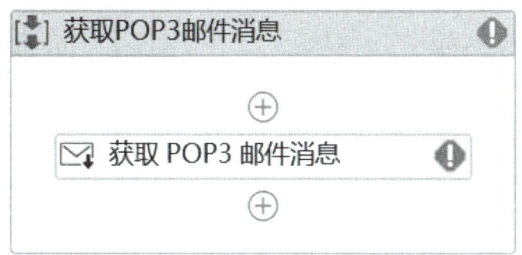

图 4-72 ［例 4-5］添加【获取 POP3 邮件消息】活动

图 4-73 ［例 4-5］设置【获取 POP3 邮件消息】活动的"属性"面板

（3）添加【工作流】—【控件】类别下的【遍历循环】活动，令"item"遍历循环"mails"，以便"item"依次读取每一封邮件。点击【遍历循环】活动的"属性"面板，修改杂项下的"TypeArgument"，点击【浏览类型】选项，输入"mailmessage"进行查找，选择"System. Net. Mail" — "MailMessage"，如图 4-74、图 4-75 所示。

图 4-74 ［例 4-5］设置【遍历循环】活动

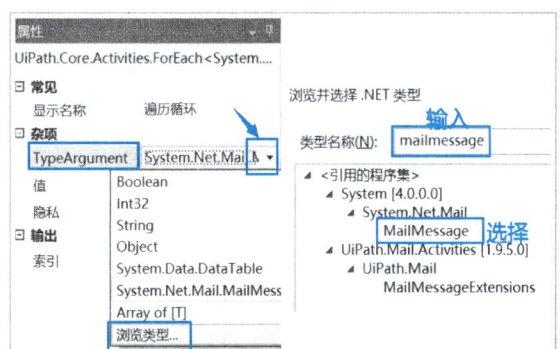

图 4-75 ［例 4-5］在"属性"面板修改变量类型

（4）在【遍历循环】的【正文】中添加【编程】—【调试】类别下的【日志消息】活动，日志级别选择"info"，在消息处输入表达式为"item. Subject"，用来输出前 4 封邮件的主题，如图 4-76 所示。

运行结果如图 4-77 所示。

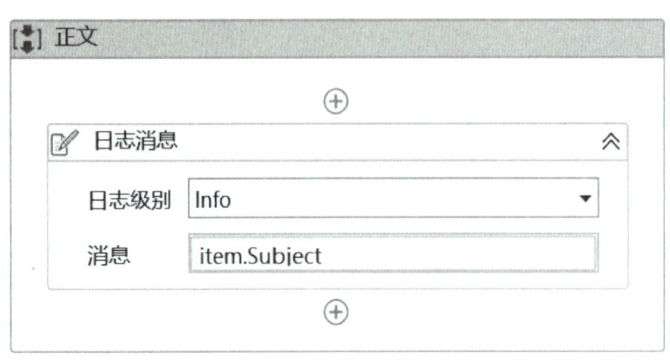

图 4-76 ［例 4-5］设置【日志消息】活动输出前 4 封邮件主题　　图 4-77 ［例 4-6］输出前 4 封邮件主题

知识点拨

在 Uipath 中，可以使用【日志消息】活动来调试自动化流程。通过输出各种日志消息，可以了解程序的执行情况、识别问题、找到错误。在 Uipath 中，日志消息分为以下几个级别：Trace、Debug、Info、Warn、Error 和 Fatal。

二、使用 RPA 保存邮件附件

1.【保存附件】活动

【保存附件】活动用于保存目标邮件的附件到指定的文件夹。如果该文件夹不存在，则需要自行创建。如果未指定任何文件夹，则下载内容保存在项目文件夹中，指定文件夹中与附件同名的文件将被覆盖，如图 4-78 所示。

图 4-78 【保存附件】活动

【保存附件】活动主要属性介绍，如表 4-4 所示。

表 4-4 【保存附件】活动的主要属性

活动	属性	参数	功能
保存附件	输入	文件夹路径	保存附件的文件夹的完整路径
		消息	将保存其附件的邮件消息对象
	输出	附件	已检索的附件
	选项	筛选	表示根据待保存附件文件名进行验证的表达式

【例 4-6】 批量保存邮件附件

1) 示例描述

说明：令 RPA 机器人获取自己邮箱中前 4 封邮件，并保存所获取邮件的附件，附件格式为"pdf"，将附件内容保存到本项目文件夹下。

2) 操作步骤

(1) 新建【序列】并修改名称为"获取 POP3 邮件消息"，添加【应用程序集成】—【邮件】—【POP3】类别下的【获取 POP3 邮件消息】活动。打开该活动的"属性"面板，设置主机服务器为"pop.163.com"，端口为"995"，登录密码即网易邮箱的授权码，在电子邮件处输入网易邮箱的邮箱账号，输出消息处创建变量"mails"，变量类型为"List<MailMessage>"，范围为"获取 POP3 邮件消息"，顶部为"4"，变量"mails"用于存储获取到的前 4 封邮件，如图 4-79、图 4-80 所示。

(2) 添加【工作流】—【控件】类别下的【遍历循环】活动，输入变量"mails"，打开该活动的"属性"面板，修改杂项下的"TypeArgument"，点击【浏览类型】按钮，输入"mailmessage"进行查找，选择"System.Net.Mail"—"MailMessage"。该步骤表示通过遍历循环令"item"依次获取变量"mails"中的每一封邮件，如图 4-81 所示。

图 4-80　[例 4-6]设置【获取 POP3 邮件消息】活动"属性"面板

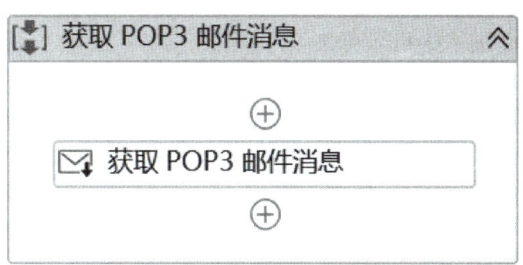

图 4-79　[例 4-6]添加【获取 POP3 邮件消息】活动

图 4-81　[例 4-6]设置【遍历循环】活动

(3) 在【正文】序列中添加【应用程序集成】—【邮件】类别下的【保存附件】活动，输入消息为"item"，选项筛选"pdf"，保存附件格式为 pdf 的邮件附件，如图 4-82、图 4-83 所示。

▶ 请注意

输出附件处未指定文件夹，下载的内容会保存在项目文件夹中。

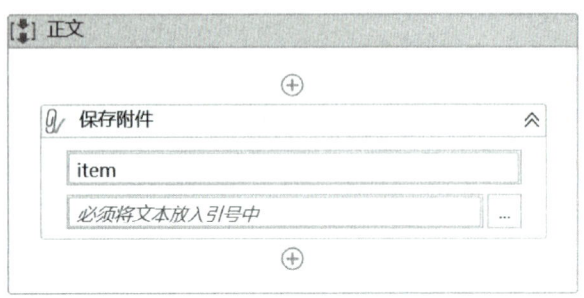

图 4-82 ［例 4-6］在【保存附件】活动输入消息　　图 4-83 ［例 4-6］在"属性"面板设置筛选条件

运行结果如图 4-84 所示。

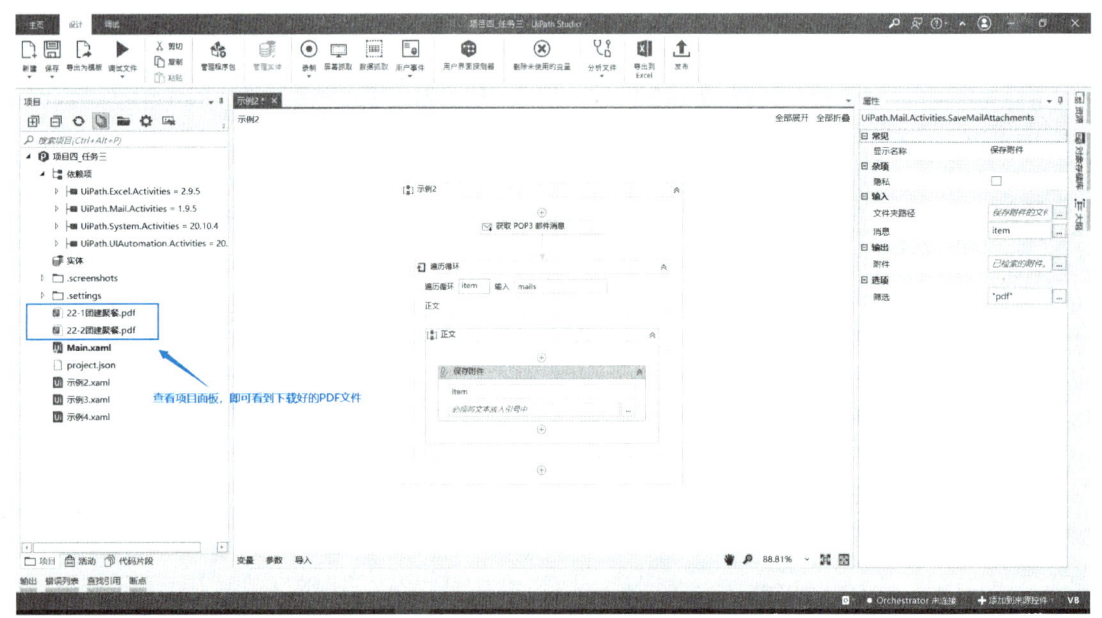

图 4-84 ［例 4-6］项目面板已下载的 pdf 格式附件

2.【创建文件夹】活动

【创建文件夹】活动的作用是在指定位置中创建文件夹，如图 4-85 所示。

图 4-85 【创建文件夹】活动

【例 4-7】 批量保存邮件附件

1）示例描述

说明：A 公司财务每天会接收到各部门发来支付款项的提醒邮件，该邮件主题格式为"XX

部申请支付款项",附件包含付款申请单、销售单、发票、入库单等。(每天收到邮件数量不超过 20 封),邮件附件如图 4-86 所示。

任务:设计一个 RPA 机器人获取邮件消息,并保存邮件附件为财务做账提供凭证。

要求:

(1) 获取的邮件数量设置为 20 封。

(2) 邮件主题包含"支付款项"字样。

(3) 获取的每一封邮件都要创建对应的一个文件夹,文件夹以各自邮件主题命名,并将邮件附件保存在以其主题命名的文件夹下。

(4) 所有创建的文件夹都放在当前已创建的"会计凭证"文件夹下。

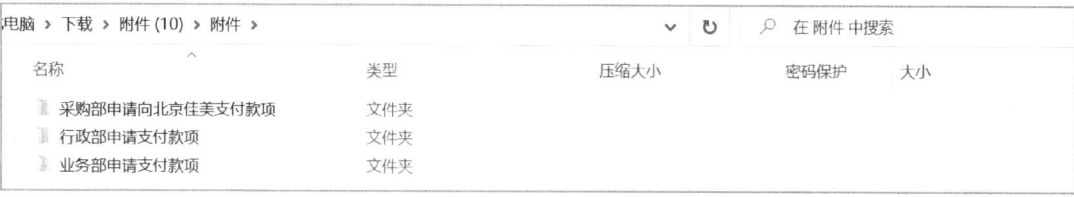

图 4-86 [例 4-7]各个部门的支付款项附件

2)操作步骤

(1) 添加【序列】并修改名称为"批量保存邮件附件",在【序列】中添加【应用程序集成】—【邮件】—【POP3】类别下的【获取 POP3 邮件消息】活动。打开该活动的"属性"面板,设置主机服务器为"pop.163.com",端口为"995",登录密码即网易邮箱的授权码,在电子邮件处输入网易邮箱的邮箱账号,输出消息处创建变量"mail",变量类型为"List<MailMessage>",范围为"批量保存邮件附件",顶部为"20",变量"mail"用于存储获取到的前 20 封邮件,如图 4-87、图 4-88 所示。

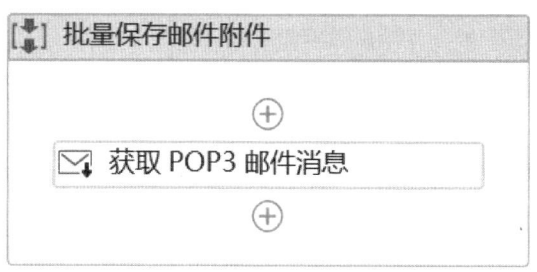

图 4-87 [例 4-7]添加【获取 POP3 邮件消息】活动

(2) 添加【工作流】—【控件】类别下的【遍历循环】活动,输入变量"mail",如图 4-89 所示。打开该活动的"属性"面板,修改杂项下的"TypeArgument",

图 4-88 [例 4-7]设置【获取 POP3 邮件消息】活动"属性"面板

点击【浏览类型】按钮，输入"mailmessage"进行查找，选择"System. Net. Mail"—"MailMessage"，该步骤表示通过遍历循环令"item"依次获取变量"mail"中的每一封邮件。

图4-89　[例4-7]设置【遍历循环】活动

（3）在【正文】序列中添加【System】—【Activities】—【Statements】类别下的【IF条件】活动，输入判断条件为"item.Subject.Contains("支付款项")"，即令机器人筛选邮件主题包含"支付款项"字样的邮件，如图4-90所示。

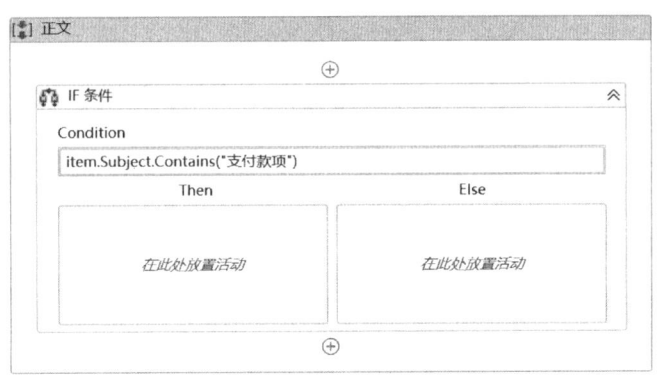

图4-90　[例4-7]设置【IF条件】活动

（4）在"Then"执行语句内添加【序列】，在【序列】中添加【System】—【Activities】—【Statements】类别下的【分配】活动，在该活动下创建变量"文件名"，变量类型为"String"，范围为"序列"，分配公式为"文件名＝item.Subject"，即将每个邮件的主题内容赋值给变量"文件名"，如图4-91所示。

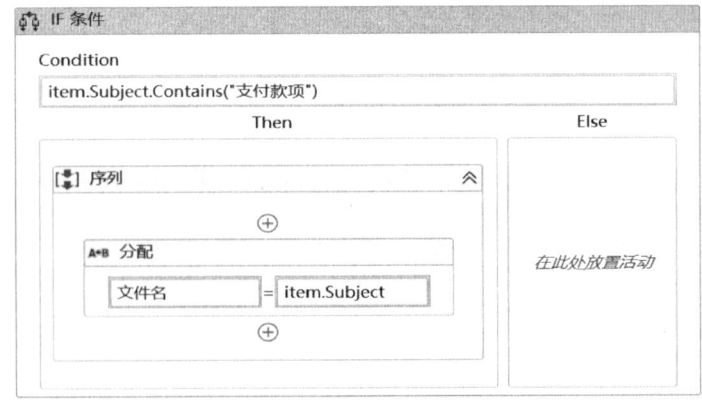

图4-91　[例4-7]设置【分配】活动

（5）添加【系统】—【文件】类别下的【创建文件夹】活动，输入路径为""会计凭证\"＋文件名"，即在会计凭证文件夹下创建以邮件主题命名的文件夹，如图4-92所示。

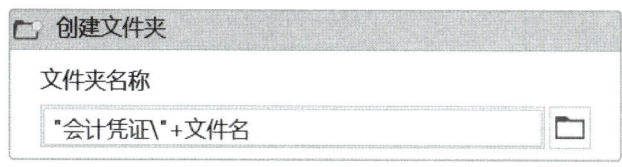

图4-92　[例4-7]设置【创建文件夹】活动

（6）添加【应用程序集成】—【邮件】类别下的【保存附件】活动，输入消息"item"，输入文件夹路径为""会计凭证\"＋文件名"，将筛选过后的邮件附件保存在以其邮件主题命名的文件夹下，如图4-93所示。

图4-93　[例4-7]设置【保存附件】活动

运行结果如图4-94所示。

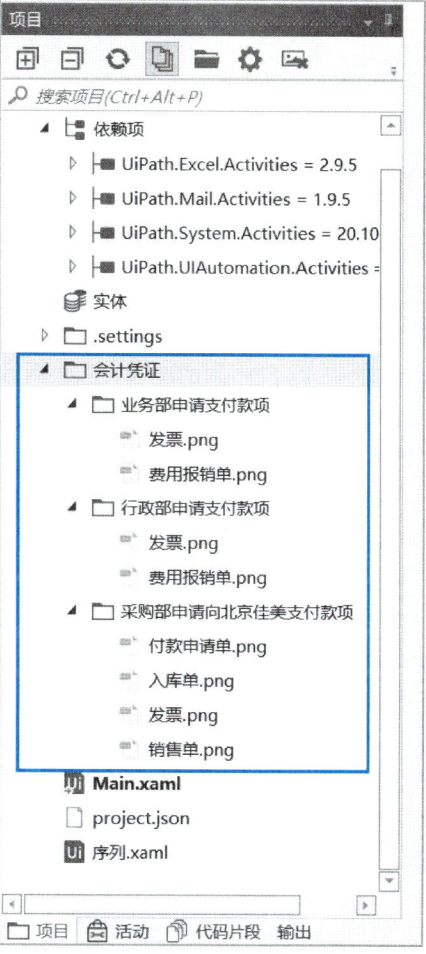

图4-94　[例4-7]会计凭证文件夹

【实践案例九】　销售回款情况收集机器人

案例视频

1. 案例描述

销售部每天都需要向财务部发送回款情况表，作为财务部的应收应付会计，每天都要检查自己的工作邮箱，查找属于销售各部今日发来的回款情况表并下载汇总，在收件箱众多的邮件中经常会遗漏某些部门的数据，是否可以利用本节课程所学开发一个批量下载附件机器人。

资料准备：在设计此机器人之前，请先给自己邮箱发送5封邮件，邮件主题为"销售X部回款情况表"，邮件附件数据在平台数据下载中下载，如图4-95所示。

图4-95　销售各部的回款情况表

2. 案例要求

（1）梳理应收应付会计进行销售回款情况收集的人工业务流程，并绘制流程图，简要分析该流程中存在的业务痛点。

（2）思考数据标准与规范化设计，制定邮件主题标准格式，使机器人能够准确获取有关销售回款的所有邮件。

（3）设计批量下载邮件附件机器人自动化流程，令机器人可以自动筛选销售部每天发来的主题中含有"回款情况表"的邮件，并将日期为当日的邮件中的附件保存至指定路径文件夹中。

（4）使用 UiPath 中 E-mail 自动化相关活动开发批量下载邮件附件机器人。

3. 机器人自动化流程设计

根据开发流程绘制流程图，如图 4-96 所示。

4. 案例开发

（1）在【序列】中添加【系统】—【对话框】类别下的【消息框】活动，设置文本为"请选择附件存放位置"，该步骤是令机器人提示用户选择文件路径，如图 4-97 所示。

（2）添加【系统】—【对话框】类别下的【选择文件夹】活动，打开该活动的"属性"面板，在输出选择的文件夹中创建变量"附件存放路径"，如图 4-98 所示。变量类型为"String"，范围为"序列"，该变量用于存储所选文件夹的完整路径。

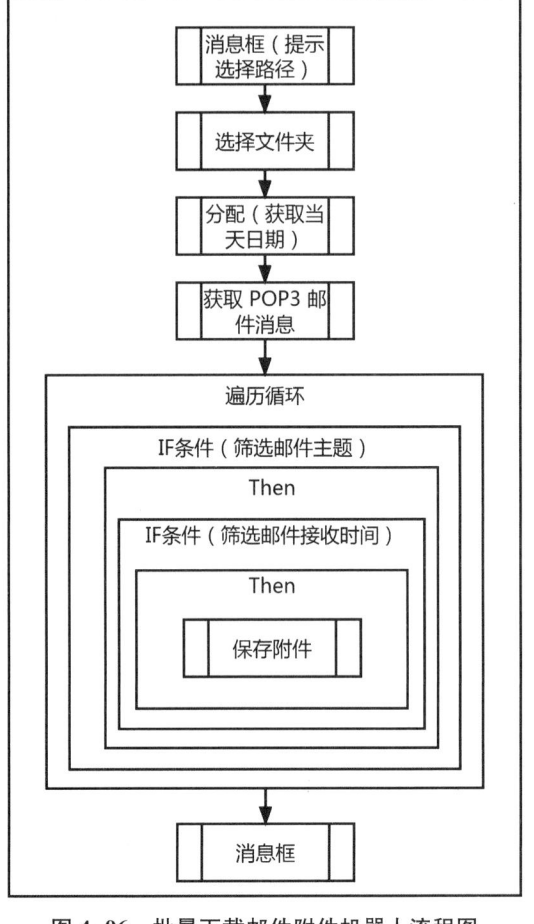

图 4-96 批量下载邮件附件机器人流程图

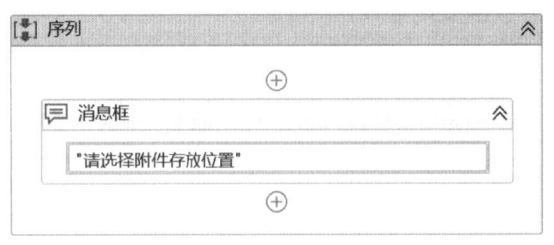

图 4-97 添加【消息框】活动

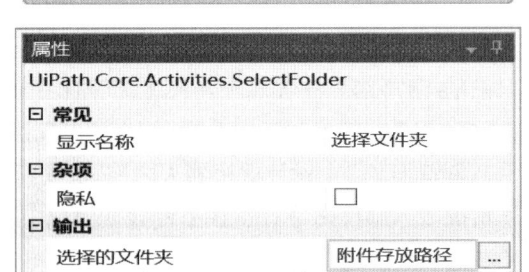

图 4-98 设置【选择文件夹】活动

（3）添加【System】—【Activities】—【Statements】类别下的【分配】活动，在该活动下创建变量"日期"，变量类型为"String"，范围为"序列"，分配公式为"日期 = Now.ToString("yyyy/MM/dd")"，此步骤表示令机器人获取当天日期赋值给变量"日期"，如图 4-99 所示。

▶ 请注意

Now.ToString("yyyy/MM/dd")函数表示获取当天时间,例如,时间格式表示为2022/08/22。

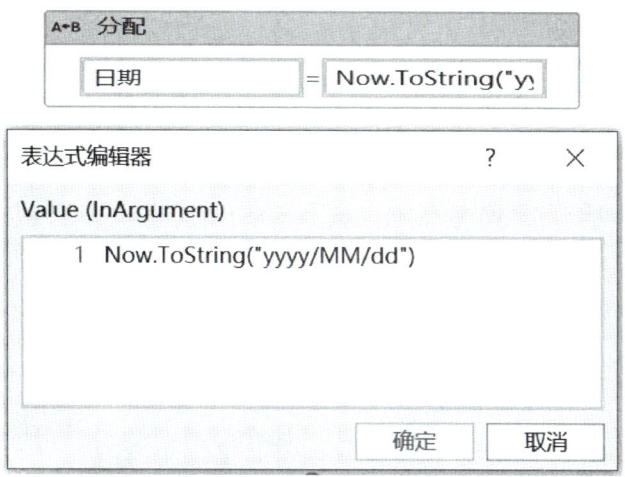

图4-99 设置【分配】活动

(4)添加【应用程序集成】—【邮件】—【POP3】类别下的【获取POP3邮件消息】活动,打开该活动的"属性"面板,主机服务器为"pop.163.com",端口为"995",登录密码即163邮箱的授权码,在电子邮件处输入163邮箱的邮箱账号,输出消息处创建变量"mails",如图4-100、图4-101所示。变量类型为"List<MailMessage>",表示令机器人将获取的邮件存储在变量"mails"中。

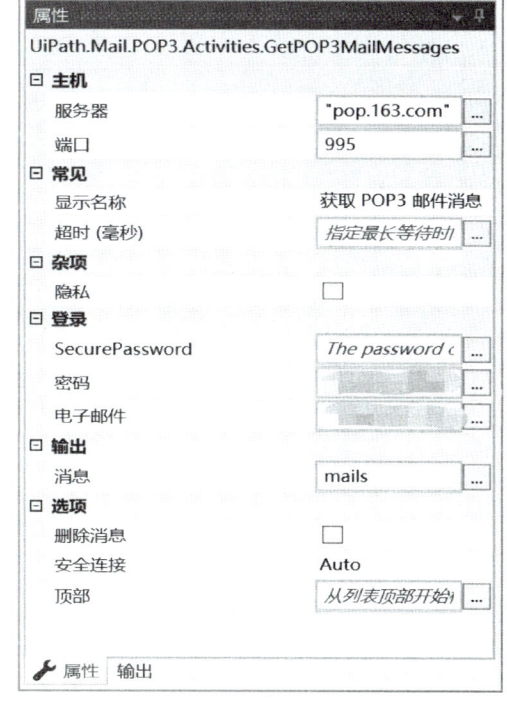

图4-100 添加【获取POP3邮件消息】活动

(5)添加【工作流】—【控件】类别下的【遍历循环】活动,输入变量"mails",如图4-102所示。点击【遍历循环】活动的"属性"面板,修改杂项下的"TypeArgument",点击【浏览类型】按钮,输入"mailmessage"进行查找,选择"System.Net.Mail"—"MailMessage",表示机器人通过遍历循环令"item"依次获取变量"mails"中的每一封邮件。

图4-101 设置【获取POP3邮件消息】活动的"属性"面板

（6）在【正文】序列中添加【System】—【Activities】—【Statements】类别下的【IF 条件】活动,设置判断条件为"item. Subject. contains ("回款情况表")",表示令机器人筛选出邮件主题中含有"回款情况表"的所有邮件,如图 4-103 所示。

（7）在"Then"执行语句中添加【System】—【Activities】—【Statements】类别下的【IF 条件】活动,设置判断条件为"Convert. ToDateTime (item. Date. Replace("(CST)",""))). ToString

图 4-102　设置【遍历循环】活动

("yyyy/MM/dd")= 日期",表示令机器人筛选含有"回款情况表"的所有邮件中时间为当天的邮件,如图 4-104、图 4-105 所示。

图 4-103　设置【IF 条件】活动判断条件

图 4-104　设置【IF 条件】活动判断条件一

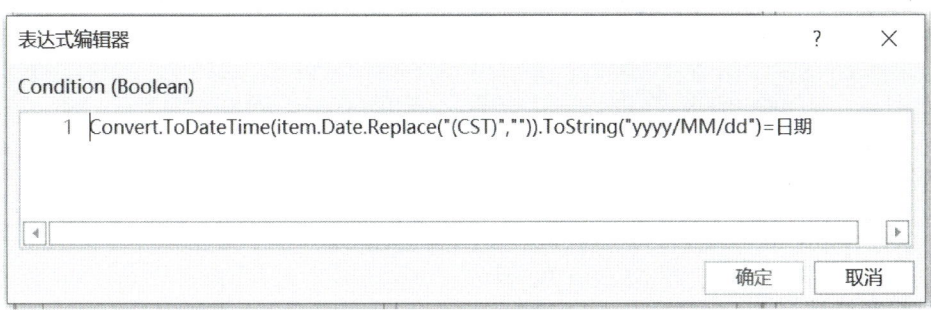

图 4-105　设置【IF 条件】活动判断条件二

> 请注意

此案例接收邮件的邮箱为网易邮箱,"item.Date"表示邮件的时间属性。例如,某邮件接收时间为 2022 年 8 月 22 日,若此邮件的发件人邮箱为网易邮箱,则该邮件时间属性的输出格式为"Mon,22 Aug 2022 15:57:53 +0800(CST)";若此邮件的发件人邮箱为其他邮箱,则该邮件时间属性的输出格式为"Mon,22 Aug 2022 15:57:53 +0800"。

函数 Convert.ToDateTime(item.Date)表示将英文状态下的时间格式转换为中文状态下的时间格式。例如,转换后的输出格式为"22/08/2022 15:57:53"。为了使接收到的邮件时间属性的输出格式与变量"日期"的输出格式相同,此处通过函数 Convert.ToDateTime(item.Date).ToString("yyyy/MM/dd")将接收到的邮件时间属性的输出格式转换成"年/月/日"格式。

由于函数 Convert.ToDateTime(item.Date)无法转换带有"(CST)"的时间格式,如果发件人的邮箱为网易邮箱,接收到的邮件时间属性的输出格式中带有(CST),因此这里再使用函数 Replace("(CST)","")去除时间属性输出格式中带有(CST)的字符串。此处 Replace("旧字符串","新字符串")函数表示把字符串中的旧字符串替换成新字符串。

(8) 在"Then"执行语句中添加【应用程序集成】—【邮件】类别下的【保存附件】活动,输入消息为"item",设置文件夹路径为变量"附件存放路径",表示令机器人将含有"回款情况表"的邮件中时间为当天的邮件附件保存在原先设定的文件夹路径下,如图 4-106 所示。

图 4-106　设置【保存附件】活动

171

（9）添加【系统】—【对话框】类别下的【消息框】活动，设置文本为"下载任务完成"，用于提示执行活动结束，如图 4-107 所示。

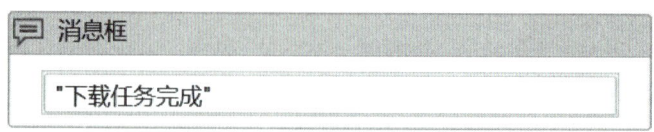

图 4-107　设置【消息框】活动

5. 运行结果

点击【调试文件】按钮，机器人下载汇总销售各部今日的回款情况表，如图 4-108 所示。

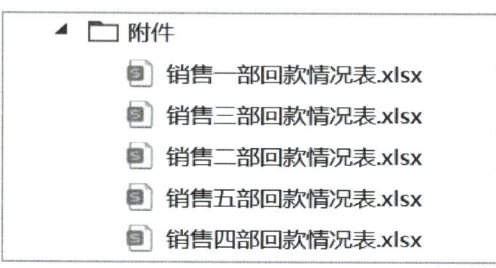

图 4-108　销售各部的回款情况表

> **职业素养**
>
> 　　RPA 读取和操作邮件需要具备多方面的职业素养和专业能力，同时需要保持高度的工作质量和诚信，能够遵守相关的法律法规和行业标准，保护用户的隐私和信息安全。

随堂练习

【练 4-4·多选题】　若想将接收的邮件消息附件保存在不同文件夹下，需要添加（　　）活动。

A.【创建文件夹】　　　　　　B.【保存附件】
C.【消息框】　　　　　　　　D.【分配】

参考答案：AB

RPA 财务机器人 Web 应用

知识目标

- 了解浏览器相关活动的概念
- 了解选取器的功能与特点
- 了解录制器(网页录制)的功能与操作

能力目标

- 掌握浏览器相关活动操作
- 掌握录制器(网页录制)功能操作
- 掌握选取器下通配符、变量的使用
- 掌握拾取 UI 元素时快捷键的使用

素养目标

- 具备自动化思维
- 具备一定的项目管理能力
- 具有良好的交流协调能力

任务一　Web 基本操作介绍

一、操作浏览器活动介绍

1.【打开浏览器】活动

【打开浏览器】活动是能够在指定 URL 中打开浏览器并在其中执行多项活动的容器,如图 5-1 所示。

【打开浏览器】活动的主要属性介绍,如表 5-1 所示。

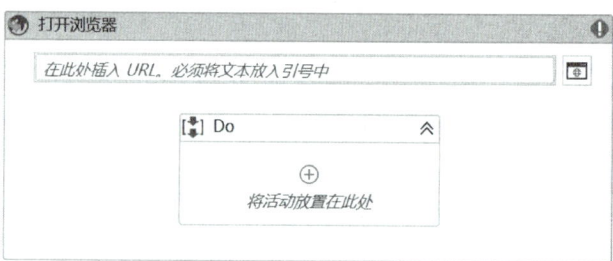

图 5-1　【打开浏览器】活动

表 5-1　【打开浏览器】活动的主要属性

活动	属性	参数	功能
打开浏览器	输入	URL	URL 为在指定浏览器中打开网址,要放在英文状态下的引号中,例如输入百度网址"www.baidu.com"
		浏览器类型	浏览器类型为选择使用的浏览器类型,此处可用的选项如下:IE、Firefox、Chrome、Edge
	输出	用户界面浏览器	用户界面浏览器以用户界面浏览器对象呈现的活动为结果。存储所有与浏览器会话有关的信息,仅支持输入浏览器变量

【打开浏览器】活动默认使用 IE 浏览器。本教材统一使用谷歌浏览器,使用此浏览器需要安装用于在 Chrome 中自动化网站的浏览器扩展程序,如图 5-2、图 5-3 所示。

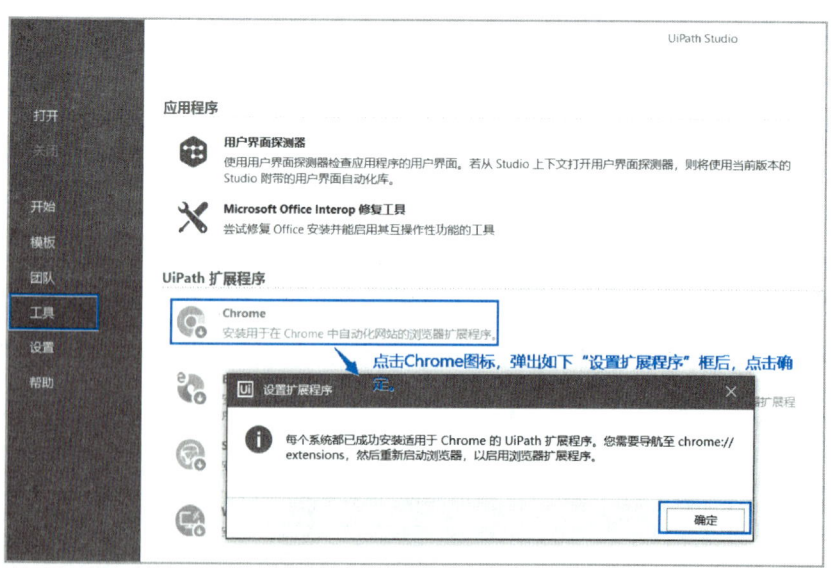

图 5-2　安装扩展程序一

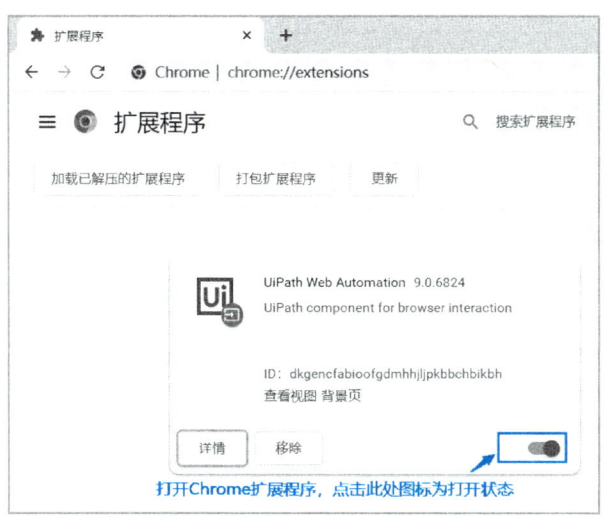

图 5-3　安装扩展程序二

> **知识点拨**

一个 URL 地址可以是：https：//www. example. com：8080/index. html？id＝123＃section1，其中协议为"https"，主机名为"www. example. com"，端口号为"8080"，路径为"/index. html"，查询字符串为"id＝123"，片段标识符为"section1"。URL 是互联网资源的标识符，通过 URL 可以访问和定位到互联网上的资源，因此在 Web 开发和网络通信中起着重要的作用。

2.【附加浏览器】活动

【附加浏览器】活动是能够附加到已打开浏览器并在其中执行多项操作的容器，如图 5-4 所示。使用网页录制器时，会自动生成该活动。

图 5-4　【附加浏览器】活动

3.【关闭选项卡】活动

【关闭选项卡】活动用于关闭浏览器页面，如图 5-5 所示。【关闭选项卡】活动的主要属性，如表 5-2 所示。

图 5-5　【关闭选项卡】活动

表 5-2 【关闭选项卡】活动的主要属性

活动	属性	参数	功能
关闭选项卡	输入	浏览器	要关闭的浏览器页面。该字段仅支持浏览器变量

4.【最大化窗口】活动

【最大化窗口】活动用于最大化指定的窗口,如图 5-6 所示。

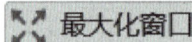

图 5-6 【最大化窗口】活动

【例 5-1】 操作浏览器活动示例

1) 示例描述

要求:请安装用于在 Chrome 中自动化网站的浏览器扩展程序,然后设计一个机器人执行以下操作:

(1) 使用谷歌浏览器打开国家税务总局的税收政策网页界面,并最大化该网页窗口。

(2) 在税收政策网页查看最新一期国家税务总局公报,网址:www.chinatax.gov.cn。

(3) 关闭税收政策网页。

活动:【打开浏览器】【单击】【附加浏览器】【关闭选项卡】【最大化窗口】。

2) 操作步骤

(1) 打开 UiPath Studio,点击左侧【工具】选项,单击【Chrome】图标,弹出提示框"你要允许此应用对你的设备进行修改吗?",单击【是】按钮,弹出【设置扩展程序】提示框,点击【确定】按钮,如图 5-7 所示。

图 5-7 [例 5-1]单击【Chrome】图标

(2) 打开谷歌浏览器,点击右上角自定义及控制按钮,选择【更多工具】选项,单击【扩展程序】选项,如图 5-8 所示。

(3) 打开 Chrome 扩展程序,将 UiPath 扩展程序右下角图标设置为打开状态,如图 5-9 所示。

项目五　RPA 财务机器人 Web 应用

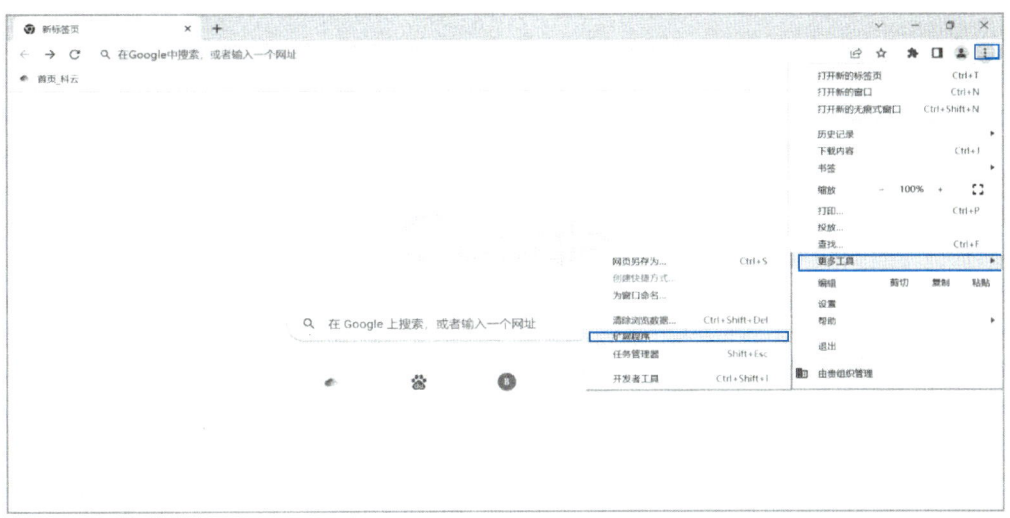

图 5-8　［例 5-1］单击【扩展程序】选项

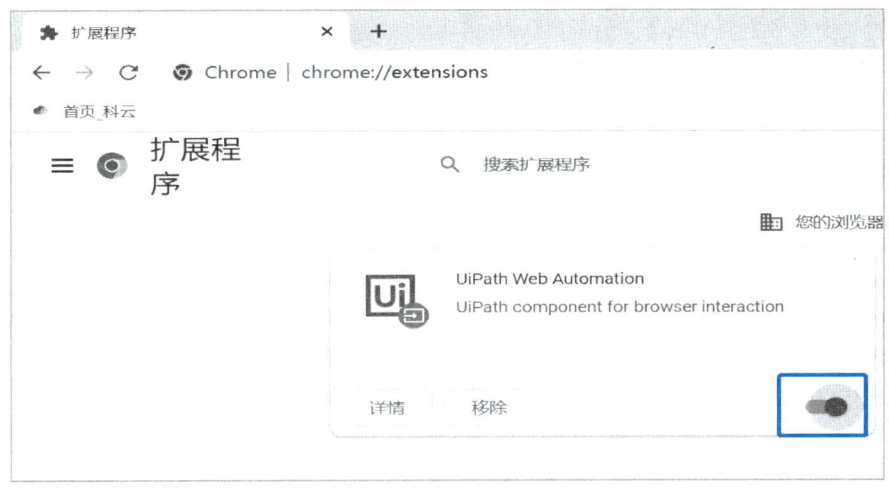

图 5-9　［例 5-1］打开扩展程序

知识点拨

确认扩展程序已经成功安装，可以在浏览器的地址栏中输入 chrome://extensions，并按"Enter"键，在【扩展程序】页面中查看已安装的扩展是否显示，如果没有显示，则可能需要重新安装扩展程序。某些扩展程序可能需要特定版本的 Chrome 浏览器才能正常运行，因此应检查 Chrome 浏览器是否需要更新，或者检查扩展程序是否与当前版本的 Chrome 兼容。

（4）在【序列】中添加【用户界面自动化】—【浏览器】类别下的【打开浏览器】活动，输入 URL 为"www.chinatax.gov.cn"，打开该活动的"属性"面板，修改浏览器类型为"Chrome"，如图 5-10 所示。

请注意

输入的 URL 必须是字符串格式，因此该网址必须放在英文状态下的引号内。

177

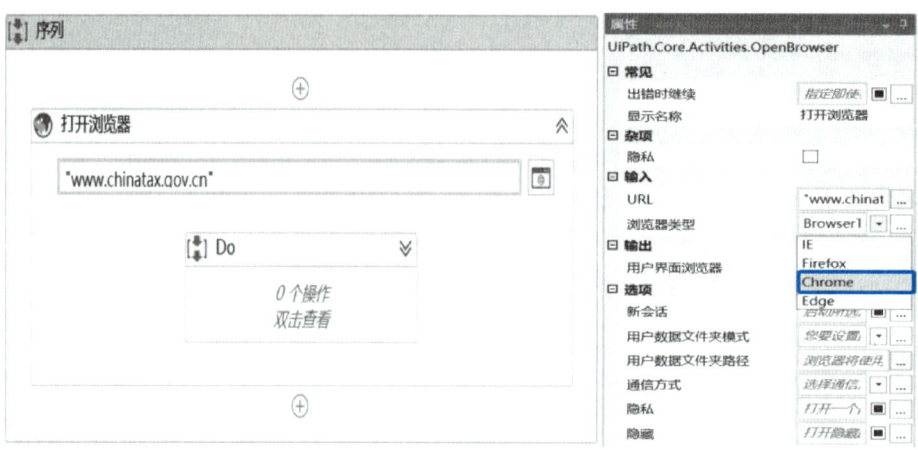

图 5-10 ［例 5-1］设置【打开浏览器】活动

（5）在【Do】序列中添加【用户界面自动化】—【窗口】类别下的【最大化窗口】活动，该步骤表示令机器人最大化"国家税务总局"网页窗口，如图 5-11 所示。

（6）添加【元素】—【鼠标】类别下的【单击】活动，单击【指出浏览器中的元素】拾取"税收政策"元素，该步骤表示令机器人打开"国家税务总局"的"税收政策"网页，如图 5-12 所示。

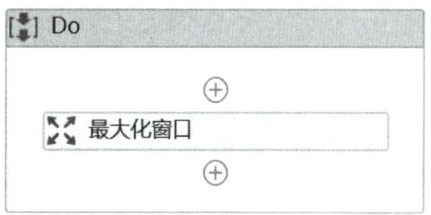

图 5-11 ［例 5-1］添加【最大化窗口】活动

图 5-12 ［例 5-1］添加【单击】活动

（7）添加【用户界面自动化】—【浏览器】类别下的【附加浏览器】活动，单击【指出浏览器中的浏览器】拾取新打开的"税收政策"网页，打开该活动的"属性"面板，在用户界面浏览器处创建变量"税收政策网页"，如图 5-13、图 5-14 所示。

图 5-13 ［例 5-1］添加【附件浏览器】活动

图 5-14 ［例 5-1］在【附件浏览器】活动的"属性"面板创建变量

（8）在【附加浏览器】活动的【Do】序列中添加【元素】—【鼠标】类别下的【单击】活动，单击【指出浏览器中的元素】拾取"2022年第05期"元素，该步骤表示令机器人在"税收政策"网页中打开最新一期国家税务总局公报，如图5-15所示。

> **请注意**
>
> 本步骤在操作时拾取的最新一期国家税务总局公报为2022年第05期，同学们在操作过程中只需拾取最新一期公报即可。

（9）在【附加浏览器】活动下添加【用户界面自动化】—【浏览器】类别下的【关闭选项卡】活动，打开该活动"属性"面板，输入浏览器为变量"税收政策网页"，该步骤表示令机器人关闭"税收政策"网页，如图5-16所示。

运行结果如图5-17所示。

图5-15 ［例5-1］设置【单击】活动

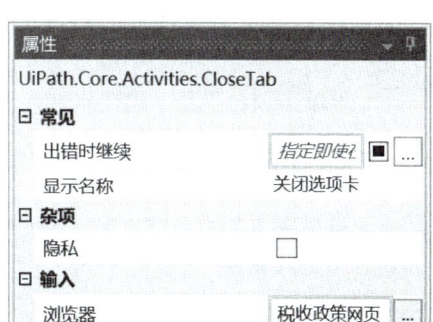

图5-16 ［例5-1］设置【关闭选项卡】活动

图5-17 ［例5-1］最新一期国家税务总局公报

> **职业素养**
>
> 国家税务总局公报是反映税务部门最新政策法规和工作动态的官方媒体，其中包括税收政策、税务管理、税收法规、税务案例等内容。通过学习国家税务总局公报，我们可以深入了解税收政策，掌握税务管理和操作流程，提高遵纪守法的意识和职业素养。

二、录制器

录制器是 UiPath Studio 的重要功能之一，常用于业务流程自动化时录制用户在软件中的操作动作和操作过程，并自动生成对应的 UiPath 流程序列。录制器的这一特点可帮助流程设计者节省大量设计自动化流程的时间，提高设计效率。录制器共有 5 种类型，包括基本、桌面、网页、图像、原生，如图 5-18 所示。

录制器的网页录制功能默认用于 Web 应用程序和浏览器，可生成容器并使用"模拟类型/单击"的输入方法。使用录制器时，可以使用以下键盘快捷键进行操作：

(1) F2：暂停倒数计时器显示在屏幕，倒数计时器显示在左下角。

(2) ESC：暂停倒数计时器显示在屏幕，倒数计时器显示在左下角。

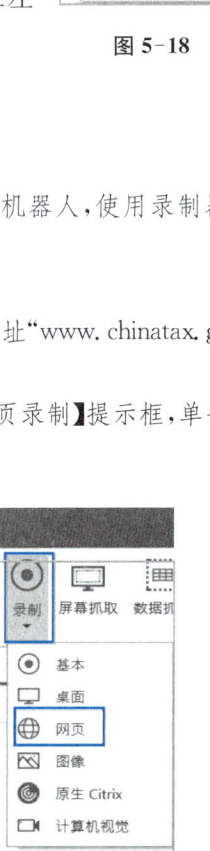

图 5-18　录制器

(3) 单击鼠标右键：退出录制。

【例 5-2】　录制器应用示例

1) 示例描述

要求：请使用谷歌浏览器打开国家税务总局网站，设计一个机器人，使用录制器网页录制功能录制以下操作：

(1) 进入【纳税服务】模块下的【办税指南】界面。

(2) 在搜索框内输入"增值税一般纳税人登记"，并点击搜索网址"www.chinatax.gov.cn"。

2) 操作步骤

(1) 单击设计界面的【录制】按钮，选择【网页】选项，弹出【网页录制】提示框，单击【录制】按钮，开始录制操作流程，如图 5-19 所示。

图 5-19　[例 5-2]单击【录制】按钮

> 请注意

在录制操作流程前请先使用谷歌浏览器打开国家税务总局网站。

（2）单击【纳税服务】页签，弹出【使用锚点】提示框，选择【否】按钮，如图5-20、图5-21所示。

图5-20 单击【纳税服务】按钮

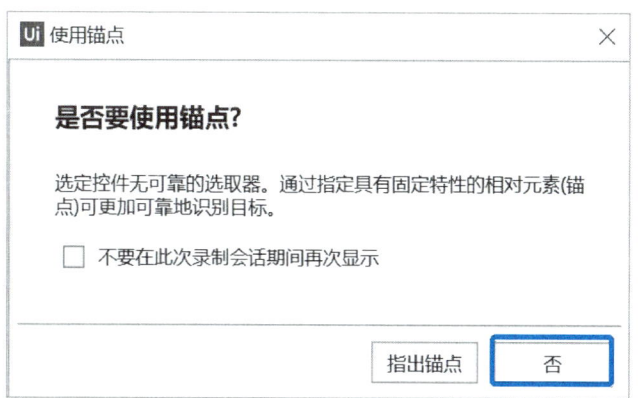

图5-21 ［例5-2］在【使用锚点】提示框内单击【否】按钮

> 请注意

在录制操作过程中，弹出【使用锚点】提示框，选择【否】按钮。

（3）单击【办税指南】模块，如图5-22所示，进入【办税指南】界面。

图5-22 ［例5-2］单击【办税指南】模块

（4）单击浏览器中的【输入关键字】，弹出文字输入框，输入所需值为"增值税一般纳税人登记"，按"Enter"键，完成关键字的输入，如图5-23所示。

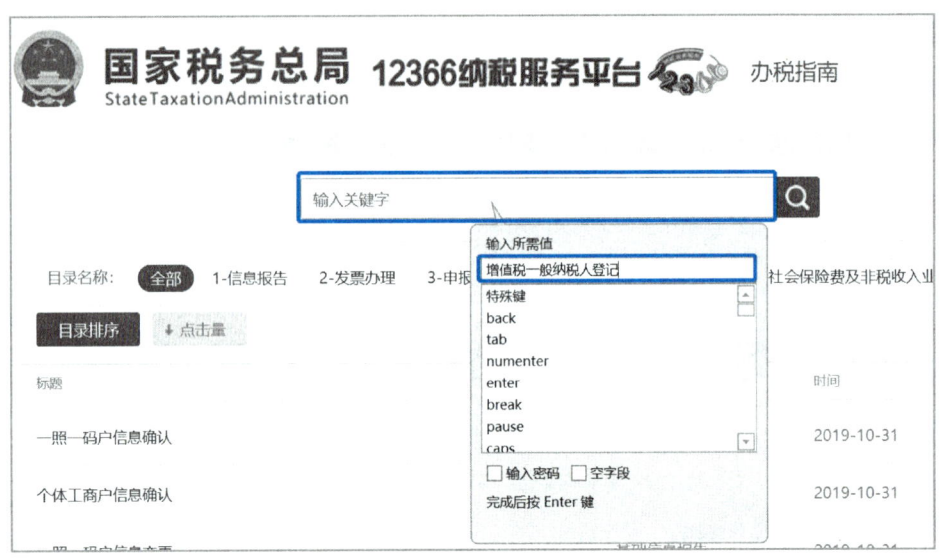

图 5-23 [例 5-2]输入关键字

（5）单击【搜索】图标，开始检索关键字，如图 5-24 所示。

图 5-24 单击【搜索】图标

（6）完成搜索后，按下"ESC"键，暂停录制，单击【保存并退出】按钮，结束录制并返回【序列】界面，自动生成【网页】序列，如图 5-25、图 5-26 所示。

图 5-25 [例 5-2]单击【保存并退出】按钮

运行结果如图 5-27 所示。

职业素养

录制工具通过模拟用户的操作进行录制，用户需要耐心地完成一系列复杂的操作，并确保录制的过程准确无误。使用的同时，用户需要遵守相关法律法规，如隐私保护、知识产权等，需要具备相关法律法规的基本知识和遵守相关规定的意识。

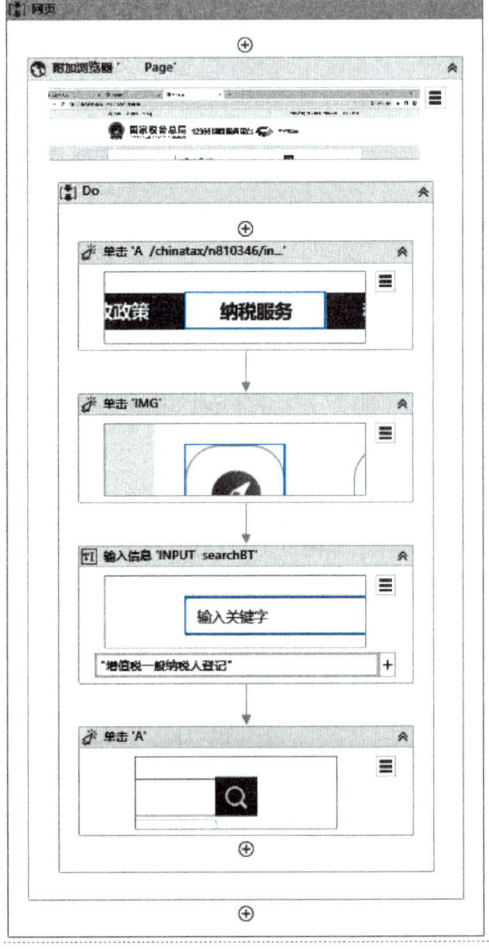

图 5-26 [例 5-2]自动生成【网页】序列

图 5-27 ［例 5-2］搜索"增值税一般纳税人登记"

随堂练习

【练 5-1·多选题】 使用录制器录制网页将生成（　　）类型的容器。
A. 附加浏览器　　　　　　　　B. 附加窗口
C. Excel 应用程序范围　　　　D. 没有生成容器

参考答案:A

三、选取器

1. 认识选取器

选取器在自动化流程执行时用于快速定位目标元素的关键信息,是 UiPath Studio 用来识别用户界面元素的 XML 片段,以指定用户要查找的图形、界面元素及其一些父元素的属性。选取器的结构由多个节点组成,可以表示为"＜node_1＞＜node_2＞...＜node_N＞";该结构中最后一个根节点代表要定位的目标元素,而前面的根节点代表该元素的父元素,"＜node_1＞"通常称为根节点,即所有子元素的父元素,代表应用程序的顶部窗口。

【选取器编辑器】下第一行内容为根节点,即所有子元素的父元素,代表应用程序的顶部窗口;第二行内容为最后一个根节点,即子元素,代表要定位的目标元

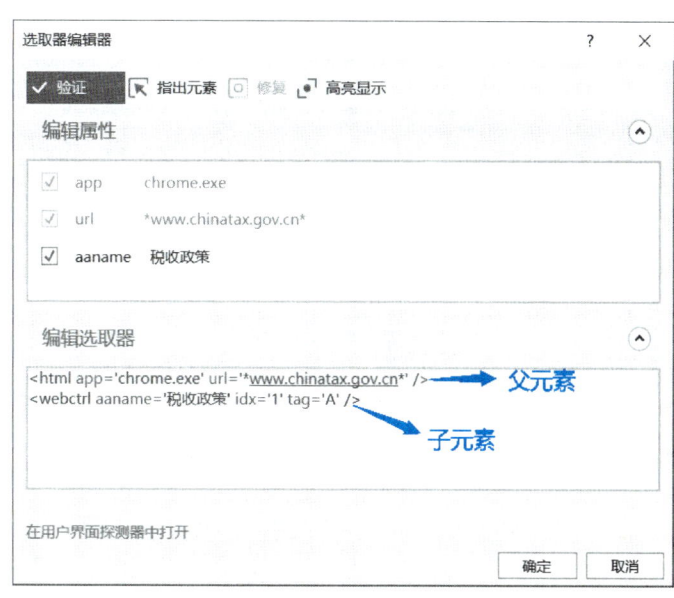

图 5-28 【选取器编辑器】界面

素,如图 5-28 所示。

选取器中的每个根节点又由标签和属性组成。标签通常表示为:

(1) WND(窗口)。
(2) html(网页)。
(3) Ctrl(控制)。
(4) webctrl(网页控件)。

每个属性都有一个名称和一个值,例如,属性通常表示为"parentid＝' 幻灯片列表容器 'tag＝'A' aaname＝'详细信息 '",如图 5-29 所示。

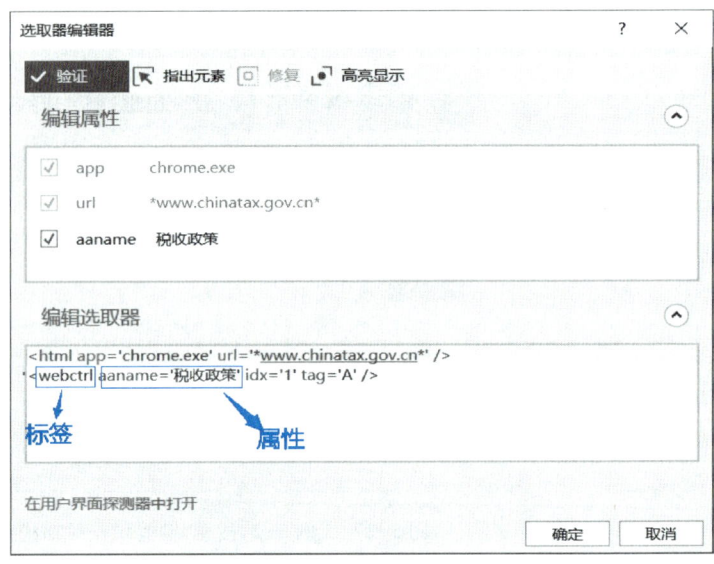

图 5-29 【选取器编辑器】界面

2. 选取器下通配符的使用

在 UiPath 中,通配符可以用来匹配选取器中变化的一个或多个字符,它在处理选取器包含动态属性值的时候非常有用。其中,星号" * "可以替代 0 个或多个字符。问号"?"可以替代一个字符。

【例 5-3】 选取器下通配符的使用

1) 示例描述

要求:图 5-30 为东方财富网界面,设计一个机器人获取该网页中"上证指数的股价"。

活动:【获取文本】。

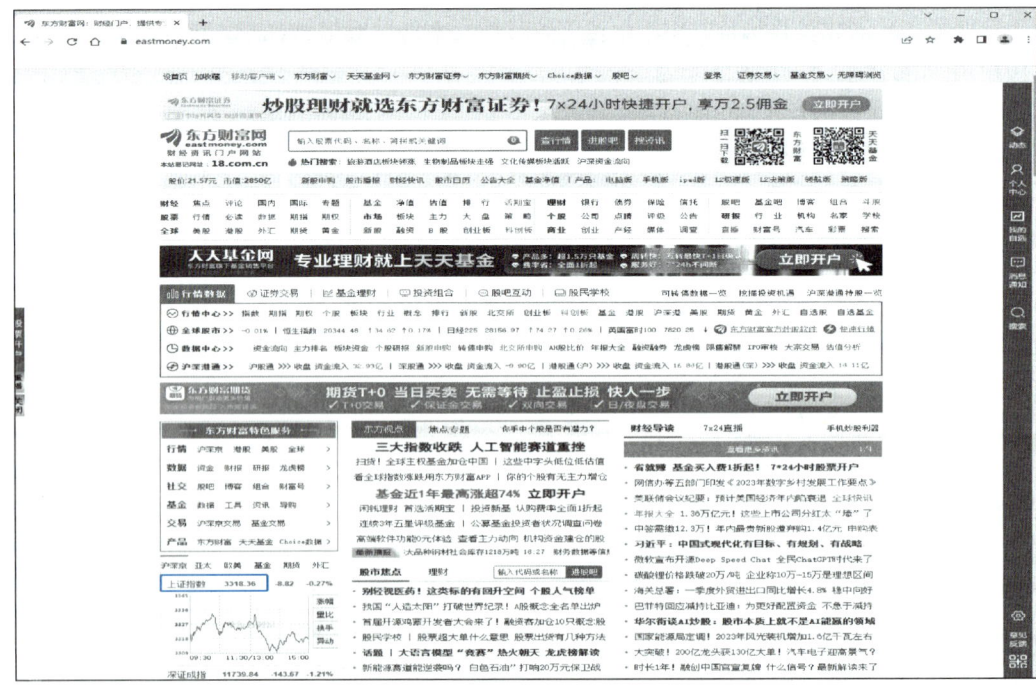

图 5-30 [例 5-3]东方财富网界面

2）操作步骤

（1）打开【获取文本】活动的选取器时,会发现最后一行"子元素",其中一个属性的股价一直处于动态变化的状态,导致机器人无法定位到目标元素,需要使用通配符进行辅助定位,如图 5-31、图 5-32 所示。

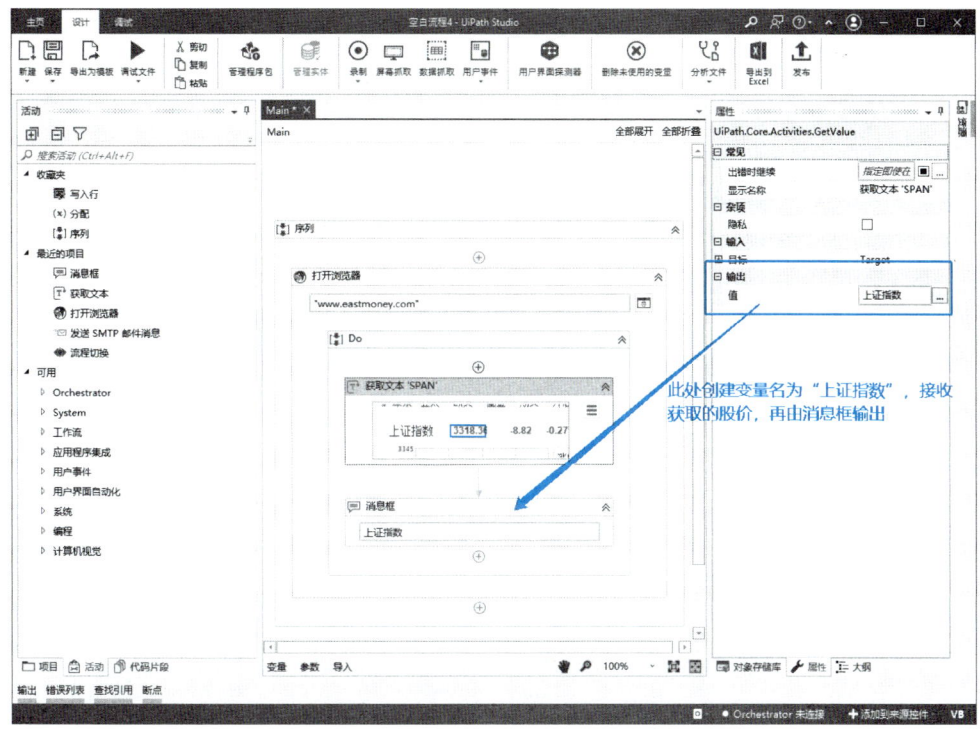

图 5-31　[例 5-3]获取"上证指数"股价机器人流程

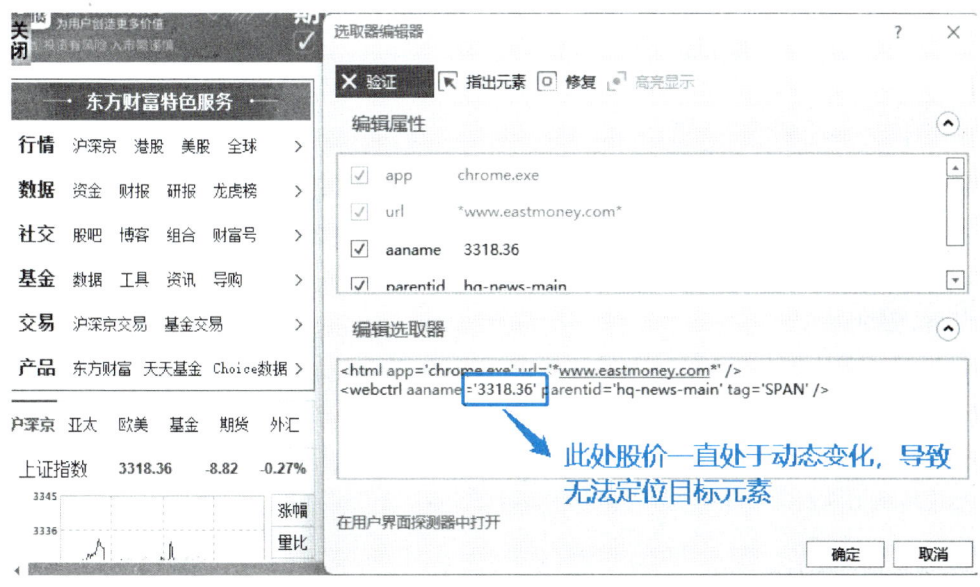

图 5-32　[例 5-3]【获取文本】活动的选取器一

(2) 打开【获取文本】活动的选取器,将股价中一串动态的数字使用通配符替换,即可定位到目标元素,如图 5-33、图 5-34 所示。

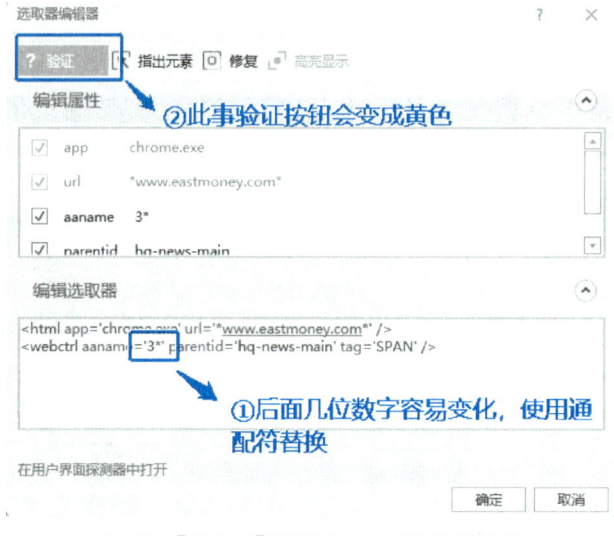

图 5-33　[例 5-3]【获取文本】活动的选取器二

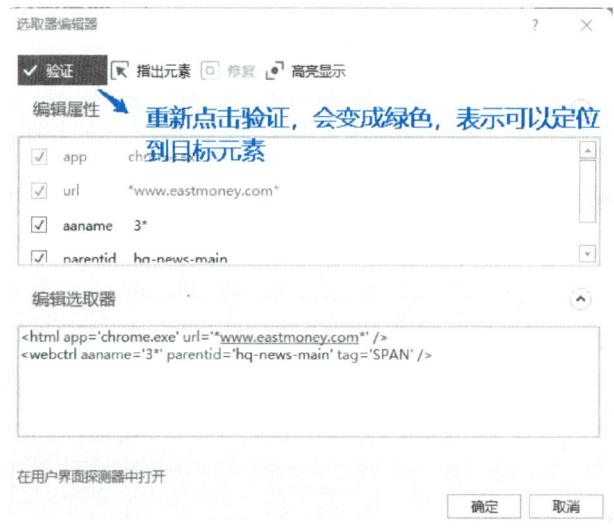

图 5-34　[例 5-3]【获取文本】活动的选取器三

知识点拨

通配符是计算机编程中的一个概念,用于匹配一类字符串或文件名,其作用是在查找或操作文件、字符串等时,提高匹配的效率和精度。通配符通常用于文件名的匹配,其中"*"代表匹配任意长度的任意字符,而"?"则代表匹配任意单个字符。例如,"*.txt"可以匹配任意以".txt"结尾的文件名,而"t?st.txt"可以匹配"test.txt"和"tast.txt"等。

3. 选取器下变量的使用

选取器下可以使用变量来替换选取器中的用来确定目标元素的属性,用户仅需改变选取器中变量的值即可准确高效地重复使用一个活动。在选取器中的根节点使用变量后其格式通常为＜tag attribute='{{变量名}}'/＞。其中：

tag 表示目标标签,例如"＜webctrl/＞";attribute"表示目标属性,例如"aaname ='详细信息'";"{{变量名}}"表示要与之交互的元素的属性的变量名称。

【例 5-4】 选取器下变量的使用

1) 示例描述

要求：东方财富网官网界面,如图 5-35 所示,设计一个机器人截取该网页中上证指数、深证成指、沪深 300 的股价走势图。

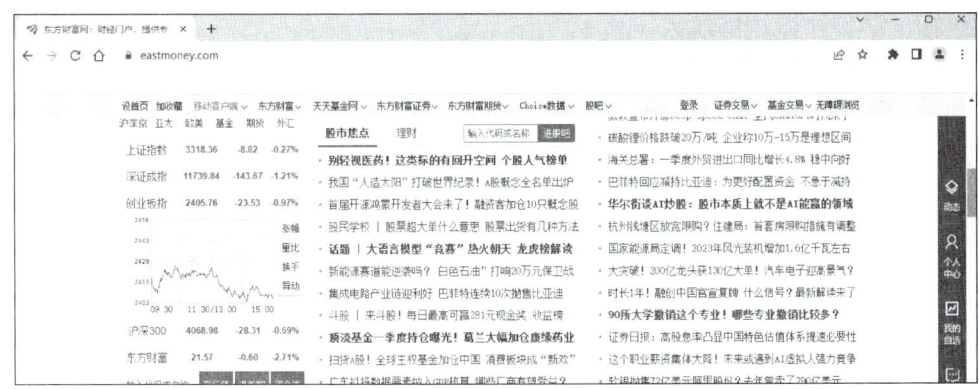

图 5-35　[例 5-4]东方财富网官网界面

2) 操作步骤

(1) 为设计好的机器人,需要分别悬停上证指数、深证成指、沪深 300 的趋势图,如图 5-36 所示。

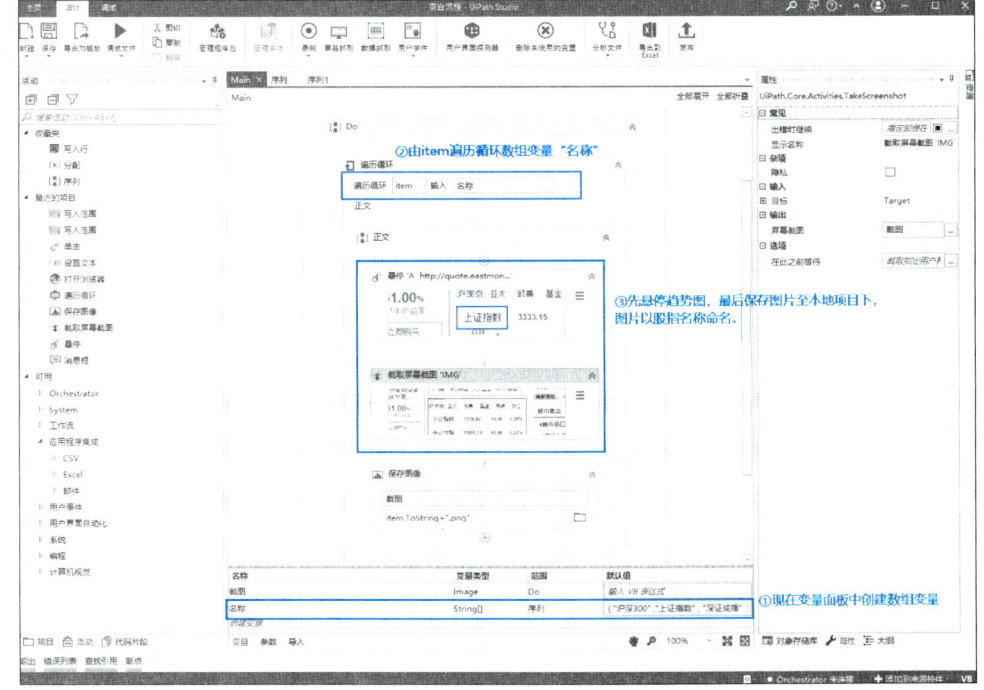

图 5-36　[例 5-4]获取证券指标走势图

（2）使用【悬停】活动分别拾取三个股票，分别打开它们的选取器，三个【悬停】活动的选取器下每个节点的股票名称不同，此时可使用变量，如图 5-37、图 5-38、图 5-39 所示。

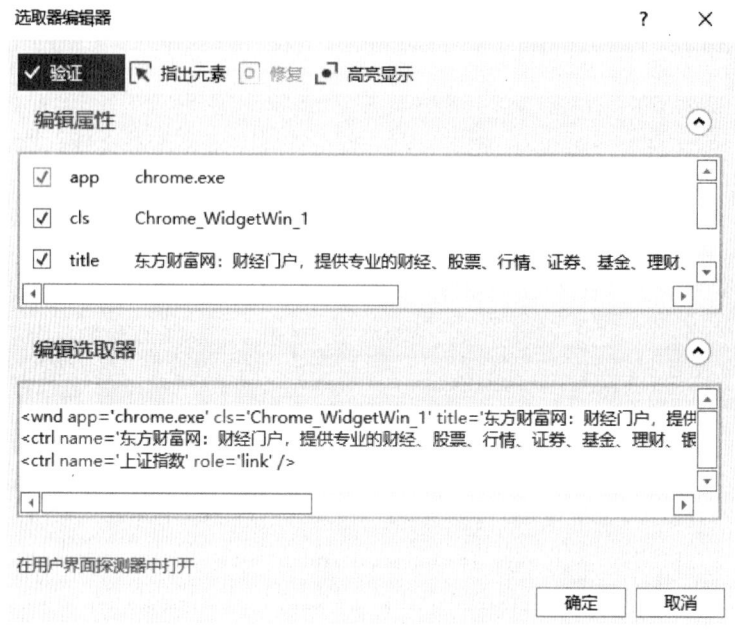

图 5-37　［例 5-4］【悬停】"上证指数"的选取器

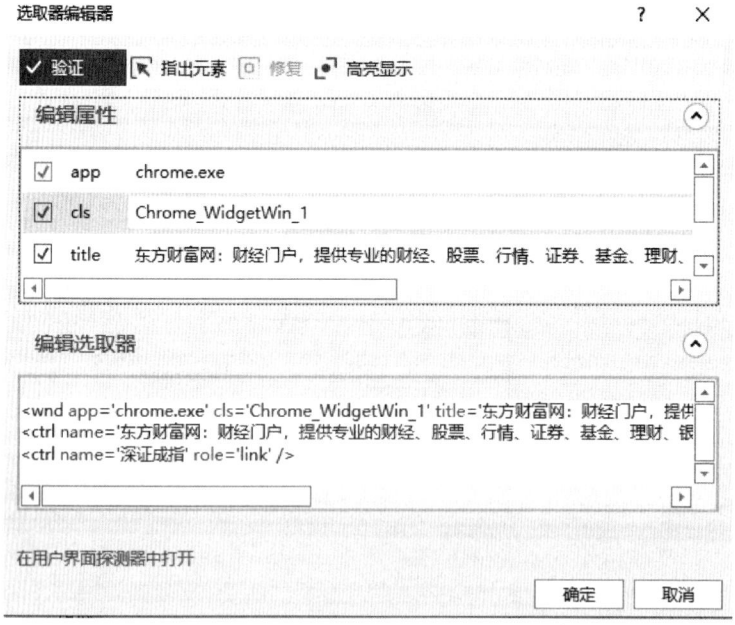

图 5-38　［例 5-4］【悬停】"深证成指"的选取器

（3）通过在选取器下使用变量，可实现令机器人每遍历循环一次数组变量"名称"，进行悬停一次不同股票的操作，如图 5-40 所示。

项目五　RPA 财务机器人 Web 应用

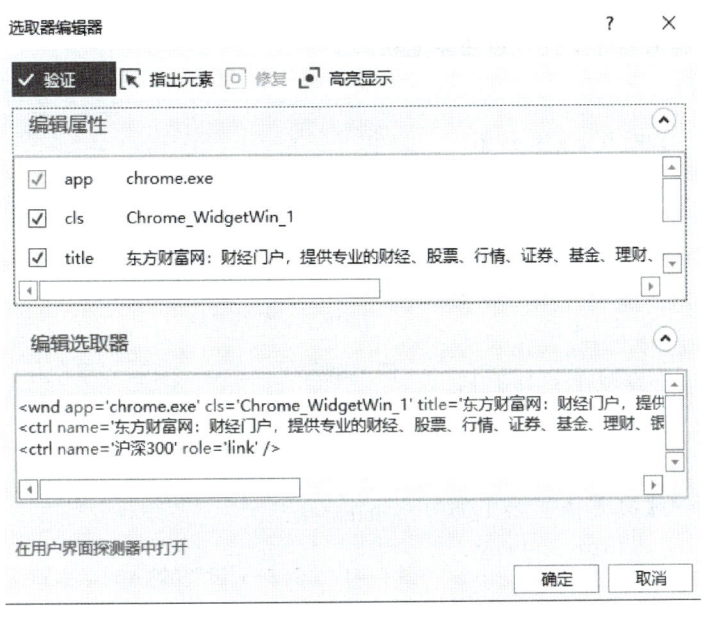

图 5-39　［例 5-4］【悬停】"沪深 300"的选取器

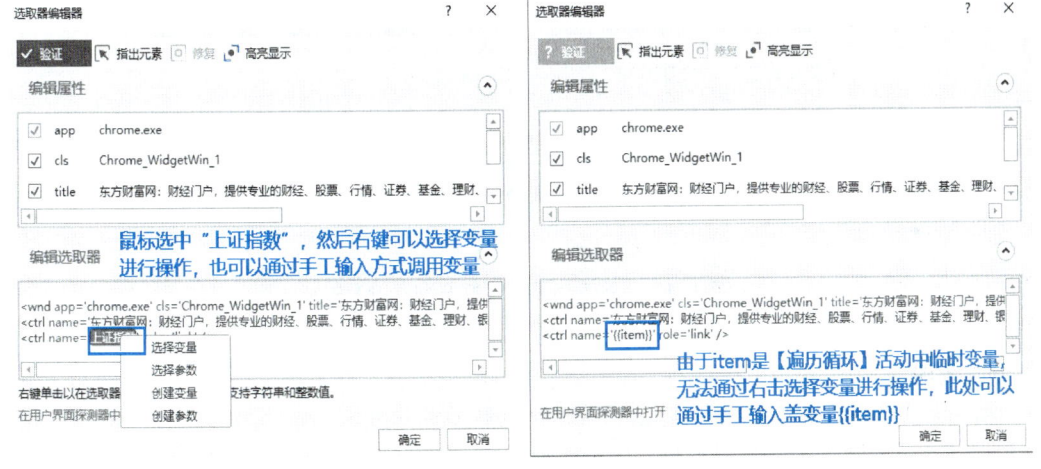

图 5-40　修改变量名称

【例 5-5】　选取器的使用

1）示例描述

要求：设计一个机器人，根据用户输入的股票名称提示当天的股价。具体要求如下：

（1）使用谷歌浏览器打开东方财富网，根据用户输入的股票名称进行搜索，网址"https://www.eastmoney.com/"。

（2）获取股价，并设置消息框提示信息。

活动：【输入对话框】【打开浏览器】【设置文本】【单击】【获取文本】【消息框】。

▶ 请注意

此处引用第三方网站"东方财富网"，由于第三方网站的不稳定性，可能出现网页界面结构

189

变更等情况,造成该任务流程无法实现。若开发设计此任务流程时,发生该情况,可根据网页结构实际情况重新调整开发设计该任务流程。

2)操作步骤

(1)在【序列】中添加【系统】—【对话框】类别下的【输入对话框】活动,设置该活动的对话框标题为"股票名称",输入标签为"请输入股票名称",并在已输入的值处创建变量"name",变量类型为"String",范围为"序列",该变量用于存储用户输入的股票名称,如图5-41所示。

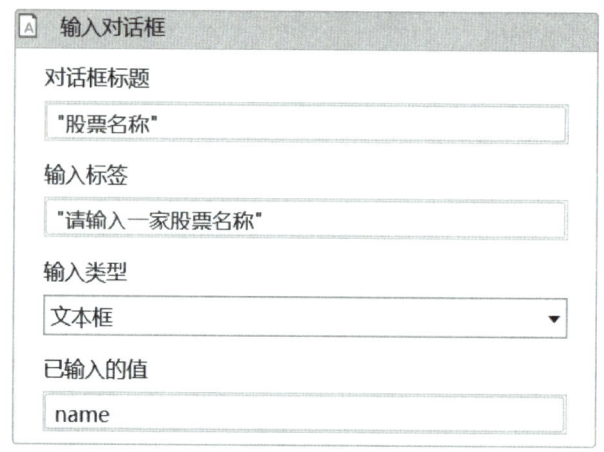

图5-41 [例5-5]设置【输入对话框】活动输入股票名称

(2)添加【用户界面自动化】—【浏览器】类别下的【打开浏览器】活动,输入URL为"https://www.eastmoney.com/",打开该活动的"属性"面板,修改浏览器类型为"Chrome",如图5-42所示。

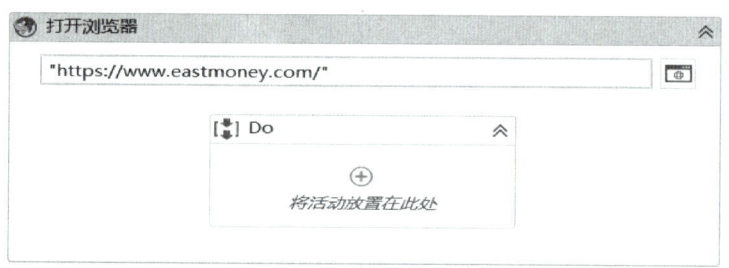

图5-42 [例5-5]添加【打开浏览器】活动

▶ **请注意**

输入的URL必须是字符串格式,因此该网址必须放在英文状态下的引号内。

(3)在【Do】序列内添加【用户界面自动化】—【元素】—【键盘】类别下的【设置文本】活动并修改名称为"设置文本(股票名称)",单击【指出浏览器中的元素】【搜索框】,输入文本为变量"name",该步骤表示令机器人在搜索框内输入存储在变量"name"中的股票名称,如图5-43所示。

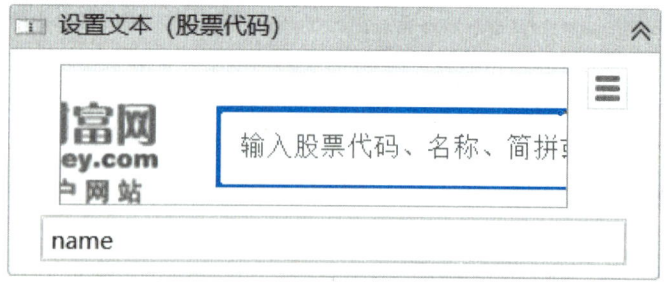

图5-43 [例5-5]设置【输入信息】活动

▶ **请注意**

此处流程设计导航页面以"贵州茅台"股票为例。

(4)添加【元素】—【鼠标】类别下的【单击】活动并修改名称为"单击(查行情)",单击"指出浏览器中的元素""查行情"按钮,如图5-44所示。

(5)添加【用户界面自动化】—【元素】—【控件】类别下的【获取文本】活动并修改名称为"获取文本(股价)",单击【指出浏览器中的元素】拾取贵州茅台的股价。打开该活动的"属性"面板,在输出值处创建变量"price",变量类型为"String",范围为"序列",该变量用于存储获取到的股价信息,如图5-45所示。

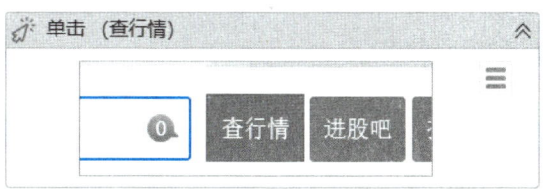 

图5-44 [例5-5]添加【单击】活动　　　　图5-45 [例5-5]设置【获取文本】活动获取股价

(6)为了使【获取文本】活动能够拾取不同股票的股价,打开该活动下拉菜单中的【编辑选取器】,使用通配符"＊"替换"title"中的动态属性值,该步骤表示当搜索其他股票时,机器人也能准确拾取到该元素,如图5-46所示。

图5-46 [例5-5]打开【获取文本】活动下的【编辑选取器】

(7)添加【系统】—【对话框】类别下的【消息框】活动,输入文本为"name＋"今日股价为"＋price",即通过【消息框】活动提示用户今日股票股价信息,如图5-47所示。

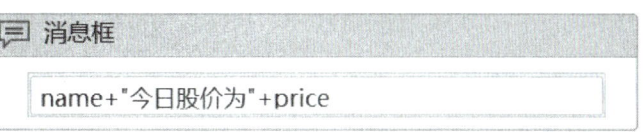

图5-47 [例5-5]设置【消息框】活动提示股价信息

运行结果如图 5-48 所示。

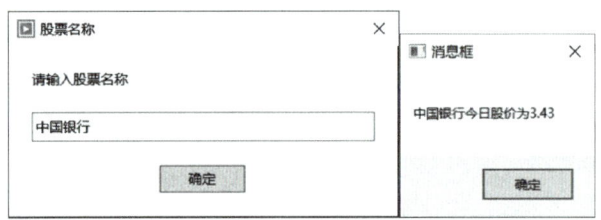

图 5-48　[例 5-5]股票股价信息

【练 5-2·多选题】 在 UiPath 中,可以使用(　　)方法来提高选取器的可靠性。
A. 修改 UI 元素属性　　　　　　B. 更改选取器的延迟时间
C. 修改选取器的 CSS 样式　　　　D. 使用通配符

参考答案:AD

四、选取 UI 元素的快捷键

【单击】【获取文本】【设置文本】等活动在拾取 UI 元素时会弹出快捷键操作提示。例如,把【单击】活动放在【打开浏览器】活动的【Do】序列内,点击【指出浏览器中的元素】在网页中拾取"UI 元素"时,网页的左上角会弹出快捷键操作提示,如图 5-49 所示。

图 5-49　UI 元素的快捷键

每个快捷键作用如下:
(1) ESC:取消选择。
(2) F2:在录制活动期间添加延迟。
(3) F3:允许指定自定义录制区域。
(4) F4:允许选择要记录的 UI 框架,可以是默认、AA 和 UIA。
由于浏览器网页界面会设计不同框架,UiPath Studio 会设置一个默认值,当默认值无法选择界面元素时,可以按快捷键"F4"切换界面框架,以便能拾取想要的 UI 元素。

知识点拨

AA(active accessibility)和 UIA(UI automation)是两种不同的 UI 自动化技术。AA 是 Windows 自带的一种辅助技术,用于改善残障人士的使用体验。UIA 是一种较新的 UI 自动化技术,可以更全面地访问和操作应用程序的用户界面元素,同时也提供了更全面的访问性信息。

因此,在 Uipath 选取器中,选择 AA 或 UIA 会影响你选择的 UI 元素的范围和访问性信息的丰富程度。如果需要访问更多的 UI 元素和更全面的访问性信息,建议选择 UIA。但如果需要访问较旧的 Windows 应用程序,则可能需要使用 AA 技术。

【例 5-6】 选取 UI 元素的快捷键

1)示例描述

要求:设计一个机器人,进入防伪税控开票系统查询发票库存。

网址:请进入平台 RPA 开发环境复制防伪税控开票系统的 URL。

活动:【打开浏览器】【单击】【输入信息】。

2)操作步骤

(1) 在【序列】中添加【用户界面自动化】—【浏览器】类别下的【打开浏览器】活动,输入防伪税控开票系统的 URL,打开该活动的"属性"面板,修改浏览器类型为"Chrome",如图 5-50 所示。

▶ 请注意

输入的 URL 必须是字符串格式,因此该网址必须放在英文状态下的引号内。

图 5-50 [例 5-6]添加【打开浏览器】活动

(2) 在【Do】序列内添加【元素】—【鼠标】类别下的【单击】活动,并修改名称为"单击(开票系统)",单击【指出浏览器中的元素】拾取【开票系统】图标,如图 5-51 所示。

(3) 添加【用户界面自动化】—【元素】—【键盘】类别下的【输入信息】活动并修改名称为"输入信息(输入密码)",单击【指出浏览器中的元素】拾取界面中的密码输入框,输入文本为"123456",如图 5-52 所示。

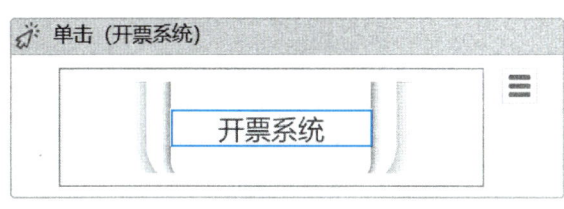 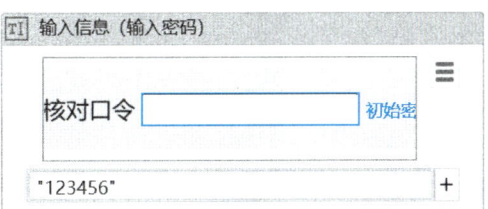

图 5-51 [例 5-6]设置【单击】活动　　图 5-52 [例 5-6]设置【输入信息】活动输入密码

(4)添加【元素】—【鼠标】类别下的【单击】活动并修改名称为"单击(确认)",单击【指出浏览器中的元素】拾取【确认】按钮,如图 5-53 所示。

图 5-53 [例 5-6]添加【单击】活动拾取【确认】图标

(5)添加【元素】—【鼠标】类别下的【单击】活动并修改名称为"单击(发票管理)",单击【指出浏览器中的元素】拾取【发票管理】图标,如图 5-54 所示。

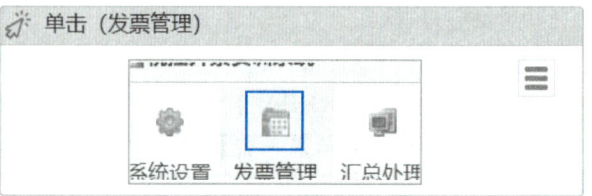

图 5-54 [例 5-6]添加【单击】活动拾取【发票管理】图标

(6)添加【元素】—【鼠标】类别下的【单击】活动并修改名称为"单击(库存查询)",单击【指出浏览器中的元素】拾取【库存查询】图标,如图 5-55、图 5-56 所示。

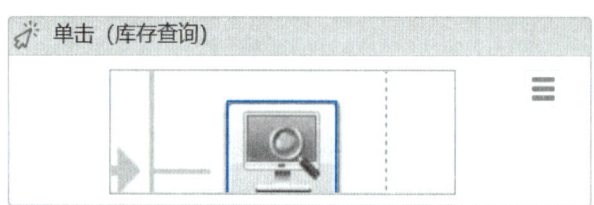

图 5-55 [例 5-6]添加【单击】拾取【库存查询】图标

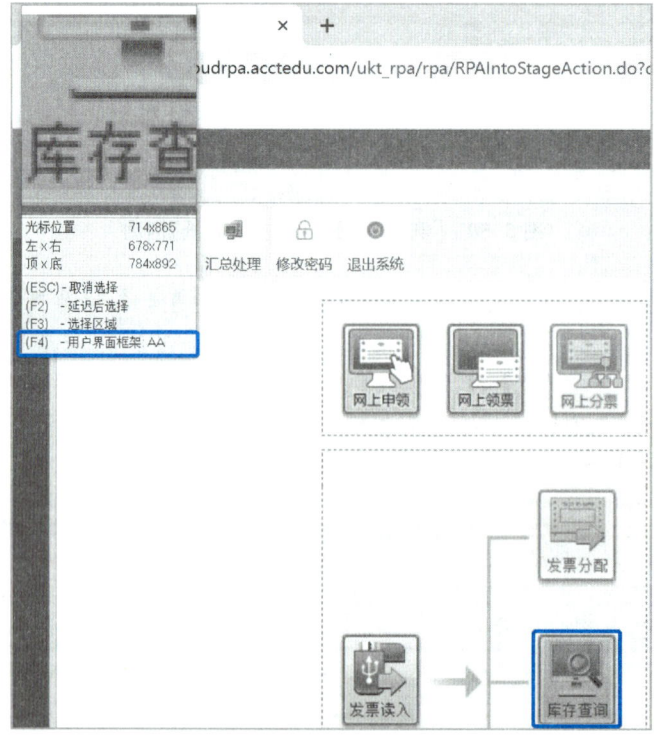

图 5-56 [例 5-6]拾取元素

> **请注意**

在此步骤中默认值无法选择到想要的界面元素，可以按快捷键"F4"切换用户界面框架为 AA 拾取【库存查询】图标。

运行结果如图 5-57 所示。

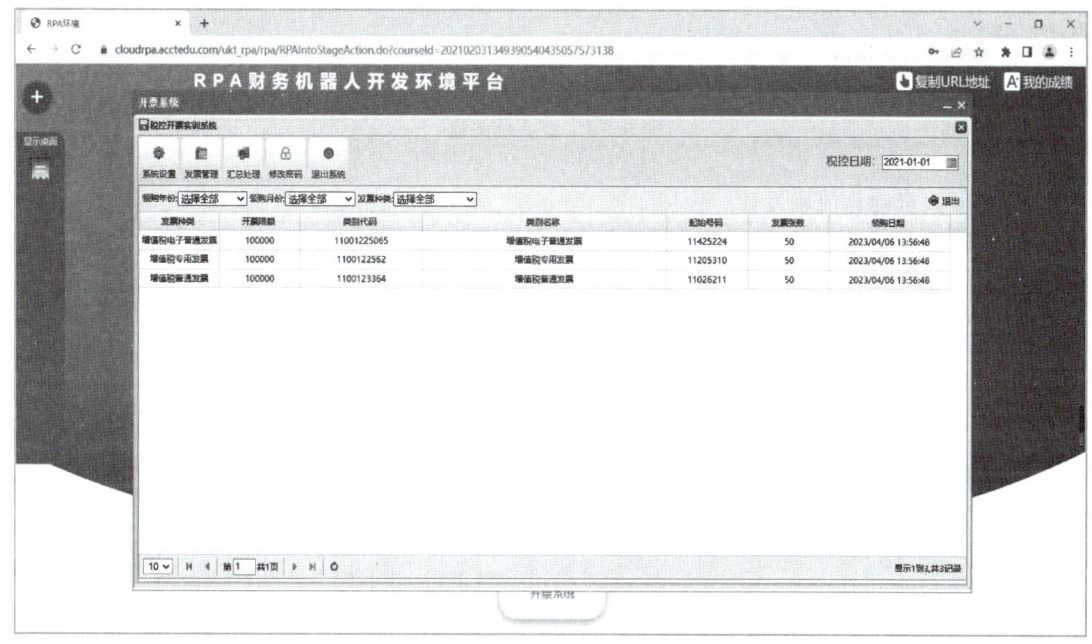

图 5-57 ［例 5-6］库存查询结果图

【实践案例十】 企业信息查询机器人

案例视频

1. 案例描述

北京云云股份有限公司的销售人员每天会拿到大量的潜在客户名称，在认识客户阶段，他们需要掌握客户公司的基本信息，以便在早期判断合作公司的价值和业务匹配度。公司基本信息主要包括公司全称、注册资本、规模、经营时间、经营范围等。但是公司信息查询工作，不仅需要花费较多的精力和时间进行信息整理，还很容易造成遗漏和错误。针对此工作痛点，请为该公司设计一个"企业信息查询机器人"。

2. 案例要求

（1）已知销售人员当天获取的"企业信息表"，该工作表内的企业名称（已知），经营状态、注册资本、成立日期、统一社会信用代码、经营范围这几个列的信息需要获取查找。企业信息表，如图 5-58 所示。

（2）令机器人读取"企业信息表"内的企业名称，根据企业名称进入爱企查网站进行企业信息查询，然后将需要的信息写入工作表的对应列内。

网址：https://aiqicha.baidu.com/。

（3）使用 UiPath Studio 中相关活动开发 RPA 企业信息查询机器人。

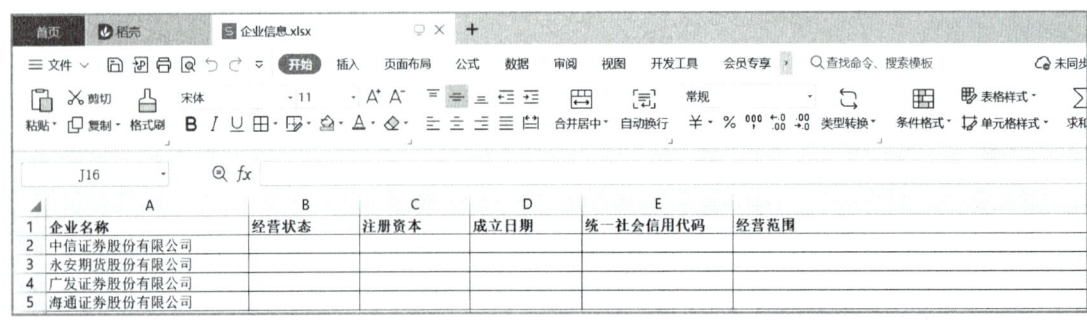

图 5-58 企业信息表

3. 机器人自动化流程设计

根据案例开发流程绘制流程图,如图 5-59 所示。

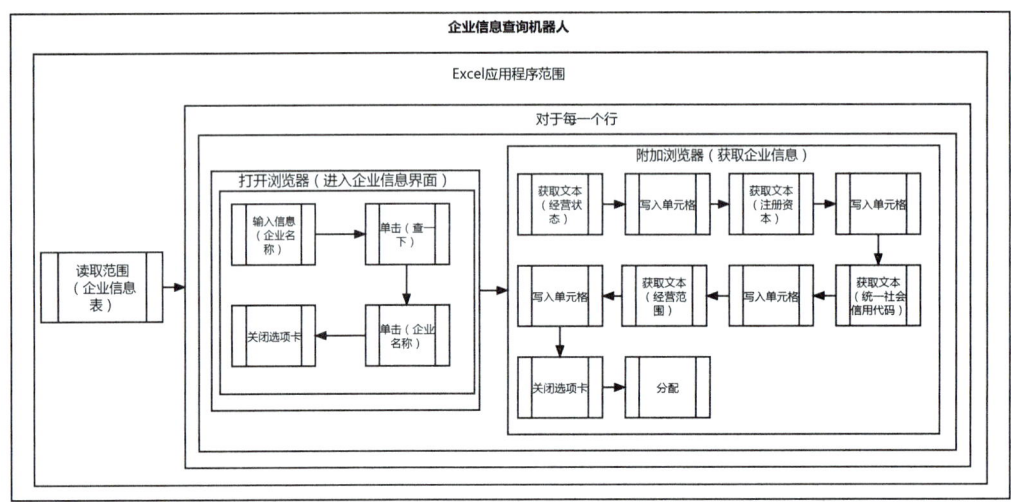

图 5-59 企业信息查询机器人流程图

> **请注意**
>
> 爱企查网站可能会限制用户的访问频率,例如每秒钟只允许进行一定数量的请求,如果频繁地访问网站,用户可能会被视为攻击或滥用,导致被封锁或定向到其他页面。

4. 案例开发

(1)新建一个【序列】,名称更改为"企业信息查询机器人"。在此【序列】中添加一个【应用程序集成】—【Excel】类别下的【Excel 应用程序范围】活动,设置工作簿路径为"企业信息.xlsx",该路径为相对路径,如图 5-60 所示。

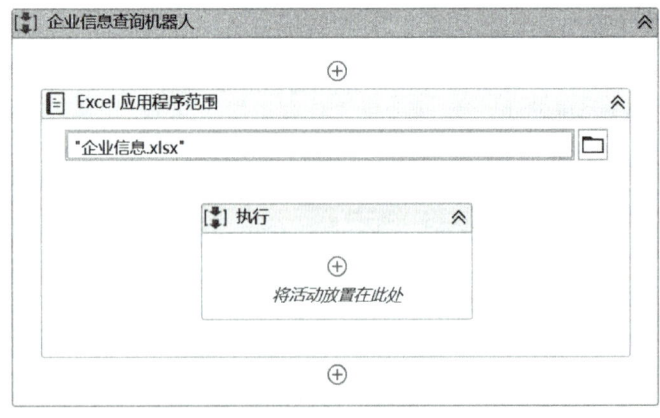

图 5-60 添加【Excel 应用程序范围】活动

（2）在【执行】序列中添加【应用程序集成】—【Excel】类别下的【读取范围】活动，并修改名称为"读取范围（企业信息）"。打开该活动的"属性"面板，设置工作表名称为"Sheet1"，范围为"A1"，如图5-61所示。在输出数据表处创建变量"data"，变量类型为"DataTable"，范围为"企业信息查询机器人"，该变量用于存储工作表"Sheet1"中的所有数据。

图5-61 设置【读取范围】活动读取企业信息

（3）添加【编程】—【数据表】类别下的【对于每一个行】活动，输入变量"data"，该步骤表示令机器人遍历数据表变量"data"中的每一行数据，如图5-62所示。

（4）在【正文】序列中添加【用户界面自动化】—【浏览器】类别下的【打开浏览器】活动，并修改名称为"打开浏览器（进入企业信息界面）"。输入URL为"https://aiqicha.baidu.com/"，修改浏览器类型为"Chrome"，在输出用户界面浏览器处创建变量"爱企查"，范围为"企业信息查询机器人"，该变量用于存储爱企查浏览器页面下的所有活动信息，如图5-63、图5-64所示。

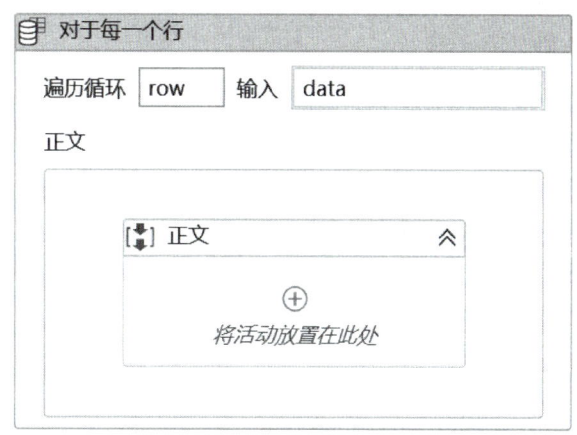

图5-62 设置【对于每一行】活动

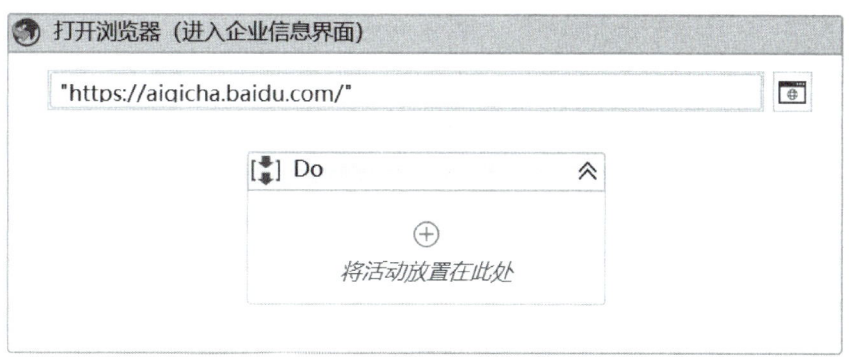

图5-63 设置【打开浏览器】活动

> **请注意**
> 输入的URL必须是字符串格式，因此该网址必须放在英文状态下的引号内。

（5）在【Do】序列中添加【用户界面自动化】—【元素】—【键盘】类别下的【输入信息】活动，并修改名称为"输入信息（企业名称）"。单击【指出浏览器中的元素】拾取输入框，输入文本为"row(0).tostring"，该步骤表示令机器人在搜索框内输入企业名称，如图5-65所示。

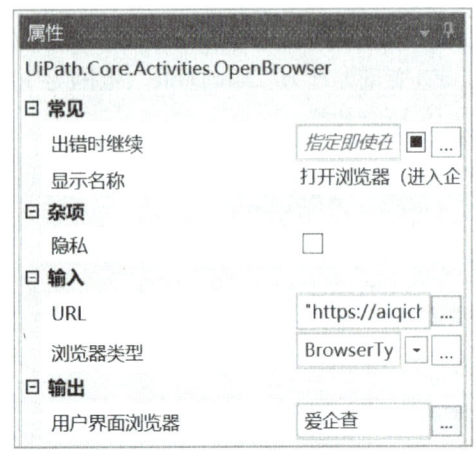

图 5-64 设置【打开浏览器】活动的"属性"面板

图 5-65 设置【输入信息】活动

(6) 添加【元素】—【鼠标】类别下的【单击】活动,并修改名称为"单击(查一下)"。单击【指出浏览器中的元素】拾取【查一下】按钮,该步骤表示令机器人模拟用户单击【查一下】按钮,如图 5-66 所示。

图 5-66 设置【单击】活动

> 请注意

因为设计流程时需要手动导航至相应网页,以支持 UiPath 在网页中拾取操作对象,所以输入企业名称时,应先在此处输入中信证券股份有限公司为流程设计进行导航。

(7) 添加【元素】—【鼠标】类别下的【单击】活动,并修改名称为"单击(企业名称)"。单击【指出浏览器中的元素】拾取【企业名称】,该步骤表示令机器人模拟用户单击【企业名称】,如图 5-67 所示。

图 5-67 设置【单击】活动

> 请注意

如果网速较慢,可在【单击】活动的"属性"面板中设置单击延迟时间。

(8) 添加【用户界面自动化】—【浏览器】类别下的【关闭选项卡】活动,输入浏览器为变量"爱企查",该步骤表示令机器人关闭爱企查浏览器页面,即关闭第一个网页界面,如图 5-68 所示。

图 5-68 设置【关闭选项卡】活动

(9) 在【打开浏览器】活动下添加【用户界面自动化】—【浏览器】类别下的【附加浏览器】活动,并修改名称为"附加浏览器(获取企业信息)"。单击【指出屏幕上的浏览器】拾取已打开的企业浏览器界面。在输出用户界面浏览器处创建变量"企业信息网页",范围为"企业信息查询机器人",该变量用于存储查询到的企业浏览器界面下的所有活动信息,如图 5-69、图 5-70 所示。

图 5-69　【附加浏览器】活动设置一

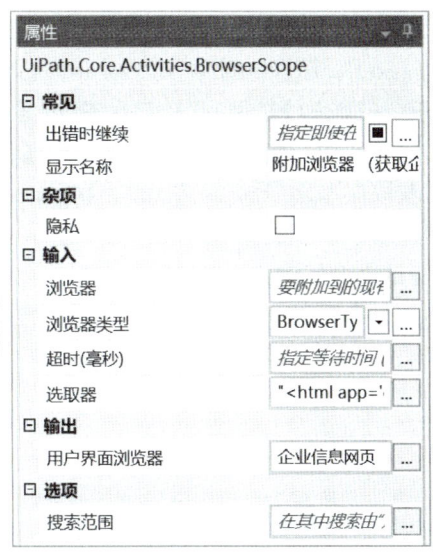

图 5-70　【附加浏览器】活动设置二

（10）为了使【附加浏览器】活动能够拾取各个企业的信息界面，打开该活动下拉菜单中的"编辑选取器"功能，使用通配符" * "替换"title"中的内容，如图 5-71 所示。

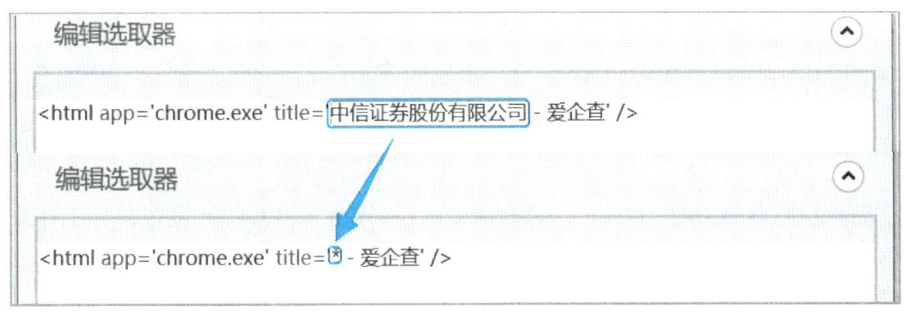

图 5-71　设置【附加浏览器】活动的"编辑选取器"功能

（11）在【Do】序列中添加【用户界面自动化】—【元素】—【控件】类别下的【获取文本】活动，并修改名称为"获取文本（经营状态）"。单击【指出浏览器中的元素】拾取"经营状态"，在输出值处创建变量"经营状态"，如图 5-72、图 5-73 所示。变量类型为"String"，范围为"企业信息查询机器人"，该变量用于存储企业的经营状态。

图 5-72　设置【获取文本】活动

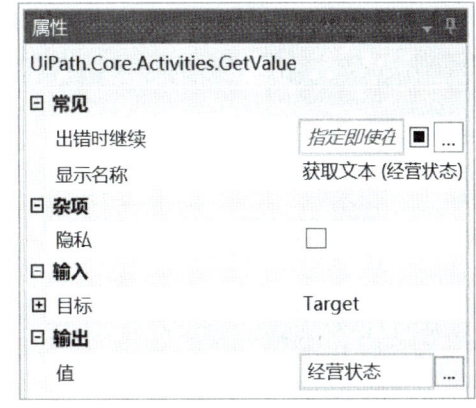

图 5-73　设置【获取文本】活动

（12）添加【应用程序集成】—【Excel】类别下的【写入单元格】活动，在"变量"面板创建变量

"i",变量类型为"Int32",范围为"企业信息查询机器人",默认值为"2"。设置目标工作表名称为"Sheet1",设置范围为""B"+i.ToString",输入值为变量"经营状态",如图5-74所示。该步骤表示令机器人将拾取的"经营状态"数据写入工作表"Sheet1"中的""B"+i.ToString"单元格。

（13）添加【用户界面自动化】—【元素】—【控件】类别下的【获取文本】活动，并修改名称为"获取文本(注册资本)"。单击【指出浏览器中的元素】拾取"注册资本"，在输出值处创建变量"注册资本"，如图5-75、图5-76所示。变量类型为"String"，范围为"企业信息查询机器人"，该变量用于存储企业的注册资本。

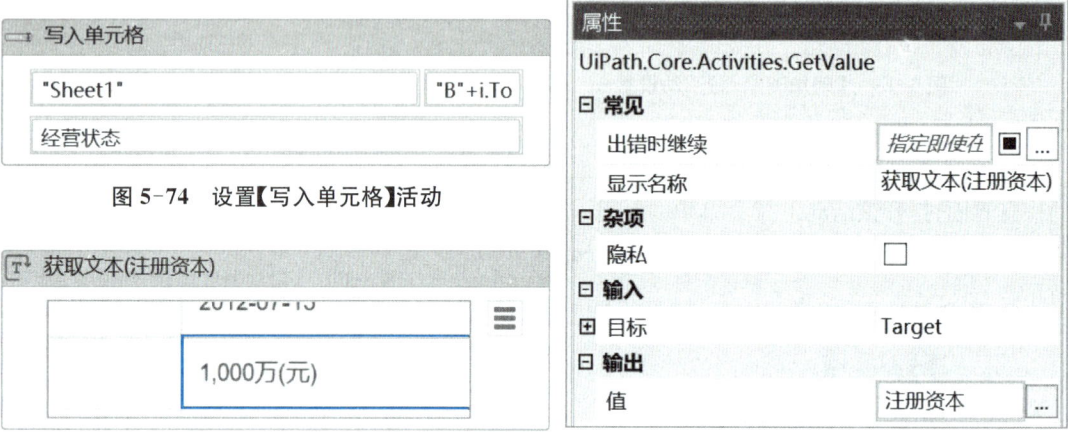

图5-74 设置【写入单元格】活动

图5-75 【获取文本】活动设置一

图5-76 【获取文本】活动设置二

（14）添加【应用程序集成】—【Excel】类别下的【写入单元格】活动，设置目标工作表名称为"Sheet1"，设置范围为""C"+i.ToString"，输入值为变量"注册资本"，如图5-77所示。该步骤表示令机器人将注册资本写入工作表"Sheet1"中的""C"+i.ToString"单元格。

（15）添加【用户界面自动化】—【元素】—【控件】类别下的【获取文本】活动，并修改名称为"获取文本(成立日期)"。单击【指出浏览器中的元素】拾取"成立日期"，在输出值处创建变量"成立日期"，如图5-78、图5-79所示。变量类型为"String"，范围为"企业信息查询机器人"，该变量用于存储企业的成立日期。

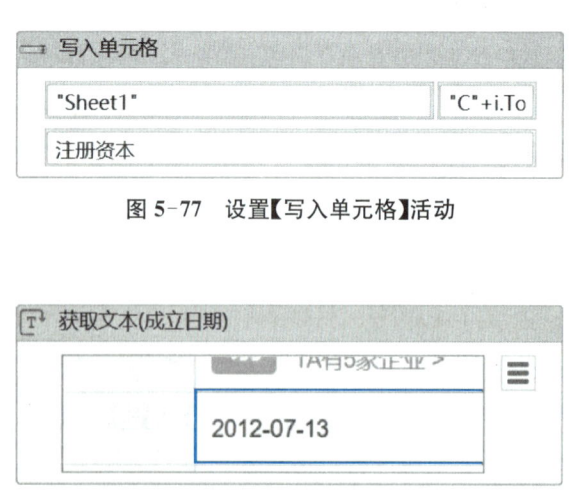

图5-77 设置【写入单元格】活动

图5-78 【获取文本】活动设置一

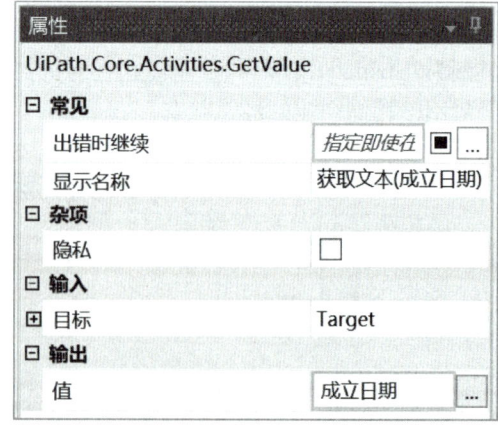

图5-79 【获取文本】活动设置二

(16)添加【应用程序集成】—【Excel】类别下的【写入单元格】活动,设置目标工作表名称为"Sheet1",设置范围为""D"+i.ToString",输入值为变量"成立日期",如图 5-80 所示。该步骤表示令机器人将企业的成立日期写入工作表"Sheet1"中的""D"+i.ToString"单元格。

(17)添加【用户界面自动化】—【元素】—【控件】类别下的【获取文本】活动,并修改名称为"获取文本(统一社会信用代码)"。单击【指出浏览器中的元素】拾取"统一社会信用代码",在输出值处创建变量"统一社会信用代码",如图 5-81、图 5-82 所示,变量类型为"String",范围为"企业信息查询机器人",该变量用于存储企业的统一社会信用代码。

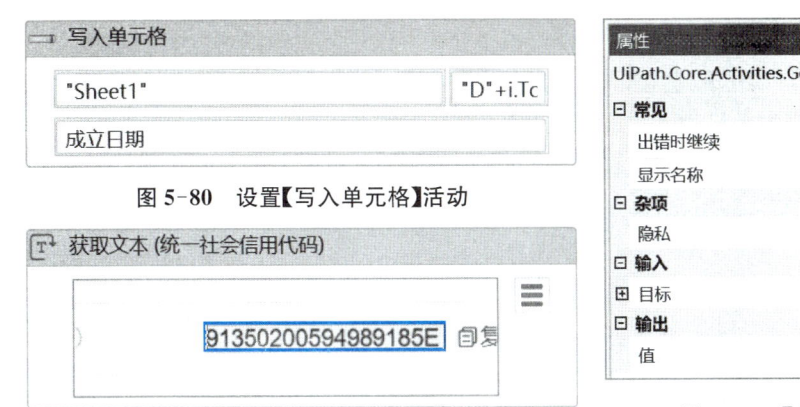

图 5-80　设置【写入单元格】活动

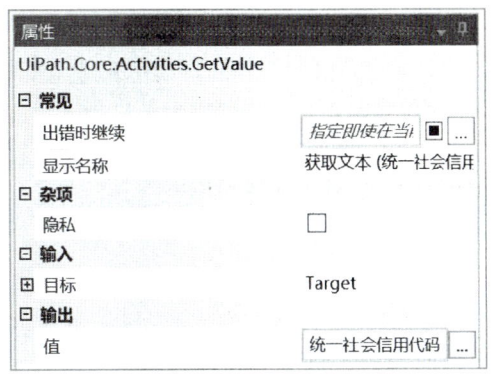

图 5-82　【获取文本】活动设置二

图 5-81　【获取文本】活动设置一

(18)添加【应用程序集成】—【Excel】类别下的【写入单元格】活动,设置目标工作表名称为"Sheet1",设置范围为""E"+i.ToString",输入值为变量"统一社会信用代码",如图 5-83 所示。该步骤表示令机器人将企业的统一社会信用代码写入工作表"Sheet1"中的""E"+i.ToString"单元格。

(19)添加【用户界面自动化】—【元素】—【控件】类别下的【获取文本】活动,并修改名称为"获取文本(经营范围)"。单击【指出浏览器中的元素】拾取"经营范围",在输出值处创建变量"经营范围",如图 5-84、图 5-85 所示。变量类型为"String",范围为"企业信息查询机器人",该变量用于存储企业的经营范围。

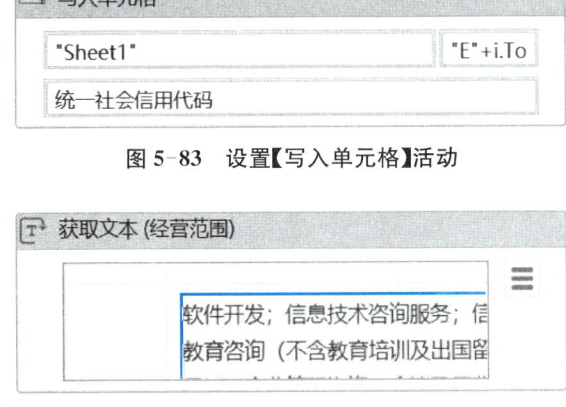

图 5-83　设置【写入单元格】活动

图 5-84　【获取文本】活动设置一

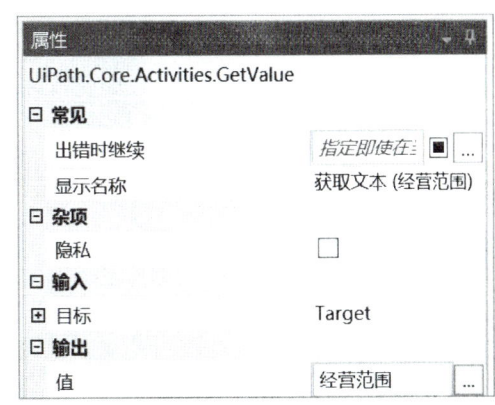

图 5-85　【获取文本】活动设置二

(20) 添加【应用程序集成】—【Excel】类别下的【写入单元格】活动,设置目标工作表名称为"Sheet1",设置范围为""F"+i. ToString",输入值为变量"经营范围",如图 5-86 所示。该步骤表示令机器人将经营范围写入工作表"Sheet1"中的""F"+i. ToString"单元格。

图 5-86 【写入单元格】活动设置

(21) 添加【用户界面自动化】—【浏览器】类别下的【关闭选项卡】活动,输入浏览器为变量"企业信息网页",该步骤表示令机器人关闭企业信息网页,如图 5-87 所示。

(22) 添加【System】—【Activities】—【Statements】类别下的【分配】活动,设置分配表达式为"i=i+1",如图 5-88 所示。

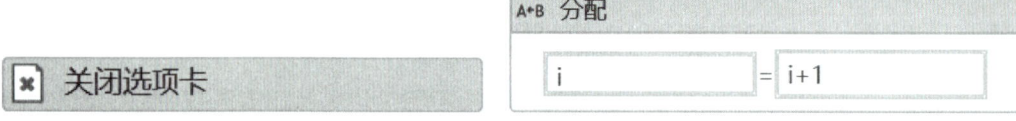

图 5-87 设置【关闭选项卡】活动

图 5-88 设置【分配】活动

5. 运行结果

点击【调试文件】按钮,机器人读取企业名称,搜索企业信息,将需要的信息写入"企业信息表",如图 5-89 所示。

	A	B	C	D	E	F
1	企业名称	经营状态	注册资本	成立日期	统一社会信用代码	经营范围
2	中信证券股份有限公司	开业	1, 482, 054. 6829 (万元)	1995-10-25	914403001017814402	一般经营项目是:,许可经营项目是:证券经纪(限山东省、河南省、浙江省天台县、浙江省苍南县以外区域);证券投资咨询;与证券交易、证券投资活动有关的财务顾问;证券承销与保荐;证券自营;证券资产管理;融资融券;证券投资基金代销;为期货公司提供中间介绍业务;代销金融产品;股票期权做市。
3	永安期货股份有限公司	开业	145, 555. 5556 (万元)	1992-09-07	9133000010002099X5	商品期货经纪、金融期货经纪、期货投资咨询,资产管理,基金销售。
4	广发证券股份有限公司	开业	762, 108. 7664 (万元)	1994-01-21	91440000126335439C	证券经纪;证券投资咨询;与证券交易、证券投资活动有关的财务顾问;证券承销与保荐;证券自营;融资融券;证券投资基金代销;证券投资基金托管;为期货公司提供中间介绍业务;代销金融产品;股票期权做市。(依法须经批准的项目,经相关部门批准后方可开展经营活动)
5	海通证券股份有限公司	开业	1, 306, 420 (万元)	1993-02-02	9131000013220921X6	证券经纪;证券自营;证券承销与保荐;证券投资咨询;与证券交易、证券投资活动有关的财务顾问;直接投资业务;证券投资基金代销;为期货公司提供中间介绍业务;融资融券业务;代销金融产品;股票期权做市业务;中国证监会批准的其他业务,公司可以对外投资设立子公司从事金融产品等投资业务。[依法须经批准的项目,经相关部门批准后方可开展经营活动]

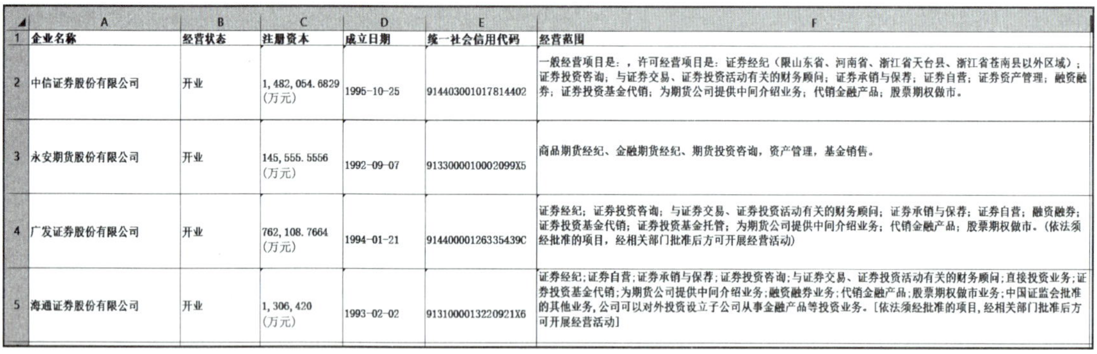

图 5-89 企业信息表

知识点拨

爱企查是一家专门提供企业信息查询服务的民营企业。全国企业信用信息公示系统(http://www.gsxt.gov.cn/)是中国政府官方的企业信息公示平台,由国家市场监督管理总局管理。

任务二　Web 数据抓取功能

一、数据抓取

1. "数据抓取"功能介绍

"数据抓取"功能可以将浏览器、应用程序或文档中的结构化数据提取到数据表。使用"数据抓取"功能前,应先打开浏览器、应用程序或文档,并导航至想要从中提取数据的位置,然后单击 UiPath"设计"功能区中的【数据抓取】按钮,启动数据抓取向导,逐步按照向导操作抓取所需数据。

例如,使用"数据抓取"功能,抓取国家税务总局税收政策的最新文件,如图 5-90 所示。

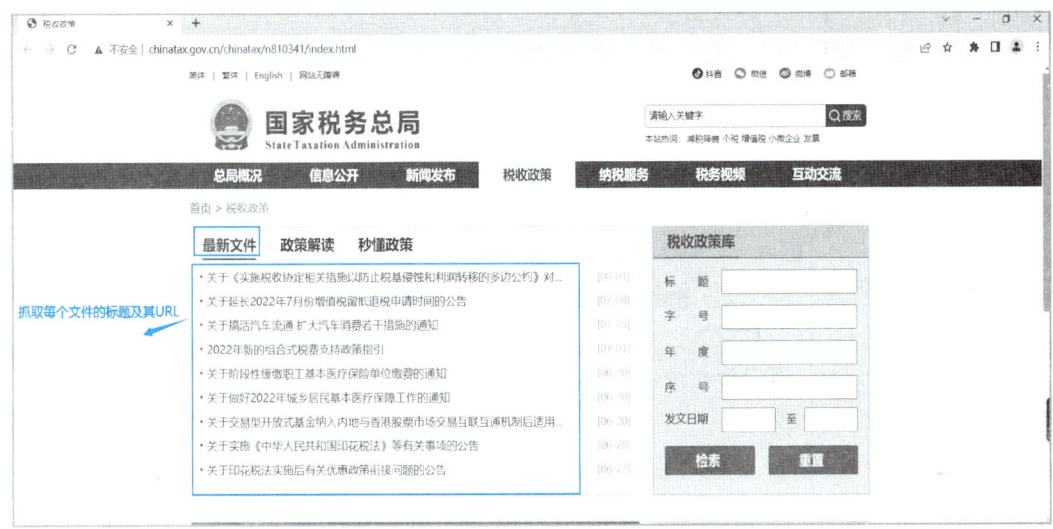

图 5-90　国家税务总局税收政策的最新文件

(1)单击 UiPath"设计"功能区中的【数据抓取】按钮,在弹出的【提取向导】对话框中单击【下一步】按钮,将抓取光标悬停在数据源字段上方,单击该字段,如图 5-91、图 5-92 所示。

图 5-91　【提取向导】对话框

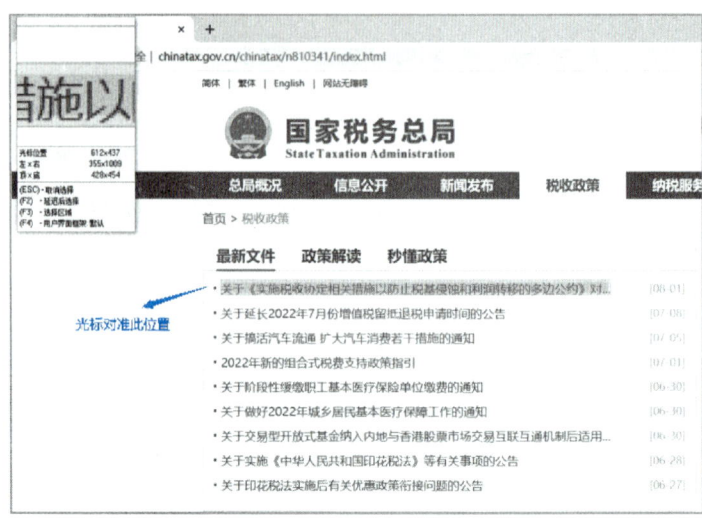

图 5-92 【提取向导】选择第一个元素

（2）弹出【提取向导】对话框，单击【下一步】按钮，如图 5-93 所示。将抓取光标悬停在数据源字段上方，单击选择数据源的第二个字段，如图 5-94 所示。

图 5-93 【提取向导】对话框

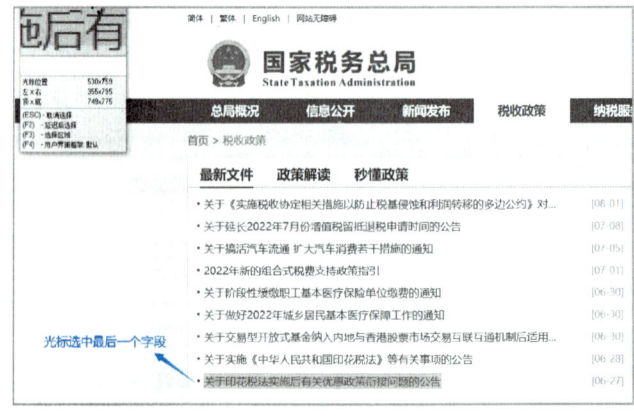

图 5-94 【提取向导】选择第二个元素

（3）弹出【提取向导】对话框设置【配置列】,可在此自定义文本列标题,并选择是否提取所抓取数据对应的 URL,完成后继续单击【下一步】按钮,如图 5-95 所示。

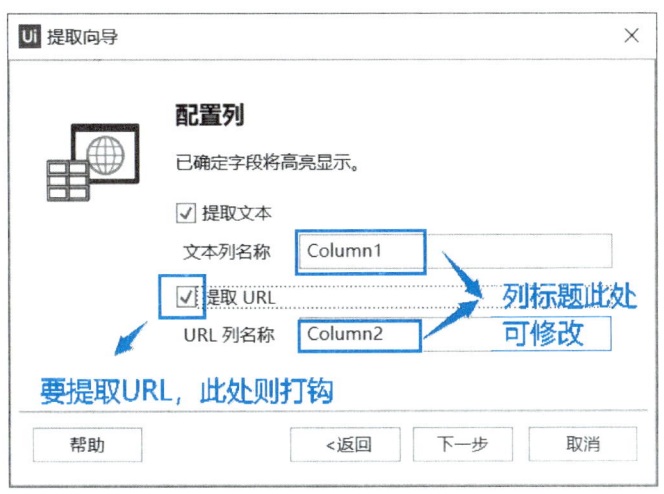

图 5-95　设置【配置列】

（4）在【提取向导】对话框中,预览抓取到的数据,编辑要提取的最大结果数(0 代表全部)或更改数据列的顺序,单击【提取相关数据】按钮则再次启动"数据抓取"功能,抓取其他数据并将其作为新列添加到同一数据表中,如图 5-96 所示。

图 5-96　在【提取向导】对话框中预览数据

（5）完成数据抓取后,UiPath 会自动生成对应的【数据抓取】序列,可将序列提取到的数据存储在 UiPath 数据表变量中,为后续操作作准备,如将数据表变量中的数据录入数据库、Csv 文件或 Excel 电子表格中,如图 5-97 所示。

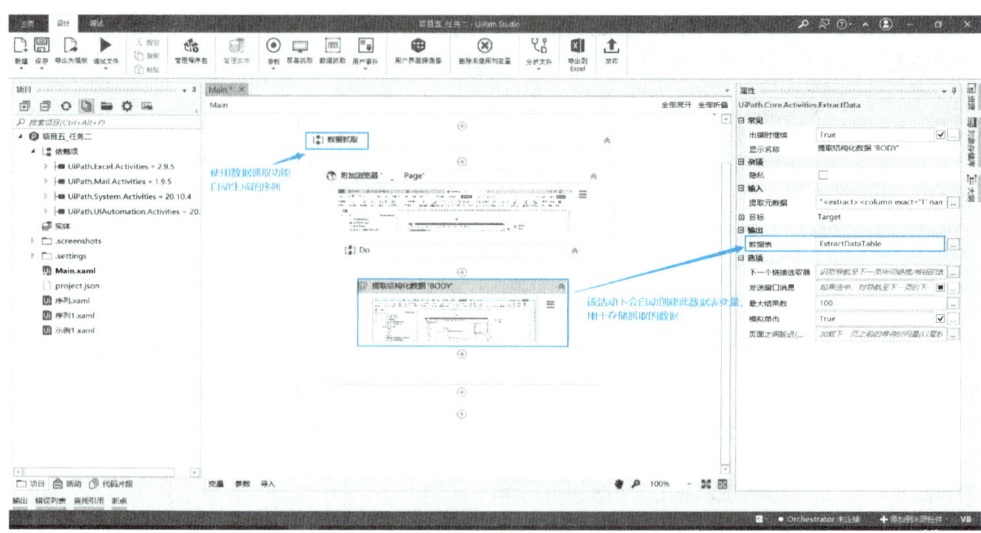

图 5-97　自动生成【数据抓取】序列

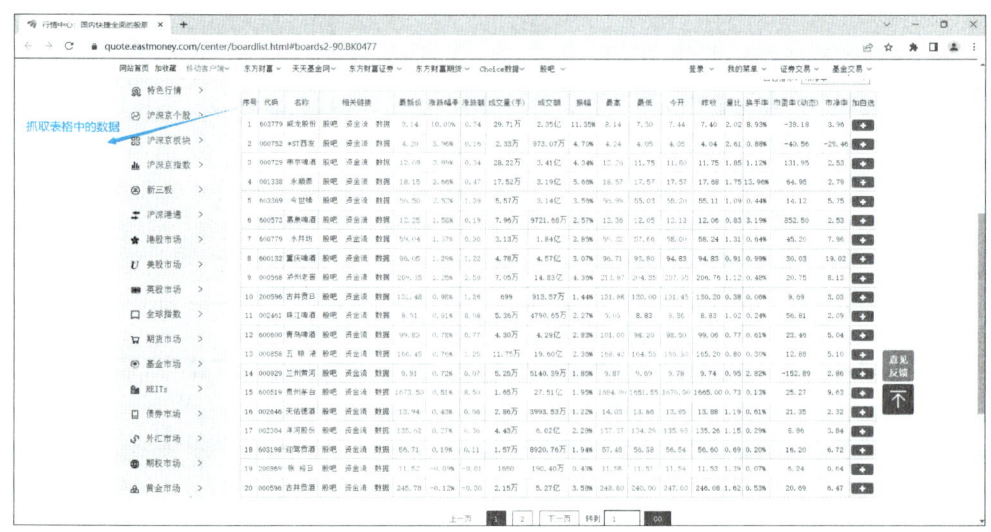

图 5-98　抓取网页中的数据

2."数据抓取"功能操作步骤

使用"数据抓取"功能,抓取以下网页中茶酒饮料行业板块的数据,如图 5-98 所示。

(1)单击 UiPath"设计"功能区中的【数据抓取】按钮,在弹出的【提取向导】对话框中单击【下一步】按钮,将抓取光标悬停在表格中第一个字段,单击该字段,如图 5-99、图 5-100 所示。

(2)弹出提示"您已经选择了一个表格单元,是否从整个表格中提取数据",点击【是】按钮,弹

图 5-99　【提取向导】对话框

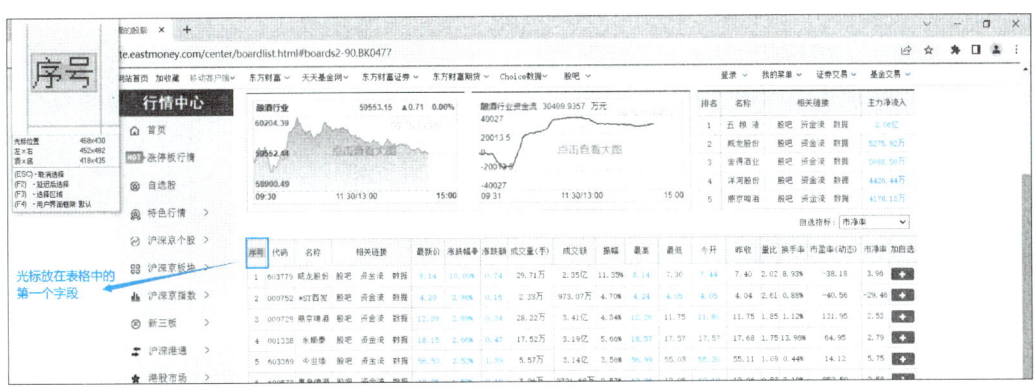

图 5-100 【提取向导】选择第一个元素

出【预览数据】界面,点击【完成】按钮,如图 5-101 所示。

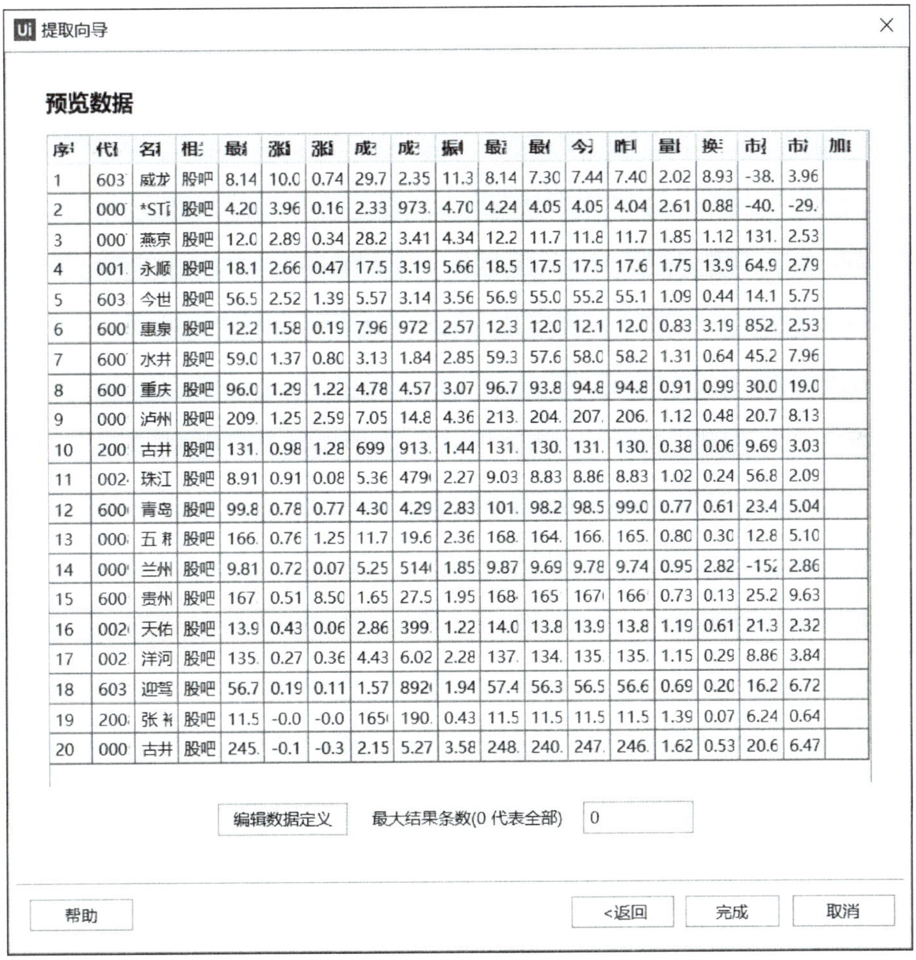

图 5-101 【预览数据】界面

(3) 弹出【指出下一个链接】向导框,由于此次提取的表格数据存在多页,点击【是】按钮,将光标悬停在"下一页",单击此处,即可抓取所有页面的表格数据,如图 5-102、图 5-103 所示。

207

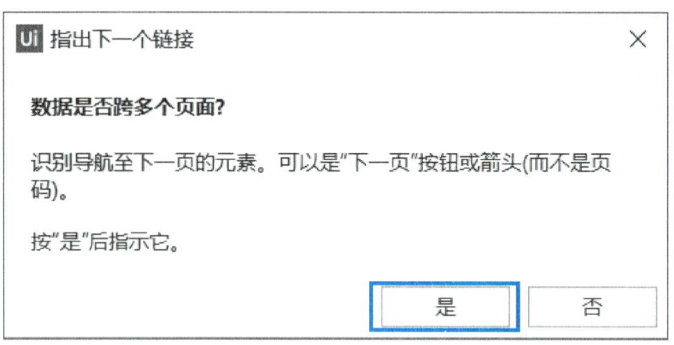

图 5-102 【指出下一个链接】向导框

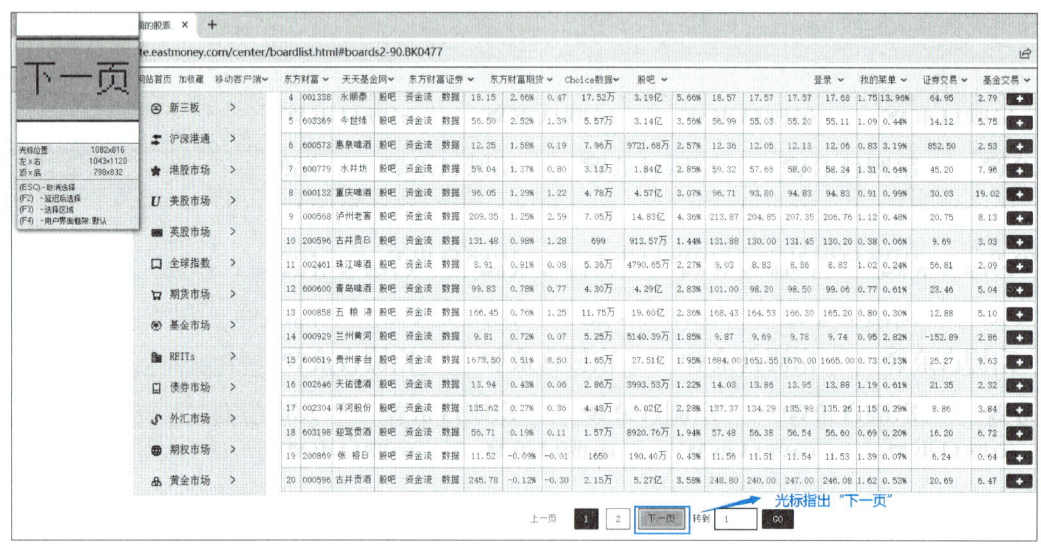

图 5-103 【指出下一个链接】界面

【例 5-7】 数据抓取功能

1）示例描述

要求：设计一个机器人，将网页导航至新浪财经网五粮液的利润表界面，使用"数据抓取"功能抓取五粮液 2022 年的利润表，并写入 Excel 表格中。

网址：https://money.finance.sina.com.cn/corp/go.php/vFD_ProfitStatement/stockid/000858/ctrl/2021/displaytype/4.phtml。

活动：【打开浏览器】【单击】【写入范围】。

2）操作步骤

(1) 在【序列】中添加【用户界面自动化】—【浏览器】类别下的【打开浏览器】活动，输入 URL 为 "https://money.finance.sina.com.cn/corp/go.php/vFD_ProfitStatement/stockid/000858/ctrl/2021/displaytype/4.phtml"，如图 5-104 所示，打开该活动的"属性"面板，修改浏览器类型为"Chrome"。

(2) 在【Do】序列内添加【元素】—【鼠标】类别下的【单击】活动，单击【指出浏览器中的元素】拾取"2022"，该步骤表示令机器人模拟用户单击"2022"，如图 5-105 所示。

208

图 5-104　[例 5-7]添加【打开浏览器】活动

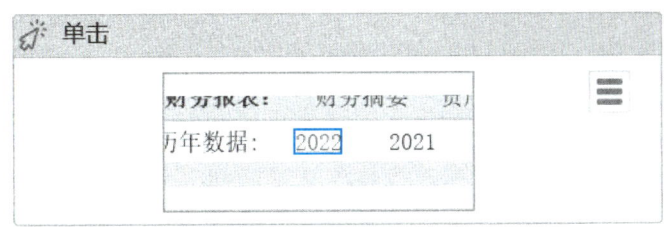

图 5-105　[例 5-7]添加【单击】活动拾取"2022"

（3）单击 UiPath"设计"功能区的【数据抓取】按钮,弹出【提取向导】对话框,单击【下一步】按钮,准备选取要抓取的数据区域,如图 5-106、图 5-107 所示。

图 5-106　[例 5-7]"设计"功能区的【数据抓取】按钮

> **请注意**
>
> 在单击【数据抓取】按钮前,单击【Do】序列或者【单击】活动,使得【数据抓取】序列添加在【单击】活动之后。

（4）单击五粮液利润表的第一个数据单元,即所选数据区域的第一个字段,如图 5-108 所示。

（5）由于上一步抓取的第一个字段是表格中的一个单元格,弹出【提取表】对话框,单击【是】按钮即弹出【预览数据】界面,如图 5-109

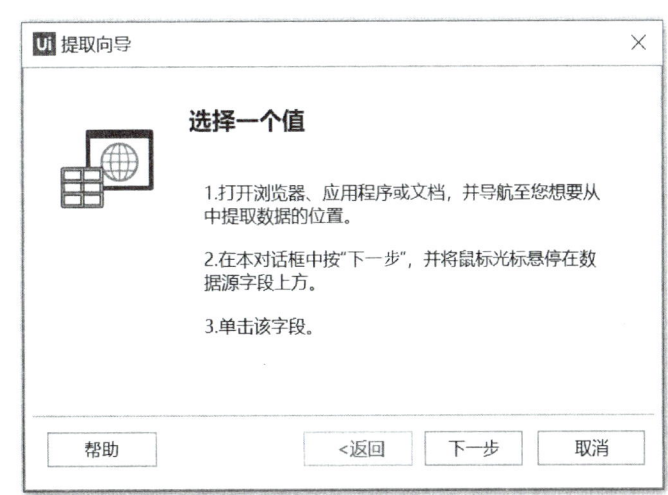

图 5-107　[例 5-7]【提取向导】选择一个值

所示。如果要获取页面上所有的数据,可在"最大结果条数"处输入"0"(0代表全部数据),点击【完成】按钮完成当前网页数据的抓取,如图5-110所示。

图5-108 [例5-7]抓取利润表的第一个数据单元

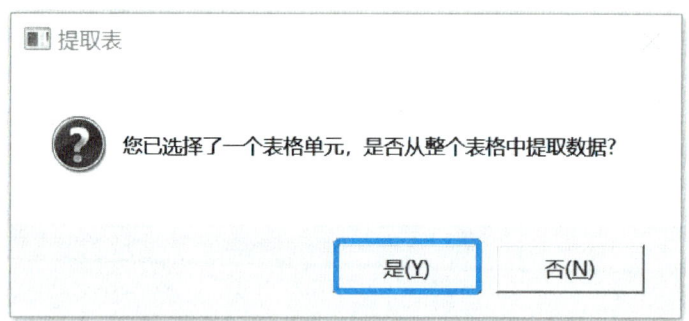

图5-109 [例5-7]【提取表】对话框

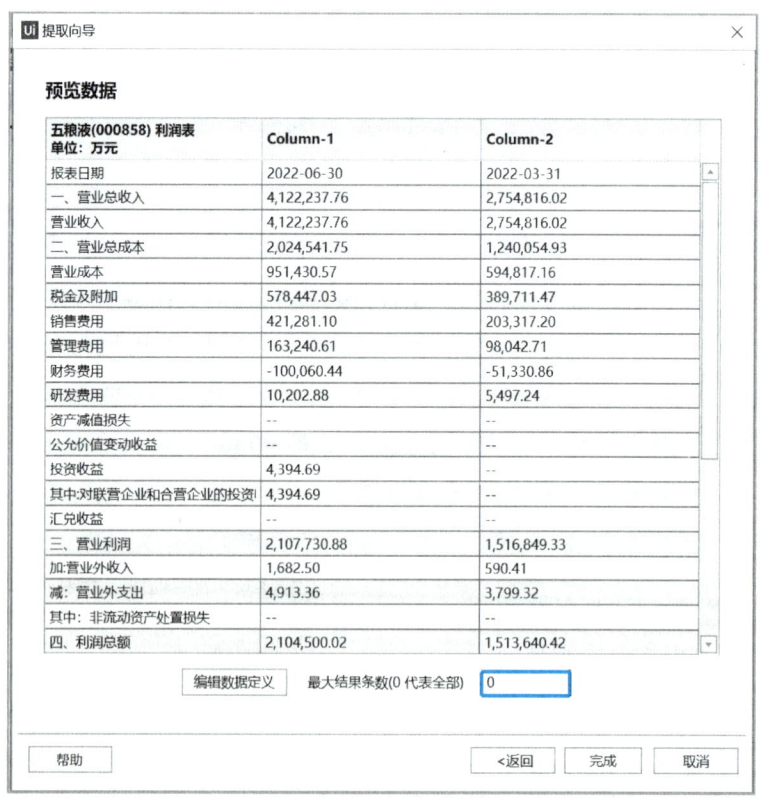

图5-110 [例5-7]【提取向导】的【预览数据】界面

(6) 弹出【指出下一个链接】向导框,由于此次提取的表格数据只有一页,所以此处点击【否】按钮,如图 5-111 所示。

(7) 数据抓取完成后,Uipath 会自动生成【数据抓取】序列。其中,【提取结构化数据】活动会自带一个名为"ExtractDataTable"的数据表变量,用来接收抓取的利润表数据,但该变量默认的范围是仅在【数据抓取】活动中有效,为了在后续活动中继续使用该变量的值,此处将变量范围修改为"序列",如图 5-112、图 5-113 所示。

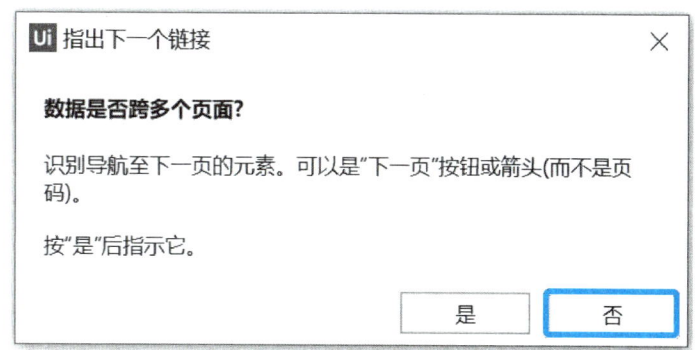

图 5-111 [例 5-7]【指出下一个链接】向导框

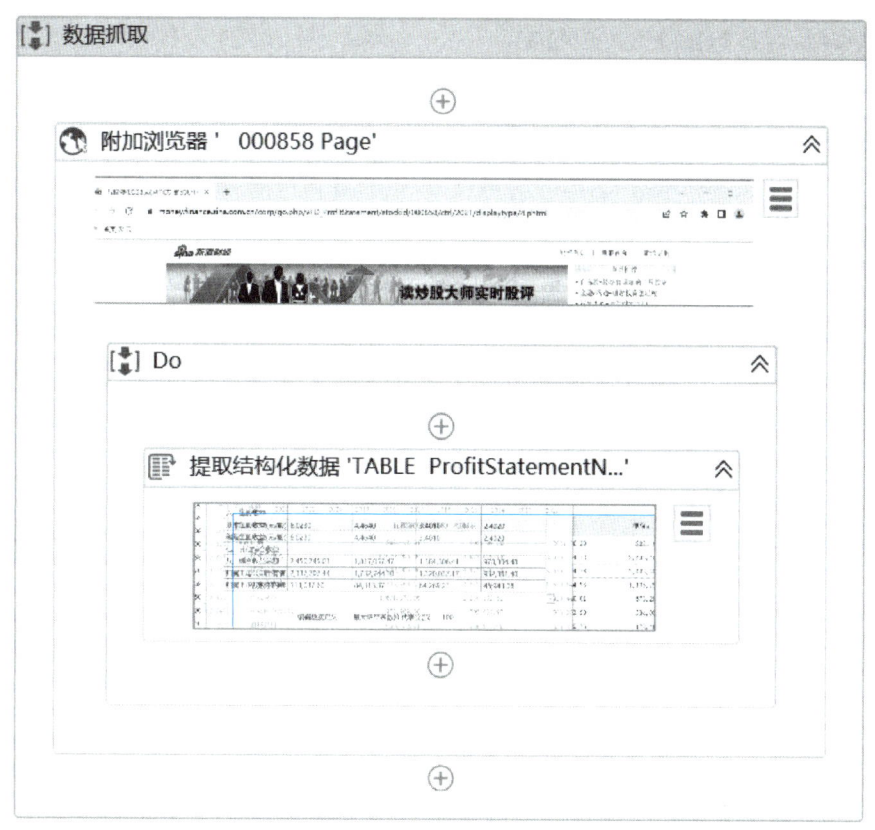

图 5-112 [例 5-7]【数据抓取】序列

名称	变量类型	范围	默认值
ExtractDataTable	DataTable	序列	New System.Data.DataTable

图 5-113 [例 5-7]修改变量范围

（8）在【数据抓取】序列下添加【文件】—【工作簿】类别下的【写入范围】活动，输入工作簿路径为"利润表.xlsx"，目标工作表名称为"Sheet1"，起始单元格为"A1"，输入数据表为"ExtractDataTable"，如图 5-114 所示。该步骤表示令机器人将存储在变量"ExtractDataTable"中的数据写入"利润表.xlsx"文件的"Sheet1"工作表中，从 A1 单元格开始写入。

运行结果如图 5-115 所示。

图 5-114 ［例 5-7］添加【写入范围】活动　　图 5-115 ［例 5-7］五粮液 2022 年的利润表

> **请注意**
>
> 一些网站可能有反爬虫措施，例如限制访问频率、验证码等，需要使用一些技术手段来应对，如使用代理 IP、设置爬取频率等。

二、屏幕抓取

1. "屏幕抓取"功能介绍

"屏幕抓取"功能是使用全文、原生或 OCR 方法从指定用户界面元素或文档中提取数据的方法。

该功能是【用户界面自动化】—【文本】—【屏幕抓取】类别下的【获取全文本】活动和【获取可见文本】活动及【用户界面自动化】—【OCR】—【屏幕抓取】类别下的【获取 OCR 文本】活动的综合，如图 5-116 所示。

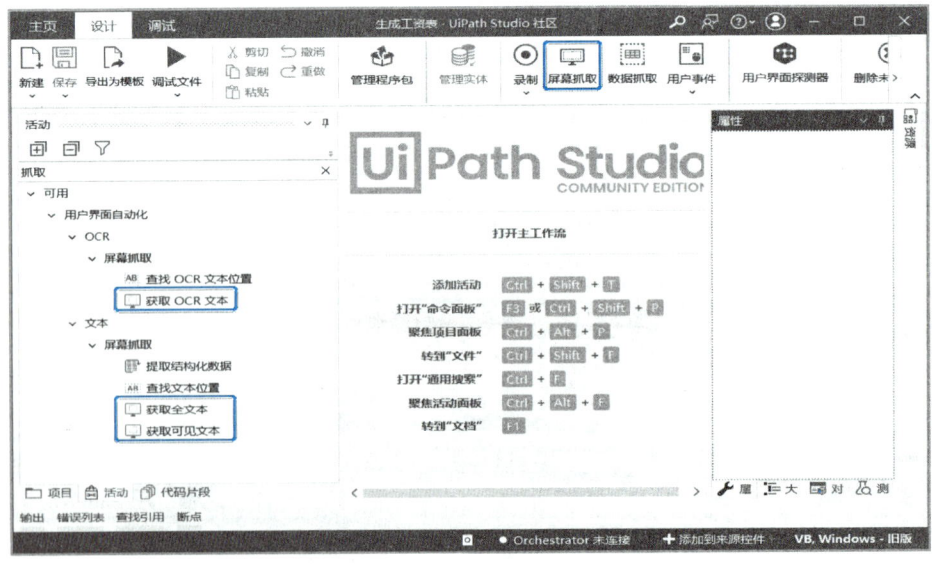

图 5-116 【屏幕抓取】类别下的活动

2. 抓取屏幕并 OCR 识别

使用"屏幕抓取"功能，抓取 UiPath 官网中"什么是机器人流程自动化"这段文字，如图 5-117 所示。

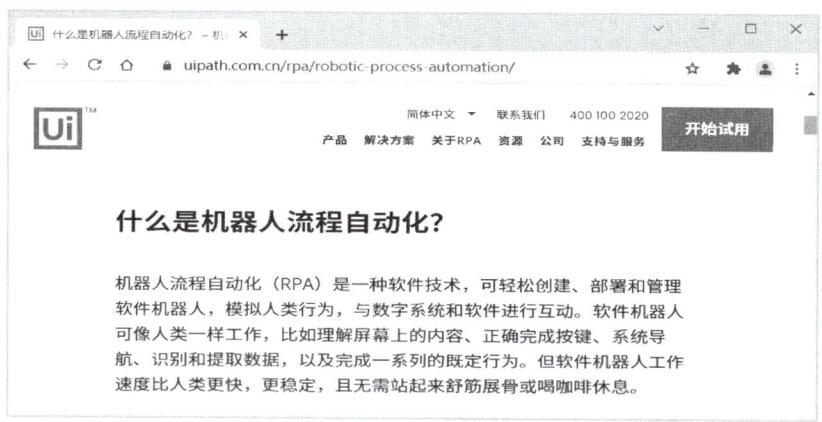

图 5-117　机器人流程自动化介绍

（1）单击【屏幕抓取】按钮，在要抓取的界面上拖动鼠标选中要抓取的文字，如图 5-118 所示。

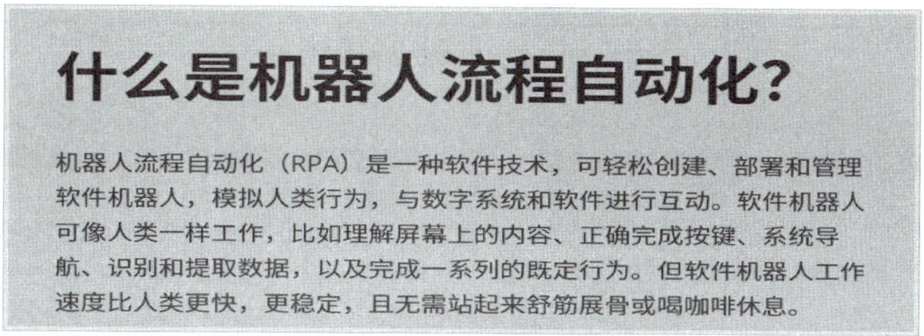

图 5-118　机器人流程自动化介绍

（2）弹出【屏幕抓取器向导】界面，界面的左侧是抓取结果预览，右侧可以选择抓取方法（原生、全文、OCR），不同的抓取方法对应的抓取选项设置也不同，如图 5-119 所示。

（3）完成抓取后，UiPath 会自动生成相应的操作序列，此处抓取方法选择的是全文，生成的序列中对应的活动为【获取全文本】，如图 5-120 所示。

知识点拨

图像质量对 OCR 识别的影响较大，因此需要保证图像清晰、无噪点，同时还需要注意图像的分辨率、色彩深度等因素。OCR 识别的准确度不足 100% 时，可能存在误识别或漏识别的情况，需要根据具体情况进行调整和处理。OCR 识别需要耗费较多的计算资源，因此，处理大量的图片和文本数据时需要考虑计算性能和效率的问题。在使用 OCR 时需要注意保护隐私和版权等相关法律法规的规定，避免侵权行为的发生。

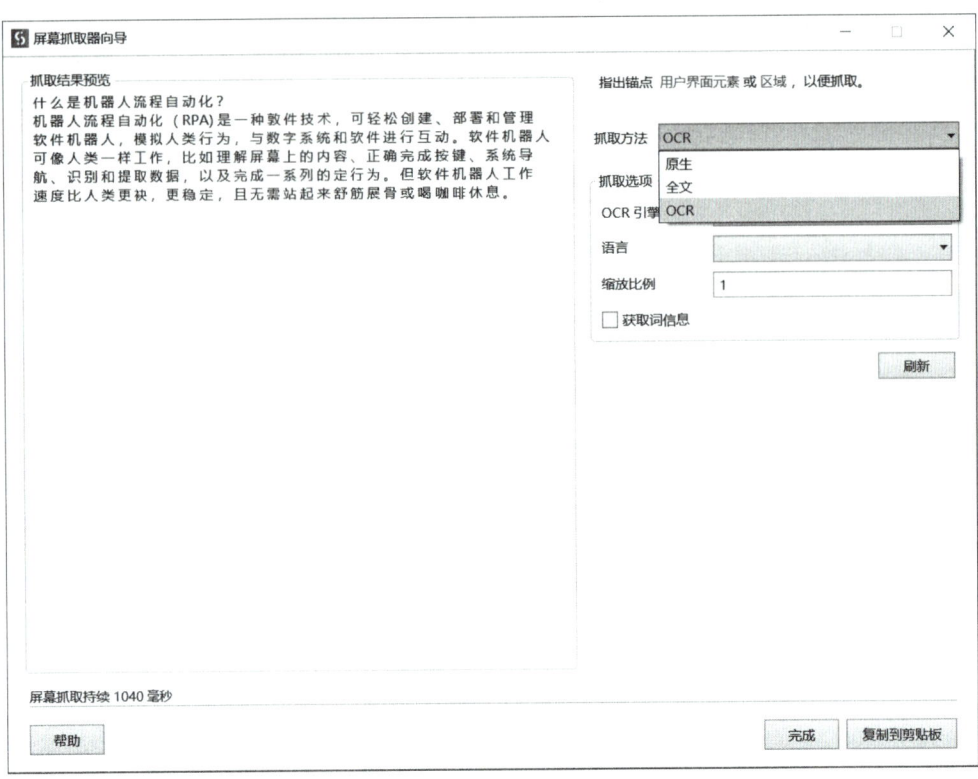

图 5-119 【屏幕抓取器向导】界面

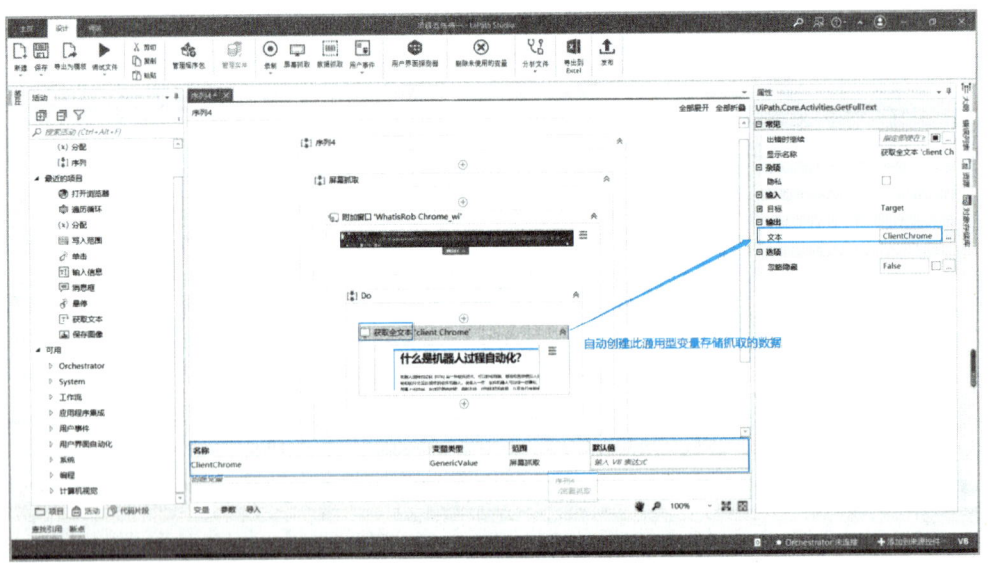

图 5-120 【获取全文本】序列

【例 5-8】 屏幕抓取功能

1）示例描述

要求：设计一个机器人，将网页导航至国家税务总局官网的"中华人民共和国个人所得税法"介绍界面,使用"屏幕抓取"功能抓取《中华人民共和国个人所得税法》,并创建一个文本文档将抓取的数据导入该文档。

网址:http://www.chinatax.gov.cn/chinatax/n810341/c101340/c101301/c101302/c5003550/content.html。

活动:【打开浏览器】【写入文本文件】。

2)操作步骤

(1)在【序列】中添加【用户界面自动化】—【浏览器】类别下的【打开浏览器】活动,输入URL 为"http://www.chinatax.gov.cn/chinatax/n810341/c101340/c101301/c101302/c5003550/content.html",打开该活动的"属性"面板,修改浏览器类型为"Chrome",如图5-121所示。

图 5-121 [例 5-8]添加【打开浏览器】活动

(2)将网页导航至"中华人民共和国个人所得税法"介绍界面,单击【Do】序列,单击"设计"功能区的【屏幕抓取】功能,选择需要抓取的区域,弹出【屏幕抓取向导】界面,抓取方法默认"全文",点击【完成】按钮。完成抓取后,UiPath会自动生成相应的操作序列,由于抓取方法为"全文",因此该序列中会自动生成一个【获取全文本】活动,该活动下会自动创建变量"Div"用于存储抓取的数据,修改该变量范围为"最外层序列",如图5-122、图5-123所示。

图 5-122 [例 5-8]"设计"功能区的【屏幕抓取】功能

▶ 请注意

单击【Do】序列,单击"设计"功能区的【屏幕抓取】功能,会将抓取完数据后生成的序列生成在【Do】序列内。

(3)在【屏幕抓取】序列下添加【系统】—【文件】类别下的【写入文本文件】活动,输入文本为变量"Div",写入文件名为"中华人民共和国个人所得税法.txt",如图5-124所示。该步骤表示令机器人将屏幕抓取到的文本写入文本文件中。

图 5-123 ［例 5-8］【获取全文本】序列

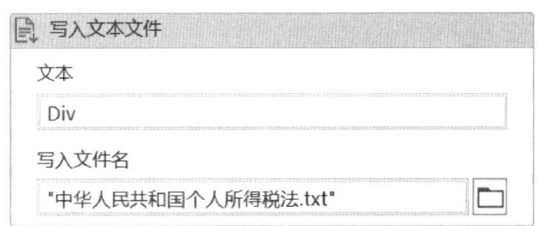

图 5-124 ［例 5-8］设置【写入文本文件】活动

运行结果如图 5-125 所示。

图 5-125 ［例 5-8］抓取"中华人民共和国个人所得税法"部分截图

职业素养

通过学习《中华人民共和国个人所得税法》，我们可以更好地了解国家的税收政策和制度，明确自己的纳税义务和权利，知道如何合法减少纳税负担。同时，了解个税还可以提高我们的财务管理水平，让我们更加理性地规划自己的财务生活。纳税是一种公民义务，也是一种爱国行为。通过认真缴纳个税，我们可以为国家的经济发展和社会建设作出自己的贡献。

案例视频

【实践案例十一】 抓取招聘信息机器人

1. 案例描述

请设计一个"抓取招聘信息机器人"，抓取招聘网站不同岗位的招聘信息，为 HR 定制招聘需求提供参考。

2. 案例要求

（1）梳理招聘的业务流程，并绘制流程图，简要分析该流程中存在的业务痛点。

（2）使用 UiPath 中相关活动开发抓取招聘信息机器人。

3. 机器人自动化流程设计

根据案例开发流程绘制流程图，如图 5-126 所示。

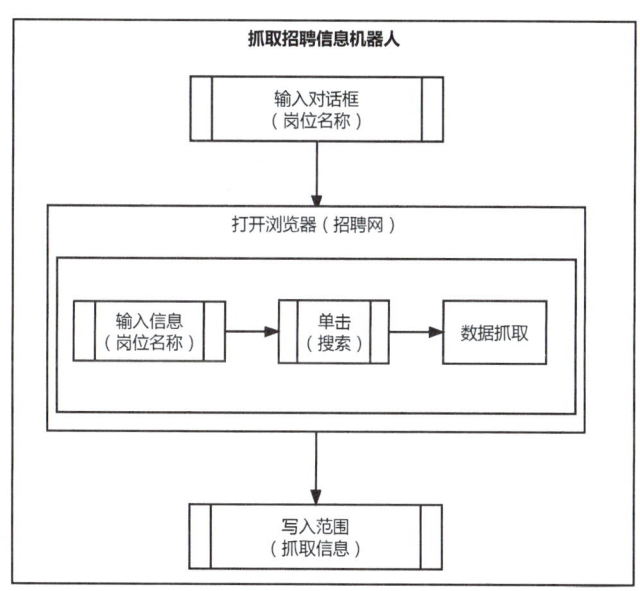

图 5-126　抓取招聘信息机器人流程图

4. 案例开发

（1）打开主工作流，在主工作流中添加【序列】，并将该序列的名称修改为"抓取招聘信息机器人"，如图 5-127 所示。

（2）在【抓取招聘信息机器人】序列中添加【系统】—【对话框】类别下的【输入对话框】活动，输入对

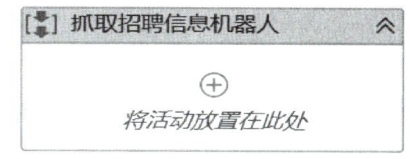

图 5-127　添加【抓取招聘信息机器人】序列

217

话框标题为"抓取招聘信息机器人",输入标签为"请输入要抓取的岗位名称"。在已输入的值处创建变量"岗位名称",变量类型为"String",范围为"抓取招聘信息机器人",该变量用于存储输入的岗位名称,如图 5-128 所示。

（3）添加【用户界面自动化】—【浏览器】类别下的【打开浏览器】活动,输入 URL 为 "https://www.zhaopin.com/",如图 5-129 所示,修改浏览器类型为"Chrome"。

（4）在【Do】序列内添加【用户界面自动化】—【元素】—【键盘】类别下的【输入信息】活动,并修改名称为"输入信息（岗位名称）"。单击【指出浏览器中的元素】拾取【搜索框】,输入文本为变量"岗位名称",如

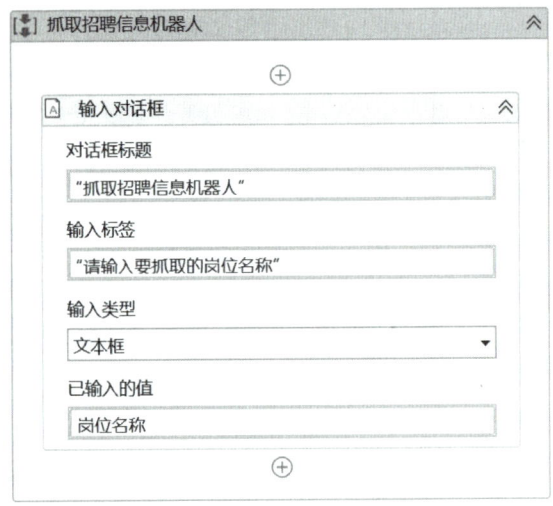

图 5-128　设置【输入对话框】活动

图 5-130 所示。该步骤表示令机器人模拟用户在网页搜索框内输入岗位名称。

图 5-129　添加【打开浏览器】活动

（5）添加【元素】—【鼠标】类别下的【单击】活动,并修改该活动名称为"单击（搜索）",单击【指出浏览器中的元素】拾取【搜索】按钮,如图 5-131 所示。该步骤表示令机器人模拟用户单击搜索按钮进行搜索。

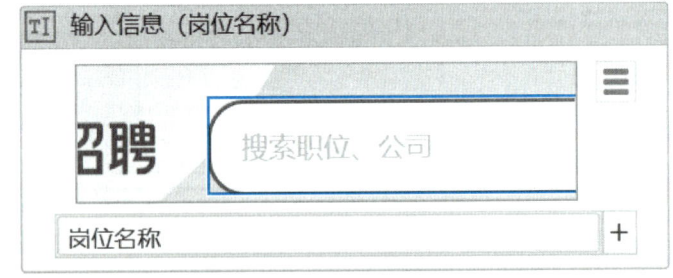

图 5-130　设置【输入信息】活动

（6）将网页导航至智联招聘网站,单击"设计"功能区的【数据抓取】按钮。弹出【提取】向导框,点击【下一步】按钮,抓取的第一个选项为第一条招聘信息的岗位名称;点击【下一步】按钮,第二个选项为最后一条招聘信息的岗位名称。完成选取后勾选提取 URL,单击【下一步】按钮,在最大结果条数处输入"0"（0 代表全部数据）。如果还要提取招聘信息的相关数据,点击提取相关数据,进行相同操作抓取数据。相关数据抓取完成后,点

击【完成】按钮,弹出【指出下一个链接】向导框,若数据跨多页,点击【是】按钮,再拾取浏览器中的【下一页】按钮;若数据未跨多页,点击【否】按钮即可。完成数据抓取后,UiPath 会自动在【单击】活动后生成【数据抓取】序列,如图 5-132 所示。

图 5-131　添加【单击】活动

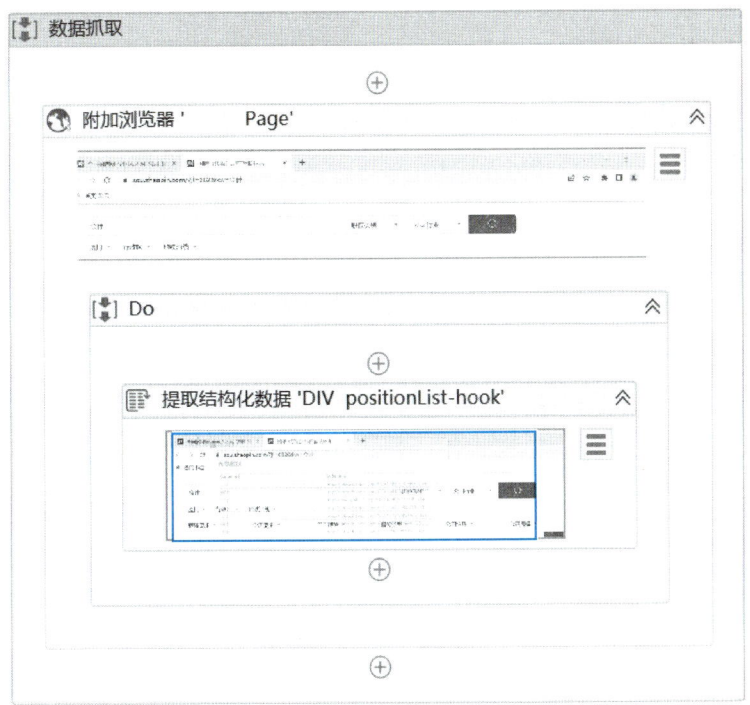

图 5-132　设置【数据抓取】序列

> **请注意**
>
> 数据抓取完成后,【提取结构化数据】活动会自动创建一个名为"ExtractDataTable"的数据表变量用于接收抓取的招聘信息数据。由于该变量默认的范围是仅在【数据抓取】活动中有效,为了在后续活动中继续使用该变量的值,此处将变量范围修改为"抓取招聘信息机器人"。

(7) 在【打开浏览器】活动后添加【文件】—【工作簿】类别下的【写入范围】活动,并修改名称为"写入范围(抓取信息)"。输入工作簿路径为"岗位招聘信息.xlsx",设置目标工作表名称为"Sheet1",起始单元格为"A1",输入数据表为"ExtractDataTable",如图 5-133 所示。该步骤表示令机器人将抓取到的信息写入"岗位

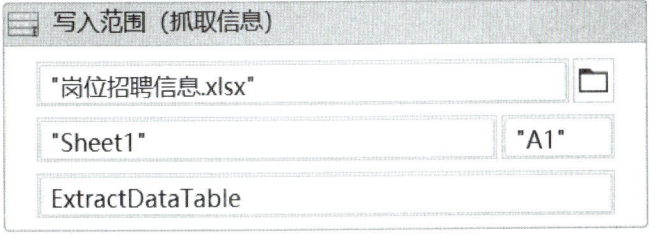

图 5-133　设置【写入范围】活动

招聘信息.xlsx"文件的"Sheet1"工作表中。

5. 运行结果

以会计主管为例,点击【调试文件】按钮,根据弹出的输入对话框输入岗位名称"会计主管",抓取岗位名称、网址、薪资、工作年限、学历要求、招聘公司,如图5-134所示。

图5-134 岗位招聘信息表

案例视频

【实践案例十二】 RPA 数据抓取机器人

1. 案例描述

企业在进行数据分析前,首要任务就是获取数据。如果要从网上获取大批量的数据,一般是通过手动下载的方式,但是不是所有网站都提供下载按钮,手动复制是非常低效乏味的,那么能不能让RPA来帮助企业完成这个工作呢?设计一个"RPA数据抓取机器人"帮助企业获取一个行业板块数据。

2. 案例要求

(1)机器人先接收一家上市公司的名称。

(2)进入东方财富网,在网页中输入该上市公司的名称,获取该上市公司行业板块的数据,并将数据保存到Excel文件中。

(3)在本地发布完成的RPA数据抓取机器人。

3. 机器人自动化流程设计

根据案例开发流程绘制流程图，如图 5-135 所示。

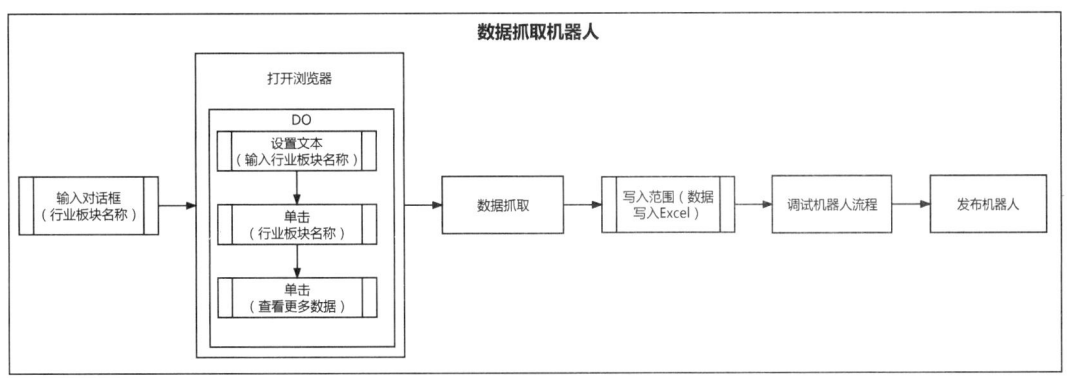

图 5-135　数据抓取机器人流程图

4. 案例开发

1）添加【输入对话框】活动

在【序列】内添加一个【输入对话框】活动，输入对话框标题为"RPA数据抓取机器人"，输入标签为"请输入需要获取数据的行业板块名称"。在该活动"属性"面板的输出结果处创建变量"name"，用于接收输入的行业板块名称，如图 5-136 所示。此步骤功能是在执行该机器人时，告诉机器人要获取哪个行业板块数据。

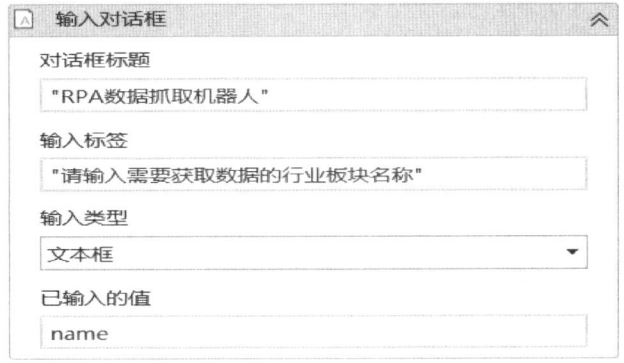

图 5-136　添加【输入对话框】活动

2）添加【打开浏览器】活动

（1）添加【打开浏览器】活动，输入网址为"https://www.eastmoney.com/"，如图 5-137 所示，更改浏览器类型为"Chrome"，此步骤功能是使机器人模拟用户打开东方财富网。

图 5-137　添加【打开浏览器】活动

（2）在【Do】序列内添加【设置文本】活动，并修改该活动名称为"设置文本（行业板块名称）"。单击该活动的【指出浏览器中的元素】在东方财富网主页中拾取【搜索框】，输入文本为变量"name",即将保存在"name"变量中的值赋值给此搜索框,以支持后续搜索活动的进行,此步骤是令机器人模拟用户操作将行业板块名称输入搜索框内,如图 5-138 所示。

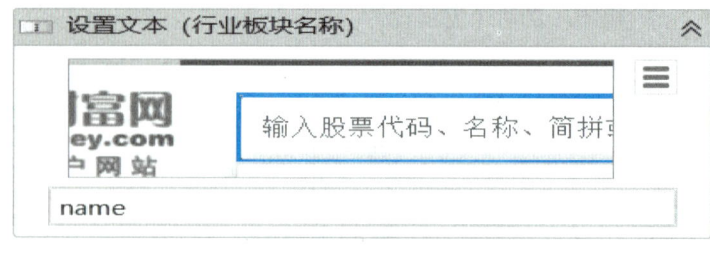

图 5-138　在【设置文本】活动中输入公司名称

> **请注意**

设计流程时需要手动导航至相应网页,以支持 UiPath 在网页中拾取操作对象。(2)～(4)的流程设计中,采用的是在东方财富网主页中搜索"酿酒行业"为流程设计进行导航。

(3) 在【Do】序列内添加【单击】活动,并修改该活动名称为"单击(行业板块名称)"。单击该活动的【指出浏览器中的元素】拾取下拉框中"行业板块"名称。打开【编辑选取器】窗口,将动态属性值使用变量"name"替换,如图 5-139 所示。此步骤的功能是令机器人模拟用户单击行业板块名称。

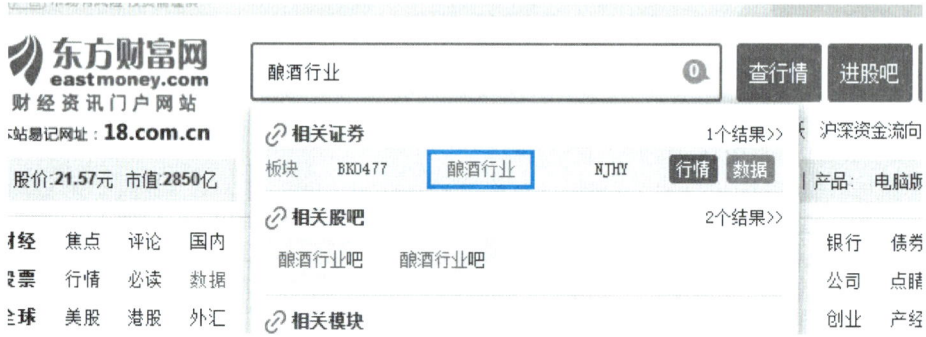

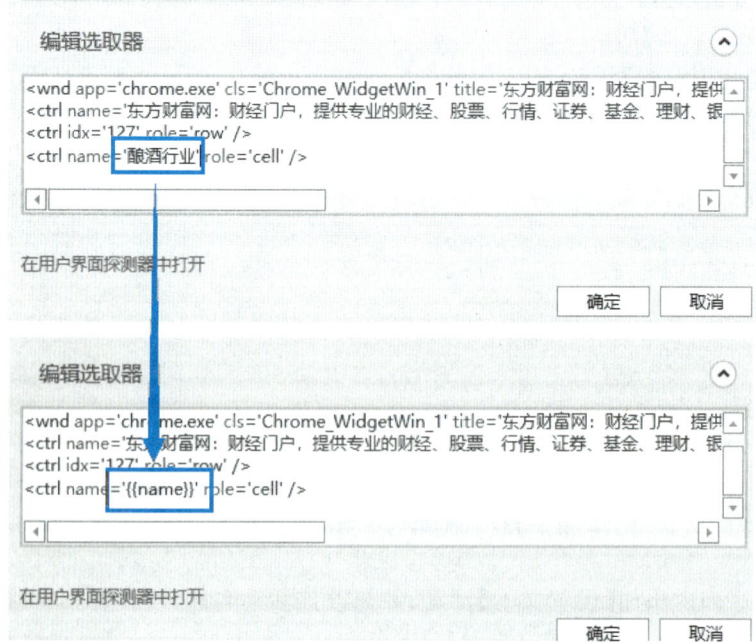

图 5-139　拾取下拉框中行业板块名称

(4) 在【Do】序列内添加【单击】活动，并修改该活动名称为“单击(查看更多数据)”。单击该活动的【指出浏览器中的元素】拾取【点击查看更多数据】。在“属性”界面，设置在此之后延时，填入“3000”，等待页面加载好后进行数据抓取，如图 5-140 所示。

酿酒行业个股资金流　行业历史资金流　更多

今日排行　5日排行　10日排行

序号	代码	名称	相关	最新价	5日涨跌幅	5日主力净流入		5日超大单净流入		5日大单净流入		5日中单净流入		5日小单净流入	
						净额	净占比	净额	净占比	净额	净占比	净额	净占比	净额	净占比
1	000596	古井贡酒	大单详情	-	-4.76%	1.476亿	5.64%	1.156亿	4.41%	3198万	1.22%	-1.709亿	-6.52%	2325万	0.89%
2	600600	青岛啤酒	大单详情	117.78	-3.54%	2016万	0.78%	559.7万	0.22%	1457万	0.56%	-1647万	-0.63%	-369.8万	-0.14%
3	600059	古越龙山	大单详情	9.90	-3.04%	1998万	4.97%	502.5万	1.25%	1496万	3.72%	-2797万	-6.95%	798.7万	1.99%
4	600543	莫高股份	大单详情	5.25	2.54%	1142万	6.43%	384.8万	2.17%	757.2万	4.26%	292.6万	1.65%	-1435万	-8.07%
5	000995	*ST皇台	大单详情	17.88	5.61%	154.2万	1.35%	541.1万	4.74%	-386.9万	-3.39%	301.4万	2.64%	-455.6万	-3.99%
6	200596	古井贡B	大单详情	-	-1.85%	-89.15万	-3.72%	11.36万	0.47%	-100.5万	-4.20%	127.3万	5.32%	-38.14万	-1.59%
7	200869	张 裕B	大单详情	-	-2.91%	-125.1万	-9.88%	0	0.00%	-125.1万	-9.88%	110.4万	8.71%	14.76万	1.16%
8	600084	中葡股份	大单详情	7.80	5.12%	-274.2万	-2.17%	-397.2万	-3.14%	122.9万	0.97%	1012万	8.00%	-738.2万	-5.83%

点击查看更多数据>>

图 5-140　单击(查看更多数据)

请注意

【附加浏览器】活动选取器属性也有一段动态字符串属性，打开【编辑选取器】窗口，将其对应的选取器“title”中的动态属性值使用通配符“ * ”替换，此步骤功能是令机器人模拟用户单击查看更多数据的操作，如图 5-141 所示。

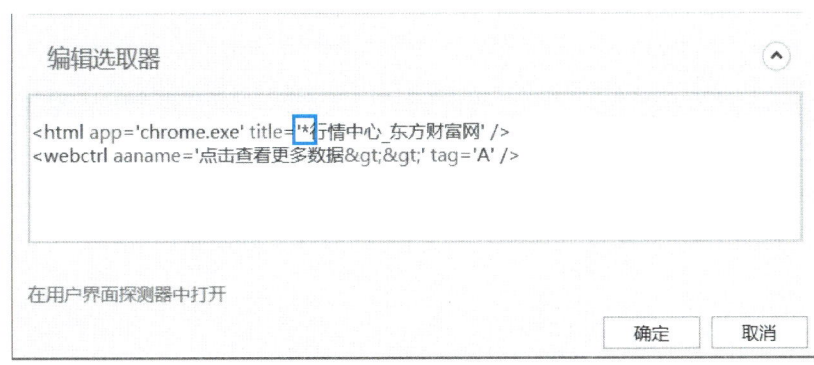

图 5-141　修改【编辑选取器】

3) 数据抓取

设计从东方财富网行业板块中抓取行业数据的流程，以使机器人能自动获取行业板块的所有数据。数据抓取包括以下五个步骤。

(1) 单击 UiPath“设计”功能区中的【数据抓取】按钮，弹出【提取向导】对话框，单击【下一步】按钮，单击行业板块数据表的第一个数据单元，即所选数据区域的第一个字段，如图 5-142 所示。

序号	代码	名称	相关	最新价	今日涨跌幅	今日主力净流入		今日超大单净流入		今日大单净流入		今日中单净流入		今日小单净流入	
						净额	净占比	净额	净占比	净额	净占比	净额	净占比	净额	净占比
1	600809	山西汾酒	详情 数据 股吧	245.56	0.59%	5448.27万	2.49%	4196.89万	1.92%	1251.38万	0.57%	-4421.84万	-2.02%	-1026.43万	-0.47%
2	000596	古井贡酒	详情 数据 股吧	286.43	-1.54%	3366.61万	6.64%	3927.06万	7.74%	-560.45万	-1.10%	-4947.31万	-9.75%	1580.70万	3.12%
3	600132	重庆啤酒	详情 数据 股吧	118.68	-3.69%	2118.60万	3.29%	307.31万	0.48%	1811.29万	2.81%	-2965.15万	-4.60%	846.55万	1.31%

图 5-142　单击第一个数据单元

（2）由于上一步抓取的第一个字段是表格中的一个单元，弹出【提取表】对话框，询问"您已经选择了一个表格单元，是否从整个表格中提取数据？"，单击【是】按钮即可自动获取该表格中的其他数据，如图 5-143 所示。

（3）【提取向导】对话框展示所抓取数据的预览界面，在此界面可以设置所要抓取的数据条数，如果要获取该页面的所有数据，可在"最大结果条数"处输入"0"（0 代表全部数据），单击【完成】按钮完成当前网页数据的抓取，如图 5-144 所示。

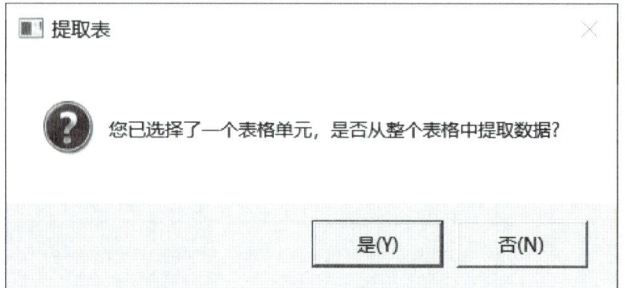

图 5-143　弹出【提取表】对话框

图 5-144　【提取向导】预览界面

(4)【提取向导】对话框弹出【指出下一个链接】对话框。此处流程选择【否】,抓取一页数据,如图 5-145 所示。如果需要获取的网页数据跨多个页面,则单击此对话框中的【是】按钮,单击【下一页】按钮。

(5)数据抓取完成后,UiPath 会自动生成【数据抓取】序列。其中,【提取结构化数据】活动,将会自动创建一个名为"ExtractDataTable"的数据表变量,用来接收抓取的数据,但该变量默认的范围是仅在【数据抓取】活动中有效,为了在后续活动中继续使用该变量的值,此处将该变量的范围修改为"RPA 数据抓取机器人",如图 5-146、图 5-147 所示。

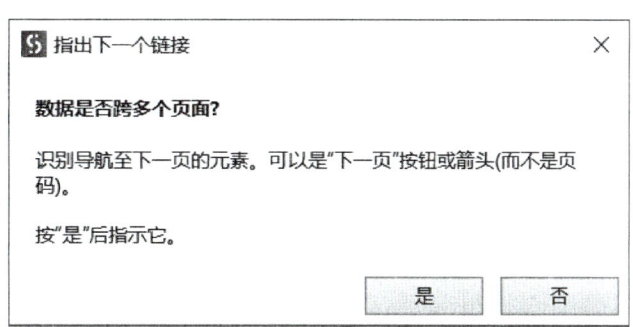

图 5-145 单击【否】按钮完成当前网页数据的抓取

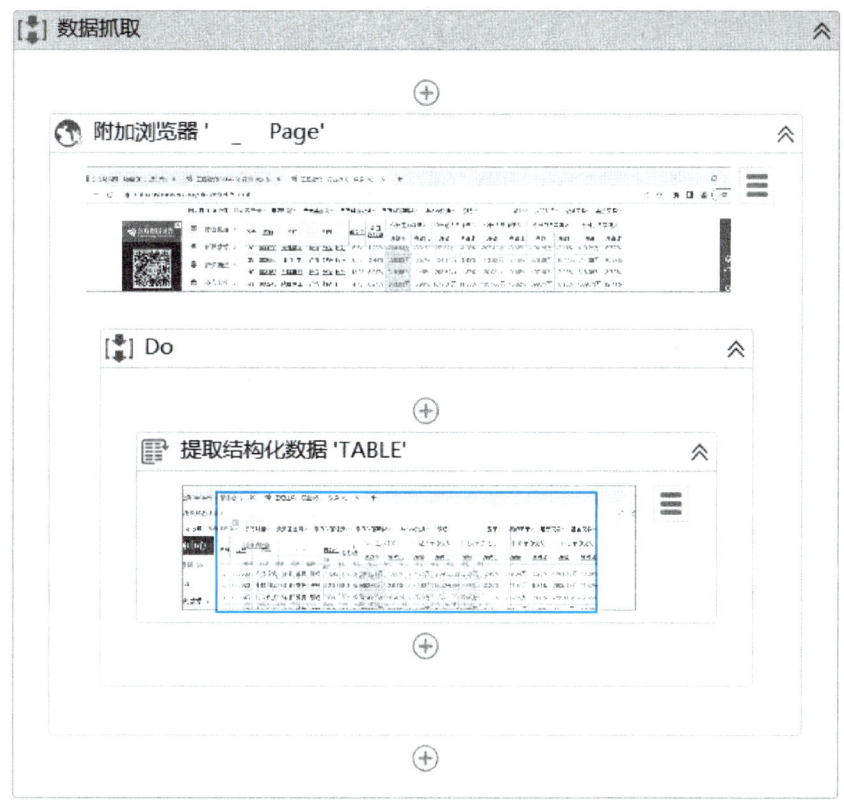

图 5-146 【数据抓取】序列

名称	变量类型	范围	默认值
name	String	RPA数据抓取机器人	输入 VB 表达式
ExtractDataTable	DataTable	RPA数据抓取机器人	New System.Data.DataTable
创建变量			

图 5-147 设置变量范围

> **请注意**

活动选取器属性也有一段动态字符串属性，此处把其对应的选取器"title"中的动态内容使用通配符"*"替换，如图 5-148 所示。

4）将抓取的数据写入 Excel 文件

在【序列】内添加一个【系统】—【文件】—【工作簿】类别下的【写入范围】活动，文件路径为"行业板块数据.xlsx"，写入数据为数据表变量"ExtractDataTable"。勾选该活动"属性"面板的【添加标头】复选框，否则写入到 Excel 文件中的数据不会添

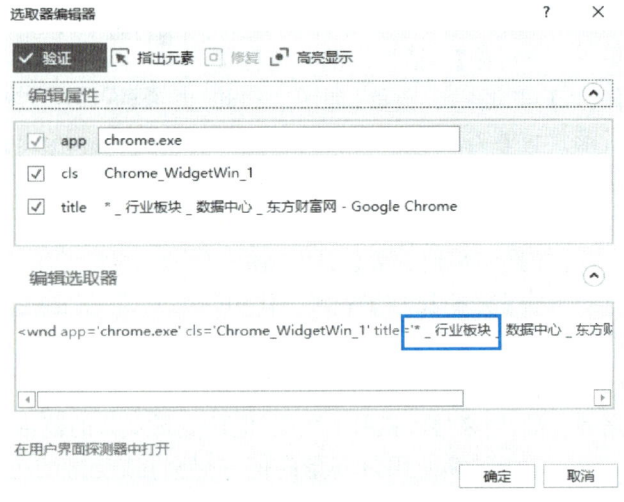

图 5-148　【附加浏览器】活动的编辑选取器

加列名。此步骤的功能是令机器人将抓取的行业板块数据写入"行业板块数据.xlsx"文件的"Sheet1"工作表的"A1"单元格开始的一片区域内，如图 5-149 所示。

5）调试机器人流程

流程设计完成后，单击"设计"功能区中的【调试文件】按钮，启动流程调试，流程执行结束后，在"RPA 数据抓取机器人"项目文件夹下打开"行业板块数据.xlsx"文件，可以看到从网上抓取的数据已写入 Excel 表中，如图 5-150 所示。

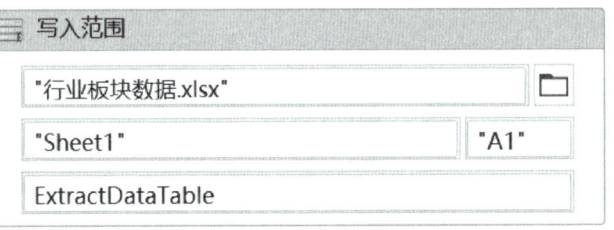

图 5-149　设置【写入范围】活动

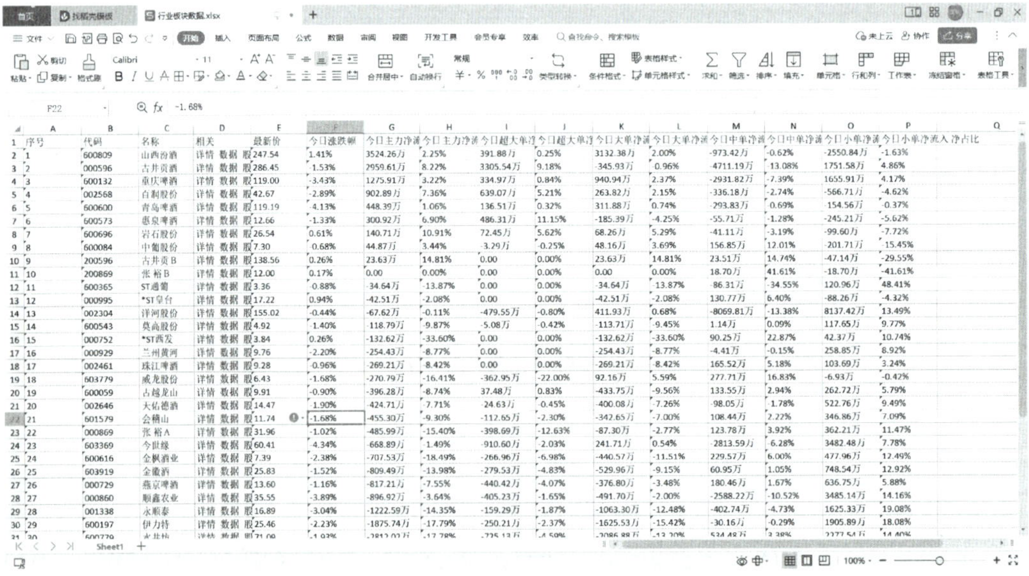

图 5-150　抓取的行业板块数据

6) 发布机器人

单击 UiPath "设计" 功能区中的【发布】按钮，在打开的【发布流程】对话框中，设置包名称为 "RPA 数据抓取机器人"。发布完成后，打开 UiPath Assistant 即可看到已发布的 RPA 数据抓取机器人，可以在此界面启动 RPA 数据抓取机器人的运行，如图 5-151 所示。

图 5-151　RPA 数据抓取机器人

职业素养

数据抓取工作要尊重知识产权，不能未经授权或未经许可就抓取他人的数据。在抓取数据时，不要对目标网站造成不必要的影响，如频繁访问、过度消耗对方服务器资源等。

随堂练习

【练 5-3·多选题】"数据抓取"功能可以用于（　　）操作。
A. 自动化与网页的交互
B. 从一个 UI 元素提取文本
C. 从 Web 或其他应用程序中提取相关数据
D. 从 Web 或其他应用程序中提取整个表

参考答案：CD

RPA 财务机器人项目实战

知识目标

- 了解 RPA 财务机器人的开发步骤
- 了解网银付款的一般流程
- 了解银企对账的一般流程
- 了解填开发票的一般流程

能力目标

- 掌握 RPA 财务机器人流程梳理及痛点分析方法
- 掌握"网银付款机器人"的流程设计思路
- 掌握使用循环完成付款信息的自动填写的思路
- 掌握筛选数据表活动对数据的筛选方法与思路
- 掌握联接数据表和筛选数据表相结合完成数据的核对方法

素养目标

- 具有良好的思考和分析问题的能力
- 具有良好的 RPA 财务机器人开发能力
- 具备良好的团队协作能力

任务一　开发 RPA 网银付款机器人

案例视频

一、实验内容与要求

1. 案例描述

北京诚鼎集团旗下有两家子公司，根据集团财务制度要求，子公司的网银付款操作由集团财务部门每日统一进行。其子公司在全国各地有许多供应商，月支付量大，且支付出错率也较高，容易导致最后输出的财务报表不正确。针对这样的支付结算痛点，集团决定开发一款"RPA 网银付款机器人"以代替人工完成此项工作。

2. 实验要求

本实验的基本要求是通过沙盘模拟推演熟悉 RPA 网银付款的业务流程和机器人分析、开发与部署过程，并上机完成 RPA 网银付款机器人的模拟开发。具体要求如下：

（1）在物理沙盘"机器人分析中心"完成财务人员网银付款的业务流程梳理，讨论在不同付款方式下的人工操作流程，并具体分析在付款的各个环节中存在的错误率高、操作繁琐、效率较低等业务痛点。

（2）在物理沙盘"机器人设计中心"完成 RPA 网银付款机器人技术路线设计，并思考如何使用 RPA 技术优化人工网银付款流程，在流程中是否能完全规避人为风险。

（3）在物理沙盘"数据标准与规范化中心"完成机器人流程中所有数据输入、数据处理、数据输出的内容模拟推演。例如，子公司付款数据的工作表设计，如何获取收款人名称、收款人账号、收款人银行、金额等数据，获取的数据是否为结构数据等。

（4）在物理沙盘"机器人开发中心"中根据机器人流程分别推演机器人每个步骤所需 UiPath 主要活动模块。

（5）在物理沙盘"机器人运用中心"分析 RPA 网银付款机器人的价值与风险、运行与部署模式，并探讨财务人员与 RPA 网银付款机器人协作的工作模式。

（6）在 UiPath 开发软件中进行 RPA 网银付款机器人开发。

二、项目实战准备

1. 沙盘模拟推演教学工具准备

项目实战的开展首先需要在"RPA 财务机器人开发模拟沙盘"上完成 RPA 网银付款机器人案例的相关任务，需准备以下沙盘工具包：

（1）通用工具包：机器人分析。
（2）通用工具包：机器人开发——For UiPath。
（3）通用工具包：数据标准与规范化。
（4）通用工具包：机器人运用。
（5）实验案例包：实验四——RPA 网银付款机器人。

2. 实验环境准备

RPA 网银付款机器人在开发之前需要准备相关开发环境，如图 6-1、图 6-2 所示。

（1）安装 UiPath 开发工具。
（2）网上银行 RPA 开发环境。

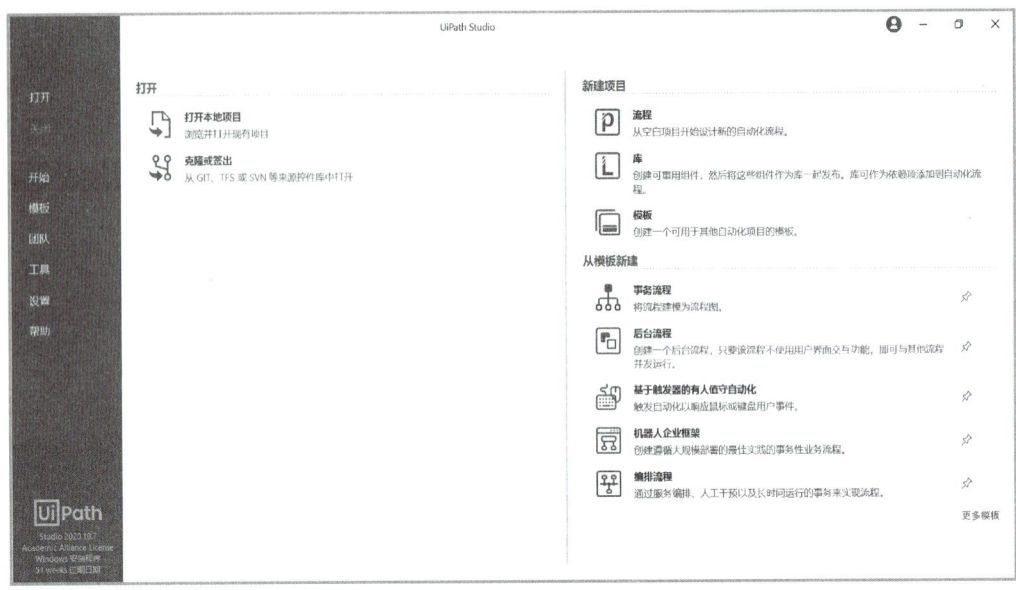

图 6-1 UiPath 开发工具

图 6-2 网上银行 RPA 开发环境

> **请注意**
>
> 开发财务机器人实践案例需要结合前面所学的 RPA 在 Excel、Web 中的应用等知识,案例素材以及虚拟网上平台地址和账号,各院校可以向厦门科云信息科技有限公司申请,涉及的物理沙盘工具可以向重庆迪数享腾科技有限公司咨询,案例素材也可以从教材群中下载。

三、机器人分析

付款业务是财务日常工作中最重要也是风险较大的业务流程之一。传统工作模式下的付款流程主要依赖人工操作,在付款主体多、付款量大的情况下,依赖人工效率较低、出错率较高,因而付款业务存在着诸多痛点。

例如,在进行网银付款时,若存在多种不同的支付方式和明细指令类型,操作起来更加繁琐耗时,导致操作效率也较低。另外,人工处理付款时,出错率较高,带来较大的资金管理风险。同时,大量重复操作也会带来较高的人力成本,无法释放财会人员的精力去从事资金管理等更有价值的工作。

四、机器人设计

在实务中,会计人员登录网上银行系统,根据子公司的付款清单在网银系统上提交付款申请,填写收款人名称、账号、银行、金额及用途等信息后,即可提交申请。

根据业务的关联程度以及技术实现的难易程度,可把 RPA 网银付款机器人的主流程拆分为三个子流程:读取付款清单、登录网银系统和填写付款申请。每个子流程内又嵌套控制流程和其他流程,以下是 RPA 网银付款机器人的流程标准,如图 6-3 所示。

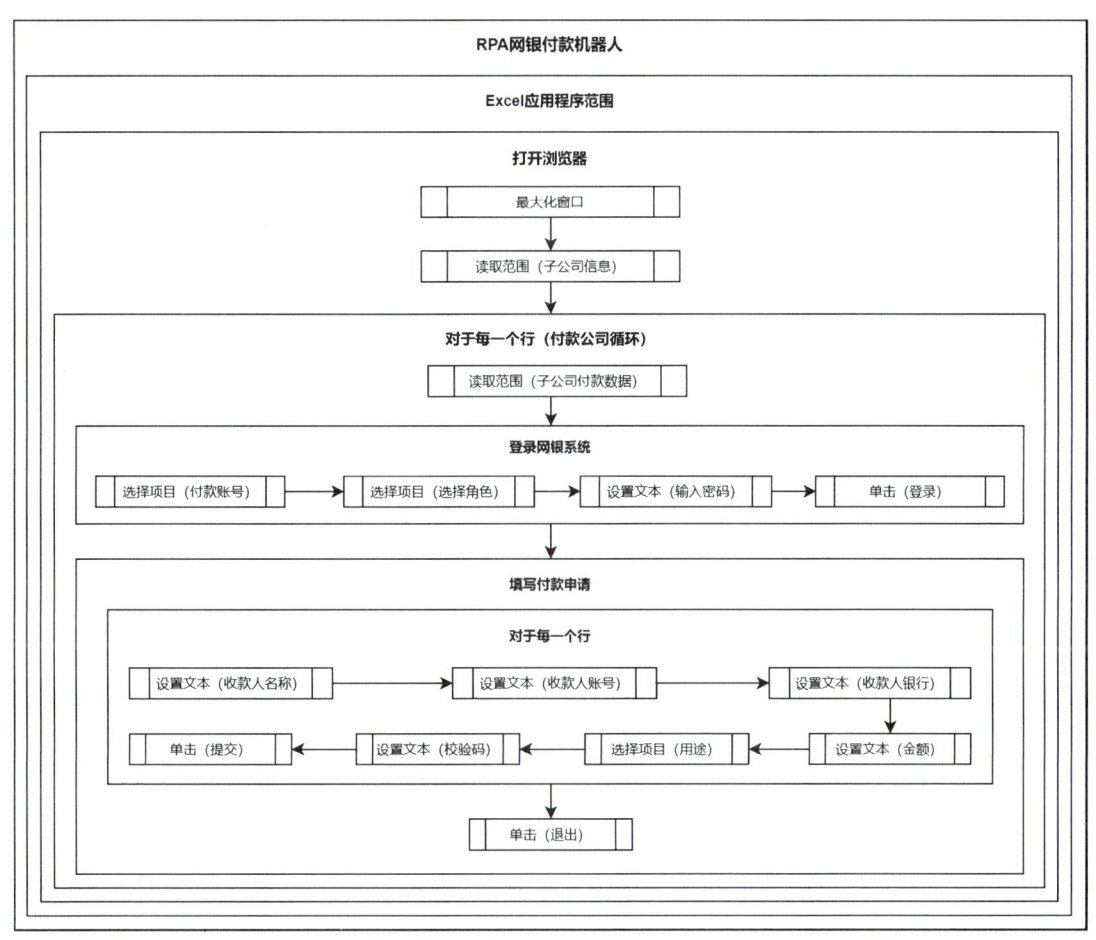

图 6-3　RPA 网银付款机器人自动化流程设计

> **知识点拨**
>
> 在 RPA 财务机器人开发中,流程设计是开发的整体思路体现,是整个开发过程的灵魂。

五、机器人开发

1. 建立 RPA 网银付款机器人框架

（1）在 UiPath 中新建项目流程(空白流程)，项目名称为"RPA 网银付款机器人"。

（2）创建完成后打开主工作流程，然后在【Main】主流程中添加【System】—【Activities】—【Statements】类别下的【序列】活动，并将该活动的名称修改为"RPA 网银付款机器人"。

（3）由于 RPA 网银付款机器人的操作涉及 Excel 和浏览器两个应用，在【RPA 网银付款机器人】序列中添加【应用程序集成】—【Excel】类别下的【Excel 应用程序范围】活动。

（4）在【Excel 应用程序范围】的【执行】序列中添加【用户界面自动化】—【浏览器】类别下【打开浏览器】活动，如图 6-4 所示。

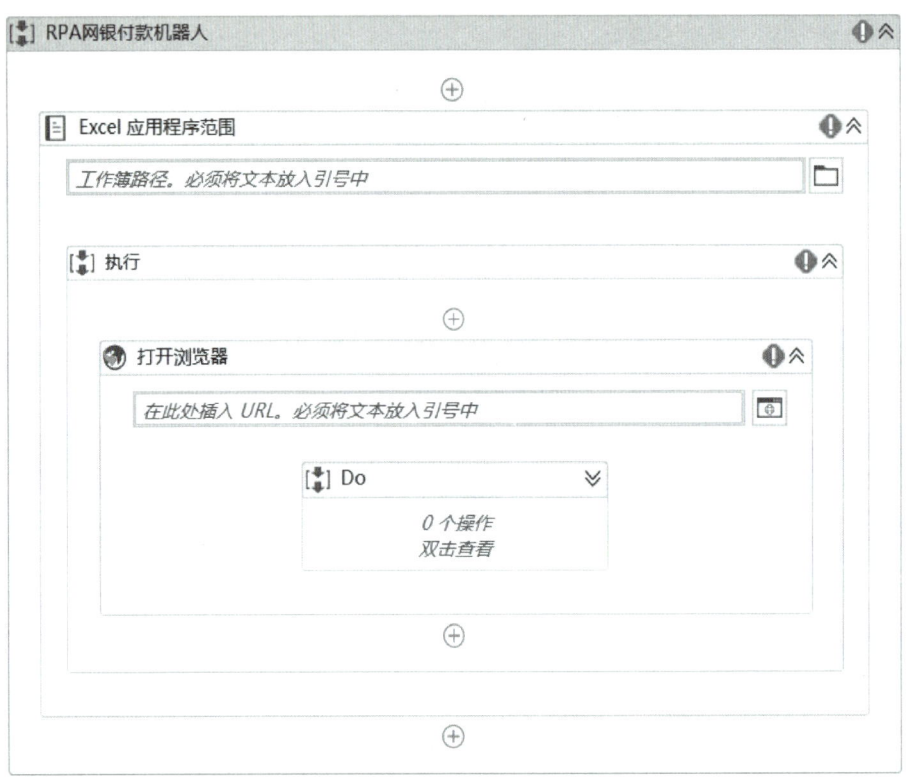

图 6-4　建立 RPA 网银付款机器人框架

> **知识点拨**
>
> 开发 RPA 财务机器人前必须熟悉整个业务流程，根据基本的业务流程来搭建基本的机器人框架，再丰富具体的操作流程。

案例视频

2. 开发子流程

1) 读取付款清单子流程

（1）设计付款清单。Excel 付款清单的内容分为两部分，分别是企业信息和子公司付款数据。由于北京诚鼎集团有两家子公司的付款清单需要处理，因此在付款清单文件中增加一个"企业信息"工作表，包括付款人名称、付款账号、人员权限及操作等内容。通过读取并引用企业信息,可以控制 RPA 机器人登录子公司对应的网银账号,读取对应的子公司付款数据。

子公司付款数据的工作表应根据在网上银行付款时所需的信息进行设计。根据网银付款的必填信息,设计付款清单的内容应包括:网银付款信息表表头、网银付款信息内容。网银付款信息表表头包括收款人名称、收款人账号、收款人银行、金额、用途及制单校验码等,网银付款信息内容是公司计划付款的详细信息,如表 6-1、表 6-2 所示。

表 6-1　付款人信息表

付款人名称	付款账号	人员权限	操作
北京浩龙建设有限公司	6213026698354103295	000001 制单员	仅制单
北京真宏建设有限公司	6213022149958548909	000001 制单员	仅制单

表 6-2　网银付款信息表　　　　　　　　　　　　　　　　金额单位:元

收款人名称	收款人账号	收款人银行	金额	用途	制单校验码
深圳鼎伦运输有限公司	6222405********4905	中国农业银行深圳分行	1 700.42	服务费	x9t5959bq858v7v9195xp738
哈尔滨途盟开发有限公司	6238418********8134	中国工商银行哈尔滨分行	3 757.42	备用金	plw4693ix877x7z4313aq615
深圳澄金运输有限公司	6252017********3024	中国民生银行深圳分行	5 491.18	服务费	m7m8063ty298y6j9255gl727
上海丰润工业有限公司	6249656********3421	中国银行上海分行	3 488.81	备用金	j2h356lrv564i308228ug567

(2) 读取付款清单信息:

步骤一:为【Excel 应用程序范围】活动设置工作簿路径,即设置 RPA 网银付款机器人读取 Excel 付款清单文件的路径。在【Excel 应用程序范围】活动中,单击【浏览】按钮,选择"北京诚鼎集团付款清单.xlsx"文件,此处工作簿路径显示为相对路径(需事先将 Excel 付款清单文件放在当前 RPA 项目文件夹下,否则此处路径将显示为绝对路径),同时由于工作簿路径是一个字符串,因此路径左右两边有英文状态的双引号,如图 6-5 所示。

步骤二:登录课程平台,打开 RPA 环境,进入网银系统,复制 URL 地址,在【打开浏览器】活动中粘贴复制的地址,注意前后要加英文双引号,打开"属性"面板,将输入浏览器类型设置为"Chrome",如图 6-6 所示。

图 6-5　设置【Excel 应用程序范围】活动

图 6-6 设置【打开浏览器】活动

▶ 请注意

此处打开的网址为厦门科云信息科技有限公司提供的财务机器人虚拟学习平台,需要登录学习平台打开网银付款虚拟场景。

步骤三:在【打开浏览器】活动的【Do】序列中添加【用户界面自动化】—【窗口】—【最大化窗口】活动,如图 6-7 所示。

图 6-7 添加【最大化窗口】活动

步骤四:现已打开机器人运行所操作的两个软件:Excel 和谷歌浏览器,可以进行读取数据的操作。添加【应用程序集成】—【Excel】类别下的【读取范围】活动,修改活动的显示名称为"读取范围(子公司信息)",设置输入工作表为"企业信息",读取范围为"A1"。在"变量"面板中创建变量"子公司信息",变量类型选择"DataTable",变量范围设置为"RPA 网银付款机器人",即该变量在整个项目的控制流程范围内都有效。随后,输出数据表处设置为"子公司信息",即可将读取的内容储存到变量表子公司信息中,便于后续引用,如图 6-8 所示。

> 请注意

(1) 选择【读取范围】【读取单元格】等活动的时候通常在"属性"面板中会有输出设置,这里根据读取的数据一般会设置相关变量便于后期引用。

(2) 系统默认勾选【读取范围】活动中的【添加标头】复选框,主要是控制选取的 Excel 数据不包含标题行,如果去掉则选取的数据包含标题行,需要根据具体情况进行判断。

步骤五:子公司的企业信息已经读取完毕,企业信息工作表的每一行数据代表一家子公司的信息,通过对子公司信息变量的引用,可以控制循环读取每家子公司的付款数据,进行付款操作。添加【编程】—【数据表】类别下的【对于每一个行】活动,修改显示名称为"对于每一个行(付款公司循环)",输入数据表处设置为"子公司信息",以进行循环引用,如图 6-9 所示。

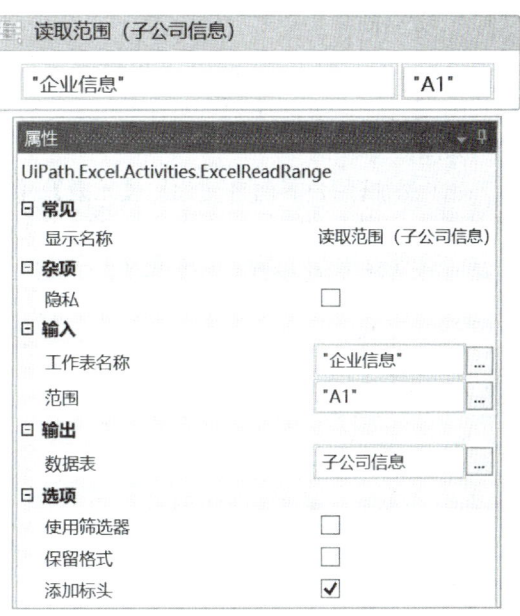

图 6-8　设置【读取范围】活动读取子公司信息

步骤六:在【对于每一个行】的序列中添加【应用程序集成】—【Excel】类别下的【读取范围】活动,修改显示名称为"读取范围(子公司付款数据)"。在设计付款清单时,付款数据工作表的名称均为对应子公司的名称;而在子公司信息变量中,公司名称为第一列数据(索引为 0)。因此,为了读取子公司付款数据,设置输入工作表为"row(0).tostring",读取范围为"A1"。在变量面板中创建变量"子公司付款数据",变量类型选择"DataTable",变量范围设置为"RPA 网银付款机器人"。输出数据表处设置为"子公司付款数据",即可将读取的内容储存到变量表子公司付款数据中,便于后续引用,如图 6-10 所示。

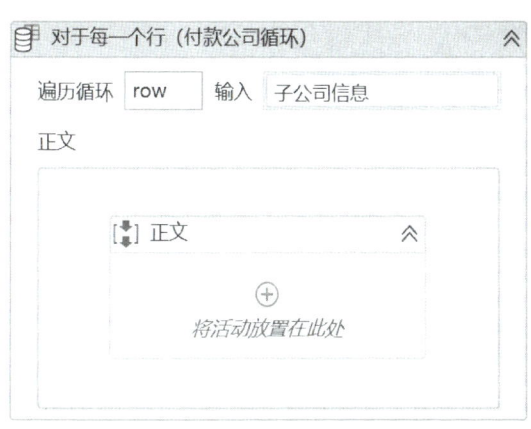

图 6-9　设置【对于每一个行】活动

图 6-10　设置【读取范围】活动

2）登录网银系统

（1）读取完数据后，即可进行付款操作，用户需要登录对应子公司的网银账号。添加【System】—【Activities】—【Statements】类别下的【序列】活动，修改显示名称为"登录网银系统"，如图 6-11 所示。

（2）添加【用户界面自动化】—【元素】—【控件】类别下的【选择项目】活动，修改名称为"选择项目（付款账号）"，通过"指明在屏幕上"功能拾取"付款账号"选项，由于付款账号在子公司信息的第二列，因此设置输入文本为"row(1).ToString"，如图 6-12 所示。

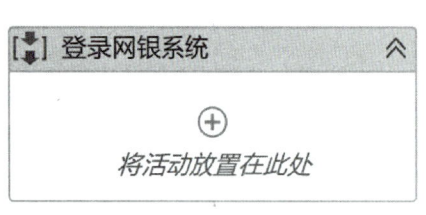

图 6-11　【登录网银系统】序列

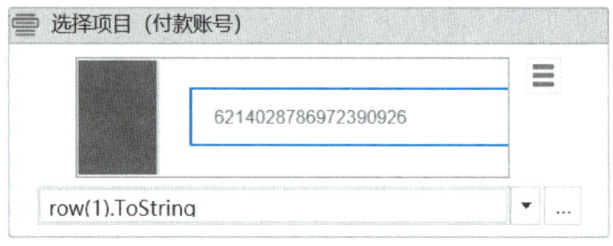

图 6-12　设置【选择项目】活动

（3）添加【用户界面自动化】—【元素】—【控件】类别下的【选择项目】活动，修改名称为"选择项目（选择角色）"，通过"指明在屏幕上"功能拾取"角色"选项，由于人员角色在子公司信息的第三列，因此设置输入文本为"row(2).ToString"，如图 6-13 所示。

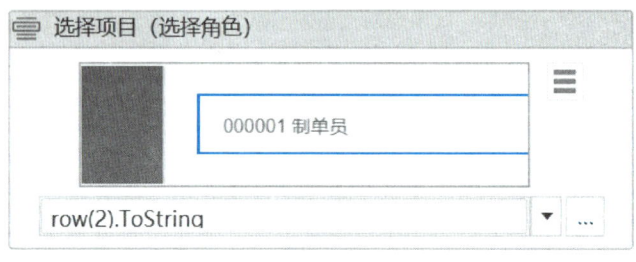

图 6-13　设置【选择项目】活动

（4）添加【用户界面自动化】—【元素】—【控件】类别下的【设置文本】活动，修改名称为"设置文本（输入密码）"，通过"指出浏览器中的元素"功能拾取网银登录界面中的密码输入框，并设置输入文本为"123456"，如图 6-14 所示。

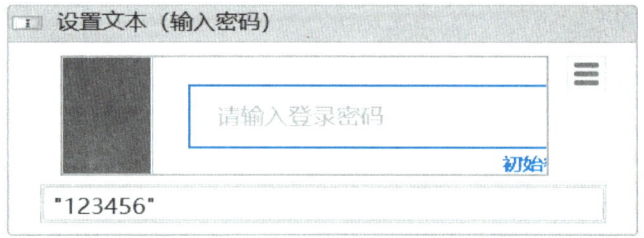

图 6-14　设置【设置文本】活动输入密码

（5）添加【用户界面自动化】—【元素】—【鼠标】类别下的【单击】活动，修改名称为"单击（登录）"，通过"指出浏览器中的元素"功能拾取网银登录界面中的【登录】按钮，如图 6-15 所示。

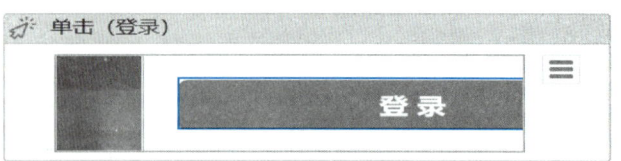

图 6-15　设置【单击】活动

3）填写付款申请

填写付款申请子流程的核心在于自动填写转账申请中的各条信息，即填写付款申请中的循环设置。在付款数据工作表中，可以看到表格的每一行都代表着一条付款信息，包含了提交付款申请的必要填写项目。因此，结合到 UiPath 的活动，可以采取每一行循环填写的活动，嵌套文本输入,实现自动填写。

RPA 网银付款机器人在提交付款申请时,需要模仿人类在网银系统上循环填写支付给收款人(单位)的转账信息。这些付款信息由 RPA 机器人在子流程 1——"读取付款清单"中从"北京诚鼎集团付款清单.xlsx"文件中提取,并保存在子公司付款数据变量中,该变量是"DataTable"类型。

子公司付款数据中存储的数据类似 Excel 中行列交叉的表格数据,其中数据的行和列均从"0"开始编号。例如,若要访问子公司付款数据中存储的"深圳鼎伦运输有限公司"字符串时,使用的代码是子公司付款数据"(0)(0).ToString"(.ToString 是调用子公司付款数据(0)(0)对象,将其转为字符串类型的 ToString 过程。若要访问子公司付款数据中每一行的第一列信息时,使用的代码是"row(0).ToString",括号中的数字代表索引,第一列的索引为 0。),如表 6-3 所示。

表 6-3 收款人信息表 金额单位:元

收款人名称	收款人账号	收款人银行	金额	用途	制单校验码
深圳鼎伦运输有限公司	6222405********4905	中国农业银行深圳分行	1 700.42	服务费	x9t5959bq858v7v9195xp738
哈尔滨途盟开发有限公司	6238418********8134	中国工商银行哈尔滨分行	3 757.42	备用金	plw4693ix877x7z4313aq615
深圳澄金运输有限公司	6252017********3024	中国民生银行深圳分行	5 491.18	服务费	m7m8063ty298y6j9255g1727
上海丰润工业有限公司	6249656********3421	中国银行上海分行	3 488.81	备用金	j2h356lrv564i3o8228ug567

(1) 添加【System】—【Activities】—【Statements】类别下的【序列】活动,修改显示名称为"填写付款申请",在该序列中进行付款信息的填写提交操作,如图 6-16 所示。

(2) 子公司付款数据的每一行代表一条付款申请,为进行付款申请的循环填写提交,可采取【对于每一个行】活动。在【填写付款申请】序列后添加【编程】—【数据表】类别下的【对于每一个行】活动,输入数据表处设置为"子公司"付款数据,如图 6-17 所示。

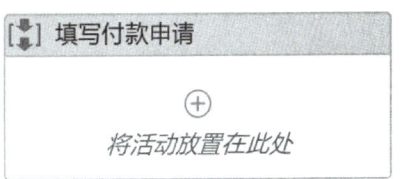

图 6-16 添加【填写付款申请】序列

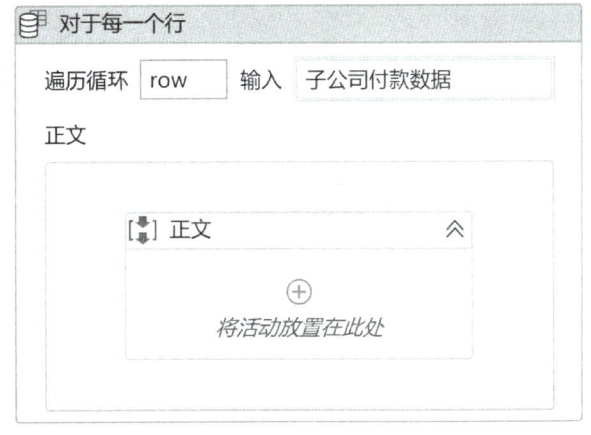

图 6-17 设置【对于每一个行】活动

（3）添加【用户界面自动化】—【元素】—【控件】类别下的【设置文本】活动，修改显示名称为"设置文本（收款人名称）"，通过"指明在屏幕上"功能拾取"收款人名称"选项，由于收款人名称在每一行的第一列，因此设置输入文本为"row(0).ToString"，如图6-18所示。

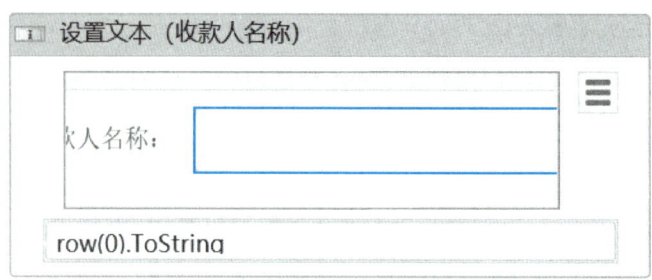

图6-18　设置【设置文本】活动输入收款人名称

（4）添加【用户界面自动化】—【元素】—【控件】类别下的【设置文本】活动，修改显示名称为"设置文本（收款人账号）"，通过"指明在屏幕上"功能拾取"收款人账号"选项，由于收款人账号在每一行的第二列，因此设置输入文本为"row(1).ToString"，如图6-19所示。

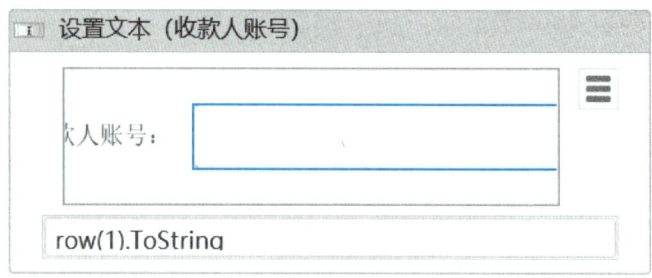

图6-19　设置【设置文本】活动输入收款人账号

（5）添加【用户界面自动化】—【元素】—【控件】类别下的【设置文本】活动，修改显示名称为"设置文本（收款人银行）"，通过"指明在屏幕上"功能拾取"收款人银行"选项，由于收款人银行在每一行的第三列，因此设置输入文本为"row(2).ToString"，如图6-20所示。

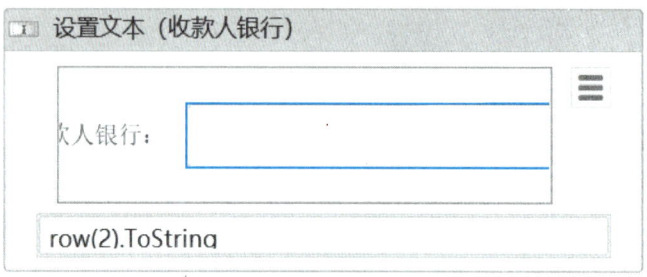

图6-20　设置【设置文本】活动输入收款人银行

（6）添加【用户界面自动化】—【元素】—【控件】类别下的【设置文本】活动，修改显示名称为"设置文本（金额）"，通过"指明在屏幕上"功能拾取"金额"选项，由于金额在每一行的第四列，因此设置输入文本为"row(3).ToString"，如图6-21所示。

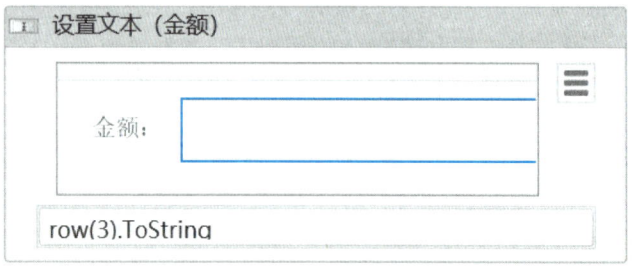

图6-21　设置【设置文本】活动输入金额

（7）添加【用户界面自动化】—【元素】—【控件】类别下的【选择项目】活动，修改显示名称为"选择项目（用途）"，通过"指明在屏幕上"功能拾取"用途"选项，由于用途在每一行的第五列，因此设置输入文本为"row(4).ToString"，如图6-22所示。

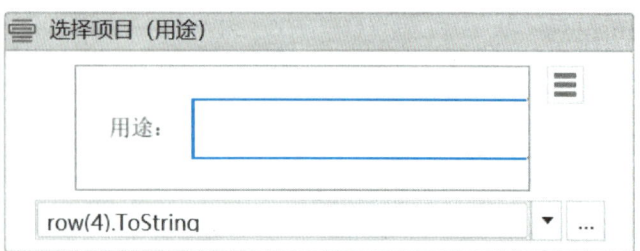

图6-22　设置【选择项目】活动

(8) 添加【用户界面自动化】—【元素】—【控件】类别下的【设置文本】活动,修改显示名称为"设置文本(校验码)",通过"指明在屏幕上"功能拾取"校验码"选项,由于校验码在每一行的第六列,因此设置输入文本为"row(5).ToString"。校验码不可手动输入,因此打开"属性"面板,将选项中的"如果禁用则更改"勾选为【True】状态,如图 6-23 所示。

(9) 付款信息全部填写完毕后,提交该条付款申请。添加【用户界面自动化】—【元素】—【鼠标】类别下的【单击】活动,修改显示名称为"单击(提交)",通过"指明在屏幕上"功能拾取"提交"选项,如图 6-24 所示。

(10) 当一家子公司的付款数据全部提交完毕,即可退出登录,进行下一家子公司的付款操作。添加【用户界面自动化】—【元素】—【鼠标】类别下的【单击】活动,修改显示名称为"单击(退出)",通过"指明在屏幕上"功能拾取"退出"选项,如图 6-25 所示。

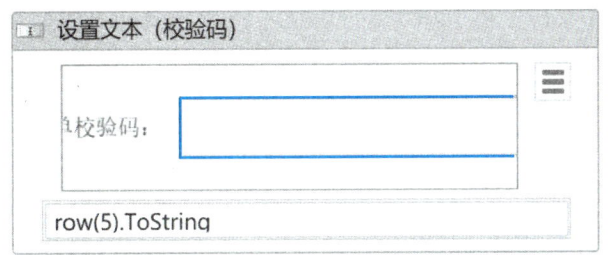

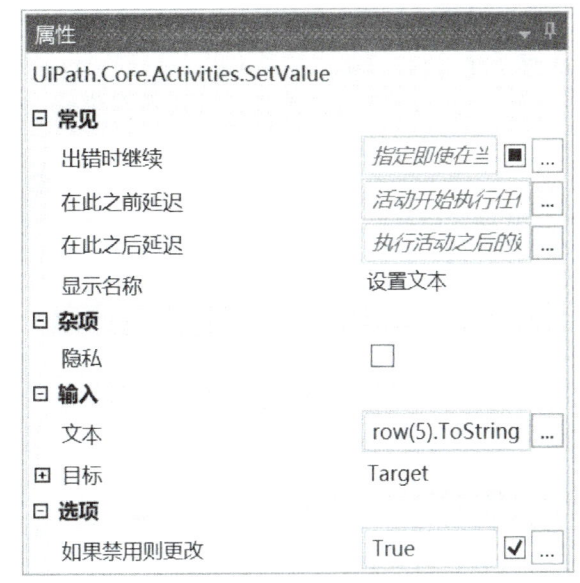

图 6-23 设置【设置文本】活动输入校验码

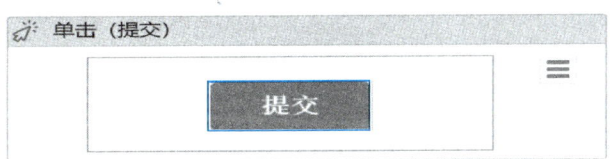

图 6-24 设置【单击】活动

图 6-25 设置【单击】活动

六、总结拓展

RPA 机器人的开发是为了提高会计人员的工作效率,解放其精力,使其可以从事更有价值的管理工作。但是开发 RPA 机器人并不意味着脱离实际业务,RPA 机器人的开发正是建立在对实际工作十分熟悉的基础之上,特别是面对更加复杂、多样化的业务情景,只有深入明白其业务原理,才能结合技术实现 RPA 机器人的开发。

在本网银付款案例中,付款情景的流程比较简单,登录后填写付款信息即可完成付款申请流程,根据业务流程大致设计出 RPA 机器人的搭建流程,开发关键在于掌握循环填写的相关活动应用。因此,在熟悉业务流程的基础上,结合循环填写活动,即可搭建出 RPA 网银付款机器人。

知识点拨

(1)对于循环填写付款信息,案例中使用【对于每一个行】活动,还可以使用【先条件循环】和【后条件循环】等活动来实现。

(2)机器人的开发没有固定的流程和步骤,开发成功的基础建立在对业务的理解上以及对活动控件的熟练度上。

任务二 开发 RPA 银企对账机器人

案例视频

一、实验内容与要求

1. 案例描述

北京宏信集团下有三家子公司,分别是北京定采工业有限公司、北京华茂工业有限公司及北京新城工业有限公司。集团财务人员需于每月月末对子公司的银行存款进行对账工作,编制银行存款余额调节表,并将对账结果储存在集团的银企对账管理系统。由于子公司有多家,且银行存款交易量大,进行人工对账工作的工作量大、效率低下,还存在对账错误的风险。针对这样的工作痛点,该集团希望开发一款"RPA 银企对账机器人"以代替人工完成此项工作。

2. 实验要求

本实验的基本要求是通过沙盘模拟推演熟悉 RPA 银企对账的业务流程和机器人分析、开发与部署过程,并上机完成 RPA 银企对账机器人的模拟开发。具体要求如下:

(1)在物理沙盘"机器人分析中心"完成财务人员银企对账的业务流程梳理,同时梳理银行存款日记账和银行对账单对账的业务规则,以及编制余额调节表的业务逻辑,具体分析各个账户对账时存在的重复度高、效率较低、错误率高等业务痛点。

(2)在物理沙盘"机器人设计中心"完成 RPA 银企对账机器人技术路线设计,并思考如何用 RPA 技术优化人工银企对账流程。

(3)在物理沙盘"数据标准与规范化中心"完成机器人流程中所有数据输入、数据处理、数据输出的内容模拟推演。例如需分别梳理三家子公司对账数据的存储路径、文件格式及文件名称,Excel 文件的读取范围,字段类型,数据如何处理,余额调节表结果如何设计,如何输出余额调节表等。

(4)在物理沙盘"机器人开发中心"中根据 RPA 银企对账机器人流程分别推演机器人每个步骤所需 UiPath 主要活动模块,思考遍历循环的目的及范围,Excel 自动化相关活动如何实现银企对账自动化。

(5)在物理沙盘"机器人运用中心"分析 RPA 银企对账机器人的价值与风险、运行与部署模式,并探讨财务人员与 RPA 银企对账机器人协作的工作模式。

(6) 在 UiPath 开发软件中进行 RPA 银企对账机器人开发。

二、项目实战准备

1. 沙盘模拟推演教学工具准备

项目实战的开展首先需要在"RPA 财务机器人开发模拟沙盘"上完成 RPA 银企对账机器人案例的相关任务,需准备以下沙盘工具包:

(1) 通用工具包:机器人分析。

(2) 通用工具包:机器人开发—For UiPath。

(3) 通用工具包:数据标准与规范化。

(4) 通用工具包:机器人运用。

(5) 实验案例包:实验五—RPA 银企对账机器人。

2. 实验环境准备

开发 RPA 银企对账机器人之前需要准备相关的开发环境,安装好 UiPath 开发工具,如图 6-26 所示。

图 6-26　UiPath 开发工具

三、机器人分析

银企对账是内控的一项经常性工作。对企业而言,银企对账可以保证企业资金安全性,规范企业会计核算;对财务人员而言,银企对账可以避免和纠正因银行与企业账务不一致而引发的一系列风险隐患。

在实际工作中,财务人员需要按银行、账户逐个对账,大量的手工作业往往会造成对账不及时、对账单回收困难等问题,不仅耗费大量人力、物力,有时还存在疏漏,无法起到良好的风险防范效果。因此,如何提高银行对账单处理的效率和正确率已成为企业财务人员及管理层关注的重点问题。

RPA 银企对账机器人可以将对账流程自动化。利用 RPA 银企对账机器人代替人工执行银企对账工作,不仅降低人力成本,释放人力至具有更高附加值的工作中,还可提高银企对账的效率,大幅降低人工风险对企业造成损失的概率,进而缩短企业的应收、应付等资金循环周期,提高客户及员工的满意度。总之,RPA 银企对账机器人将会是财会人员未来财务工作中的得力助手。

四、机器人设计

在月底的会计对账工作中,会计人员需要将银行存款日记账和银行对账单两者进行对账,编制银行余额调节表调整二者之间的未达账项。对银行存款日记账与银行对账单进行逐笔核对,将未达账项分类填入余额调节表的对应栏目,即可算出调节后的余额。查出银行存款日记账与银行对账单两者未同时出现的记录,即未达账项。

根据业务的关联程度以及技术实现的难易程度,可把 RPA 银企对账机器人的主要流程拆分为五个子流程:筛选银行存款对账单、筛选银行存款日记账、核对不符数据、填写余额调节表、填写平台余额调节表。每个子流程内又嵌套控制流程和其他流程,以下是 RPA 银企对账机器人的流程标准,如图 6-27 所示。

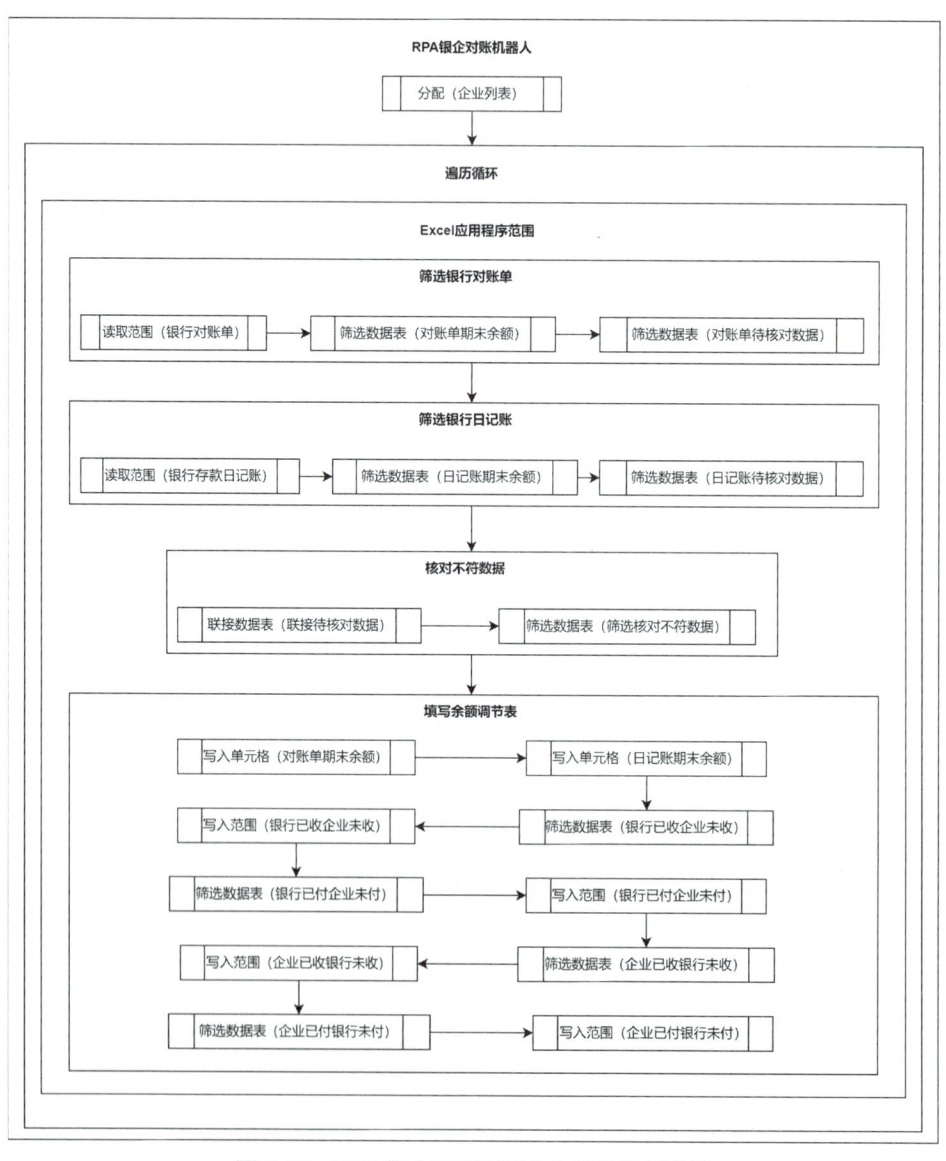

图 6-27　RPA 银企对账机器人自动化流程设计

五、机器人开发

1. 建立 RPA 银企对账机器人框架

(1) 在 UiPath 中新建项目流程(空白流程),项目名称修改为"RPA 银企对账机器人"。创建完成后打开主工作流,在【Main】主工作流中添加【序列】活动,并将【序列】名称修改为"RPA 银企对账机器人",如图 6-28 所示。

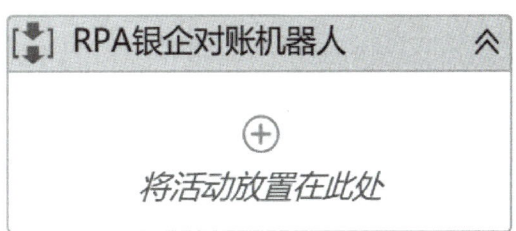

图 6-28 【RPA 银企对账机器人】序列

(2) 根据集团要求,需要将对账结果储存在银企对账管理系统。因此,添加【用户界面自动化】—【浏览器】类别下【打开浏览器】活动,如图 6-29 所示。

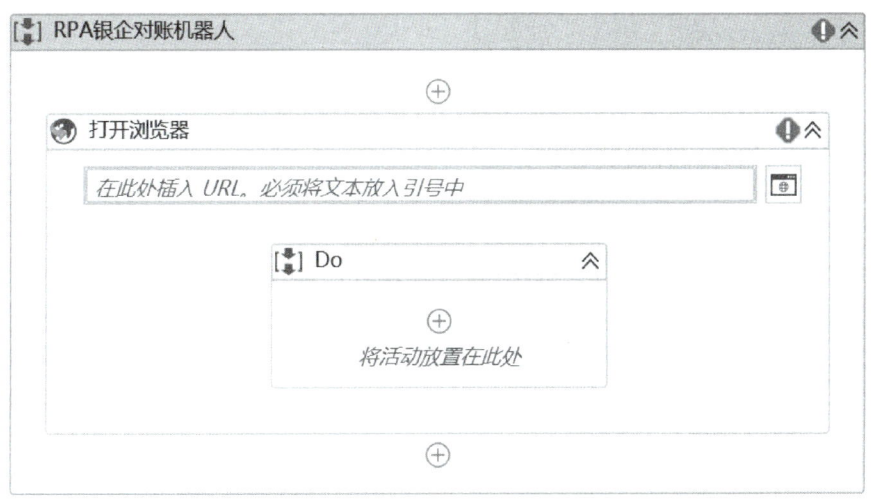

图 6-29 添加【打开浏览器】活动

(3) 在【打开浏览器】活动的【Do】序列中添加【用户界面自动化】—【窗口】—【最大化窗口】活动,如图 6-30 所示。

图 6-30 添加【最大化窗口】活动

(4) 由于对账操作是在 Excel 软件中进行,需要使用【Excel 应用程序范围】活动,而【Excel 应用程序范围】读取文件的相对路径即为文件在该 UiPath 项目下的文件名(包含路径)。为每家公司的数据进行循环对账,需要获取对账数据在该项目下的路径及名称。添加【System】—【Activities】—【Statements】类别下的【分配】活动。在"变量"面板创建变量"企业列表",变量类型为"String[]",范围为"RPA 银企对账机器人"。此变量用于储存三家子公司对账数据的文件名称(包含其路径),便于后续引用,设置"企业列表=directory.GetFiles("银企对账数据","*")",如图 6-31 所示。由于文件储存在该 UiPath 项目下的"银企对账数据"文件夹,且路径名称不止一个字符,因此 path 为"银企对账数据",searchPattern 使用"*"通配符。

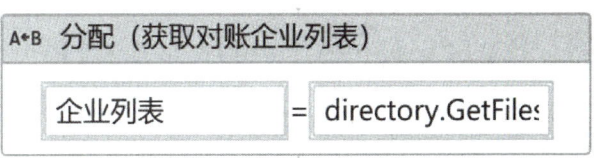

图 6-31 设置【分配】活动

> 请注意
>
> Directory.GetFiles(string path,string searchPattern)函数可返回指定目录中与指定的搜索模式匹配的文件的名称(包含其路径)。其中,"path"为要搜索的目录的相对或绝对路径,不区分大小写;"searchPattern"为搜索要求,最终返回"path"中的文件名与"searchPattern"匹配的文件,可包含有效文本路径和通配符(*和?)的组合。

(5) 添加【工作流】—【控件】类别下的【遍历循环】活动,设置输入值为变量"企业列表"。先前已将需要对账的文件名称储存在"企业列表"中,此活动用于将变量"企业列表"中的每一个文件名进行依次遍历循环,如图 6-32 所示。

图 6-32　设置【遍历循环】活动

> 知识点拨
>
> 此处【遍历循环】的目的是实现访问集团中所有子公司的信息。

(6) 在【遍历循环】的【正文】序列中添加【应用程序集成】—【Excel】—【表格】类别下的【Excel 应用程序范围】活动。对账数据需在【案例描述】下的业务数据及规范处提前下载,在源码包所在文件夹下新建"银企对账数据"文件夹,将下载的对账数据解压后保存在该文件夹下。每一次循环,"item"会引用企业列表中的元素即对账数据的路径及文件名,因此设置【Excel 应用程序范围】活动的工作簿路径为"item.ToString",如图 6-33 所示。

图 6-33　添加【Excel 应用程序范围】活动

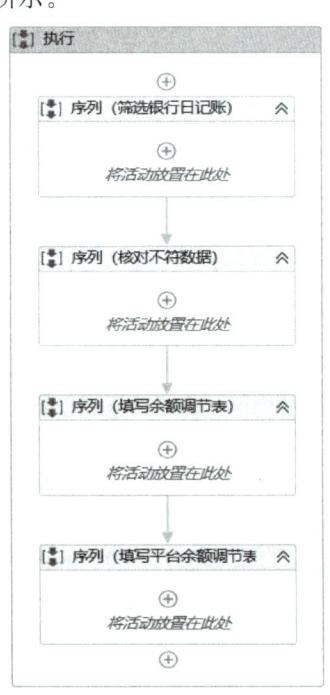

图 6-34　添加四个【序列】活动

(7) 在【Excel 应用程序范围】活动的【执行】序列中添加四个【序列】活动,并将这四个活动的显示名称分别命名为"序列(筛选银行日记账)""序列(核对不符数据)""序列(填写余额调节表)"及"序列(填写平台余额调节表)",如图 6-34 所示。

2. 开发子流程

1) 筛选银行存款对账单子流程

（1）点击进入筛选银行对账单的【序列】，添加【应用程序集成】—【Excel】类别下的【读取范围】活动，修改活动的显示名称为"读取范围（银行存款对账单）"，输入工作表设置为"银行存款对账单"，读取范围为""。在"变量"面板中创建变量"对账单数据"，变量类型选择"DataTable"，变量范围设置为"RPA 银企对账机器人"，将【读取范围】活动输出数据表设置为"对账单数据"，如图 6-35 所示。

图 6-35　设置【读取范围】活动

（2）添加【编程】—【数据表】类别下的【筛选数据表】活动，在显示名称中增加"（对账单期末余额）"。创建变量"对账单期末余额"，变量类型选择"DataTable"，变量范围设置为"RPA 银企对账机器人"，用于储存期末余额数据。打开【筛选器向导】界面，输入数据表处设置为"对账单数据"，输出数据表处设置为"对账单期末余额"。在行筛选模式处将规则定为保留第四列含"本月合计"的行数据（索引为 3），用于提取对账单的期末余额，方便后续填写余额调节表，如图 6-36 所示。

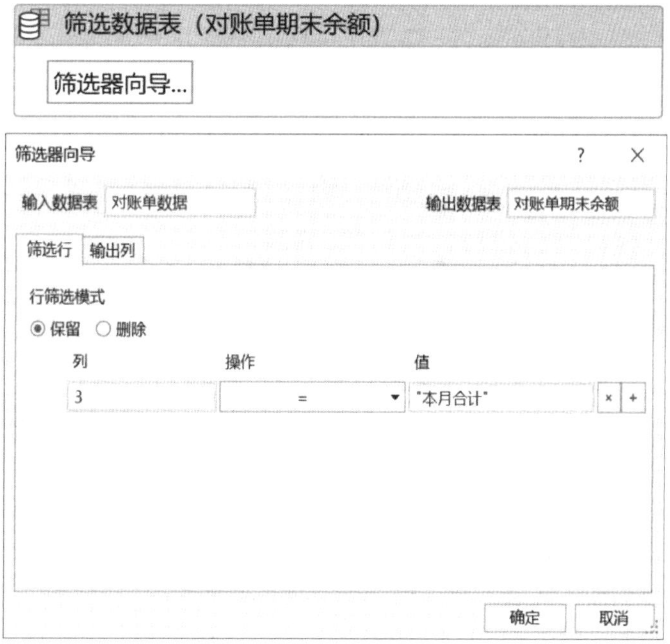

图 6-36　设置【筛选数据表】活动

（3）添加【编程】—【数据表】类别下的【筛选数据表】活动，在显示名称中增加"（对账单待核对数据）"。创建变量"对账单待核对数据"，变量类型选择"DataTable"，变量范围设置为"RPA 银企对账机器人"，用于储存待核对的明细信息，核对未达账项。打开【筛选器向导】界面，输入数据表处设置为"对账单数据"，输出数据表处设置为"对账单待核对数据"。在行筛选模式处将规则定为删除第四列为空、包含期初余额、包含本月合计的行的数据（索引为 3）。这一步是为了剔除无关数据，只留下需要核对的每一条交易信息,以便在第三个子流程中进行核对,如图 6-37 所示。

2) 筛选银行存款日记账子流程

(1) 设计 Excel 银行存款日记账。

银行存款日记账由会计人员编制,因此应先设计好银行存款日记账数据表,为后续 RPA 机器人进行银企对账做好数据准备。Excel 银行存款日记账的内容应根据出纳日常填写的日记账信息进行设计。根据对银行存款日记账信息的了解,设计 Excel 银行存款日记账,数据应包括:日期、凭

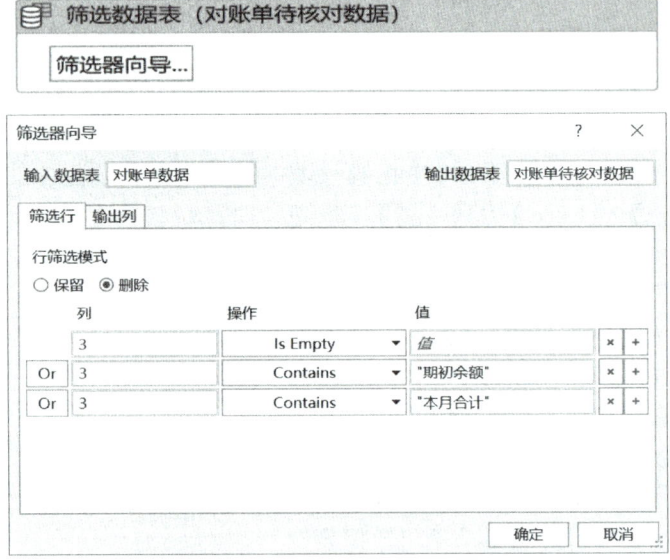

图 6-37 设置【筛选数据表】活动

证字号、摘要、借方发生额、贷方发生额、余额,如表 6-4 所示。

表 6-4 银行存款日记账 单位:元

日期	凭证字号	摘要	借方发生额	贷方发生额	余额
2022/7/1	—	期初余额	—	—	4 431 126.00
2022/7/1	记字第 005 号	社会保险		8 199.90	4 422 926.10
2022/7/1	—	本日合计		8 199.90	4 422 926.10
2022/7/2	记字第 006 号	缴纳附加税费	—	840.00	4 422 086.10

(2) 筛选银行存款日记账。

步骤一:点击进入筛选银行存款日记账的【序列】,添加【应用程序集成】—【Excel】类别下的【读取范围】活动,修改活动的显示名称为"读取范围(银行存款日记账)",输入工作表名称设置为"银行存款日记账",读取范围为"A1"。创建变量"日记账数据",变量类型选择"DataTable",变量范围设置为"RPA 银企对账机器人"。针对【读取范围】活动,输出数据表处设置为"日记账数据",如图 6-38 所示。

步骤二:添加【编程】—【数据表】类别下的【筛选数据表】活动,在显示名称中增加"(日记账期末余额)"。创建变量"日记账期末余额",变量类型选择"DataTable",变量范围设置为"RPA 银企对账机器人",用于

图 6-38 设置【读取范围】活动

储存期末余额数据,以填写余额调节表。打开【筛选器向导】界面,输入数据表处设置为"日记账数据",输出数据表处设置为"日记账期末余额",行筛选模式处将规则定为保留第三列含"本月合计"的行的数据(索引为2),用于提取日记账的期末余额,方便余额调节表的填写,如图 6-39 所示。

步骤三:添加【编程】—【数据表】类别下的【筛选数据表】活动,在显示名称中增加"(日记账待核对数据)"。创建变量"日记账待核对数据",变量类型选择"DataTable",变量范围

图 6-39 设置【筛选数据表】活动

设置为"RPA 银企对账机器人",用于储存待核对的明细信息,核对未达账项。打开【筛选器向导】界面,输入数据表处设置为"日记账数据",输出数据表处设置为"日记账待核对数据",行筛选模式处将规则定为删除第三列为空(索引为2),包含期初余额、包含本日合计、包含本月合计的行的数据。这一步是为了将无关数据剔除,只留下需要核对的每一条交易信息,以便在第三个子流程中进行核对,如图 6-40 所示。

图 6-40 设置【筛选数据表】活动

3）核对不符数据子流程

（1）【联接数据表】活动介绍。

本流程为整个银企对账的核心，即核对对账单和日记账，找出未达账项。在前两个流程中，我们已通过【筛选数据表】活动将子表银行对账单和银行日记账中无需核对的信息剔除，只留下具体需要核对的每一条明细，并分别存储于变量"对账单待核对数据"和"日记账待核对数据"中。在本流程中，需要使用【联接数据表】活动将两个待核对数据联接到一个变量中，再运用【筛选数据表】活动对其筛选，找出未达账项。

【联接数据表】活动可以根据"联接类型"属性中指定的联接规则，并使用两张表共有的值来合并两张表格中的行。输入的数据表1和数据表2都必须是"DataTable"类型，可使用的联接操作类型有如下几种，如表6-5所示。

表6-5 联接操作类型

类型	功　能
内部 Inner	保留"数据表1"和"数据表2"中所有满足联接规则的行，所有不符合规则的行均会从生成的表中删除。
左侧 Left	保留"数据表1"中的所有行以及"数据表2"中仅满足联接规则的值，对于在"数据表2"中不存在匹配项的"数据表1"的行，将"null"值插入相应列中。
全部 Full	保留"数据表1"和"数据表2"中的所有行，不考虑是否满足联接条件，将"null"值插入两张表中存在不匹配项的行。

（2）核对不符数据具体步骤。

步骤一：点击进入核对不符数据的【序列】，添加【编程】—【数据表】类别下的【联接数据表】活动，在显示名称中增加"（联接待核对数据）"。创建变量"核对完成数据"，变量类型选择"DataTable"，变量范围设置为"RPA银企对账机器人"，用于储存对账单和日记账合并后的数据。打开【联接向导】界面，输入数据表1设置为"对账单待核对数据"，输入数据表2设置为"日记账待核对数据"，输出数据表设置为"核对完成数据"。本流程不仅需要找出银行对账单和银行日记账之间的未达账项，更需要将这些未达账项填入后续的余额调节表，因此需要选择"Full"联接方式。联接规则为将对账单的借方（索引为4）与日记账的贷方（索引为4）进行核对，将对账单的贷方（索引为5）与日记账的借方（索引为3）进行核对，如图6-41所示。不满足联接规则的数据，说明企业和银行没有同时记录该笔明细，系统会将"null"值插入两张表中存在不匹配项的行。

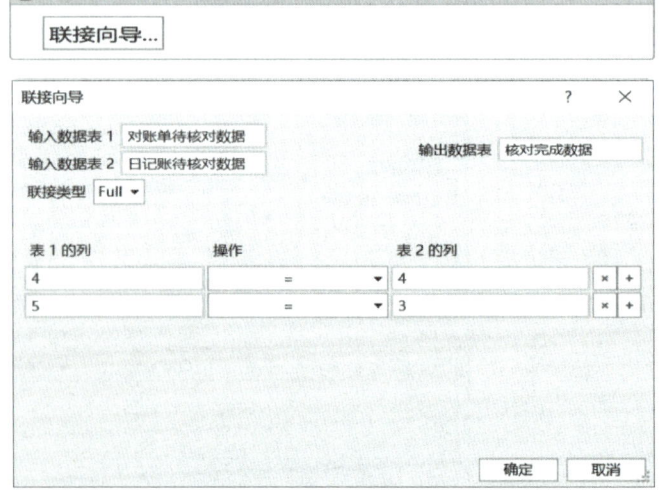

图6-41 设置【筛选数据表】活动

步骤二：添加【编程】—【数据表】类别下的【筛选数据表】活动，在显示名称中增加"（筛选核对不符数据）"。创建变量"核对不符数据"，变量类型选择"DataTable"，变量范围设置为"RPA

银企对账机器人",用于储存未达账项。打开【筛选器向导】界面,输入数据表处设置为"核对完成数据",输出数据表处设置为"核对不符数据"。在上一步中,不符合匹配规则的数据,将会被插入"null"值。若第一列和第九列的数据同时不为空,则说明企业和银行均有记录该笔明细,该笔明细不是未达账项,在行筛选模式处将规则定为删除第一列(索引为 0)和第九列(索引为 8)同时非空的数据。这一步是为了将符合的数据剔除,只留下未达账项,以便在第四个子流程中进行提取填写,如图 6-42 所示。

图 6-42　设置【筛选数据表】活动

（3）填写余额调节表子流程。

步骤一：点击进入填写余额调节表的【序列】,添加【应用程序集成】—【Excel】类别下的【写入单元格】活动,在显示名称中增加"(对账单期末余额)",目标工作表为"银行存款余额调节表",对账单期末余额填写位置为 D5 单元格,因此单元格范围为"D5",输入的值应为变量表"对账单期末余额"中储存的数据,由于位置在第一行第七列,因此输入值处设置为"对账单期末余额(0)(6).tostring",如图 6-43 所示。

步骤二：添加【应用程序集成】—【Excel】类别下的【写入单元格】活动,在显示名称中增加"(日记账期末余额)",目标工作表为"sheet1",日记账期末余额填写位置为 B5 单元格,因此单元格范围为"B5",输入的值应为变量表"日记账期末余额"中给储存的数据,由于位置在第一行第五列,因此输入值处设置为"日记账期末余额(0)(5).tostring",如图 6-44 所示。

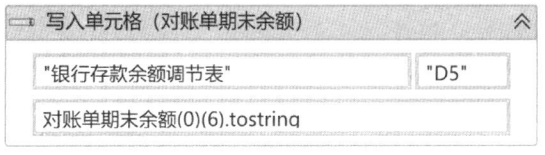 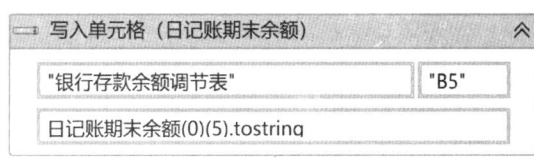

图 6-43　设置【写入单元格】活动写入　　　图 6-44　设置【写入单元格】活动写入
　　　　对账单期末余额　　　　　　　　　　　　　日记账期末余额

步骤三：添加【编程】—【数据表】类别下的【筛选数据表】活动,创建变量"银行已收企业未收",变量类型选择"DataTable",变量范围设置为"RPA 银企对账机器人",用于储存属于银行已收企业未收的未达账项。打开【筛选器向导】界面,输入数据表处设置为"核对不符数据",输出数据表处设置为"银行已收企业未收",在行筛选模式处将规则定为保留第六列(索引为 5)大于 0 的数据,在核对不符数据的表格中,第六列是银行对账单中的贷方发生额,属于银行已收企业未收的未达账项。由于在填写余额调节表时仅需要时间与金额两项信息,因此在列筛选模式处将规则定为保留第一列和第六列的数据,如图 6-45 所示。

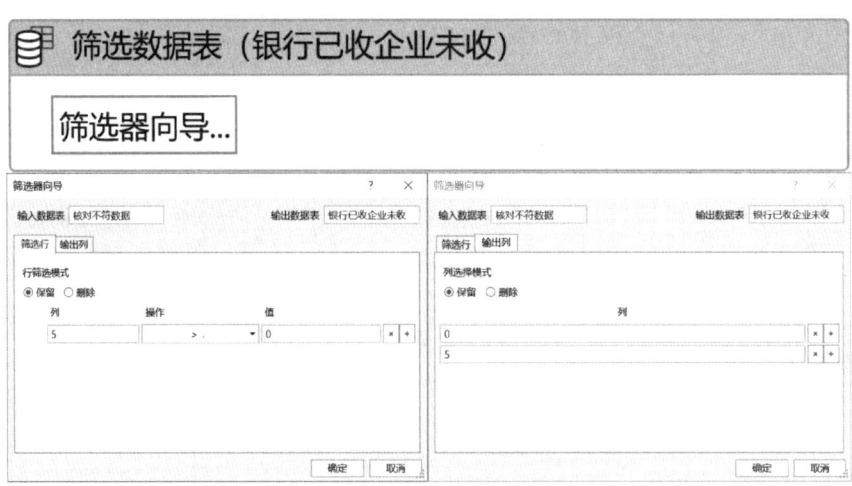

图 6-45 设置【筛选数据表】活动

步骤四:添加【应用程序集成】—【Excel】类别下的【写入范围】活动,目标工作表为"Sheet1",银行已收企业未收起始于 A7 单元格,因此起始单元格输入"A7",输入数据表应设置为变量表"银行已收企业未收",如图 6-46 所示。

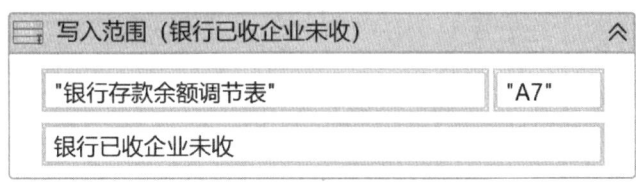

图 6-46 设置【写入范围】活动

步骤五:添加【编程】—【数据表】类别下的【筛选数据表】活动,创建变量"银行已付企业未付",变量类型选择"DataTable",变量范围设置为"RPA 银企对账机器人",用于储存属于银行已付企业未付的未达账项。打开【筛选器向导】界面,输入数据表处设置为"核对不符数据",输出数据表处设置为"银行已付企业未付",在行筛选模式处将规则定为保留第五列(索引为 4)大于 0 的数据,在核对不符数据的表格中,第五列是银行对账单中的借方发生额,属于银行已付企业未付的未达账项。由于在填写余额调节表时仅需要时间与金额两项信息,因此在列筛选模式处将规则定为保留第一列和第五列的数据,如图 6-47 所示。

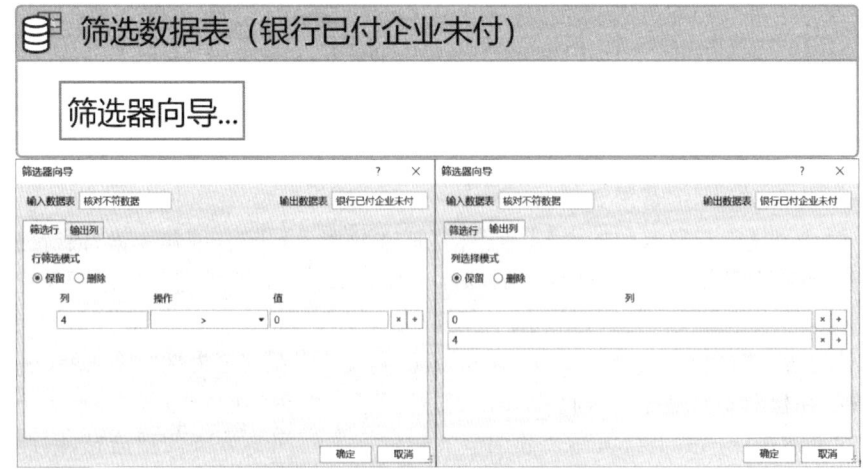

图 6-47 设置【筛选数据表】活动

步骤六：添加【应用程序集成】—【Excel】类别下的【写入范围】活动，目标工作表为"Sheet1"，银行已付企业未付起始于 A23 单元格，因此起始单元格输入"A23"，输入数据表应设置为变量表"银行已付企业未付"，如图 6-48 所示。

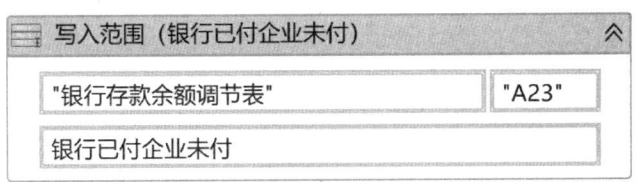

图 6-48　设置【写入范围】活动

步骤七：添加【编程】—【数据表】类别下的【筛选数据表】活动，创建变量"企业已收银行未收"，变量类型选择"DataTable"，变量范围设置为"RPA 银企对账机器人"，用于储存属于企业已收银行未收的未达账项。打开【筛选器向导】界面，输入数据表处设置为"核对不符数据"，输出数据表处设置为"企业已收银行未收"，在行筛选模式处将规则定为保留第十二列（索引为11）大于 0 的数据，在核对不符数据的表格中，第十二列是日记账中的借方发生额，属于企业已收银行未收的未达账项。由于在填写余额调节表时仅需要时间与金额两项信息，因此在列筛选模式处将规则定为保留第九列（索引为8）和第十二列的数据，如图 6-49 所示。

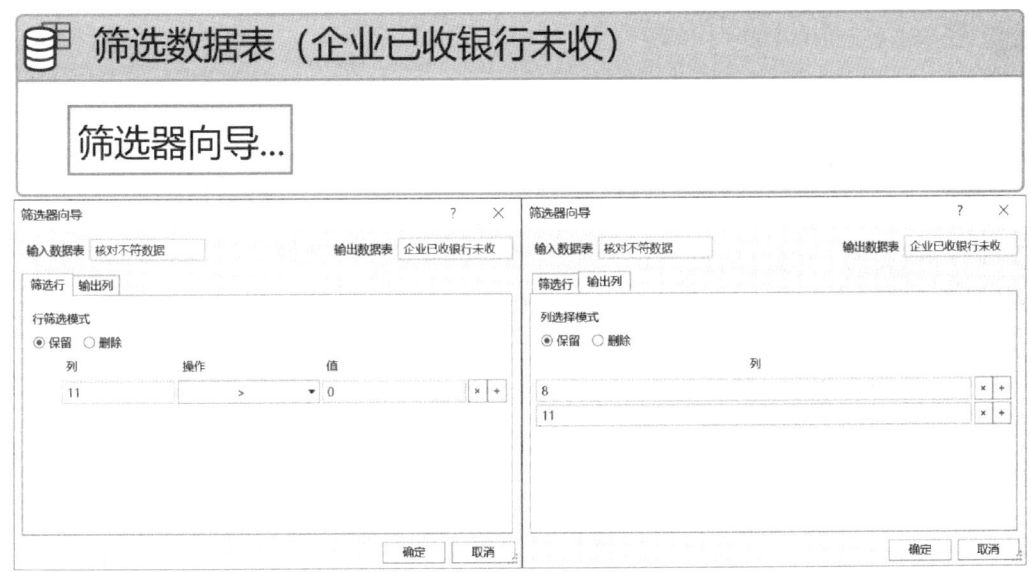

图 6-49　设置【筛选数据表】活动

步骤八：添加【应用程序集成】—【Excel】类别下的【写入范围】活动，目标工作表为"Sheet1"，企业已收银行未收起始于 C7 单元格，因此起始单元格输入"C7"，输入数据表应设置为变量表"企业已收银行未收"，如图 6-50 所示。

图 6-50　设置【写入范围】活动

步骤九：添加【编程】—【数据表】类别下的【筛选数据表】活动，创建变量"企业已付银行未付"，变量类型选择"DataTable"，变量范围设置为"RPA 银企对账机器人"，用于储存属于企业已付银行未付的未达账项。打开【筛选器向导】界面，输入数据表处设置为"核对不符数据"，输出数据表处设置为"企业已付银行未付",在行筛选模式处将规则定为保留第十三列(索引为12)大于 0 的数据,在核对不符数据的表格中,第十三列是日记账中的借方发生额,属于企业已付银行未付的未达账项。由于在填写余额调节表时仅需要时间与金额两项信息,因此在列筛选模式处将规则定为保留第九列(索引为 8)和第十三列的数据,如图 6-51 所示。

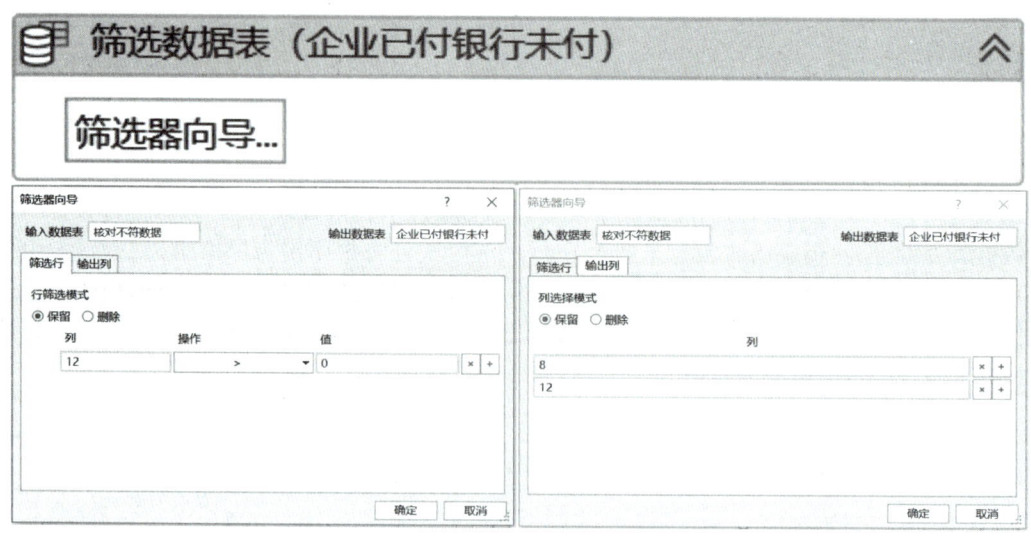

图 6-51　设置【筛选数据表】活动

步骤十：添加【应用程序集成】—【Excel】类别下的【写入范围】活动,目标工作表为"Sheet1",企业已付银行未付起始于 C23 单元格,因此起始单元格输入"C23",输入数据表应设置为变量表"企业已付银行未付",如图 6-52 所示。

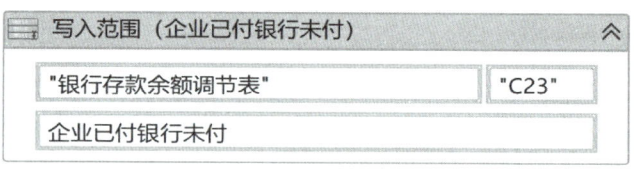

图 6-52　设置【写入范围】活动

(4) 填写平台余额调节表子流程。

步骤一：点击进入填写平台余额调节表的【序列】,添加【用户界面自动化】—【元素】—【鼠标】类别下的【单击】活动,修改名称为"单击(银行存款余额调节表)",通过"指出浏览器中的元素"功能拾取"银企对账管理系统"界面中的"银行存款余额调节表"按钮,如图 6-53 所示。

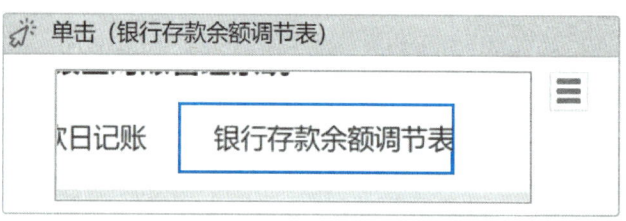

图 6-53　设置【单击】活动

步骤二：企业列表变量中储存了对账数据所在的路径和文件名,对账数据的文件名即对应公司的公司名称,因此在对文件处理完成后,可以获取文件名中的公司名称,以在系统中选择对应企业进行对账结果的填写。添加【System】—【Activities】—【Statements】类别下的【分配】活动,在"变量"面板创建变量"企业名称",变量类型为"String",范围为"RPA 银企对账机器人",设置"企业名称 = System. IO. Path. GetFileNameWithoutExtension(item. tostring)",用于获取无后缀的文件名,如图 6-54 所示。

步骤三:添加【用户界面自动化】—【元素】—【控件】类别下的【选择项目】活动,修改显示名称为"选择项目(选择企业)",通过"指明在屏幕上"功能拾取"企业"选项,设置输入文本为"企业名称",如图 6-55 所示。

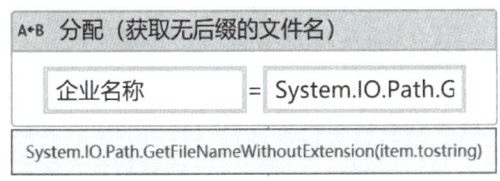

图 6-54 设置【分配】活动

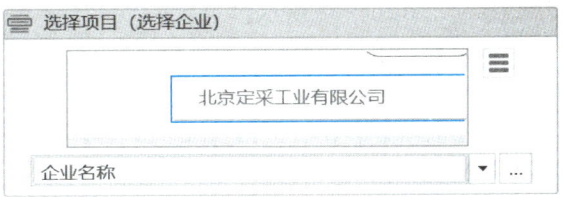

图 6-55 设置【选择项目】活动

步骤四:在运行程序时,为了使填写结果能够按照循环结构依次填入,可以利用变量控制填写位置的"id"值。添加【System】—【Activities】—【Statements】类别下的【分配】活动。在"变量"面板创建变量"m",变量类型为"Int32",范围为"RPA 银企对账机器人"。设置"m=1",如图 6-56 所示。

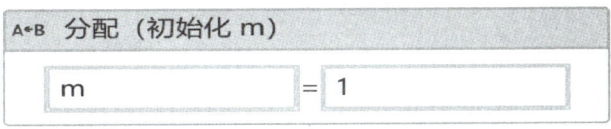

图 6-56 设置【分配】活动

步骤五:添加【工作流】—【控件】类别下的【遍历循环】活动,设置输入值为"{"B5","B6","B22","B43","D5","D6","D22","D43"}",单元格分别为余额调节表中对账结果所在的位置。通过对这些位置的遍历循环,可以循环进行读取对账结果和将结果填入平台的操作,如图 6-57 所示。

步骤六:在【遍历循环】活动的【正文】序列中添加【应用程序集成】—【Excel】—【表格】类别下的【读取单元格】活动,修改显示名称为"读取单元格(获取余额调节表金额)"。读取工作表名称为"银行存款余额调节表",单元格为"item.ToString"。在"变量"面板创建变量"金额",变量类型为"Double",范围为"RPA 银企对账机器人"。在【读取单元格】活动的"属性"面板输出结果处填入变量"金额",如图 6-58 所示。

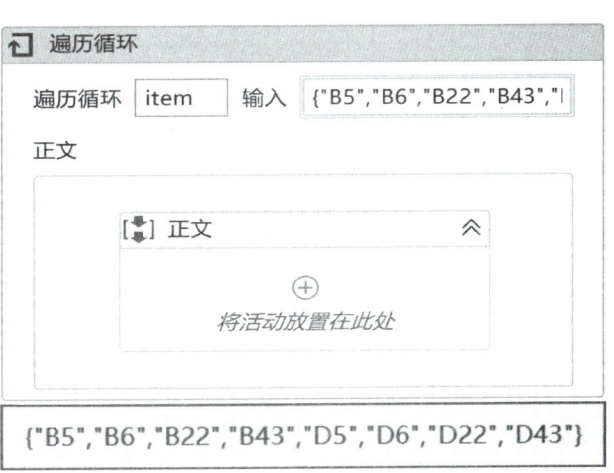

图 6-57 设置【遍历循环】活动

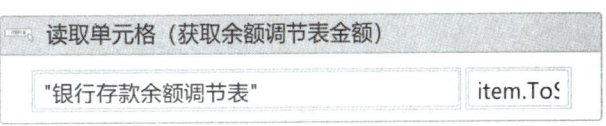

图 6-58 设置【读取单元格】活动获取余额调节表金额

步骤七:添加【用户界面自动化】—【元素】—【控件】类别下的【设置文本】活动,修改显示名称为"设置文本(填写平台余额调节表)",通过"指出浏览器中的元素"功能拾取"银企对账管理系统"界面中的"日记账余额的金额输入框"(第一个),并设置输入文本为"金额.ToString",如图6-59所示。

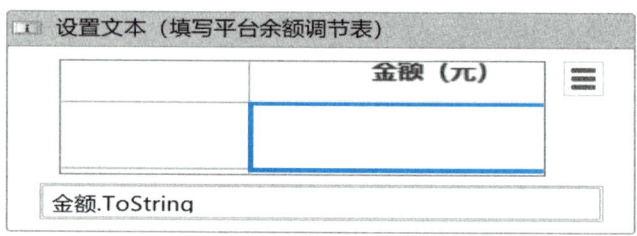

图6-59 设置【设置文本】活动填写平台余额调节表

步骤八:为了能循环填入金额,针对上一步添加的【设置文本】活动,打开【选项菜单】栏,点击【编辑选取器】,可以看到目前选取的金额输入框的id为"a1"。【遍历循环】的输入值为"{"B5","B6","B22","B43","D5","D6","D22","D43"}",通过【用户界面探测器】,可以发现这些单元格对应的金额,在系统界面填写位置的id依次为a1到a8,因此可以使用变量"m"进行控制。选中"＜webctrl id='a1' tag='INPUT' /＞"中的"1",单击鼠标右键,选择变量"m",即可将固定的id位置"1"替换成变量"m",如图6-60所示。

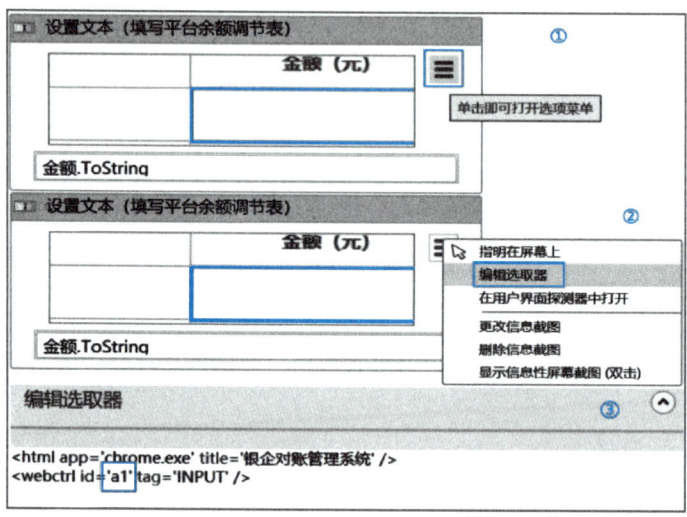

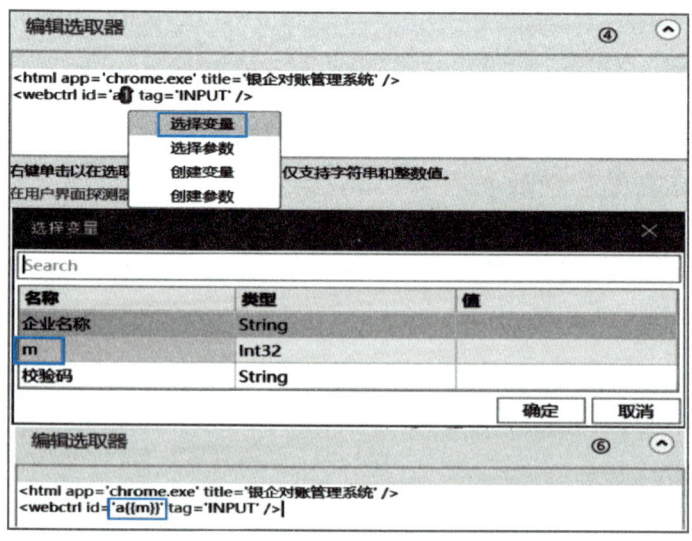

图6-60 【设置文本】活动的【编辑选取器】

项目六　RPA 财务机器人项目实战

步骤九：添加【System】—【Activities】—【Statements】类别下的【分配】活动，修改显示名称为"分配（赋值 m 循环填表）"。为使"m"的数值增加，填写下一个对账结果，设置【分配】活动，令"m=m+1"，如图 6-61 所示。

步骤十：至此对账结果的循环填入流程结束。在【遍历循环】活动后添加【应用程序集成】—【Excel】—【表格】类别下的【读取单元格】活动，修改显示名称为"读取单元格（获取校验码）"。读取工作表名称为"银行存款余额调节表"，单元格为"D3"。在"变量"面板创建变量"校验码"，变量类型为"String"，范围为"RPA 银企对账机器人"。在【读取单元格】活动的"属性"面板输出结果处填入变量"校验码"，如图 6-62 所示。

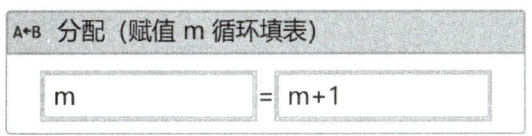

图 6-61　设置【分配】活动

图 6-62　设置【读取单元格】活动获取校验码

步骤十一：添加【用户界面自动化】—【元素】—【控件】类别下的【设置文本】活动，修改显示名称为"设置文本（填写校验码）"，通过"指出浏览器中的元素"功能拾取"银企对账管理系统"界面中"校验码"输入框，并设置输入文本为变量"校验码"。由于校验码不可手动输入，因此打开"属性"面板，将选项中的"如果禁用则更改"选项勾选为【True】状态，如图 6-63 所示。

步骤十二：对账结果已经全部填写完毕，可以进行数据的保存操作。添加【用户界面自动化】—【元素】—【鼠标】类别下的【单击】活动，修改显示名称为"单击（保存）"，通过"指明在屏幕上"功能拾取"保存"选项，如图 6-64 所示。

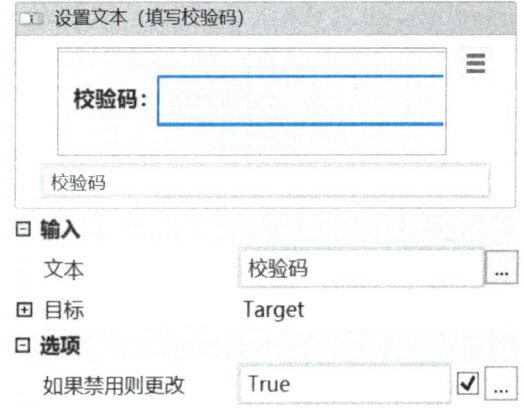

图 6-63　设置【设置文本】活动填写校验码

图 6-64　设置【单击】活动

六、总结拓展

银企对账中，实际对账业务需要会计人员对银行日记账和银行对账单进行核对，并根据核对结果填写余额调节表，从而完成对账调整工作。因此根据业务流程可知，对账流程中最核心的是核对和填写工作。根据前面教学环节和案例一的学习，读者已经掌握了使用 RPA 机器人完成自动填写的能力。本案例的关键在于如何使用 RPA 机器人完成两份数据的核对筛选，需要重点学习理解【联接数据表】和【筛选数据表】活动的使用，更重要的是学会根据业务特点和数据特点，完成联接、筛选规则的设置，真正学会将业务逻辑运用到工具中。

知识点拨

（1）核对银行对账单和银行日记账，本案例采取的是【联接数据表】活动和【筛选数据表】活动相结合的方式，类似 Excel 中的比对数据。

(2) RPA 银企对账机器人的开发核心是厘清对账单和日记账之间的比对关系,以及银行存款余额调节表的编制方法。

任务三　开发 RPA 发票填开机器人

一、实验内容与要求

1. 案例描述

厦门铭鸿电子科技有限公司主要销售电子产品,由于其销售业务量大、范围广,每日开具发票数量大,开票工作琐碎而重复。针对该项业务痛点,厦门铭鸿电子科技有限公司希望开发一款"RPA 发票填开机器人"代替人工完成此项工作。

2. 实验要求

本实验的基本要求是通过沙盘模拟推演熟悉 RPA 发票填开的业务流程和机器人分析、开发与部署过程,并上机完成 RPA 发票填开机器人的模拟开发。具体要求如下:

(1) 在物理沙盘"机器人分析中心"完成财务人员发票填开的业务流程梳理,详细梳理开票时的操作步骤,明确"新增行"和"开具新的一张发票"的判断规则,并具体分析开票时存在的重复度高、操作繁琐、错误率高等业务痛点。

(2) 在物理沙盘"机器人设计中心"完成 RPA 发票填开机器人技术路线设计,并思考流程自动化的流程起点设计在哪个节点,如何对数据源的正确性进行风险管控。

(3) 在物理沙盘"数据标准与规范化中心"完成机器人流程中所有数据输入、数据处理、数据输出的内容模拟推演,思考如何获取购买方名称、纳税人识别号、地址电话、发票明细等数据,获取的数据是否为结构数据、数据类型等。

(4) 在物理沙盘"机器人开发中心"中根据 RPA 发票填开机器人流程分别推演机器人每个步骤所需 UiPath 主要活动模块,思考业务判断规则如何用 IF 条件实现。

(5) 在物理沙盘"机器人运用中心"分析 RPA 发票填开机器人的价值与风险、运行与部署模式,并探讨财务人员与 RPA 发票填开机器人协作的工作模式。

(6) 在 UiPath 开发软件中进行 RPA 发票填开机器人开发。

二、项目实战准备

1. 沙盘模拟推演教学工具准备

项目实战的开展首先需要在"RPA 财务机器人开发模拟沙盘"上完成 RPA 银企对账机器人案例的相关任务,需准备以下沙盘工具包:

(1) 通用工具包:机器人分析。

(2) 通用工具包:机器人开发——For UiPath。

(3) 通用工具包:数据标准与规范化。

(4) 通用工具包:机器人运用。

(5) 实验案例包:实验六——RPA 发票填开机器人。

2. 实验环境准备

RPA 发票填开机器人在开发之前需要准备相关开发环境,如图 6-65、图 6-66 所示。

图 6-65　UiPath 开发工具

图 6-66　发票填开 RPA 开发环境

三、机器人分析

发票填开业务是财务日常工作中最常见也是工作量较大的业务之一。传统工作模式下的发票填开主要依赖人工操作,在发票种类多、单位名称多、明细多的情况下,依赖人工填开发票工作效率较低、出错率高,因而发票填开业务存在着诸多痛点。

例如,财务人员在填开发票时通常会出现票面格式开具有误、购买方开具错误、金额开具错误、税率或征收率错误。同时,大量重复操作也会带来较高的人力成本,无法释放财会人员的精力去从事资金管理等具有价值的工作。

四、机器人设计

在实务中,会计人员登录发票填开系统,根据公司的开票清单在发票填开系统上填写购买方名称、纳税人识别号、地址电话、发票明细等信息后,即可提交申请。

因此,根据业务的关联程度以及技术实现的难易程度,可把 RPA 发票填开机器人的主流程拆分为三个子流程:读取开票清单、登录开票系统、填写发票内容。

关于读取数据和登录系统的开发步骤，本案例不再详细展开（可以参考网银付款系统）。本案例的关键在于开具发票的过程中需要不断进行决策判断，同时由于发票明细可能有多条，即可能由多行组成一组数据，因此通常循环填写信息时所采取的【对于每一个行】活动，不能直接应用于本案例。

简单梳理实际业务操作中的思路，以便理解并进行 RPA 发票填开机器人的开发步骤。登录开票系统后，会计人员根据已有的开票清单，判断是开具增值税专用发票还是增值税普通发票。填写完第一条明细后，需要根据下一行的发票类别、纳税人识别号等项目是否为空，判断该行数据是需要增行以填写下一条发票明细，还是需要开具新的一张发票。同时在填完相关信息后，还需要判断该张发票的全部明细是否填写完毕，若填写完毕即可打印发票，如图 6-67 所示。

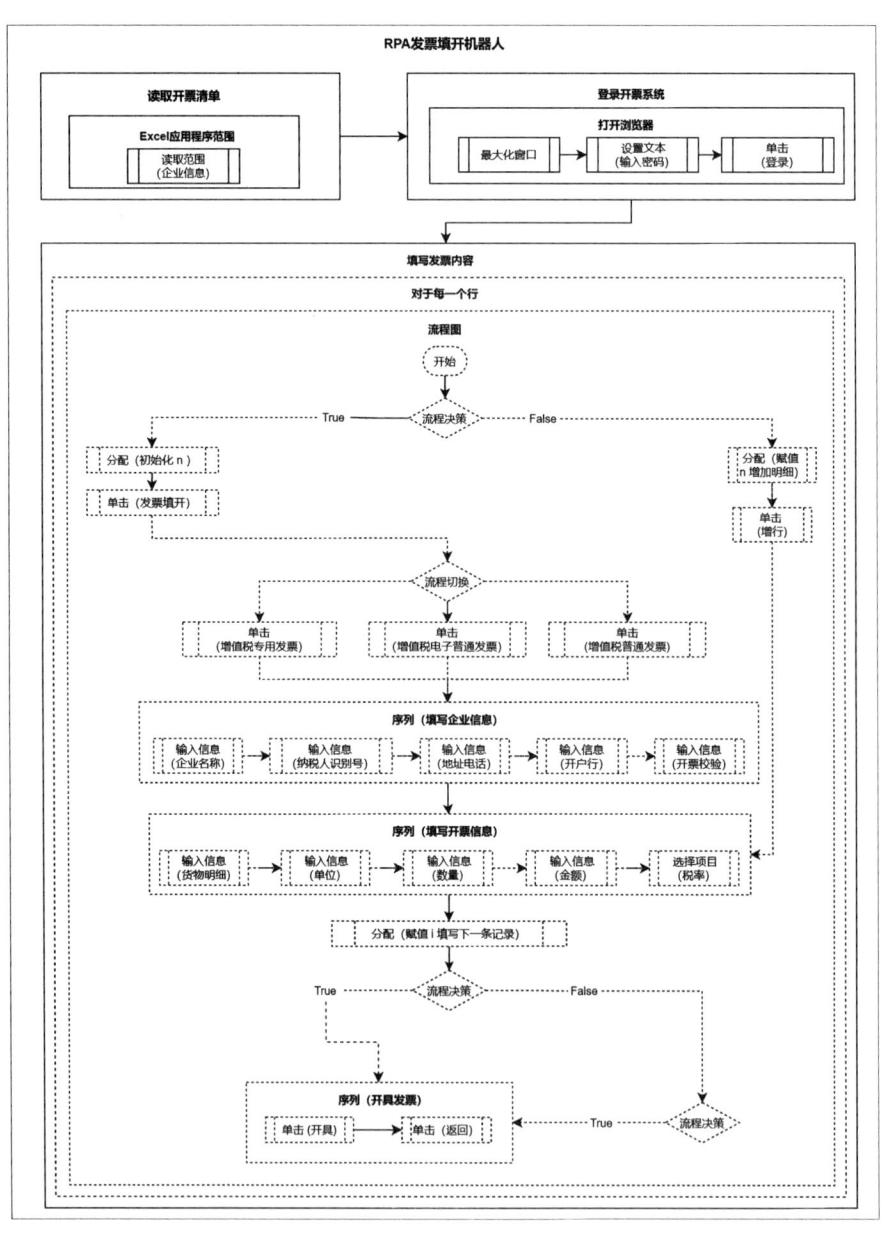

图 6-67 RPA 发票填开机器人自动化流程设计

五、机器人开发

1. 建立 RPA 发票填开机器人框架

（1）在 UiPath 中新建项目流程（空白流程），项目名称填写为"RPA 发票填开机器人"。

（2）创建完成后打开主工作流程，在【Main】主流程中添加【System】—【Activities】—【Statements】类别下的【序列】活动，并将该活动的名称修改为"RPA 发票填开机器人"。

（3）由于 RPA 网银付款机器人的操作涉及读取开票清单、登录开票系统、填写发票内容，在【RPA 发票填开机器人】序列中添加三个子流程，如图 6-68 所示。

2. 开发子流程

1）读取开票清单子流程

（1）设计开票清单。Excel 开票清单的内容主要包括发票类别、客户名称、纳税人识别号、地址、电话、开户行及账号、货物名称、规格型号、单位、数量、单价（不含税）等信息，如表 6-6 所示。

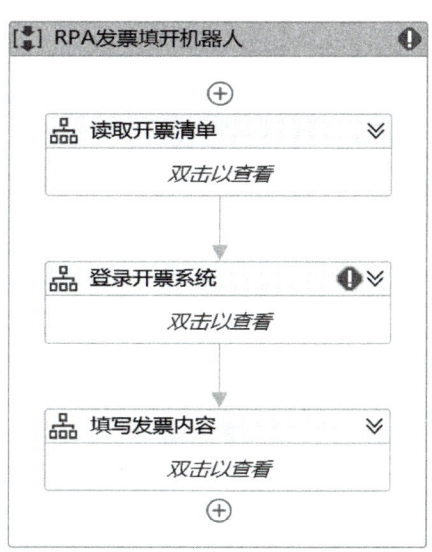

图 6-68 RPA 发票填开机器人的三个子流程

表 6-6 开票清单信息

发票类别	客户名称	纳税人识别号	地址、电话	开户行及账号	货物名称
增值税普通发票	银行峥嵘建筑有限公司	910305235315683078	贺兰县洪胜东路银川生物科技园 0951-8	中国农业银行银川贺兰支行 6228832428306097	*非金属矿石 *研磨
					*风动电动工具 *打
					*非金属矿物制品 *金刚
增值税专用发票	上海亚盛建筑有限公司	910936831124006103	上海市闵行区光中路 745 号 021-3106668	中国建设银行上海闵行支行 4367782094748	*风动电动工具 *打
					*金属制品 *磨条
					*非金属矿石 *研磨
增值税电子普通发票	南京金健工业有限公司	910196708809957336	南京市雨花台区宁双路 68 号 025-8092260	中国工商银行南京雨花台支行 62275278381128	*金属制品 *磨坊
					*风动电动工具 *气动
					*非金属矿物制品 *
增值税电子普通发票	深圳兴发工业有限公司	910329016000493637	深圳市南山区科技生态园 0755-8670910	中国招商银行深圳罗湖支行 62202733381225	*金属制品 *磨条
增值税专用发票	福州泰发工业有限公司	910249187415091554	市马尾声区马声镇快安路 37 号 0591-3801	中国农业银行福州马尾支行 6223726822941338	*非金属矿物制品
					*金属制品 *磨条
增值税普通发票	成都云天工业有限公司	910325111086332094	市武侯区高新区高朋大道 56 号 028-6501	中国交通银行成都武侯支行 52184893517168	*非金属矿物制品 *矿

259

(2)读取开票清单信息。在【读取开票清单】子流程中添加【Excel应用程序范围】活动文件放在当前RPA项目文件夹下(否则此处路径将显示为绝对路径),由于工作簿路径是一个字符串,路径左右两边有英文状态的双引号,如图6-69、图6-70所示。

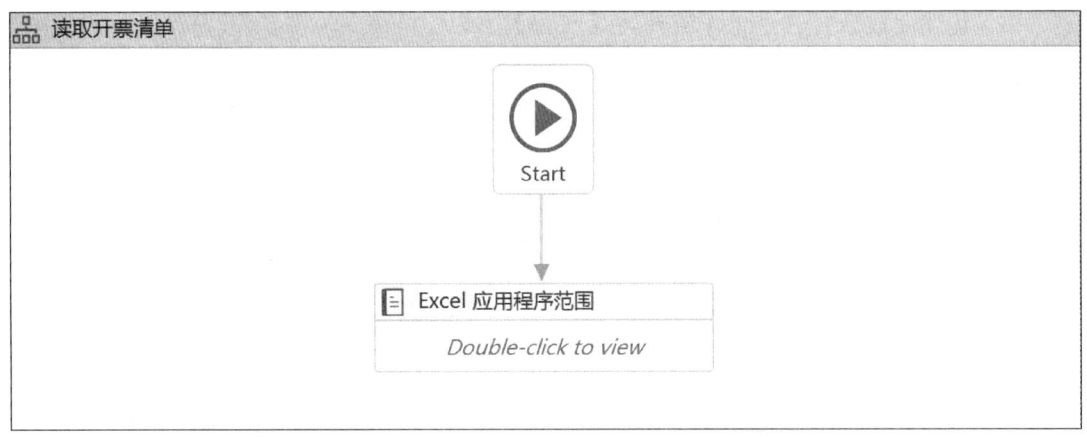

图6-69 添加【Excel应用程序范围】活动

图6-70 设置【读取范围】活动

2)登录开票系统

(1)登录课程平台,打开RPA环境,进入发票系统,复制URL地址,将复制的地址插入登录开票子流程中的【打开浏览器】活动,注意前后要加英文双引号。同时,打开"属性"面板,将输入浏览器类型设置为"Chrome",如图6-71所示。

(2)在【打开浏览器】活动的【Do】序列中添加【用户界面自动化】—【窗口】—【最大化窗口】活动,如图6-72所示。

(3)在平台界面输入登录密码,点击【登录】按钮,如图6-73所示。

图 6-71　设置【打开浏览器】活动

![最大化窗口]

图 6-72　添加【最大化窗口】活动

3）填写发票内容

在【填写发票内容】子流程中添加【对于每一行】活动，如图 6-74 所示。

（1）添加【编程】—【数据表】类别下的【对于每一个行】活动，第一个子流程读取数据后输入变量"data"中，因此本活动输入的数据表设置为"data"（需提前创建变量）。在【对于每一个行】活动的【正文】序列中添加【工作流】—【流程图】类别下的【流程图】活动，如图 6-75 所示。

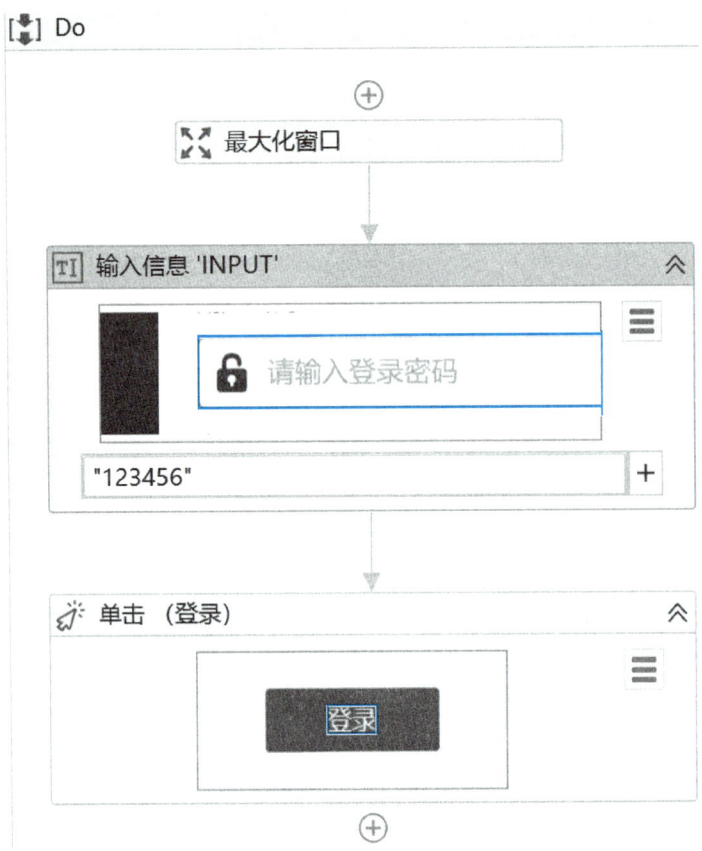

图 6-73 登录填开发票平台

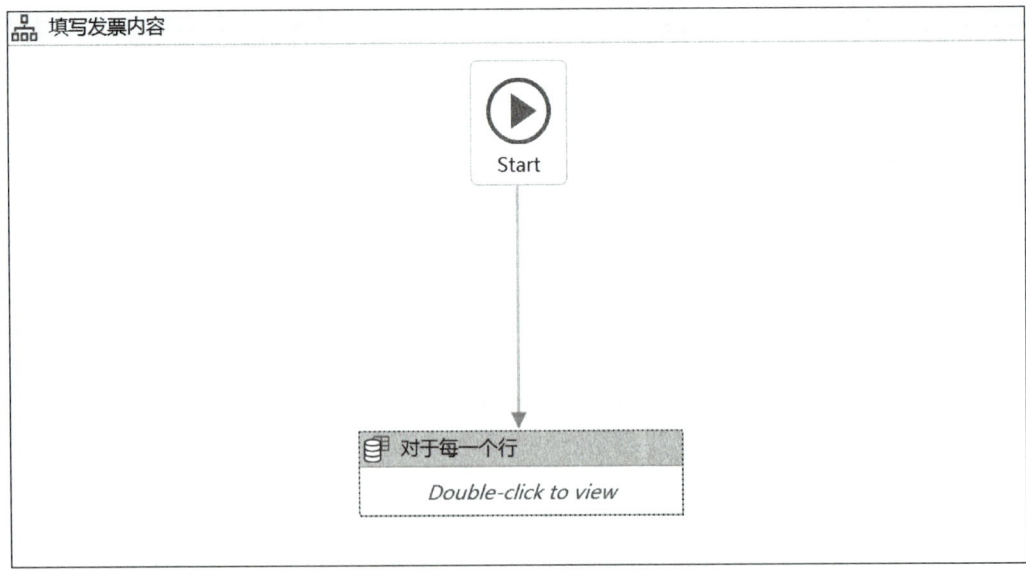

图 6-74 添加【对于每一行活动】活动

图 6-75　在【对于每一行】活动中添加【流程图】活动

(2) 在【流程图】活动中添加【工作流】—【流程图】类别下的【流程决策】活动,在显示名称中增加"(是否发票的第一条明细)",设置决策条件为"Row(0).tostring<>"""。当发票类别为非空值时,执行【流程决策】活动左侧为"True"的流程:开具本张发票,填写客户信息,同时对应填写第 1 条货物明细;当发票类别为空值时执行【流程决策】活动右侧为"False"的流程:增行以填写同一张发票中的第 2 条或第 n+1 条货物明细信息,如图 6-76 所示。

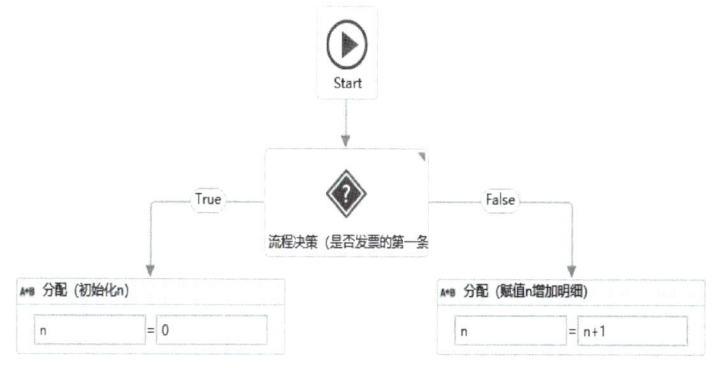

图 6-76　在【流程图】中设置【流程决策】活动

(3) 当(2)中的条件成立时,则说明该行的第一列发票类别不为空,即该行是该发票的第一条明细。添加【System】—【Activities】—【Statements】类别下的【分配】活动。在"变量"面板增加变量"n",变量类型为"Int32",范围为"RPA 发票填开机器人",默认值为"0",用于对发票中的货物明细进行计数。设置【分配】活动,令"n=0",如图 6-77 所示。

(4) 在【流程图】活动中添加【元素】—【鼠标】类别下的【单击】活动,在显示名称中增加"(发票填开)",并通过"指明在屏幕上"功能拾取"发票填开"元素,如图 6-78 所示。

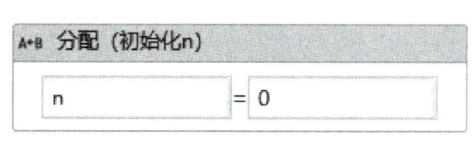

图 6-77　设置【分配】活动为变量 n 赋值

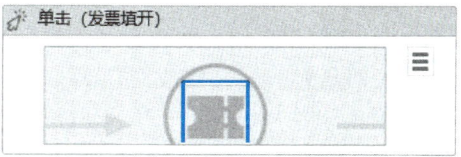

图 6-78　添加【单击】活动

(5) 此时填写的是发票的第一条明细,因此需要先判断发票类别开具发票。添加【工作流】—【流程图】类别下的【流程切换】活动,在显示名称中增加"(判断发票类型)",在

"TypeArgument"中选择"String",并设置表达式为"Row(0).tostring"。设置中间和右边的case 值为"增值税电子普通发票"和"增值税普通发票"。当条件为"增值税专用发票"时,默认执行【流程切换】活动左侧的"Default"流程:单击【增值税专用发票】活动;当条件为"增值税电子普通发票"时,执行【流程切换】活动中间 case 值为"增值税电子普通发票"的流程:单击【增值税电子普通发票】活动;当条件为"增值税普通发票"时,执行【流程切换】活动中间 case 值为"增值税普通发票"的流程。选择相应的发票类型,进入发票填写界面,如图 6-79、图 6-80 所示。

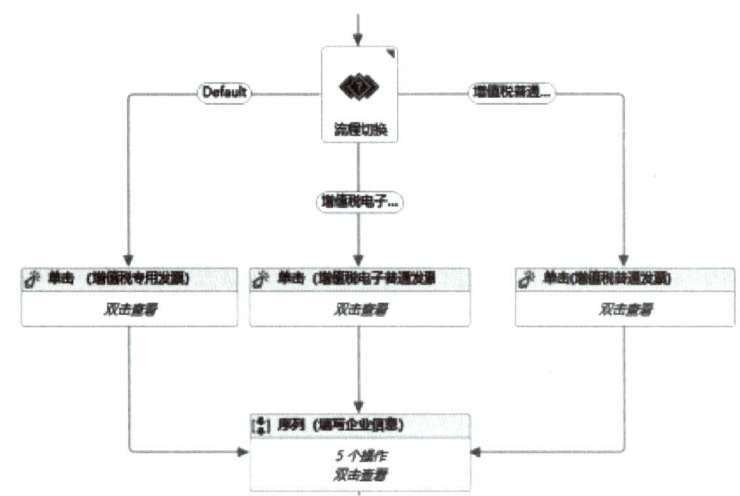

图 6-79 根据不同的发票类型设计流程

图 6-80 选择不同的发票种类进行元素选取

(6)进入发票填开界面后,填写企业信息。添加【System】—【Activities】—【Statements】类别下的【序列】活动,在显示名称中增加"(填写企业信息)"。在【序列】中添加四个【用户界面自动化】—【元素】—【键盘】类别下的【输入信息】活动,并修改对应名称,用于填写企业名称、纳税人识别号、地址电话、开户行、开票校验五项内容。以"企业名称"为例,添加【输入信息】活动后,通过"指明在屏幕上"功能拾取"企业名称"元素,设置输入信息为"Row(1).toString",即索引每一行第二列的内容,如图 6-81 所示。

图 6-81 添加【输入信息】活动填写发票信息

(7) 当(2)中条件不成立时,索引发票清单中的第二条或第 n+1 条货物明细信息。添加【System】—【Activities】—【Statements】类别下的【分配】活动,在显示名称中增加"(赋值 n 增加明细)"。设置【分配】活动,令"n=n+1",用于赋值变量"n",后续填写明细时能自动控制下一条明细的填写位置,如图 6-82 所示。

(8) 添加【用户界面自动化】—【元素】—【鼠标】类别下的【单击】活动,在显示名称中增加"(增行)",通过"指明在屏幕上"功能拾取"新增行"元素,如图 6-83 所示。

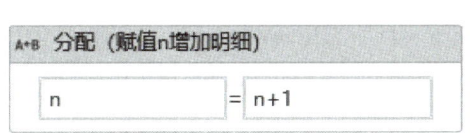
图 6-82　设置【分配】活动控制明细填写位置

图 6-83　添加【单击】活动进行增行

(9) 添加【System】—【Activities】—【Statements】类别下的【序列】活动,修改名称为"(填写开票信息)"。在【序列】中添加五个【用户界面自动化】—【元素】—【键盘】类别下的【输入信息】活动,并修改对应名称,用于填写货物明细、单位、数量、金额、税率五项内容。以"货物明细"为例,添加【输入信息】活动后,通过"指明在屏幕上"功能拾取"货物或应税劳务、服务名称"元素,设置输入信息为"Row(5).toString",即索引每一行第六列的内容,如图 6-84 所示。

图 6-84　在序列中添加五个【输入信息】活动

(10) 添加【System】—【Activities】—【Statements】类别下的【分配】活动,在显示名称中增加"(赋值 i 填写下一条记录)"。在"变量"面板创建变量"i",变量类型为"Int32",范围为"RPA 发票填开机器人"。设置【分配】活动,令"i=i+1",用于赋值变量"i"填开下一张发票,如图 6-85 所示。

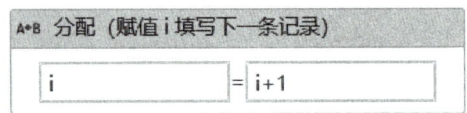

图 6-85　设置【分配】活动填开下一张发票

(11) 判断是否打印发票。添加【工作流】—【流程图】类别下的【流程决策】活动,设置决策条件为"i=data.Rows.Count",即"i"是否等于"data"的行数。当条件成立时,说明该张发票为最后一张,执行【流程决策】活动左侧为"True"的流程:打印发票,如图 6-86 所示。

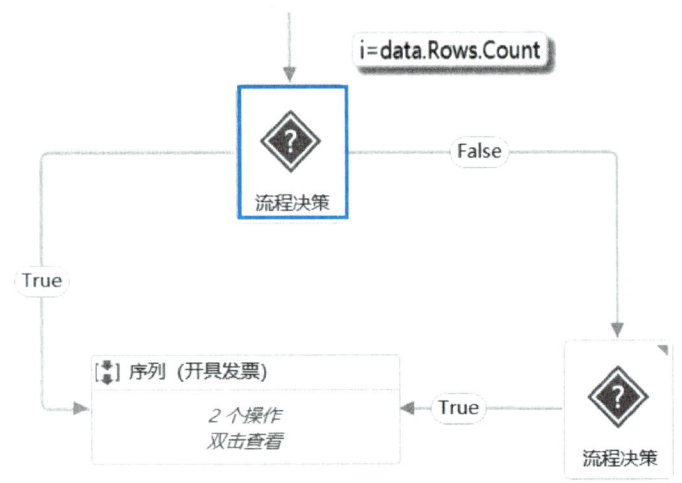

图 6-86　添加【流程决策】活动判断是否打印发票

(12) 当步骤(11)中的条件不成立时,说明其不是最后一张发票,进入下一判断流程,判断该张发票的明细是否已经填写完毕。添加【工作流】—【流程图】类别下的【流程决策】活动,设置决策条件为"data(i)(0).ToString<>""""。若下一行的第一列发票类别为非空值时,说明下一行是新的发票信息,本发票已经全部填写完毕;若下一行货物名称为空值时,则说明所有明细已经填写完毕。满足其一,即可进入发票打印步骤,如图 6-87、图 6-88 所示。

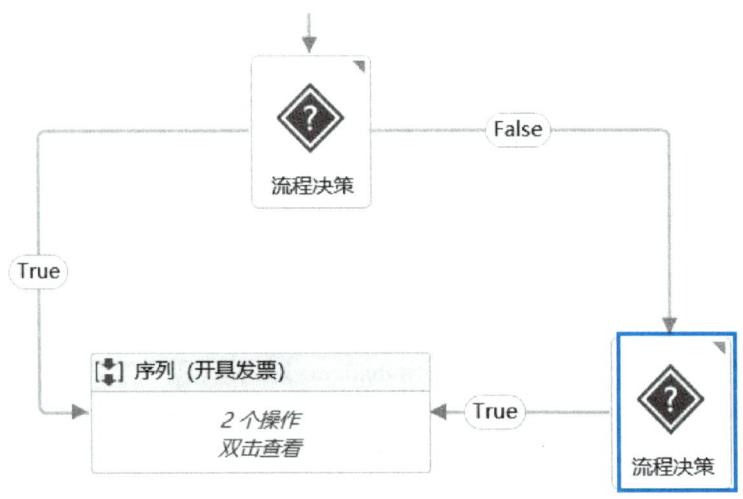

图 6-87　添加【流程决策】活动判断发票信息是否填写完整

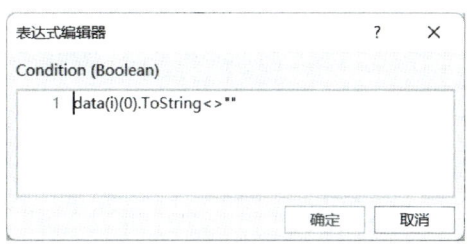

图 6-88　设置【流程决策】判断条件

（13）上述判断完毕后，即可进入打印发票步骤。添加两个【用户界面自动化】—【元素】—【鼠标】类别下的【单击】活动，在显示名称中分别增加"（开具）""（返回）"，通过"指明在屏幕上"功能拾取对应元素，如图 6-89 所示。

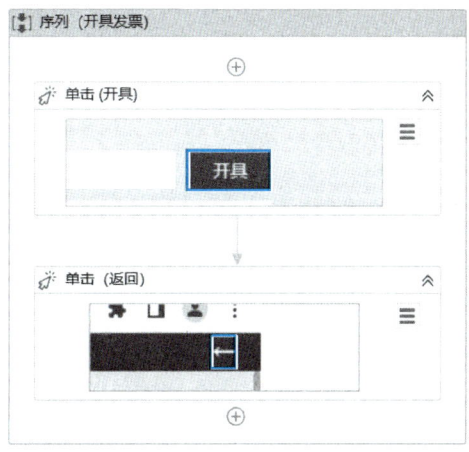

图 6-89　完成发票的开具

六、总结拓展

在本案例发票填开过程中，填开发票的流程比较简单，登录发票填开系统后填写相应的发票信息即可完成。之前的发票信息通过 Excel 表格的形式进行了汇总，在企业实际的业务开展过程中，各个部门需要将需要开的发票信息统一汇总到财务部门，然后由财务部门统一开具，在此过程中可以使用 RPA 中的电子邮件功能，这样开发的机器人更加具有实用性，有兴趣的读者可以尝试。

项目七

RPA 财务机器人部署与运维

知识目标
- 了解部署的相关理论知识
- 了解 Orchestrator 的相关部署功能以及实现方式
- 了解运行维护的常见措施

能力目标
- 掌握 RPA 财务机器人的本地发布和运行
- 掌握 UiPath 常见异常活动的处理方法
- 掌握程序健壮性常见方法

素养目标
- 具有责任心和数据安全意识
- 具备解决问题的能力和思维方式
- 具备创新思维和创新意识

任务一　RPA 财务机器人部署

一、影响流程选择的因素

1. 成本效益原则

部署财务机器人需要一定的成本,因此在部署前需要做好 RPA 财务机器人应用的成本分析,并分析现有财务流程的成本,如果低于现有财务成本,则符合成本效益原则。

2. 必要性

RPA 财务机器人的自动化、标准化特点,使其在面对具有大量重复的工作业务时,更加具有实施的必要性,特别是出错率高、有较高财务风险的业务更加适合使用 RPA 财务机器人。

3. 可行性

RPA 财务机器人的开发需要明确的标准和规则,因此在考虑哪些流程使用 RPA 机器人的同时,需要注意业务流程本身是否有具体规则,具有编程的可实现性。

与此同时,该项业务流程需要较为稳定、成熟的规则,这样在 RPA 财务机器人运行后,只需进行必要的运行维护,不必花费过多的精力在更新维护上,否则有悖于使用 RPA 财务机器人节省成本的初衷。

知识点拨

RPA 财务机器人部署成本效益原则是确保 RPA 财务机器人能够为企业带来最大效益的关键原则,同时需要根据企业的实际情况和需求进行综合考虑和分析。

【练 7-1·多选题】　在考虑是否部署 RPA 时,需要考虑(　　)因素。
A. 业务流程的复杂性　　　　　　B. IT 系统的兼容性
C. 数据安全和隐私保护　　　　　D. 人力资源的成本
E. 技术的发展趋势

参考答案:ABCDE

二、Orchestrator

1. Orchestrator 的简介

Orchestrator 是 UiPath 下的自动化管理工具,可以配置、部署、启动、监控、测量和跟踪财务机器人,可以管理所有的自动化流程,对其进行调度运行。

2. Orchestrator 的作用

(1) 创建并维护与机器人直接的联系。
(2) 确保将正确的流程包分发给指定机器人。
(3) 维护机器人环境和流程之间的配置。
(4) 确保机器人之间自动化工作负载的分配。
(5) 跟踪机器人识别数据并维护用户权限。

3. Orchestrator 的具体功能

(1) 前置工作:在使用 Orchestrator 进行流程管理等功能之前,需要完成安装注册、服务配置、机器人配置、计算机配置、环境配置等前置工作。

（2）流程配置：在 Orchestrator 上管理、部署 RPA 财务机器人，需要将 Studio 中开发的自动化流程打包发送到 Orchestrator，以进行流程配置。

（3）数据储存：使用资产和队列两种形式，储存管理数据。

（4）任务调度：流程配置完成后，即可配置任务进度，安排流程的启动时间。

（5）作业日志：记录所有自动化流程的执行轨迹。

职业素养

Orchestrator 是一个非常有用的工具，可以帮助企业实现自动化，提高工作效率和准确性，降低成本和错误率。许多大公司都在使用 Orchestrator，主要目的是管理全球的 RPA 财务机器人，以提高效率、减少人工错误、实现业务流程自动化。

三、本地发布

当开发完成后无须进行流程配置和监控管理时，可以选择本地发布形式。完成开发后，点击上方功能区的【发布】按钮，发布流程包。

【例 7-1】 本地发布示例

1）示例描述

请以项目六中开发的网银付款机器人为例，完成该机器人的本地发布。

2）操作步骤

（1）点击上方功能区的【发布】按钮，发布流程包，如图 7-1 所示。

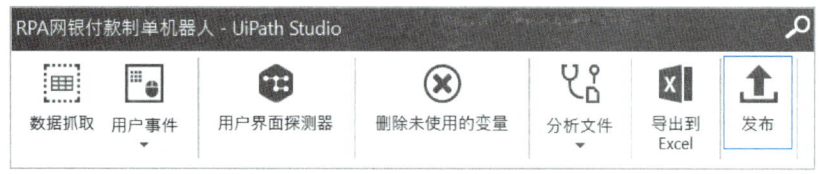

图 7-1 ［例 7-1］【发布】按钮

（2）打开【发布流程】界面，确认发布信息，确认无误后点击【发布】按钮，如图 7-2 所示。

图 7-2 ［例 7-1］【发布流程】界面

（3）提示发布成功，可以看到流程包上传的本地路径，如图 7-3 所示。

图 7-3 ［例 7-1］提示发布成功

运行结果如图 7-4 所示。

图 7-4 ［例 7-1］RPA 网银付款制单机器人

知识点拨

在 UiPath 中，本地发布后生成的包通常是一个 NuGet 包，而不是一个 exe 应用程序。NuGet 包是一种用于.NET 平台的软件包管理系统，可以用于管理 UiPath 的项目文件、依赖项和活动等组件。若要在本地计算机上运行该项目，可以使用 UiPath Robot 通过 Orchestrator 运行，或者直接在本地计算机上使用 UiPath Robot 运行。在运行时，Robot 会根据需要加载项目和依赖项，并执行流程。

任务二 RPA 财务机器人运维

一、运维方法

（1）编写运维文档，记录系统运行环境、部署方案、维护日志等各项内容，便于后期查询和工作对接。

(2) 编写标准操作程序手册(Standard Operation Procedure,SOP),为运维工作的开展提供规范性、标准化的指导。

(3) 制定运营管理计划,定期查看运行效率报告。

(4) 制定员工的分工和职责表,准备应急预案,以便发生异常情况时,迅速对接负责人和解决人员等相关者。

二、UiPath 常见异常

程序异常指的是自动化流程执行过程中,未能按既定流程完成自动化任务。常见的异常程序如下:

(1) 界面控制操作部分选择器失效,未发现 UI 元素。

(2) 调用的对象是空值,例如未事先给变量赋值。

(3) 找不到读取的文件,例如对应读取的表格或者子表不存在。

(4) 数据格式不符合要求,比如强制转化数字、日期等被转化字符串不符合要求。

为了程序的稳定性,在开发完 RPA 财务机器人后,可以通过某些属性的设置增加流程的健壮性。健壮性是指程序可以适应正常和非正常的运行环境,在这两种环境下都可以正确地运行。要提高 UIpath 程序的健壮性,可以考虑以下几个方面:

① 异常处理。在程序开发过程中,需要考虑各种可能出现的异常情况,例如输入数据不合法、文件不存在、网络连接失败等。可以通过 try-catch 语句捕获异常并进行处理,以保证程序不会因为异常情况而崩溃。

② 重试机制。在程序执行过程中,有时会因为各种原因导致部分步骤执行失败,可以通过设置重试机制,在一定时间内多次尝试执行该步骤,提高程序的容错性。

③ 日志记录。在程序执行过程中,可以将关键的执行步骤记录在日志文件中,便于调试和排查问题。

④ 参数校验。对于输入的数据或者配置信息,可以设置校验机制,检查其合法性和正确性,避免因为不合法的输入导致程序异常。

⑤ 单元测试。在程序开发完成后,可以进行单元测试,逐步检查每个步骤的正确性和健壮性,确保程序在不同情况下都能正常运行。

知识点拨

程序健壮性是指一个程序能够在各种条件下都能够正确地运行并处理各种异常情况,如输入不合法、数据错误、系统资源不足等情况,不会导致程序崩溃或数据丢失。健壮的程序能够减少错误和故障的发生,提高系统的可靠性和稳定性。

三、增加流程健壮性示例

【例 7-2】 增加流程健壮性示例

1) 示例描述

不同操作环境下,网络速度会有差异。请在项目六开发的 RPA 网银付款机器人基础上,对涉及网页操作的活动进行属性的修改,以确保在网速较低的情况下,也能正常运行。

2) 操作步骤

(1) 针对所有涉及网页操作的活动,如【选择项目】【单击】【设置文本】【输入信息】等活动,进行属性中目标选项的设置。以 RPA 网银付款机器人中的【选择项目(付款账号)】活动为例,打开"属性"面板,执行【输入】—【目标】命令,将"等待准备就绪"的状态选择为"WaitForReady.COMPLETE"。设置完成后,流程会等待目标准备就绪,加载完成后执行本活动,如图 7-5 所示。

(2) 除了第一步的设置,还可以针对不同网页操作进行延迟时间的设置。针对网银账号登录的相关操作,以 RPA 网银付款机器人中的【选择项目(付款账号)】活动为例,打开"属性"面板,设置【常见】下的"在此之前延迟"和"在此之后延迟"功能的延迟时间为前后各"500",确保登录成功,如图 7-6 所示。

图 7-5 [例 7-2]设置【选择项目】活动选择付款账号

(3) 针对填入付款信息的相关操作,由于有批量申请需要进行,可以调整延迟时间,适当加快运行速度。以 RPA 网银付款机器人中的【设置文本(收款人名称)】活动为例,打开"属性"面板,设置【常见】下的"在此之前延迟"和"在此之后延迟"功能的延迟时间为前后各"100",如图 7-7 所示。

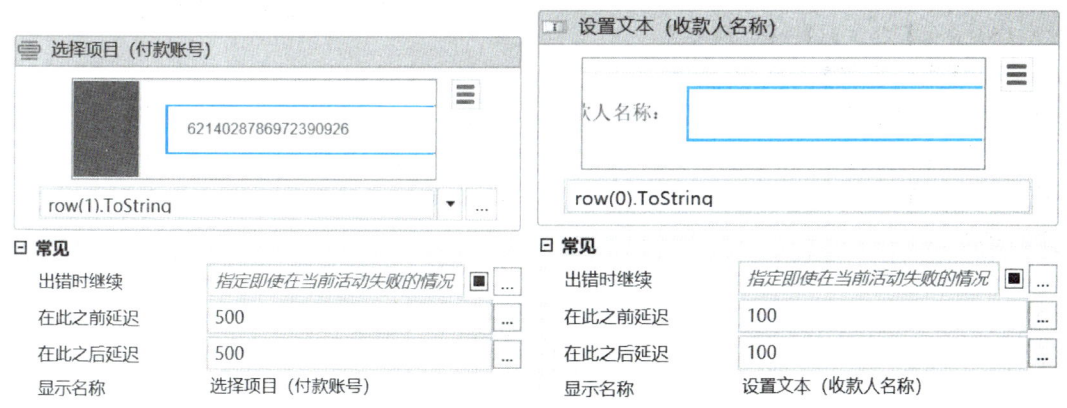

图 7-6 [例 7-2]设置【选择项目】活动的延迟功能　　图 7-7 [例 7-2]设置【设置文本】活动的延迟功能

(4) 由于设置的付款信息相关活动的延迟时间较短,为了确保信息填入时网页已加载完成,可以增加元素的判断操作。将【对于每一个行】下的【正文】序列替换成【流程图】活动,在【流程图】的【Start】下添加【用户界面自动化】—【元素】—【查找】下的【存在元素】活动,修改名称为"存在元素(第 1 空存在)",通过"指出浏览器中的元素"功能拾取"网银系统"界面中"收款人名称"输入框,以该输入框作为判断网页是否准备就绪的依据。由于该活动的输出字段仅支持布尔值(True 或 False),在"变量"面板创建变量"isTrue",变量类型为"Boolean",范围为"RPA 网银付款机器人"。打开"属性"面板,将【存在元素】的输出设置为变量"isTrue",如图 7-8 所示。

(5) 除了判断输入框是否存在,还可以判断输入框是否为空,以防当前页面未加载完成,仍

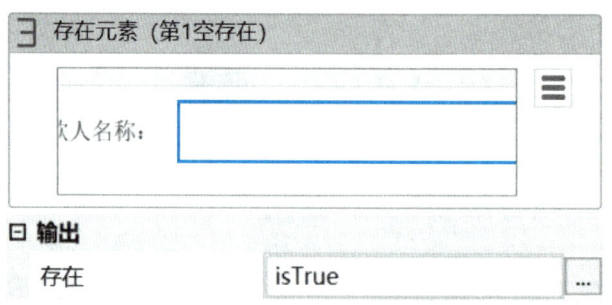

图7-8 ［例7-2］设置【存在元素】活动

为上一份制单申请的数据。添加【用户界面自动化】—【元素】—【控件】下的【获取文本】活动，修改名称为"获取文本（第1空为空）"，通过"指出浏览器中的元素"功能拾取"网银系统"界面中"收款人名称"输入框。在"变量"面板创建变量"str"，变量类型为"String"，范围为"RPA网银付款机器人"。打开"属性"面板，将【获取文本】的输出值设置为变量"str"，如图7-9所示。

图7-9 ［例7-2］设置【获取文本】活动

（6）添加【工作流】—【流程图】类别下的【流程决策】活动，设置该活动属性界面中的判断条件为"str=""and isTrue"，即第一个输入款存在为"True"且内容为空时，执行【流程决策】活动左侧为"True"的流程：填入付款信息；当两个条件不能同时满足时，执行【流程决策】活动右侧为"False"的流程：延迟后重新判断元素是否存在和获取文本，如图7-10所示。

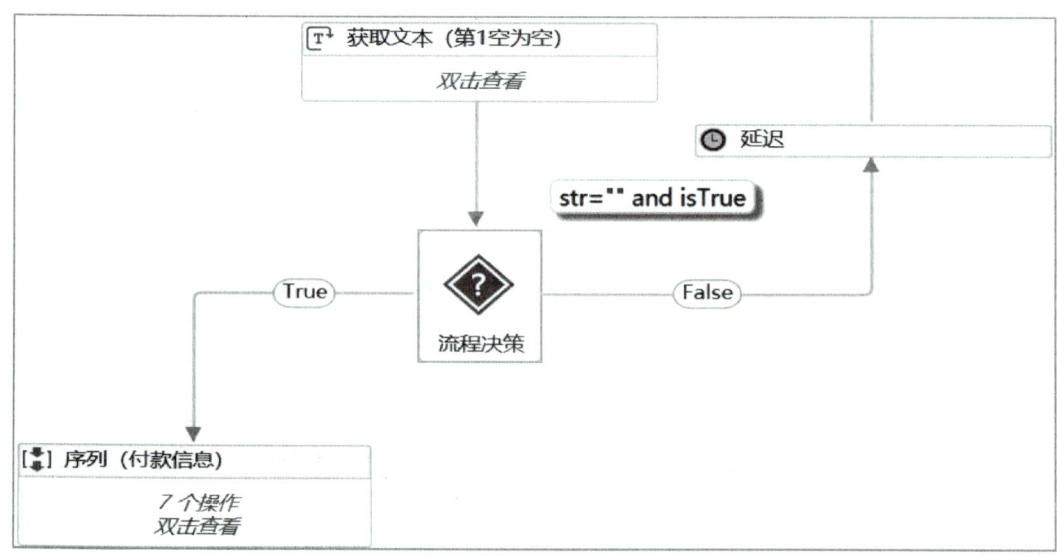

图7-10 ［例7-2］设置【流程决策】活动

(7)在【流程决策】活动条件判断为"True"的流程中,即为填入付款信息并提交的七项活动。在【流程决策】活动条件判断为"False"的流程中,添加【工作流】—【控件】类别下的【延迟】活动,在此活动"属性"面板设置持续时间为"1s",该步骤表示当不满足决策条件时延迟 1 s,再重新判断元素是否存在和获取文本,如图 7-11 所示。

图 7-11 [例 7-2]设置【延迟】活动

随堂练习

【练 7-2·单选题】 程序健壮性是指(   )。
A. 程序运行速度的快慢
B. 程序代码行数的多少
C. 程序在面对不合法或异常输入时能够正确处理并继续运行的能力
D. 程序的可读性和可维护性

参考答案:C

四、UiPath 常见异常处理活动

1. Try Catch

Try Catch 可以捕获自动化流程中的指定异常类型,并显示错误通知或通过提前设置好的补救环节将其解除并继续执行。其分为以下三个部分:

(1) Try——保存可能引发异常的活动,拖放自动化流程的正常流程组件。
(2) Catches——在 catch 部分需要指定异常类型,至少指定一个。
(3) Finally——无论是否发生异常都会执行的部分,可以不设置任何活动,也可以选择输出重要的日志信息。

2. Throw

如果已知某些重要关键环节可能发生某种错误,可以在该步骤后添加"Throw"进行异常处理。在该步骤发生异常时,"Throw"会识别出异常,并将该异常抛出,提示程序运行错误。

3. Rethrow

当流程十分复杂,主流程下面可能嵌套许多子流程,子流程发生异常时,可能会影响到主流程的执行,因此在使用"Try Catch"捕捉到异常后,需要使用"Rethrow"将其抛出,以提示异常的存在。

【例 7-3】 Try Catch 活动示例

1) 示例描述

令机器人登录国家税务总局的【智能咨询】界面,人为关闭国家税务总局网页,制造异常出错环境,程序异常时捕捉到异常并自动登录国家税务总局,还原环境执行点击【智能咨询】的动作。

2) 操作步骤

(1) 使用谷歌浏览器打开国家税务总局,打开主工作流,添加一个【单击】活动,活动显示名称修改为"单击(智能咨询)",点击"指明在屏幕上"功能拾取"国家税务总局"网页下的"智能咨

询",如图 7-12 所示。

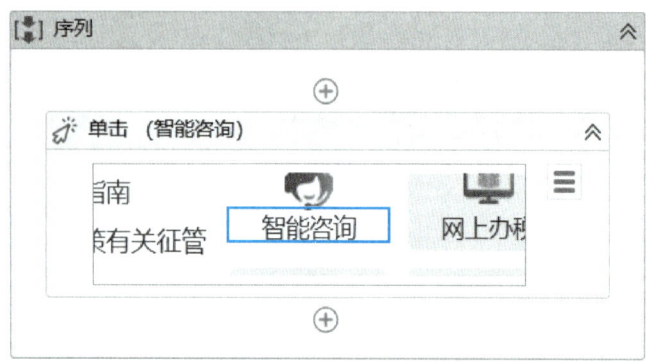

图 7-12　[例 7-3]添加【单击】活动

（2）人为关闭国家税务总局网页,制造异常,此时点击【调试文件】按钮,弹出【运行时执行错误】提示框,如图 7-13 所示。

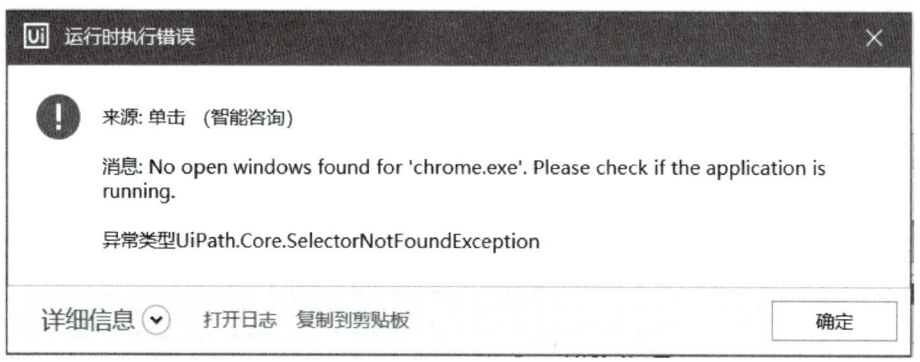

图 7-13　[例 7-3]【运行时执行错误】提示框

（3）停止运行文件,单击【智能咨询】按钮,弹出下拉框,选择【环绕着异常处理】选项,如图 7-14 所示。

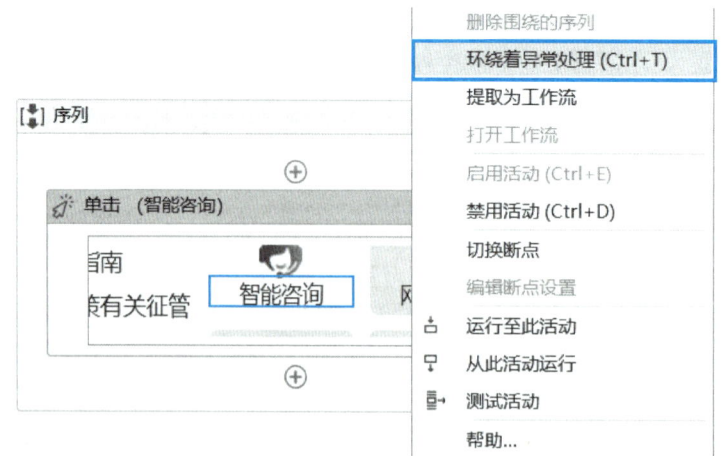

图 7-14　[例 7-3]选择【环绕着异常处理】选项

(4) 将异常活动包含在【Try】活动内,如图 7-15 所示。

图 7-15　[例 7-3]Try Catch 异常处理

(5) 点击【Catches】下的【添加新捕获】,选择异常类型【System. Exception】,如图 7-16 所示。

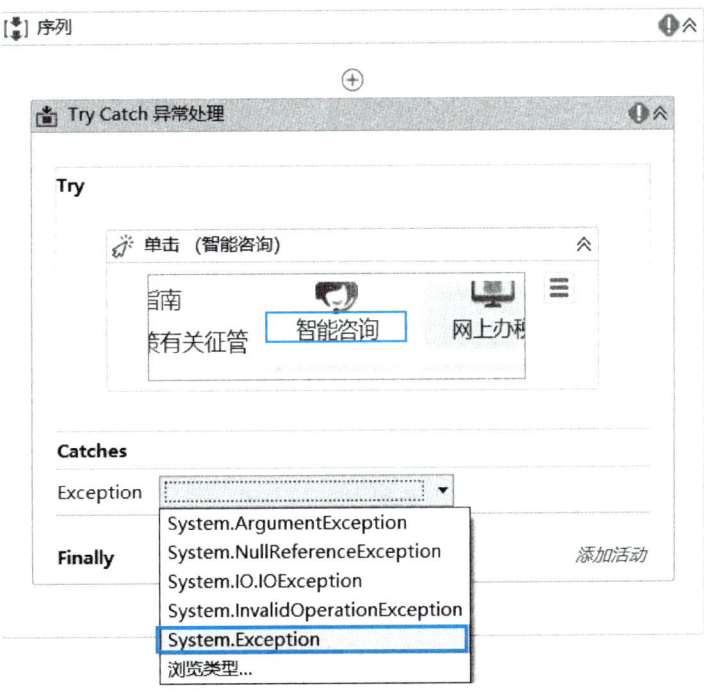

图 7-16　[例 7-3]选择异常类型

(6) 在【Catches】内添加一个【序列】,在【序列】内添加一个【日志消息】活动,设置该活动日志级别为"Info",消息为""单击异常"＋exception.Message",用于打印输出异常信息,如图 7-17 所示。

图 7-17　[例 7-3]设置【日志消息】活动

(7) 在【日志消息】活动后添加一个【打开浏览器】活动,输入 URL 为"http://www.chinatax.gov.cn/",修改浏览器类型为"Chrome"。在【打开浏览器】活动的【Do】序列内添加一个【单击】活动,点击【指出浏览器中的元素】拾取"国家税务总局"网页下的【智能咨询】,如图 7-18、图 7-19 所示。

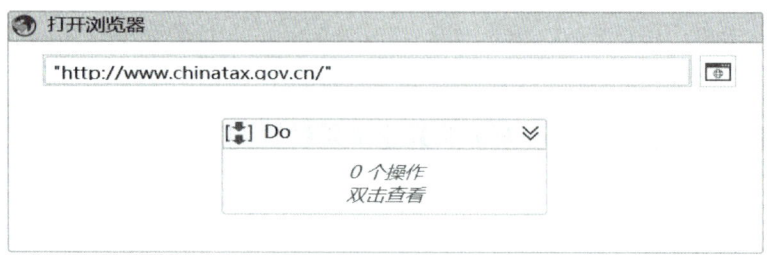

图 7-18　[例 7-3]设置【打开浏览器】活动

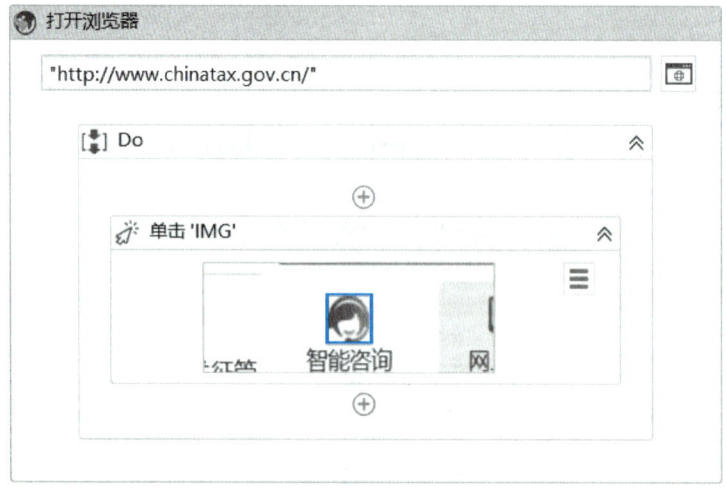

图 7-19　[例 7-3]设置【单击】活动

(8)点击【调试运行】按钮,此时程序不会出现步骤 2 的错误,而是捕捉到异常后执行 Catches 环节,重新打开"国家税务总局"网页,执行单击【智能咨询】网页进行补救,最终实现正常单击操作。打开"输出"面板可以查看到 Catches 环节捕捉的错误信息,如图 7-20 所示。

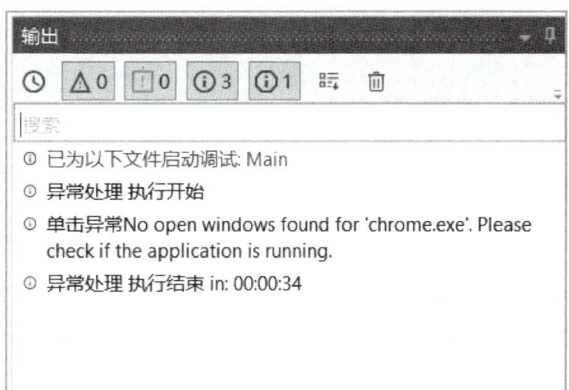

图 7-20 [例 7-3]打开"输出"面板

运行结果如图 7-21 所示。

图 7-21 [例 7-3]国家税务总局智能咨询网页

职业素养

在使用 UiPath 进行流程自动化时,处理异常情况是非常重要的。常见的异常处理活动包括 Try Catch、Throw、Rethrow、Finally 等。在处理异常时需要非常仔细,不遗漏任何一个可能的异常情况。能够清晰地思考问题,理解流程中可能出现的异常情况,并设计出正确的异常处理流程。在处理异常时需要与相关人员进行有效的沟通和协调,及时解决问题。

【练7-3·多选题】 属于 UiPath 常见的异常处理活动的有（　　）。
A. Try Catch
B. Rethrow
C. Throw
D. Exception Handler

参考答案：ABC

五、UiPath 版本建议

UiPath 企业版的版本号通常以年份和月份组成，如 2019.10、2021.4 等。UiPath 企业版按照授权和订阅方式收费，收费标准根据授权的机器数、功能、使用期限等因素而有所不同。企业版提供了更加完善的功能、更高的安全性和更好的支持，能够更好地适应企业级别的 RPA 应用需求。

若使用 UiPath 社区版，由于其联网自动更新的特点，可能导致某些流程或者活动设置需要再次调整。因此，更推荐使用 UiPath 教育版，版本和性能较为稳定，不会自动更新。如果已经使用了 UiPath 社区版，建议对软件版本进行锁定。同时由于 Studio 和 Robot 需要匹配版本才能搭配使用，同样要注意 Studio 和 Robot 版本的锁定。